21世纪全国高等院校物流专业创新型应用人才培养规划教材

新物流概论

李向文　冯茹梅　编著

北京大学出版社
PEKING UNIVERSITY PRESS

内 容 简 介

本书共12章，主要内容包括物流与现代物流概念辨析、第N方物流及其发展、物流与供应链的关系、物流与商贸的关系、物流与制造业的关系、物流与农业的关系、物流与社会稳定及国家安全的关系、物流信息化与现代物流、绿色与低碳现代物流、物联网时代的智能物流、现代物流学说概览及评价，以及物流商业模式创新。本书注重理论与实践相结合，系统地阐述了新形势下物流的概念、发展和地位。

本书可作为高等院校物流工程、物流管理和电子商务及其相关专业大学本科生和研究生的教材，也可作为企业和社会培训人员的参考书籍，还可供从事物流工程或管理工作的专业人员参考。

图书在版编目(CIP)数据

新物流概论/李向文，冯茹梅编著. —北京：北京大学出版社，2013.3

(21世纪全国高等院校物流专业创新型应用人才培养规划教材)

ISBN 978-7-301-22114-3

Ⅰ. ①新…　Ⅱ. ①李…②冯…　Ⅲ. ①物流—高等学校—教材　Ⅳ. ①F252

中国版本图书馆CIP数据核字(2013)第026378号

书　　名：新物流概论

著作责任者：李向文　冯茹梅　编著

策 划 编 辑：李　虎　刘　丽

责 任 编 辑：刘　丽

标 准 书 号：ISBN 978-7-301-22114-3/U・0090

出 版 发 行：北京大学出版社

地　　址：北京市海淀区成府路205号　100871

网　　址：http://www.pup.cn　新浪官方微博：@北京大学出版社

电　　话：邮购部62752015　发行部62750672　编辑部62750667　出版部62754962

电 子 信 箱：pup_6@163.com

印　刷　者：北京世知印务有限公司

经　销　者：新华书店

787毫米×1092毫米　16开本　17.5印张　388千字

2013年3月第1版　　2013年3月第1次印刷

定　　价：34.00元

21世纪全国高等院校物流专业创新型应用人才培养规划教材

编写指导委员会

丛 书 总 序

物流业是商品经济和社会生产力发展到较高水平的产物，它是融合运输业、仓储业、货代业和信息业等的一种复合型服务产业，是国民经济的重要组成部分，涉及领域广，吸纳就业人数多，促进生产、拉动消费作用大，在促进产业结构调整、转变经济发展方式和增强国民经济竞争力等方面发挥着非常重要的作用。

随着我国经济的高速发展，物流专业在我国的发展很快，社会对物流专业人才需求逐年递增，尤其是对有一定理论基础、实践能力强的物流技术及管理人才的需求更加迫切。同时随着我国教学改革的不断深入以及毕业生就业市场的不断变化，以就业市场为导向，培养具备职业化特征的创新型应用人才已成为大多数高等院校物流专业的教学目标，从而对物流专业的课程体系以及教材建设都提出了新的要求。

为适应我国当前物流专业教育教学改革和教材建设的迫切需要，北京大学出版社联合全国多所高校教师共同合作编写出版了本套《21世纪全国高等院校物流专业创新型应用人才培养规划教材》。其宗旨是：立足现代物流业发展和相关从业人员的现实需要，强调理论与实践的有机结合，从“创新”和“应用”两个层面切入进行编写，力求涵盖现代物流专业研究和应用的主要领域，希望以此推进物流专业的理论发展和学科体系建设，并有助于提高我国物流业从业人员的专业素养和理论功底。

本系列教材按照物流专业规范、培养方案以及课程教学大纲的要求，合理定位，由长期在教学第一线从事教学工作的教师编写而成。教材立足于物流学科发展的需要，深入分析了物流专业学生现状及存在的问题，尝试探索了物流专业学生综合素质培养的途径，着重体现了“新思维、新理念、新能力”三个方面的特色。

1. 新思维

(1) 编写体例新颖。借鉴优秀教材特别是国外精品教材的写作思路、写作方法，图文并茂、清新活泼。

(2) 教学内容更新。充分展示了最新的知识以及教学改革成果，并且将未来的发展趋势和前沿资料以阅读材料的方式介绍给学生。

(3) 知识体系实用有效。着眼于学生就业所需的专业知识和操作技能，着重讲解应用型人才培养所需的内容和关键点，与就业市场结合，与时俱进，让学生学而有用，学而能用。

2. 新理念

(1) 以学生为本。站在学生的角度思考问题，考虑学生学习的动力，强调锻炼学生的思维能力以及运用知识解决问题的能力。

(2) 注重拓展学生的知识面。让学生能在学习了必要知识点的同时也对其他相关知识有所了解。

(3) 注重融入人文知识。将人文知识融入理论讲解，提高学生的人文素养。

3. 新能力

(1) 理论讲解简单实用。理论讲解简单化，注重讲解理论的来源、出处以及用处，不做过多的推导与介绍。

(2) 案例式教学。有机融入了最新的实例以及操作性较强的案例，并对案例进行有效的分析，着重培养学生的职业意识和职业能力。

(3) 重视实践环节。强化实际操作训练，加深学生对理论知识的理解。习题设计多样化，题型丰富，具有启发性，全方位考查学生对知识的掌握程度。

我们要感谢参加本系列教材编写和审稿的各位老师，他们为本系列教材的出版付出了大量卓有成效的辛勤劳动。由于编写时间紧、相互协调难度大等原因，本系列教材肯定还存在不足之处。我们相信，在各位老师的关心和帮助下，本系列教材一定能不断地改进和完善，并在我国物流专业的教学改革和课程体系建设中起到应有的促进作用。

齐二石

2009 年 10 月

齐二石　本系列教材编写指导委员会主任，博士、教授、博士生导师。天津大学管理学院院长，国务院学位委员会学科评议组成员，第五届国家 863/CIMS 主题专家，科技部信息化科技工程总体专家，中国机械工程学会工业工程分会理事长，教育部管理科学与工程教学指导委员会主任委员，是最早将物流概念引入中国和研究物流的专家之一。

前　言

王之泰教授早在 2003 年首届中国工业企业物流论坛上的发言中就指出："在研究物流时要特别注意生产领域物流和社会物流明显不同的发展趋势，即生产领域物流与生产活动一体化明显不同于社会流通领域物流与商流活动分离。"

由于生产物流具备很难独立化的特点，因此也不可能像实现社会物流那样，以独立的物流结构来追求利润，成为一个"利润中心"。而是通过降低蕴涵在整个生产过程的物流成本，如燃料中的物流成本、材料中的物流成本、人力中的物流成本、加工过程中的物流成本，提高整个生产的水平和素质，减少消耗和占用，降低生产的总成本。企业内部生产领域的物流实际上起着"成本中心"的作用。通过降低成本来保持和增加利润，这也是"第三个利润源"的依据之一。

而现在的物流基础、物流概论、物流管理类书籍将物流的产生还是归功于商流与实物配送分类的结果，我国物流术语标准虽然经过修订，但是对物流的定义还停留在一个实体流动过程的表述。

由于经济全球化的趋势和国际分工的发展，当今社会是一个建立在物质流动基础上的社会。进入 21 世纪，物流的概念已经远远超出了它原先的内涵和外延。随着现代社会经济的飞速发展，从工业化时代到后工业化时代、发展到信息社会或网络经济时代，社会对物流服务的需求越来越多样化，供应链对物流服务水平的要求越来越高。物流概念及内涵不断演进，加之物流概念、理论的后进性，教科书上的物流概念已经不能与时俱进，我们需要重新认识物流与供应链。

合久必分，分久必合。物流从流通领域分离出来，产生了实物配送(physical distribution，PD)的概念，从第二次世界大战的军事后勤应用到经济领域，进而产生了物流概念和相关理论学说。现代物流突破了流通领域，全面渗透到经济的生产、消费两大领域。物流与现代农业、物流与工业革命、物流与供应链、物流与信息革命、物流与电子商务产生了错综复杂、密不可分的关系，我们需要重新界定物流与国民经济各个行业及供应链的关系。

这涉及物流在国民经济中的地位，现代物流与信息技术的关系，电子商务下的现代物流新诉求，物联网环境下的智能物流新趋势，产品供应链与物流供应链，物流与经济学、管理学的关系，物流与数学及运筹学的关系，物流与系统工程、工业工程的关系，物流与交通运输及港口、航运的关系，物流与一些前沿交叉学科的关系，最终是物流工程学科、专业的定位问题。

通过笔者多年来担任物流工程和物流管理专业的物流基础、物流管理、物流信息系统等课程的教学，研究方向主要是物流信息化与物流发展战略，以及物联网环境下的智能物流，越来越感觉到对物流的认识需要不断深入，在王之泰教授文章的启发下，经过近年来教学和科研的积累与思考，结合物流的新发展，斗胆尝试写了本书。

本书具有以下特色：既有理论又有实例，丰富生动，易于理解；以基础知识为重，通俗易懂；富有启发性，每章开头的“导入案例”不仅起到引入重点的作用，而且还提出问题引发读者思考、开拓读者思路；思路清晰，结构合理，每章内容由易到难，由基础到深入，“本章教学要点”部分便于读者掌握教材重点；实用性强，章后的习题和案例分析，为读者学习后巩固学习成果、提高学习效果提供了便利。

在编写过程中，参考了大量资料，介绍了国内外一些著名物流与供应链专家、学者的最新研究成果。在本书编写过程中，研究生杜晶、付国富、马冬梅、李英伦、乔红、杨宗发、邢江波、李华华及一些物流工程、物流管理专业的本科生，在查找资料、提出问题、共同讨论、起草初稿等方面做了大量工作，特别是研究生石晶、李真在资料整理、习题设计、编辑、校对、排版等方面付出了大量艰辛的劳动。在此，一并表示衷心的感谢！

由于本书是重新认识物流的一个创新尝试，且涉及内容比较广泛，加之作者水平和条件等限制，难免会有不妥和不尽完善之处，敬请大家不吝指教。

编著者

2012 年 12 月

目　录

第1章 物流与现代物流概念辨析

【本章教学要点】

知识要点	掌握程度	相关知识
传统物流概念	了解	物流概念的提出、演变与发展
现代物流概念	重点掌握	现代物流的定义
物流与流通的关系	了解	物流在流通中所扮演的角色
物流与消费的关系	了解	物流在消费中所扮演的角色
物流与自然界的关系	了解	物流给自然界带来的改变
现代物流学的研究方法	掌握	运用五大方法对现代物流进行分析探讨

导入案例

现代物流对中国物流企业的影响

(1) 物流企业初具规模，形成了一个崭新的行业。由运输型物流企业、仓储型物流企业与综合服务型物流企业组成的物流企业集群在中国形成了一个崭新的行业，这些企业按所有制性质分为国有独资企业、国有控股企业、国有参股企业、民营企业、中外合资企业和外商独资企业。进入物流领域的已有8类机构：物流企业、工业与商贸企业、物流设备与设施提供商、IT企业与咨询公司、物流教育与研究部门、物流地产投资商、金融与保险机构、物流仲裁机构。它们在物流领域各显其能，形成了一种非常可喜的局面。2004年2月1日中国海事仲裁委员会已专门成立物流争议解决中心，第一批物流仲裁员有34名。第三方物流企业个性化、多功能的增值服务必然成为中国物流发展的一大趋势。其客户是多元的，服务是全方位的，物流提供商最终将成为供应链上的一个重要组成部分。

物流业的发展在全国造就了中远物流(COSCO)、中外运(SINOTRANS)、中储、中海物流、中邮物流、海尔物流、宝供物流、招商局物流、南方物流、中铁物流、宅急送、安吉天地、华宇物流、嘉里物流等上百个有影响力的物流企业与叶伟龙、洪水坤、李雄、刘斌、王树生、王振华、陈平、官金仙、茅士家、范棣、梁海山等几十位有影响力的物流企业家。

(2) 物流企业成长加速。物流企业是物流市场的主体，也是物流产业发展的基础。各类物流企业快速成长，物流企业群体逐步形成。一是原有的国有物流企业正在进行重组改制和业务转型，向现代物流发展，如中邮物流、中远物流、诚通中储物流、中海物流、中铁物流及原铁道部所属的几大物流公司等。这些企业运用原有的优势，重新明确市场定位，寻求新的合作伙伴，积极拓展市场，业务发展很快。二是出现了营业收入超亿元，甚至10亿元的民营物流企业。我国最早的民营物流企业成立于20世纪90年代初期，取得了超常发展，如宝供物流、大田物流、宅急送、华宇物流、远成物流等。三是外资和中外合资物流企业抢滩中国物流市场，加快了发展的步伐。世界知名的跨国物流企业基本上都进入了中国市场，并获得较快发展，如丹麦马士基、美国总统轮船、荷兰天地(TNT)、美国联邦快递(FedEx)、帝国邮政、日本日通、英国英运等。

可以预测，未来10～20年是中国物流业发展的黄金时期。中国物流业发展必然与中国经济发展相适应，未来20年，中国在社会稳定的前提下，其经济发展的特点如下：①经济体制转轨将全面完成。②国内生产总值(gross domestic product，GDP)以年均6%～8%的速度上升，中国将成为世界经济大国。③人均GDP将从5 000美元走向11 000美元。④工业化将完成。⑤城市化率达到50%。与此同时，中国物流业将进入快速发展期，社会物流总成本占GDP的比例将下降到15%以下。

讨论题

(1) 现代物流对中国的物流企业有哪些影响？请举一个具体的实例说明。

(2) 为什么现代物流会加速物流企业的发展？你对外资和中外合资企业抢滩中国物流市场有什么看法？

(3) 通过案例分析，总结现代物流的特点。

【内容摘要】

随着社会的不断发展，传统物流已经跟不上时代的步伐，为了更好地适应时代的发展、技术的进步，现代物流应运而生。无论是在运输、装卸还是信息处理方面，现代物流都能够为企业提供先进的物流技术，从而提高企业在市场中的竞争力，提高企业的经济效益。本章介绍了现代物流的概念，比较了传统物流与现代物流的区别，总结出现代物流的特点，同时介绍了现代物流在流通、消费、自然界中所扮演的角色，最后提出现代物流学的研究内容与方法。

1.1 传统物流概念

1.1.1 物流概念的提出

“物流”(logistics)一词虽然最近几十年才渐渐被人们所熟悉，然而其出现却已有久远的历史了。人类社会在货物交换的时代就已经存在物流活动，只是人们无法用具体的语言来描述定义其为物流。早期人们对物流的认识仅局限于生产销售产品过程中的实际需要。物流活动作为一种社会经济活动，伴随着人类生产生活的需要和商品经济的发展而逐渐发展和壮大。物流的发展水平可以从某种意义上反映一个时代经济的发展水平。

国家标准 GB/T 18354—2006《物流术语》将物流定义为“物品从供应地向接收地的实体流动过程”。可见，在原始社会，当人类为了生存的需要而拿着工具进行采食或出于防御的目的而携带工具出行的时候，实质上的物流活动就已存在了。物流是一种客观存在，自从有了商品生产和商品交换就有了物流。

早期的物流活动包含“物”和“流”两个基本要素，而不包含诸如信息、技术等现代因素，是两个要素的简单叠加，是一种朴素的物流活动，并没有对物流形成意识。随着生产力的发展，物流活动也日趋活跃起来，随着社会分工的日益细化和商业信用及信息技术的发展，一些专门为货币进行中介服务的机构如银行出现了。它们所从事的是货币中介服务，为生产者和消费者搭建了一个间接的交易平台，从而促成了物流与商流的分离即商物分离，物流从商流中独立出来，日益被人们所关注，物流科学才得以存在和发展。商物分离的出现是物流近代化的标志之一。

随着商物的分离，人们对物流的认识更加深化。法国的一名技术人员曾在自己的著作中强调重视供货管理功能，保持仓库保管与运输两者之间成本的均衡。1901 年，约翰·F. 克罗韦尔(John F. Crowell)在美国政府报告《农产品流通产业委员会报告》中第一次论述了对农产品流通产生影响的各种因素和费用，在《工业委员会关于农产品配送报告》中第一次提及配送的成本及其影响因素。1905 年，美国陆军少校 C. B.贝克(C. B. Baker)把物流称为关于军队移动与供给的战争科学之一。20 世纪初期，西方资本主义国家进入买方市场经济，因此生产商的首要任务就是如何把产品顺利地销售出去，1915 年美国阿奇·萧(Arch Shaw)在《市场流通中的若干问题》中首先提出了“实物配送”(physical distribution)概念。英国克兰菲尔德物流与运输中心主任、资深物流与市场营销专家马丁·克里斯托弗(Martin Christopher)教授认为，阿奇·萧是最早提出物流概念并进行实践探讨的学者。

1.1.2 物流概念的演变

1. 美国物流概念的演变

美国是最先提出物流概念的国家，也是目前物流最发达、最先进的国家，对物流概念和物流活动的认识和发展演变几乎经历了一个世纪，拥有大批的物流专著和优秀的物流专家人才。美国物流概念的演变大致可以分为四个阶段。

第一阶段，物流概念的萌芽和产生阶段(20 世纪初—20 世纪 40 年代)。1901 年，约翰·F. 克罗韦尔首次提到农产品配送中的成本和影响因素。1927 年，R.博尔索迪(R. Borsody)在《配送时代》中首次使用英文“logistic”对物流下了定义。但是在当时社会生产力水平及人们的观念中，物流仍然被当作营销的附属品。

第二阶段，物流管理的实践与推广阶段(20 世纪 50—70 年代)。这个阶段人们对物流的重视程度有了很大提高，意识到了物流对顾客服务起到的重大作用。1956 年，H. J.刘易斯(H. J. Lewis)、J. W.卡利顿(J. W. Culliton)、J. D.斯蒂尔(J. D. Steel)等人出版了《物流中航空货运的作用》一书，强调了物流总费用的重要性。60 年代早期，密歇根州立大学为本科生设置了“物流管理”这一课程，开始制订了对物流人才教育培养的计划。

第三阶段，物流逐步现代化(20 世纪 70—80 年代)。美国物流业的发展一直受到美国政府的大力支持。美国政府也不断出台和完善物流方面的法律法规，为物流的发展提供了良好的环境，如 1980 年的有关铁路条款和 1984 年的有关航运条款等。同时，这个时期计算机技术得到高速发展，使 MRP(material requirement planning，物料需求计划)、DRP(distribution resource planning，分销资源计划)、JIT(just in time，准时生产方式)等先进的物流管理技术生产得到不断完善，应用于生产调度、存量控制、订单处理等一系列生产活动中，从而推动了物流活动的一体化进程。

第四阶段，物流的信息化、国际化(20 世纪 80 年代至今)。随着世界经济一体化趋势的加强，国家贸易量大大增加，美国在进出口方面的贸易量处于领先地位，这就对物流的信息化、国际化提出了较高的要求，同时也从另一方面促进了物流的国家化发展。第三方物流(third party logistics，TPL 或 3PL)、第四方物流(4PL)甚至第五方物流(5PL)、第六方物流(6PL)应运而生，物流此时对国民经济和企业的发展起到了更重大的作用。

2. 欧洲物流概念的演变

欧洲物流最明显的特征是服务和覆盖范围的不断扩大，形成不同的物流发展阶段。根据其阶段性特点，可分成五个发展阶段。

第一阶段是工厂物流(factory logistics)阶段，时间为 20 世纪五六十年代。此时欧洲各国为了降低产品成本，开始重视工厂范围内的物流信息过程的传递，对传统的物料搬运等作业方式进行改革，对工厂内的物流进行必要的规划以达到物流合理化的效果。当时供应链经济的主要特点是从订单中获取信息，力图从订单中抓住需求信息及变化的规律。当时的供应链管理和运输是从上到下的垂直一体化模式，组织机构是典型的“烟囱式”结构。工厂还处于加工车间模式，工厂内的物资由工厂内设立的仓库提供。客户的期望是工厂产品提供供货服务，信息交换通过信函，产品跟踪采用贴标签的方式；信息处理的软硬件是纸带穿孔式的计算机及相应的软件。这个阶段运输和储运的分离，显示了物流仍处在初级阶段。

第二阶段是综合物流(integrate logistics)阶段，时间为 20 世纪 70 年代。这一阶段，欧洲经济高速发展，产品生产和销售进一步扩大。工厂联合的企业大集团或者大型公司出现得越来越多。此时工厂内部的物流已经不能满足企业集团对物流的需求，于是综合物流应运而生，这也就是给予工厂集成的物流。此时的供应链经济和供应链管理采用具有竞争机制的分布模式，组织机构从原来的“烟囱式”转变为“矩阵式”。这时的制造业对物流的需求增多，相应的要求也变高。随着物流节奏的加快，仓库已经不是原来的静止封闭的储运模式，而是动态的物流配送中心，需求的信息来源从原来的订单式判断改为从配送中心的装运情况来获取信息。供应链经济主要在于防止生产和物流的延误。此时信息交换的软硬件也升级，企业一般采用计算机信息管理系统。

第三阶段是供应链物流(supply chain logistics)阶段，时间为20世纪80年代。此时欧洲经济不断发展，各个行业的企业都在进行物流的改革和建立相应的物流系统，其目的是为了更好地满足物流需求和实现物流的差别化，突出自身的优势与特点。各种经济主体在不同的流通渠道拥有不同的物流系统，这导致在经济连接点产生冲突与矛盾，供应链物流的出现就是为了解决这个矛盾。供应链物流大力发展联盟型或者合作大的物流新系统，它强调合作，改变原来的分散物流。为此欧洲各国出现半官方的组织协作物流委员会来推动供应链物流的发展与实施。这个时期的制造业已经采用JIT模式，客户的物流需求已经可在同一天满足，物流需求信息可以直接从仓库出货点获取，通过传真方式进行信息交换，产品跟踪采用条形码扫描，信息处理的软硬件平台是客户/服务器模式和购买商品的软件包。此时，第三方物流开始兴起。

第四阶段是全球化物流(globalization logistics)阶段，时间为20世纪90年代。此时全球经济一体化趋势十分强劲，欧洲企业纷纷在劳动力比较廉价的国外如亚洲地区建立生产基地生产零部件，根据市场需求的预测甚至建立总装厂。由于从国外生产基地直接向需求国发送商品的数目迅速增加，这又加快了国与国之间的商品流通量，又由于国际贸易的增长，于是出现了全球物流。全球物流是全球消费者和全球供货源之间的物流和信息流。这一时期的欧洲供应商着眼于整体提供产品和服务的能力，同时欧洲的制造业已经发展到精细制造，这时的物流中心建设迅速发展，形成了一批规模庞大的物流中心。例如，荷兰的鹿特丹港物流中心，石油加工量达到6 500万吨/年，汽车分销量300万辆/年，橙汁与水果分销量90万吨/年，成为欧洲最大的物流中心之一。这一时期的物流需求信息直接从顾客消费点获取，信息交换采用EDI(electronic data interchange，电子数据交换)，产品跟踪采用RFID (radio frequency identification，射频识别技术)，信息处理广泛运用互联网和物流服务方提供的软件，这个阶段是欧洲实现物流现代化的重要阶段。

第五阶段是电子物流(e-logistics)阶段，时间为20世纪90年代末—21世纪初。目前，基于互联网和电子商务的电子物流正在欧洲兴起，以满足顾客越来越苛刻的物流需求，如要求在1小时内供货。物流的来源由电子商务服务供应方提供，并实现供应和运输交易的最优化供应链管理进一步扩展，可实现物流的协同规划、预测和供应。组织机构采用横向供应链管理模式，需求信息直接从顾客消费点获取，采用在运输链上实现组装的方式，使库存量实现极小化，信息交换采用数字编码分类技术和无线互联网，产品跟踪利用激光制导标志技术(smart ink)。

3. 日本物流概念的演变

虽然物流的概念在日本出现比较晚，大概在20世纪50年代才有，但是物流在日本的发展却非常迅速，并形成了自身独特的管理经验和方法，目前已经成为现代物流(modern times logistics)的先进国家。日本物流概念的发展大致可以分为三个阶段。

第一阶段是物流概念的引入和形成阶段(1953—1963)。1956年日本开始从美国引入物流概念，在国内物流状况进行调查研究的基础上，将物流称为“物的流通”。1964年日本又提出，为了降低产业的总成本，将要推动除生产、流通之外的第三种成本的削减，即搬运、保管、包装等物流成本。产业构造审议会流通部设立了物的流通委员会。日本还把“物的流通”视为一种包括运输、配送、装卸、仓储、包装、流通加工和信息传递等多种活动的综合行为。这一时期政府加强了对物流设施建设。例如，1953—1958年交通运输投资占公共投资总额的 19.2%，1959—1963 年已经上升为 29.5%，可见从基础设施上面已经打下了坚实的基础。

第二阶段是物流概念的发展阶段(1963—1973)。20 世纪 60 年代中期—70 年代初是日本经济高速增长的时期，商品流通量大大增加，这一时期生产技术向机械化、自动化发展，销售体制也在不断扩充，物流这时候已经成为企业发展的制约。因此日本此时开始进行大型物流设施的建设。日本政府《中期五年经济计划》强调了要实现物流的近代化。作为具体措施，日本开始在全国范围内展开高速道路网、港口设施、流通聚集地等各种基础设施的建设。与此同时，各个厂商也开始高度重视物流，并且积极投资建设物流体系，各企业都建立了相应的物流部门，推进基础设施的建设，主要是随着物流营业规模的扩大增设物流中心，或者确保大量输送手段以充实物流硬件。这一时期日本厂商的共同特点就是增大物流量、扩大物流处理能力，以适应商品流通的需求。而另一方面，为了解决仓库不足、出入库时间太长、火车运输欠缺、大量生产的产品无法顺利流向市场等问题，企业开始采用叉车等机械化装备设施和采用自动化仓库、灵活运用托盘和集装箱，实现货物单元组成装卸。同时建立物流中心，积极推行物流联网系统，开发 VSP(vehicle scheduling program，车辆安排程序方法)、配车系统等物流软件。1970 年，日本同时成立了两个最大的物流学术团体——日本物流管理协会和日本物的流通协会，开展了多种全国性和国际性学术活动。这个时期是日本物流建设大力发展的时期。这一阶段一直到 1973 年石油危机爆发才告一段落。

第三阶段是物流的合理化阶段(1973—1983)。日本的经济已经进入高速发展的时期，并且进入了以消费为主导的时代。物流量虽然大大增加，但是物流的成本却没有下降反而成了企业的制约因素，企业的利润并没有得到提高。这时候，经营成本成了经营战略的主要问题，最关键的是如何降低物流成本，将物流合理化和最优化。这就是物流合理化的时代。物流公司或者说物流专业部门开始兴起，物流子公司也开始迅速增加。物流合理化在这一时期主要是改变原来的“物流是蓄水池或者集散地”的观念，在经营管理层面上发挥物流的作用。这集中反映在“物流利润源”学说中，其思想是，物流将成为增加企业利润的关键。这解释了现代物流的本质，是物流能在战略和管理上统筹企业生产、经营的全过程，并且推动现代物流的发展。

4. 中国物流概念的演变

1) 物流概念引入中国

物流概念在国外发展得十分迅速，引入我国大体分为三个阶段。

第一阶段，20 世纪 80 年代初—90 年代初。一方面从欧美市场营销理论的引入，开始接触物流的概念；另一方面从日本市场营销理论的引入，开始接触实物物流(physical distribution)的概念。尽管当时在中国还尚未形成“物流”的概念，但是物流行业是客观存在的，只是不是很专业，还处于萌芽状态，各种理论和体制还不成熟。限于这个时期中国的经济体制正处于转轨时期，真正意义上的现代物流尚未形成，因此引入传统物流的概念更适合中国的国情。

第二阶段，20 世纪 90 年代中期—90 年代末期。一方面由于对外开放力度加大，大量跨国公司进入中国，将现代物流的理念传播给中国；另一方面大量“三资”企业的生产和制造活动开始本土化，对现代物流产生了需求。于是，一批传统储运企业开始向物流业务的现代物流企业转型。

第三阶段，20 世纪末至今。一方面由于世界经济一体化进程的推进，国际政治、经济、技术和管理对中国经济产生的深刻影响，促进了中国物流业的发展；另一方面由于中国社会主义体制建设的进程加快，现代物流发展的客观需求和市场环境基本具备。现代物流开始在中国进入全面发展的新阶段。

2) 发展历程

我国开始使用“物流”一词大概在 20 世纪 70 年代末，也就是在改革开放后，现代物流的观念和方法大量进入中国，掀起了物流的新时代。在这之前，人们对物流有一定的认识，但是只处于朦胧状态，并没有将之实践化，没有新的见解和思路。当改革开放后，中国开始接受大量先进的东西，物流这种明晰的理论和方法使人们有了茅塞顿开的感觉。随之，物流很快在理论界、学术界、企业界热起来，使物流这门学科很快得到普及。

最初引进国外物流主题的是政府及以政府为背景的各种学术团体，尤其是中国在计划经济时期特有的物资系统和由多个部门组成的交通系统，由于本身业务上与现代物流在很多方面类似，对于这种引进做了大量的工作。20 世纪 80 年代，中国物资经济学会先后组织了 19 个物流考察团到发达国家和地区进行物流考察，也先后接待了 21 个国外的物流相关领域的学术团体，把物流的引进、学习和研究工作主体从少数政府官员扩大到高等学校、研究单位、工业企业、流通企业，实现了从政府到社会的飞跃。这是推动中国社会广泛认识物流的重要力量。

1.1.3 物流概念的发展

1. 物流概念讨论

物流的定义并不是永恒不变的，目前关于物流的定义只是站在当前的视角对当前的物流做出的定义，物流概念也会随着经济和社会生产各方面的发展而不断发展，多年后也必然会出现不同的定义。在不同经济发展阶段，为适应不同的经济活动目的，物流的定义在不断地进化和完善；即便在同一历史时期和同一经济发展阶段，不同的团体组织和学派，或者出于不同角度和出发点，对物流的定义也各有不同。例如，目前美国就至少存在四个派别：一是管理学派，以美国供应链管理专业协会(CSCMP)为代表，从管理的角度给出物流的定义；二是工程学派，指美国物流工程师学会从工程、技术、系统设计的角度来讨论和认识物流；三是军事学派，它把物流的对象归纳为商品、人员、服务和设备四个方面，以保障供给为第一目标，提出物流的定义；四是企业学派，从企业实际运作的角度来分析企业如何把运输、仓储、装卸搬运、流通加工和信息等环节集成起来。

所以物流的定义和用语及各个学派对物流各方面的看法至今仍有争论。不过物流定义的改变过程也恰恰反映了不同时期物流理论、物流管理和物流效率化的进步轨迹。

早期的物流所研究的主要内容是企业为了把产品顺利销售出去而进行的一系列运输、仓储、包装等活动，使用的是“physical distribution”一词，意味实体配送，而后才慢慢发展为“logistics”。国内外关于物流的定义有很多。下面介绍其中的一部分。

(1) 美国供应链管理专业协会对物流的定义：有计划地将原材料、半成品及产成品由生产地送到消费地的所有流通活动。其内容包括为用户服务、需求预测、情报信息联系、材料搬运、订单处理、选址、采购包装、运输、装卸、废料处理及仓库管理等。

(2) 美国物流管理委员会对物流的定义：物流作为客户生产过程中供应环节的一部分，

它的实施及控制提供了有效的、经济的货物流动及储存服务，提供从货物原始地到消费地的相关信息，以期满足客户的需求。

(3) 日本通商产业省运输综合研究所对物流的定义：产品从卖方到买方的全部转移过程。

(4) 哈佛商学院对物流的定义：一种物的实体流通活动的行为，在流通过程中，通过管理程序有效结合运输、仓储、装卸、包装、流通加工、资讯等相关物流机能性活动，以创造价值，满足顾客及社会需求。简单地说，物流是物品从生产地至消费者或者使用地点的这个流通过程。

(5) GB/T 18354—2006 对物流的定义：物品从供应地向接受地的实体流动过程。根据实际需要，将运输、储存、搬运、包装、流通加工、配送、信息处理等基本功能实施有机结合。

(6) 本书对物流的定义：物流是供应链过程的一部分。为了满足客户需求，适应市场竞争的需要，低成本、高效率、安全、低碳地把物品从供方到需方的采购、供应、生产、订单、运输、仓储、配送、流通加工、装卸、搬运、回收、废弃、结算、信息处理的过程作为一个系统，用社会科学和自然科学的技术方法，加以计划、组织、协调、控制。

2. 物流的分类

社会经济领域中，物流活动无处不在。但由于这些物流活动的对象、目的和形式各不相同，形成了不同类型的物流。目前在物流分类标准方面尚无统一的认识，国内外在物流的分类和称谓上都比较混乱。

1) 根据所属范畴划分

根据所属的范畴不同可将物流划分为社会物流和企业物流。

社会物流属于宏观范畴，包括设备制造、运输、包装、配送、信息服务等，公共物流与第三方物流贯穿其中。企业物流属于微观物流的范畴，包括生产物流、供应物流、销售物流、回收物流和废弃物流等。

2) 根据作用领域划分

根据物流活动的作用领域不同可将物流分为两大类：生产领域的物流和流通领域的物流。

生产领域的物流贯穿生产的整个过程。从原材料的采购开始，到原材料、半成品的加工、生产，再到余料、物资的回收，以及废物的处理等，每个阶段都对应着相应的物流类别，即采购物流、生产物流、回收及废弃物流。流通领域的物流主要是指销售物流。在当今买方市场条件下，销售物流活动带有极强的服务性，以满足买方的需求，最终实现销售。在这种市场前提下，销售往往以送达用户并经过售后服务才算终止，因此，企业销售物流的特点是通过包装、送货、配送等一系列物流活动来实现。

3) 根据提供物流服务的主体划分

根据提供物流服务的主体不同可将物流划分为代理物流和企业自营物流。

代理物流也称第三方物流，是指由物流劳务的供方、需方之外的第三方去完成物流服务的运作模式。第三方物流是提供物流交易双方的部分或全部物流功能的外部服务提供者。近年来兴起的第四方物流也应属于代理物流的范畴。企业自营物流是指生产企业利用自身的物流服务功能，实现企业内部及对外的物流活动。

4) 根据物流的流向划分

根据物流的流向不同可将物流分为流入物流和流出物流。

流入物流是企业从供应商进货所引发的原材料、零部件和产品的流动，即企业从市场采购的过程。流出物流是从企业到消费者之间的产品流动，即企业将产品送达市场并完成销售的过程。根据流入物流和流出物流对企业竞争力影响的重要性不同，又可分为单向物流和双向物流。

1.2 现代物流概念

1.2.1 传统物流与现代物流的区别

传统物流一般指产品出厂后的包装、运输、装卸、仓储，而现代物流提出了物流系统化或叫总体物流、综合物流管理的概念，并付诸实施。具体地说，就是使物流向两头延伸并加入新的内涵，使社会物流与企业物流有机结合在一起，从采购物流开始，经过生产物流，再进入销售物流，与此同时，要经过包装、运输、仓储、装卸、加工配送到达用户(消费者)手中，最后还有回收物流。可以这样讲，现代物流包含了产品从“生”到“死”的整个物理性的流通全过程。

传统物流与现代物流的区别主要表现在以下几个方面。

(1) 传统物流只提供简单的位移，现代物流则提供增值服务。

(2) 传统物流是被动服务，现代物流是主动服务。

(3) 传统物流实行人工控制，现代物流实施信息管理。

(4) 传统物流无统一服务标准，现代物流实施标准化服务。

(5) 传统物流侧重点到点或线到线服务，现代物流构建全球服务网络。

(6) 传统物流是单一环节的管理，现代物流是整体系统优化。

现代物流不仅单纯地考虑从生产者到消费者的货物配送问题，而且还考虑从供应商到生产者对原材料的采购，以及生产者本身在产品制造过程中的运输、保管和信息等各个方面全面地、综合性地提高经济效益和效率的问题。因此，现代物流是以满足消费者的需求为目标，把制造、运输、销售等市场情况统一起来考虑的一种战略措施。这与传统物流仅作为“后勤保障系统”和“在销售活动中起桥梁作用”相比，在深度和广度上又有了进步。

在电子商务时代，全球物流产业有了新的发展趋势。现代物流服务的核心目标是在物流全过程中以最小的综合成本来满足顾客的需求。

1.2.2 对现代物流的认识

首先，要正确理解什么是“现代物流”。现代物流是以现代信息技术为基础，整合运输、储存、装卸、搬运、包装、配送、流通加工、逆向物流、客户服务及物流信息处理等各种功能而形成的综合性物流活动模式。其实质是运用现代信息技术、通信技术和物流技术对传统物流流程进行变革、控制和创新。物流范围从流通领域扩展到企业生产的全过程，即供应、加工、组装、销售及逆向物流，实行一体化物流管理，进而随着电子商务技术的发展及基于此的物流、信息网络的发展，扩大到供应链管理范围。

20 世纪 80 年代，经济全球化格局已基本形成，物流费用在产品成本中的比重也随之大大提高。降低物流费用对提高产品竞争力的作用增大，因此，生产者大力谋求降低物流费用，使现代物流产业普遍受到关注。同时，计算机网络和信息技术也发展到足以支持物流全过程的优化和整合的程度。需要与可能相结合，促成了现代物流的高速发展。在一些发达国家，经过长期整合，物流已渐渐地形成了独立的产业——现代物流产业。因此，现代物流产业与传统物流产业的根本区别就在于其全过程是经过全程优化的，各环节之间也是无缝衔接的。这就大大地降低了物流费用，缩短了物流时间。这也就是当代物流产业迅速发展的主要原因。随着信息技术的发展，传统的物流企业都用信息技术装备了起来，这是时代发展的必然，但并不能因此而称之为现代物流企业。例如，传统的仓储企业开始使用了计算机，但却不能仅仅因此称之为现代物流企业，而要看这个仓储企业的运作模式与上下游的联合是不是可能成为经过整合后的物流链中的一环。

其次，要理解什么是中心。中心是相对于腹地而言的，是腹地某项活动(如政治、经济、体育等)集中开展的场合。因此，腹地大小的不同、腹地该项活动发展水平的不同，中心的层次也不一样，表现为中心的规模有大有小，活动项目有多有少。因此，物流中心就是物流服务活动集中进行的场所，物流中心的规模取决于腹地的大小及其对物流服务的需求。

最后，还要认识到，物流活动是商品生产与消费派生的活动，是随着商品生产数量的增加而增加的。如果商品生产的数量一定，对物流活动的需求也是一定的。只有在因物流费用减少、商品价格降低、刺激需求增长、商品生产扩大时，对物流活动的需求才会增加。传统物流是分散进行的，而现代物流则是经过整合后连续进行的。

电子商务的不断发展使物流行业重新崛起，目前美国的物流业所提供的服务内容已远远超过了仓储、分拨和运送等服务。物流公司提供的仓储、分拨设施、维修服务、电子跟踪和其他具有附加值的服务日益增加。物流服务商正在变为客户服务中心、加工和维修中心、信息处理中心和金融中心，根据顾客需要而增加新的服务。

相对于发达国家的物流产业而言，中国的物流产业尚处于起步发展阶段，其发展主要具有以下特点。

(1) 企业物流仍然是全社会物流活动的重点，专业化物流服务需求已初露端倪，这说明我国物流活动的发展水平还比较低，加强企业内部物流管理仍然是全社会物流活动的重点。

(2) 专业化物流企业开始涌现，多样化物流服务有一定程度的发展。走出以企业自我服务为主的物流活动模式，发展第三方物流，已是中国物流业发展的当务之急。

1.2.3 现代物流的定义、特征及发展趋势

1. 现代物流的定义

下面是一些从不同角度对现代物流的理解与定义。

(1) 现代物流是整个国民经济发展到一定阶段的必然产物，是现代科技应用的结果，是经济发展的客观规律。现代科学技术融入物流中，形成了以信息技术为支撑，以物流信息网络平台为特征的物流——现代物流。

(2) 现代物流指的是将信息、运输、仓储、库存、装卸搬运及包装等物流活动综合起来的一种新型的集成式管理，其任务是尽可能降低物流的总成本，为顾客提供最好的服务。我国许多专家学者则认为：现代物流是根据客户的需求，以最经济的费用，将物流从供给地向需求地转移的过程。它主要包括运输、储存、加工、包装、装卸、配送和信息处理等活动。

(3) 现代物流追求的是产品供应链整体的最优。效率、效益、成本和服务质量不断追求完善。现代物流就是现代管理制度、管理组织、管理技术、管理方法在物流中的运用。具体包括物流专业化、管理系统化、运输合理化、仓储自动化、包装服务标准化、装卸机械化、加工配送一体化、信息网络化。

(4) 现代物流的两个最基本的先决条件：实体网络(作业系统)和信息网络(信息系统)。现代物流是物流、商流、信息流三流合一。现代物流的社会责任应该是可持续发展的低碳、绿色物流。

以下是本书对现代物流的定义：在供应链管理理论指导下，在信息技术支持下，秉承绿色、低碳物流理念，以创新的商业模式来实现物流过程与目标，以更好地为供应链服务。也就是说，现代物流是指在信息网络平台基础上，以信息技术为支撑，对各种物流资源进行优化处理，最大限度降低物流成本，提高物流效率，满足客户对物流服务的需求过程。

2. 现代物流的主要特征

现代物流的主要特征可归纳为以下几个方面。

1) 物流反应快速化

物流服务提供者对上、下游的物流、配送需求的反应速度越来越快，前置时间越来越短，配送间隔越来越短，物流配送速度越来越快，商品周转次数越来越多。

2) 物流功能集成化

现代物流着重于将物流与供应链的其他环节进行集成，包括物流渠道与商流渠道的集成、物流渠道之间的集成、物流功能的集成、物流环节与制造环节的集成等。

3) 物流服务系列化

现代物流强调物流服务功能的恰当定位与完善化、系列化。除了传统的储存、运输、包装、流通加工等服务外，现代物流服务在外延上向上扩展至市场调查与预测、采购及订单处理，向下延伸至配送、物流咨询、物流方案的选择与规划、库存控制策略建议、货款回收与结算、教育培训等增值服务；在内涵上则加强了以上服务对决策的支持作用。

4) 物流作业规范化

现代物流强调功能、作业流程、作业动作的标准化与程式化，使复杂的作业变成简单的易于推广与考核的动作。

5) 物流目标系统化

现代物流从系统的角度统筹规划一个公司整体的各种物流活动，处理好物流活动与商流活动及公司目标之间、物流活动与物流活动之间的关系，不求单个活动的最优化，但求整体活动的最优化。

6) 物流手段现代化

现代物流使用先进的技术、设备与管理为销售提供服务，生产、流通、销售规模越大、范围越广，物流技术、设备及管理越现代化。计算机技术、通信技术、机电一体化技术、语音识别技术等得到普遍应用。世界上最先进的物流系统运用了 GPS(全球卫星定位系统)、卫星通信、射频识别装置、机器人，实现了自动化、机械化、无纸化和智能化。例如，20 世纪 90 年代中期，美国国防部(DOD)为在南斯拉夫社会主义联邦共和国地区执行维和行动的多国部队提供的军事物流后勤系统就采用了这些技术，其技术之复杂与精坚堪称世界之最。

7) 物流组织网络化

为了保证对产品促销提供快速、全方位的物流支持，现代物流需要有完善、健全的物流网络体系，网络上点与点之间的物流活动保持系统性、一致性，这样可以保证整个物流网络有最优的库存总水平及库存分布，运输与配送快速、机动，既能铺开又能收拢。分散的物流单体只有形成网络才能满足现代生产与流通的需要。

8) 物流经营市场化

现代物流的具体经营采用市场机制，无论是企业自己组织物流，还是委托社会化物流企业承担物流任务，都以“服务-成本”的最佳配合为总目标，谁能提供最佳的“服务-成本”组合，就找谁服务。国际上既有大量自办物流相当出色的“大而全”、“小而全”的例子，又有大量利用第三方物流企业提供物流服务的例子。比较而言，物流的社会化、专业化已经占到主流，即使是非社会化、非专业化的物流组织也都实行严格的经济核算。

9) 物流信息电子化

由于计算机信息技术的应用，现代物流过程的可见性(visibility)明显增强，物流过程中库存积压、延期交货、送货不及时、库存与运输不可控等风险大大降低，从而可以加强供应商、物流商、批发商、零售商在组织物流过程中的协调和配合，以及对物流过程的控制。

3. 现代物流的发展趋势

现代物流的发展趋势呈现出全球化、多功能化、系统化、信息化和标准化的特征，其中信息化是现代物流的核心。现代物流充分利用现代信息技术，打破了运输环节独立于生产环节之外的行业界限，通过供应链建立起对企业产供销全过程的计划和控制，从而实现物流信息化，即采用信息技术对传统物流业务进行优化整合，达到降低成本、提高水平的目的。

1) 已成为物流服务的主导方式

从欧美看，生产加工企业不再拥有自己的仓库，而由另外的配送中心为自己服务，已经成为一种趋势。2010 年美国某机构对制造业 500 家大公司的调查显示，将物流业务交给第三方物流企业的货主占 78%(包括部分委托)。同时研究表明，美国 43%和欧洲 35%的非第三方物流服务用户正积极考虑使用第三方物流服务。

2) 信息技术、网络技术广泛应用

信息技术、网络技术日益广泛用于物流领域，物流与电子商务日益融合。互联网的出现促使物流行业发生了革命性的变化，基于互联网的及时准确的信息传递满足了物流系统高度集约化管理的信息需求，保证了物流网络各点和总部之间及各网点之间信息的充分共享。

3) 物流全球化

物流全球化包含两层含义，一是指经济全球化使世界越来越成为一个整体，大型公司特别是跨国公司日益从全球的角度来构建生产和营销网络，原材料、零部件的采购和产品销售的全球化相应地带来了物流活动的全球化；另一层含义是指，现代物流业正在全球范围内加速集中，并通过国际兼并与联盟，形成愈来愈多的物流巨无霸。TNT 以 3.6 亿美元兼并法国第一大国内快递服务公司 Jef Service；英国邮政以 5 亿美元兼并德国第三大私人运输公司 German Parcel。这些兼并活动不仅拓宽了企业的物流服务领域，而且大大增强了企业的市场竞争力。

1.3 物流与流通、消费及自然界

1.3.1 物流在流通中扮演的角色

最初，物流是指物质资料从供给者到需求者的物理性运动，主要是创造时间价值和场所价值，有时，也创造一定的加工价值的活动。商品流通是物流的上位概念，物流不是先于商品流通存在的，而是有了买卖行为之后，才有物流。物流是使商品在需要的时间到达需要的地点的经营活动过程，是提高商品流通效率的重要途径，是“第三利润的源泉”。物流和商流、信息流共同构成商品流通的完整体系，三者缺一不可。流通是社会再生产的一个重要环节，没有流通，生产、分配、交换就不可能实现，而流通是伴随着物流、信息流和资金流的，没有物流就不可能有流通。物流是信息流和资金流的起因和归宿，没有物流，信息流和资金流便失去了产生的基础和意义。当然，有效而准确的信息流，可以使物流高效而节约；强大的资金流，则可以使物流更安全可靠。物流在流通领域中的作用如图 1.1 所示。

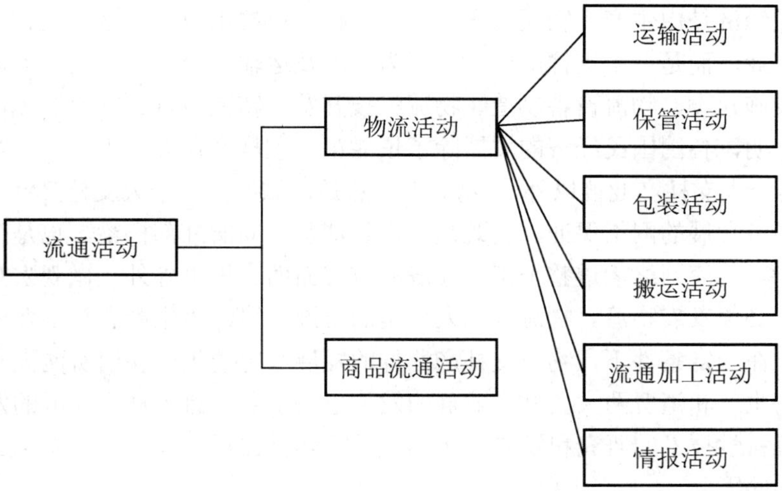

图 1.1　物流在流通领域中的作用

物流无论是在国民经济中还是在企业中均占有显著地位。物流的任务是以最少的成本在正确的时间、正确的地点、正确的条件下将正确的商品送到正确的顾客手中，物流的核心在于创造价值。良好的物流管理要求供应链上的每一项活动均能实现增值，在为顾客创造价值的同时，也为企业自身及其供应商创造价值。物流管理所创造的价值体现在商品的时间和地点效用上，以及保证顾客在需要的时候能方便地获取商品。如果某国能以较小比例的资源完成各项物流活动，则显示该国的物流效能较高。国家发展和改革委员会(以下简称发展改革委)、国家统计局、中国物流与采购联合会等机构联合发布的《2011 年全国物流运行情况通报》显示，2011 年全国社会物流总费用 8.4 万亿元，同比增长 18.5%，与 GDP 的比率为 17.8%，社会经济运行的物流成本仍然较高。如果我国物流费用降低 1%，每年就将节约物流费用 840 亿元，将为国民经济发展节约巨额的资金；而降低物流费用的最佳途径应当是加强物流管理。

所以，有效的物流活动对人民生活水平、企业经济效益、国民收入起着不可忽视的作用。物流支撑着经济生活中大多数交易行为，是商品交易得以实现的重要保障。

进入 21 世纪的物流产业将成为我国经济发展的重要产业和新的经济增长点，在我国发展物流产业的潜力很大，尤其是中国已经加入 WTO，现代科学技术的发展和全球经济一体化步伐的加快，这就要求在我国物流的发展中，要时刻紧跟世界物流技术发展的最新动态，利用先进技术改造我国仓储、运输、包装等物流环节，以提高我国的物流效率，增强我国物流企业在国际物流市场上的竞争力，加快我国物流现代化的步伐。可以预见，21 世纪的物流业将是呈现信息化、网络化、智能化、柔性化、标准化和社会化的时代。

1.3.2 物流在消费中扮演的角色

众所周知，国民经济由生产、流通、消费三大领域组成。一般认为，国民经济具有三种形态：一是实物形态；二是价值形态；三是综合形态，包括实物形态和价值形态。所以，生产、流通、消费也有三种形态。从研究商品开始，着重从实物形态来研究考察整个国民经济的生产、流通和消费过程应该是我们这个时代的重要任务。

从实物形态看，整个国民经济由物的生产、物的流动和物的消费三大领域组成，也可以说整个国民经济是由生产、物流和消费三大支柱产业群组成的。这里把物流不仅仅看作是一个支柱产业，而是一个支柱产业群，因为它涉及运输、仓储、包装、流通加工、物流信息、物流设施建设、物流设备制造、物流科技开发、物流教育、物流服务、物流管理等产业。事实证明，各国国民经济的发展除了依靠第一支柱产业群“生产”和第二支柱产业群“消费”两个大支柱产业群以外，“物流”自然是依靠的第三个大支柱产业群。物流是每个国家国民经济发展的网络保证，它既是生产和消费之间的外部桥梁，也是生产和消费内部的物质保障。物流网络渗透整个国民经济的方方面面、里里外外、微观宏观。国民经济要发展，首先必须发展物流。物流好比人体里的血液网络，为生产者与消费者输送各种各样的营养物。在一定条件下，物流支柱产业群的发展决定着生产和消费两大支柱产业群的发展，同样，生产和消费两大支柱产业群的发展也决定着物流支柱产业群的发展。大力加强经济界物流科学技术的研究和发展是 21 世纪经济增长的需要，是开垦处女地的需要，是获得第三利润的需要。

1.3.3 物流给自然界带来的改变

物品的流动是伴随着人类的存在而存在的，但在工业革命以前，人们的生产水平极其低下，一般来说，产品生产出来总可以分销出去，不必太多地考虑产品的储存和运输等问题。工业革命以后，人类进入了大机器生产的时代，劳动生产率成倍提高，市场竞争越来越激烈，产品不一定都能分销出去，这时，人们不得不开始重视销售工作，也开始关注物流。

物质的流动不仅是自然界存在和发展的物质基础，而且是人类社会和国民经济存在和发展的物质基础。自然界如果没有阳光、空气和水这些自然物质的流动，包括人类自身在内的任何生物都会因为得不到它们而不能生存，自然界就会变成无生命的世界，人类社会和国民经济也都不能存在。但是，自然界物流在为人类造福的同时，也给人类带来了灾难，如水灾、风灾、沙尘暴、泥石流等。

随着人类社会和国民经济的发展，社会界物流和经济界物流得到了很大的发展，但同时对自然界也产生了破坏性的影响。特别是自工业社会以来，由于大规模发展工业生产，人口急剧增长和战争的爆发，社会界和经济界的有害物流不断增长，对自然生态环境造成很大破坏，对自然的发展产生严重影响。

当今，自然界物流问题，以及由社会界物流和经济界物流引起的环境生态问题越来越严重，如大气中和水中的有害物质的物流造成的危害问题，CO_2、SO_2等废气物流问题，泥沙物流问题，泥石物流问题，沙尘暴物流问题，酸雨物流问题等，都是人类需要共同加强研究的重大科学技术问题。保护好自然生态环境，积极利用自然为人类造福是现代人们关注的焦点。

1.4 现代物流学的研究内容与方法

1.4.1 现代物流学的研究内容

20世纪60年代，美国学者彼得·德鲁克(Peter Drucker)预言，物流是每个国家经济增长的“黑大陆”，是“第三利润源”，是“一块未被开垦的处女地”。我们认为，物流在科学技术上更是一块“未被开垦的处女地”，存在很多空白，物流科学技术的研究很重要，物流科学技术的研究和发展大有可为。

物流学本身就是多方面知识交叉的学科，涉及经济、预测、管理、运筹、数学、信息等多门学科。重新认识物流与供应链是对各个相关学科的整合和创新，从新的方面运用新的、科学的研究方法对物流与供应链进行全面的分析和认识，综合考虑各种因素的影响和遇到的现实中实际的问题，提出具体的切合实际的研究方法和理论，并对相关的模型进行求解。

1.4.2 现代物流学的研究方法

1. 系统理论方法

物流不是微观系统，是宏观巨系统，物流本身又处在复杂的自然地理系统和社会经济系统当中，因此需要从整体上来把握物流与环境的关系，以及正确分析和认识物流子系统的关系。在分析物流问题时，需要系统理论的思想和眼光，在实际研究过程中更应运用系统分析的方法来分析物流子系统之间，物流与经济、物流网络、物流接点与通道，物流管理与其他社会经济系统及水资源综合利用等各种复杂交互的关系。

2. 主成分分析方法

物流系统是多因素交互复杂系统，在研究变量时需要分清矛盾主次，化繁为简。例如，在研究全国各省、自治区、直辖市(不包括港澳台)水运状况时，可运用聚类分析和主成分分析方法，将其分成四大类，并通过对比分析找到影响水运发展状况的关键性因素。

3. 社会网络分析方法

物流网络具有关系网络的特性，对物流网络节点关系进行研究，更适合应用社会关系网络分析方法，而不是传统数理统计分析方法，因为后者要求数据具有分布上的独立性，而关系数据则不具备这种特征。具体应用这种方法的软件是UCINET。

4. 归纳对比分析方法

可以利用对比的方法研究物流与供应链。通过传统物流与现代物流的对比，归纳出现代物流的现状及特点，推导物流的发展趋势。

5. 文献研究方法

可以通过对国内外大量与物流相关的文献进行研究分析和总结。

习　题

1. 选择题

(1) 欧洲物流概念的演变包括工厂物流、综合物流、(　　)、全球物流、电子物流五个阶段。

A．供应链物流　　B．供应物流　　C．销售物流　　D．国际物流

(2) 现代物流的两个最基本的先决条件：实体网络(作业系统)和(　　)。

A．应用系统　　B．虚拟系统　　C．信息网络　　D．信息系统

(3) 现代物流的发展趋势呈现出全球化、多功能化、系统化、信息化和标准化的特征，其中(　　)是现代物流的核心。

A．全球化　　B．系统化　　C．信息化　　D．标准化

(4) 流通领域的物流主要是指(　　)。

A．供应物流　　B．销售物流　　C．回收物流　　D．废弃物流

(5) 现代物流的特征包括反应快速化、功能集成化、(　　)、作业规范化、服务系列化等。

A．目标系统化　　B．经营网络化　　C．信息现代化　　D．组织网络化

2. 简答题

(1) 简述传统物流与现代物流的区别。

(2) 简述现代物流的定义。

(3) 简述现代物流的特征。

3. 判断题

(1) 早期的物流活动包含“物”和“流”两个基本要素，而不包含诸如信息、技术等现代因素，是两个要素的简单叠加，是一种朴素的物流活动，并没有对物流形成意识。　(　　)

(2) 美国最早将物流称为物的流通。　(　　)

(3) “物流利润源”学说的思想是物流将成为增加企业利润的关键。　(　　)

(4) 物流是信息流和资金流的起因和归宿，没有物流，信息流和资金流便失去了产生的基础和意义。　(　　)

(5) 传统物流实行人工控制，现代物流实施信息管理。　(　　)

4. 思考题

为什么现代物流离不开信息技术的支持？

案例分析

沃尔玛的物流配送中心

沃尔玛百货有限公司(以下简称沃尔玛)由美国零售业的传奇人物山姆·沃尔顿(Sam Walton)先生于1962年在阿肯色州成立。经过50年的发展，沃尔玛已经成为美国最大的私人雇主和世界上最大的连锁零

售商。截至2011年，沃尔玛在全球27个国家开设了超过10 000家商场，员工总数220多万人，分布在美国、墨西哥、巴西、中国、韩国、德国和英国等国家。连续多年荣登《财富》杂志“世界500强企业”和“最受尊敬企业”排行榜。

沃尔玛的业务之所以能够迅速增长，并且成为非常著名的公司之一，是因为沃尔玛在节省成本及在物流配送系统方面取得了巨大的成就。

在沃尔玛整个物流过程当中，最昂贵的就是运输部分，所以沃尔玛在设置新卖场时，尽量以其现有配送中心为出发点，卖场一般都设在配送中心周围，以缩短送货时间，降低送货成本。沃尔玛在物流方面的投资，也非常集中地用于物流配送中心建设。

物流配送中心一般设立在100多家零售店的中央位置，也就是配送中心设立在销售主市场。这使得一个配送中心可以满足附近周边城市的100多个销售网点的需求；另外运输的半径既比较短又比较均匀，基本上是以320千米为一个商圈建立一个配送中心。

沃尔玛各分店的订单信息通过公司的高速通信网络传递到配送中心，配送中心整合后正式向供应商订货。供应商可以把商品直接送到订货的商店，也可以送到配送中心。有人这样形容沃尔玛的配送中心：这些巨型建筑的平均面积超过11万平方米，相当于24个足球场那么大；里面装着人们所能想象到的各种各样的商品，从牙膏到电视机，从卫生巾到玩具，应有尽有，商品种类超过8万种。沃尔玛在美国拥有62个以上的配送中心，服务着4 000多家商场。这些中心按照各地的贸易区域精心部署，通常情况下，从任何一个中心出发，送货汽车可在一天内到达它所服务的商店。

在配送中心，计算机掌管着一切。供应商将商品送到配送中心后，先经过核对采购计划、商品检验等程序，分别送到货架的不同位置存放。当每一样商品储存进去的时候，计算机都会把它们的方位和数量一一记录下来；一旦商店提出要货计划，计算机就会查找出这些货物的存放位置，并打印出印有商店代号的标签，以贴到商品上。整包装的商品将被直接送上传送带，零散的商品由工作人员取出后，也会被送上传送带。商品在长达几千米的传送带上进进出出，通过激光辨别上面的条形码，把它们送到该送的地方，传送带上一天输出的货物可达20万箱。对于零散的商品，传送带上有一些信号灯，有红的，有黄的，有绿的，员工可以根据信号灯的提示来确定商品应该被送往的商店，并将取到的商品放到一个箱子当中，以避免浪费空间。

灵活高效的物流配送使得沃尔玛在激烈的零售业竞争中技高一筹。沃尔玛可以保证，商品从配送中心运到任何一家商店的时间不超过48小时，沃尔玛的分店货架平均一周可以补货两次，而其他同业商店平均两周才能补一次货。通过维持尽量少的存货，沃尔玛既节省了存储空间又降低了库存成本。

讨论题

(1) 结合案例，你得到了哪些启示？

(2) 沃尔玛是如何运用现代物流理念的？

(3) 沃尔玛是如何建立物流配送中心以降低成本的？

第2章 第N方物流及其发展

【本章教学要点】

知识要点	掌握程度	相关知识
第一方物流	了解	第一方物流的概念、发展现状、发展趋势
第二方物流	了解	第二方物流的概念、发展现状、发展趋势
第三方与第四方物流	掌握	第三方与第四方物流概述及发展现状
第 3.5 方物流	了解	第 3.5 方物流的概念
第五方与第六方物流	了解	第五方与第六方物流概述、发展现状及趋势

导入案例

第三方物流新的发展要求

进出口商在向货运代理人和第三方物流商寻求增值服务的同时，还有着更高的要求——要求服务商完全掌握从原材料的采购到制成品的运送整个制造过程的每一个环节，对遍布世界各个出口市场的通关程序了如指掌，并能做出相应计划以使其免于美国海关施加在他们头上的重税和罚款。但有一个至高的要求却是永远一样的，即要求第三方物流商具有应付并处理繁杂事物的能力。正如位于美国的 Solar Turbines 公司的运输经理琳达 • 布雷斯顿(Linda Braxton)所说："及时运送是至关重要的，最糟糕的事情莫过于接到客户的电话抱怨货物还没有到。"对于 Solar Turbines 这样的向 80 多个国家出口机械(包括向边远地区运送石油和天然气勘探设备)的公司来说，第三方物流商必须通晓他们的运作情况。

一些货主还希望代理商与他们在海外的客户进行接触。例如，生产打印机的 Encad 公司的物流经理杰尼 • 卡拉(Jeni Carra)盛情邀请其服务商与他一道对海外客户进行专访，以使这些服务商对该公司 60 多个出口市场国家和海关运作有所了解。

美国出口商在拓展新的出口市场时，一般不太愿意在建立分拨和雇佣海外员工方面投入太大，他们只是希望对当地运作实施有效的管理与控制。越来越多的出口商更希望他们的物流服务商拥有自己的仓储及分拨设施，并在这些国家建有自己的办事机构。

通信设备制造商 Pulse Engineering 公司的国内及国际运输经理米歇尔 • 罗密欧(Michel Romeo)说："你们(物流服务商)是我们公司的延伸，我们希望你们成为我们的业务伙伴。"该公司与那些离自己的客户市场邻近的第三方物流服务商进行合作，在订单签订若干小时内，产品就能及时送到客户手中。罗密欧说，第三方物流商还能够提供更有价值的服务。例如，Pulse Engineering 公司就一直在寻找在 EDI 系统方面有专长的物流服务商为其提供服务。

在货主寻求从货运代理人及第三方物流商那里获得附加服务的同时，这些服务商也提出了进出口商是否会为这些附加服务付费的问题。西雅图的全球运输服务公司特殊项目主任说到："如果要求凯迪拉克式服务，你会支付凯迪拉克般的价格吗？"

一般来说，货主更愿意与物流服务商签订全程服务合同，并提供额外的不可预见服务费用。但也有一些进出口商还是宁愿物流商提供如编制进出口单据之类的基本服务。经纪和代理商却认为这种方式过于目光短浅，因为货主在整个合同执行过程中，避免不了对更深层次服务的需求。如果这些额外服务以单独形式计算，肯定会比一揽子合同方式计算成本更高。

进口商与出口商的需求有时是不同的。相比之下，进口商对技术的要求更高。由于美国海关对进口公司在所报货品的分类及估价造成的错误方面十分头疼，难免对这些进口商罚以重金。鉴于这种情况，有些大型进口商指定专门物流服务商来解决这些问题，这样，他们就得以少向美国海关交纳罚金。但美国海关开始对那些没有能力解决这些问题的中小型进口公司下手，海关经纪公司备受青睐的原因就在于此。

讨论题

第三方物流商应具备哪些能力？

【内容摘要】

随着现代综合物流的开展，人们对物流的认知需要一个过程。当传统的物流方式正在被人们否定的时候，在大量的有关建立新的物流体系的介绍中，人们开始茫然和不知所措。因此，提供现代综合物流的新的理念及实际运作方式便成为现代物流业的一项重要任务。

本章所提到的多方物流形式将会长期并存，这是社会多样化的表现。但是，其中第三方物流在物流活动中的作用将越来越重要，而第四方、第五方物流随着知识经济社会的到来，必将成为物流业发展的新领域。即使如此，第一方和第二方物流仍然会与新兴的物流方长期共存下来，以满足社会某些方面的特殊需求。值得注意的是，从事第三方物流的企业可以同时从事第四方、第五方物流的业务，从事第四方物流的企业也可以同时介入第五方物流的业务。

2.1 第一方物流

2.1.1 第一方物流的概念

第一方物流是指卖方，即生产者或供应方组织的物流活动。这些组织的主要业务是生产和供货商品，但为了其自身生产和销售的需要而进行物流网络及设施设备的投资、经营与管理。供应方或厂商一般都需要投资建设一些仓库、运输车辆、月台，甚至公路专用路线等物流基础设施。卖方为了保证正常进行生产而建设的物流设施称为生产物流设施，为了产品的销售而在销售网络中配置的这些物流设施称为销售物流设施。

总的来说，由制造商或供应销售企业自己完成的物流活动称为第一方物流。供应链上游制造商承担的自己生产的产品的物流活动，如厂方送货到商店、在厂区内建库房、在销售环节建物流网络、生产过程中保有库存等都属于第一方物流活动。

2.1.2 我国第一方物流的现状与问题

1. 我国制造业物流的发展环境与现状分析

我国国民经济的快速发展、社会多样化需求的增加、国内外市场的培育发展等给企业带来了很大的发展机遇和发展空间，同时也使现代物流开始进入一个前所未有的发展时期。作为企业第三利润源泉的物流和作为拓展企业国内外市场支持系统的一体化物流系统都将会在企业的成长和发展中发挥更大的作用。现代物流的理念被广泛认同和接受，它的巨大功能和作用必定会促使企业的决策者下决心来改善和整合自己企业的物流系统，同时，飞速发展的信息与网络技术、各种先进的物流技术与装备都使企业物流的现代化成为可能。

我国制造业面临的形势：买方市场形成，经济结构性过剩，机械工业结构性矛盾凸现；实施战略性结构调整日趋成熟；世界范围内的市场竞争日趋激烈；社会主义市场经济结构确立；多种成分的经济结构确立；新的经济力量的冲击及传统企业增长质量问题。

总体来看，我国制造业面临的形势是严峻的，但挑战与机遇是并存的，我国制造业的发展和现代化进程迫切需要现代物流的发展。我国制造业经过几年的结构调整、技术改造，已具备了一定的市场生存能力和国内区域性的竞争能力。工业现代化进程的加快和世界经济环境的变迁、我国加入 WTO、“十五”至“十二五”规划及西部大开发等一系列经济发展战略作为企业的外部环境，加上市场的需求必将促使我国制造业的快速发展。

我国制造业改革发展的 3 个阶段说明了企业物流将随着社会经济的发展而发展。

1978—1993 年，从计划经济向市场经济的过渡，基本是处于卖方市场，企业发展的重点是生产资源型的扩张，即生产设备的大量投入和生产能力的提高；

1994—1998 年，企业生产模式发生转变，即从大批量少品种向小批量多品种或大规模定制生产转换，以适应从卖方市场向买方市场的转变，企业的管理技术不断革新，如采用

JIT、MRP、KANBAN、MRPⅡ(manufacturing resource planning，制造资源计划)等，部分企业还采用ERP(enterprise resource planning，企业资源计划)等来组织企业生产和加强管理，企业发展的重点是资本运营和低成本规模扩张。

从1998年开始到今后一段时间，制造业之间竞争的焦点将不仅仅是价格的竞争，而是适应市场需求、客户快速反应、准时供货等方面的竞争，传统生产销售领域的竞争优势已不复存在，现代物流理念和先进的物流管理技术将成为现代企业发展战略的重要内容。

2. 我国第一方物流目前存在的主要问题

1) 主观方面

物流理念认识落后，尤其是国有企业重生产轻管理，重工艺轻物流，有畏难心理，墨守成规，缺乏物流革新精神。决策层次上的理解认识偏差会影响物流系统的整合、重组或再建，影响物流系统在软件、硬件上的投入，影响高层的监督管理作用。各部门因只对上级负责，容易强调部门利益而没有全局观念，在物流作业层次上则画地为牢，只是固守自己的一片蓝天。这样的意识和心理不利于搞好企业物流。

2) 客观方面

企业总体布局一般没有进行物流的规划设计，企业现有的总体或局部的物流格局不清晰，因而造成物料流混乱，物料除了停滞外经常是处于交叉、迂回、倒流、跳跃和拥挤状态；重复搬运多，无效搬运占70%左右；生产流程不合理造成物料流动路径长；时间占用多，产品交(供)货时间长。例如，制造业中从原材料到产成品的转换过程中，95%为物料的停顿或等待时间，其余5%中的70%为工装及其前后时间，真正创造产品价值的时间仅占整个周期的1.5%。空间浪费大。机械制造业企业的各种仓库与存储区的面积占到全厂生产面积的40%～50%，冶金制造业约为30%～40%。

3) 功能及管理方面

(1) 物流的专业功能及管理不完善，企业物流与社会物流的物理衔接与信息衔接脱节。

(2) 物流管理的基础工作薄弱，效率低，如对采购的市场信息、供货人信息、供货质量信息、供应的生产波动、物资消耗及供应规律、库存中各种物资的历史分布等物流的基础数据和信息不善于归纳整理和积累。

(3) 库存管理控制达不到最佳状态，不能根据市场变化、交通及气候的影响和企业生产波动来柔性控制库存。

(4) 物流、信息流、商流和资金流的结合不紧密。

4) 物流基础设施及技术装备方面

技术装备落后，不投入，机械化、自动化程度低；基础设施落后、不配套；设施与装备的利用率和完好率低。

5) 物流组织结构方面

物流组织结构(体制)不适应生产或市场变化的需求，内部协调不力，决策层、管理层、作业层之间的纵向脱节；对外部应变能力不强；缺乏有力的横向与纵向监督机制。

6) 物流成本方面

物流系统一般没有采取总成本控制，物流成本模糊，分部门核算时总成本不清，各种(物资的、人员的、设备设施的、时间效率的)浪费现象普遍存在。

2.1.3 第一方物流的发展战略与发展趋势

1. 第一方物流的发展战略

1) 企业物流能力增强战略

首先是企业要适当地成长。传统企业的成长方式是资源型成长，盲目扩大生产规模，增加产值，企业经营者唯一关注的是销售收入，造成低价或亏损竞销，回款期长，回款率低，坏账多，退货率居高不下，表面上盈利，实际上亏损，结果是企业在成长中死亡。

其次是成长什么。一为通过努力获得企业近期成长；二为长远成长。最难的是近远期都发展，其上线——销售收入和底线——利润两方面的成长内涵是企业成长对股东的回报，外延是增加企业客户的满意度、亲密度、忠诚度，以及企业资本市场价值的多方面有机结合的总体增加。

最后是怎么成长，有两条道路：一是企业内部自我发展的核心业务的上线(销售收入)和底线(实际利润)的成长，二是通过企业改造、重组、再造或并购以实现企业核心能力的增加和扩大多样化经营所带来的上线和底线的成长。

当企业尚有自我发展的成长空间，企业自我能力尚在发展形成中，企业的核心能力正在逐步形成，企业的经营领域内尚没有值得并购的对象和目标或企业尚不具备兼收并举的能力时，企业应采取内部发展战略，反之则应采取外部发展战略。若企业内外部都不能发展，则只能破产，被别人并购。我国制造业中除了个别的明星企业之外，大多数目前还属于第一种情况，企业的产品结构调整、管理体制改革、企业流程再造、企业内外部物流系统的发展完善、工艺技术的创新、人事分配制度改革、经营机制的革新及思想观念的更新等都有极大的发展空间。现代物流作为企业生存发展的重要支持系统，是企业核心能力的重要组成部分。企业物流的革新与成长是其中一项重要的内容，而发展现代物流的根本是物流能力增强战略。

物流是作为一种能力在企业内部定位的，它的贡献在于创造用户或服务价值。综观企业生产经营的全过程，如市场采购供应的及时性和低成本、低库存，生产过程的备品配件及制品供应与流转，物资的存储与管理，物流信息对生产经营管理的支持等，处在知识经济时代和信息网络时代的生产企业只有实现物流现代化才能生存，才能取得更大的发展空间。

2) 企业物流系统再造战略

企业物流管理组织(体系)的再造重建(BR)，包括观念重建(BIR)、组织重建(BOR)和流程重建(BPR)3 个部分，其中前提是观念重建，核心是组织重建，关键是流程重建。物流组织就是企业中拥有相关权限和责任，从事一系列物流活动和管理的业务职能实体。企业物流的传统模式中，采购、运输、仓储、销售等活动虽然受辖于企业最高层集中领导，但他只不过负责某一部分物流工作，没有形成相应的体系，同时，他只对企业最高经营者负责，而员工又只对他负责。

真正意义上的现代物流组织应是企业物流输入、内部流转、输出(含信息流)所构成的物流系统的核心。时势的变迁，尤其是物流管理一体化——供应链的发展更要求企业的物流组织必须进行从传统到现代的变革。组织变革是指运用行为科学和相关管理方法，对组织的权力结构、组织规模、沟通渠道、角色设定、组织与其他组织之间的关系，以及对组织成员的观念、态度和行为，成员之间的合作精神等进行有目的的、系统的调整和革新，以适应组织所处的内外环境、技术特征和组织任务等方面的变化，提高组织效能。物流组织变革的目的就是为了实现企业物流系统的一体化和高效能。

企业组织结构分为职能型组织(functional organization)和事业部制组织(divisional organization)两类。一般来讲，在生产品种少(如大型制造业和冶金企业)或企业规模较小阶段适合建立职能型组织。职能型组织将生产、销售、计划、购买等活动看作企业的单项职能或部门，各职能部门的调整全部由最高经营者决策，物流作为其中的一项职能部门也是由决策层统一指挥。随着生产品种的增多，市场多样化的发展应根据不同的产品种类和市场形态，分别建立各种集生产、销售为一体，自负盈亏的事业部制组织。同时，由于组织内外部任务的不确定性，组织结构对信息交换需求也有所不同。组织的结构、行为、管理和子系统的划分等关系密切。在建设信息系统时，必须确保足够的信息处理能力。事业部制是一种分权式的管理方法，由于各事业部形成了单独的利益责任单位，因而纠正了集权管理方式的缺陷，使组织具有创造性和机动性，促进经营全体的发展，其中对物流活动的管理也被分配到各个事业部单独进行。

随着经济环境的改变和市场竞争的加剧，以满足顾客需求为中心的生产经营体系将成为整个企业管理活动的目标和标准。因此，在多品种、小批量生产条件下，厂家必须随时了解市场动向及商品在途、在库及周转等产品流通过程中的所有信息资源。这些对于上述两种物流体制来说是难以实现的，所以必须实行某些功能活动的一体化的集中性管理，即建立企业的物流总部或物流分公司。这也是实现物流一体化——供应链管理的基础。在这种模式下，一般物流现场作业仍然由各事业部独自开展，物流总部统一决策和实施宏观的(流通全体)物流发展战略，建立基本的物流体系，在与现场作业相吻合的条件下不断完善物流管理系统并推动其发展。最近，不少先进企业甚至将物流作业从事业部中独立出来，成立单独的物流分公司。物流分公司的建立主要有两种方法：一是将属于本企业的物流中心从各事业部中独立出来，全面承担企业物流的所有活动；二是企业与运输业者的物流公司共同成立物流分公司。由于现代物流既在横向上集中了各事业部的物流管理，又在纵向上统括了购买、生产、销售等伴随企业经营行为而发生的物流活动，所以在生产企业建立物流分公司的目的在于形成企业内市场，降低物流成本，促进各事业单位物流管理效率，并推进企业事业的发展。物流分公司将努力实现物流合理化、现代化。这样既能满足总公司和各产品事业部的要求，又能在与其他物流企业的竞争中取得服务和成本上的优势，最终形成物流分公司独特的经营机能，同时还可兼营其他企业的物流业务，拓展经营领域，成为企业物流未来发展的主要方向。

3) 企业物流管理的一体化战略

(1) 企业内一体化。企业的生产部门，采购、存储与供应部门，回收与废弃部门，营销部门等的统一规划、统一计划、统一实施、统一管理，应根据企业的具体情况，通过采用 MRP、MRPⅡ或 ERP 等先进管理模式来增强企业物流能力并提高企业的管理水平，使企业内部物流与生产工艺链紧密结合，进而形成完整的企业内供应链。同时，企业内供应链要与企业外向供应链有良好的衔接接口。

(2) 企业前向一体化。企业向前控制供应商，形成松散型或紧密型联盟结构，使供产结合，实现供应生产一体化，这是一种拉式单向供应链模式，即制造供应链。

(3) 企业后向一体化。企业向后控制包括批发商、代理商、零售商在内的营销系统，使产销结合，实现生产和营销一体化，这是一种推式单向供应链模式，即销售供应链。

(4) 企业前后向一体化。企业向前控制供应商，形成松散型或紧密型联盟结构，使供产结合，企业向后控制包括批发商、代理商、零售商在内的营销系统，使产销结合，这是一种完全的供应链模式，即整合供应链，它包括企业前向的制造供应链、企业内部供应链及企业后向的销售供应链。

(5) 企业外横向一体化。企业与生产同类产品或相关产品的其他企业结成松散型或紧密型联盟，以企业集团的优势和竞争对手争夺产品市场。实现横向一体化，必须从物流的发展战略、物流组织结构体系、物流业务流程、企业资源管理等方面进行企业的物流重组，并做到管理功能向管理过程的转变、管理产品向管理客户的转变、管理存货向管理信息的转变、由原来的买卖关系向新型的伙伴关系的转变，逐步发展形成集成供应链物流系统。企业外横向一体化战略的供应链管理应通过 JIT 要求供应链上的要素同步，做到采购、运输、库存、生产和销售一体化，以及核心企业与节点企业、用户与上游企业及下游企业的营销企业的一体化，追求物料流动的最高效率。通过快速响应(QR)预测未来需求，重组自己的业务活动以减少时间并降低物流成本。供应链中全体成员应通过有效客户反应(ECR)消除系统中不必要的费用成本，降低生产、库存、装卸搬运、运输等供应链中各环节的成本，为给客户创造更大的效益而进行密切合作。

4) 企业物流外包战略

企业物流外包战略又称第三方物流战略。由于体制和机制存在的弊端使企业物流成为企业现代化的死角，既不能强有力地支持企业的生产经营，又造成大量的人力、财力、物力等资源的浪费，因此必须对其加以改造。改造不好的应把物流功能或物流作业外包出去。其实，按照现代企业的发展趋势和现代经营理念，能改造好的物流也可外包或请第三方物流企业帮忙。具体来讲，是将全部物流功能还是某部分功能对外委托，应根据企业的具体情况、当地的经济发展状况、社会基础设施及对方企业的规模实力、信誉等因素综合考虑。

2. 第一方物流的发展趋势

传统上，多数制造企业都自己配备有规模较大的运输工具(如车辆、船舶等)和运输自己产品所需要的仓库等物流设施，来实现自己产品的空间位移。特别是当产品输送量较大的情况下，企业比较愿意由自己来承担物流的任务。但是，随着市场竞争日趋激烈，企业越来越注重从物流过程中追求“第三利润”，由此企业感到，由制造商自己从事物流确实存在一系列问题。以下问题随着第三方物流的兴起显得越来越突出。

(1) 由于产品的市场需求在时间上是不平衡的，企业配置物流设施是根据需求旺季还是淡季的能力确定，往往成为企业头疼的事：无论怎样配置都可能造成物流能力的浪费或紧张。

(2) 制造企业的核心竞争能力在于它所制造的产品，而从事物流业务却非其核心竞争能力的业务，因此，从事物流业务的成本一般比专业物流企业要高。

(3) 企业自己从事物流很难构造一个有效的物流网络，因此几乎难以达到 JIT 的要求，特别是供需双方在地理位置上相距较远的情况下，企业无法实现有效的物流。

(4) 随着第三方物流的兴起，并能提供日趋完善的物流服务，第一方物流原有的一些优势黯然失色。

2.2 第二方物流

2.2.1 第二方物流的概念

第二方物流是指买方，即销售者或流通企业组织的物流活动。这些组织的核心业务是采购并销售商品，为了销售业务需要而投资建设物流网络、物流设施和设备，并进行具体的物流业务运作组织和管理。严格地说，从事第二方物流的公司属于分销商。供应链中游经销商承担的自己采购的商品的物流活动，如批发商到工厂取货、送货到零售店或者客户、自建物流和配送网络、保有库存等都属于第二方物流活动。

2.2.2 第二方物流的发展现状与存在的问题

现代化的商贸物流体系是发展与国际化大都市相适应的现代商贸体系的重要组成部分，对推进我国商贸业现代化，实现物流合理化，降低社会流通成本，促进城市环境改善，完善城市功能，提高城市综合竞争力，实现可持续发展具有重要的意义。近年来，随着我国国民经济的发展和城乡居民生活水平的迅速提高，我国的商贸业获得了较大的发展，商品流通规模不断扩大，社会消费品零售总额年均增长 14%，为商贸物流的发展提供了持续增长的空间。并且，流通产业所有制结构调整也取得了积极的成果，经营主体多元化进一步发展，多种经济成分竞争，国有、民营、合资、外商独资共同发展的流通格局基本形成。传统营销方式逐步得到改造，超市、便利店、专卖店、仓储式商场、购物中心等新型业态成长迅速，已有多家商贸企业成为上市公司。但是，和商贸业的快速增长态势相比，与之配套、为其发展提供后劲支持的商贸物流仍处在相对滞后的状态。

1. 第二方物流需求、供给情况分析

1) 第二方物流需求情况分析

在对商贸企业物流服务外包的调查中发现，外包的物流服务主要集中在干线运输，其次是市内配送，并且商贸企业对包含多种物流服务的综合物流服务需求呈上升趋势。

在对商贸物流的满意度调查方面，商贸企业对物流服务表示不完全满意的比例较高，其次为对物流的满意比例，对物流服务不满意程度较低。这说明企业的物流服务有所改善，但是还有待提高。

从对商贸企业总体物流需求的调查中可以看出，商贸企业目前的物流需求主要以市内配送、仓储保管为主，说明商贸企业物流运作主要以区域为主，更关心同城物流的仓储与配送。对包装加工、物流系统再设计需求、开发物流信息系统需求、仓储保管需求的企业比例也保持在31%以上。

从对商贸企业选择新型物流代理商的标准来看，商贸企业首先关注的是经济性，其次是作业质量和物流能力。

总体来说，商贸企业外包物流均集中于传统物流项目上，而物流系统设计、物流总代理等高增值、综合性服务尚未成型。但是，商贸企业对第三方物流公司提供的物流增值服务需求正在增强，尤其对未来第三方物流服务公司所提供的信息服务提出很高要求。

2) 第二方物流供给情况分析

以对青岛市商贸物流供给状况调查为例，该调查主要包括物流供给能力、物流服务水平等几方面。

(1) 物流供给能力。虽然近些年青岛物流企业规模有所发展，但是总体来说规模还是相对较小。调查结果显示，企业规模在 500 人以上的企业占 1%左右，90%的企业规模仍在 50 人以下，还不能满足物流市场的需求。

对物流企业仓储设施的调查表明，大部分物流公司都拥有普通平房库、普通楼房库、简易仓库和货场，但高层货架、冷藏库、冷冻库、保温库等仓储设施拥有量较低。仓储面积分布情况为，大约有 37%的物流与储运公司仓储面积在 1 000 平方米以下，2%的物流与储运公司仓储面积在 10 万平方米以上。

(2) 物流服务水平。物流供给企业作业能力与作业质量能够基本满足市场需求，物流供给企业的单据准确率和运输配送及时率基本可以满足物流需求企业的要求。

物流信息系统建设方面，有 17%的物流企业有了自己的物流信息系统，但是信息化程度还有待提高。

对商贸企业物流设施的调查表明，拥有汽车、仓库的商贸企业比例较高，说明商贸企业的物流模式很大一部分为企业自营模式。

在对商贸物流市场的供给情况进行分析后，可以看到，我国商贸物流基础设施和设备水平、相对数量落后于发达国家，商贸物流市场供给规模和质量较发达国家落后；第三方物流发展规模小、不均衡；物流基础设施与设备、运作水平、专业化程度、物流技术应用与信息化程度等方面与先进水平相差较大。

2. 我国第二方物流中存在的问题

总体来说，我国第二方物流整体发展还存在一些问题，主要表现在以下几方面。

(1) 第二方物流潜在需求有待开发。目前我国绝大部分商场仍采用自营物流和供货商物流的方式，这种物流配送的模式不利于提高商贸企业整体运作效率，商贸企业规模较小，且分散零乱，没有形成对物流需求的规模效益。

(2) 物流基础设施落后，物流信息化水平有待提高。我国虽然有一些第三方物流公司，并且很多商贸企业也具备自营物流能力，但是普遍规模较小，设备陈旧，服务功能单一，不能很好地满足物流运输与配送的需求；商业仓储设施陈旧，整体技术水平较低；物流信息化水平低，绝大多数商场或企业没有物流信息系统。

(3) 城市配送体系不健全。目前我国的商贸物流配送体系不够健全，企业大多使用传统的运输配送模式，致使出现了物流“三低三严重”的现象，即“企业组织化程度低、运输车辆档次低、物流服务质量低；城市污染严重、安全隐患严重、无序竞争严重”。

(4) 物流市场管理力度不够，法律法规体系不健全。我国政府部门缺乏对物流业的宏观管理与统筹协调，不能充分发挥其对物流市场管理与规范的作用，有关物流市场管理的法律、法规体系不健全，物流市场的准入缺乏科学性。

2.2.3 第二方物流的发展趋势

传统上的一些较大规模的商业部门都备有自己的运输工具和储存商品的仓库，以解决从供应站到商场的物流问题。但是，传统的由第二方承担的物流同样存在以下问题。

(1) 自备运输工具和仓库已经使物资需求者(主要是商业部门)的经营成本过高，在微利的商业经营时代，这种成本的支出是商业企业难以承受的。

(2) 由于商品的市场需求在时间上的不平衡，商业企业难以合理配置物流设施，无论怎样配置都可能造成物流能力的浪费或紧张。

(3) 商业企业的核心竞争能力在于商品的销售能力，而从事物流业却非其核心竞争能力的业务，因此，从事物流业务的成本一般比专业物流企业要高。

(4) 商业企业自己从事物流很难构造一个有效的物流网络，因此几乎难以达到及时供货的要求。

(5) 随着第三方物流的兴起，并能提供日趋完善的物流服务，第二方物流原有的一些优势也逐渐失去。

2.3 第三方与第四方物流

2.3.1 第三方物流概述

1. 第三方物流的产生

第三方物流的概念源自于管理学中的out-souring(外包)。out-souring意指企业动态地配置自身和其他企业的功能和服务，利用外部的资源为企业内部的生产经营服务。将out-souring引入物流管理领域，就产生了第三方物流的概念。

2. 第三方物流产生的原因

(1) 第三方物流产生是社会分工的结果。在out-souring等新型管理理念的影响下，各企业为增强市场竞争力，而将企业的资金、人力、物力投入到其核心业务上去，寻求社会化分工协作带来的效率和效益的最大化。专业化分工的结果导致许多非核心业务从企业生产经营活动中分离出来，其中包括物流业。将物流业务委托给第三方专业物流公司负责，可降低物流成本，完善物流活动的服务功能。

(2) 第三方物流的产生是新型管理理念的要求。进入20世纪90年代后，信息技术特别是计算机技术的高速发展与社会分工的进一步细化，推动着管理技术和思想的迅速更新，由此产生了供应链、虚拟企业等一系列强调外部协调和合作的新型管理理念，既增加了物流活动的复杂性，又对物流活动提出了零库存、JIT、QR的要求。有效的顾客反应等更高的要求使一般企业很难承担此类业务，由此产生了专业化物流服务的需求。第三方物流的思想正是为满足这种需求而产生的。它的出现一方面迎合了个性需求时代企业间专业合作(资源配置)不断变化的要求，另一方面实现了进出物流的整合，提高了物流服务质量，加强了对供应链的全面控制和协调，促进供应链达到整体最佳性。

(3) 改善物流与强化竞争力相结合意识的萌芽。物流研究与物流实践经历了成本导向、利润导向、竞争力导向等几个阶段。将物流改善与竞争力提高的目标相结合是物流理论与技术成熟的标志。这是第三方物流概念出现的逻辑基础。

(4) 物流领域的竞争激化导致综合物流业务的发展。随着经济自由化和贸易全球化的发展，物流领域的政策不断放宽，同时也导致物流企业自身竞争的激化，物流企业不断地拓展服务内涵和外延，从而导致第三方物流的出现。这是第三方物流概念出现的历史基础。

3. 第三方物流的概念

第三方物流也称委外物流(logistics out-sourcing)或合约物流(contract logistics)，一直是物流和供应链管理中最容易被误解的名词，第三方物流是相对于第一方发货者和第二方收货人而言的。第三方物流不属于第一方，也不属于第二方，而是通过与第一方和第二方的合作来提供其专业化的物流服务平台。第三方物流一般自己不拥有商品，不参与商品的买卖，只是在物流管道中，由专业物流企业以合约的形式在一定期限内向用户提供“标准化、客户化、模组化、资讯的全部或部分物流代理服务”。

所谓第三方物流是指生产经营企业为集中精力搞好主业，把原来属于自己处理的物流活动，以合同方式委托给专业物流服务企业，同时通过信息系统与物流服务企业保持密切联系，以达到对物流全程的管理和控制的一种物流运作与管理方式。提供第三方物流服务的企业，其前身一般是运输业、仓储业等从事物流活动及相关的行业。从事第三方物流的企业在委托方物流需求的推动下，从简单的存储、运输等单项活动转为提供全面的物流服务，其中包括物流活动的组织、协调和管理，设计建议最优物流方案，物流全程的信息搜集、管理等。目前第三方物流的概念已广泛地被西方流通行业所接受。从发达国家物流业的状况看，第三方物流在发展中已逐渐形成鲜明特征，突出表现在5个方面。

(1) 关系契约化。首先，第三方物流是通过契约形式来规范物流经营者与物流消费者之间关系的。物流经营者根据契约规定的要求，提供多功能直至全方位一体化的物流服务，并以契约来管理所有提供的物流服务活动及其过程。其次，第三方物流发展物流联盟也是通过契约的形式来明确各物流联盟参加者之间权责利益关系的。

(2) 服务个性化。首先，不同的物流消费者存在不同的物流服务要求，第三方物流需要根据不同物流消费者在企业形象、业务流程、产品特征、顾客需求特征、竞争需要等方面的不同要求，提供针对性强的个性化物流服务和增值服务。其次，从事第三方物流的物流经营者也因为市场竞争、物流资源、物流能力的影响需要形成核心业务，不断强化所提供物流服务的个性化和特色化，以增强物流市场竞争能力。

(3) 功能专业化。第三方物流所提供的是专业的物流服务。从物流设计、物流操作过程、物流技术工具、物流设施到物流管理必须体现专门化和专业水平，这既是物流消费者的需要，也是第三方物流自身发展的基本要求。

(4) 管理系统化。第三方物流应具有系统的物流功能，这是第三方物流产生和发展的基本要求。第三方物流需要建立现代管理系统才能满足运行和发展的基本要求。

(5) 信息网络化。信息技术是第三方物流发展的基础。物流服务过程中，信息技术发展实现了信息实时共享，促进了物流管理的科学化，极大地提高了物流效率和物流效益。

成立第三方物流公司应具备以下条件。

(1) 与使用者之间备有正式的合约，期限至少一年。

(2) 目前也接受个案生意。

(3) 强调双方关系方式，而非交易方式。

(4) 强调双方的利益及客户化的可行性。

(5) 与客户维持长期的关系。

(6) 会主动寻求可能的政策和实务。

2.3.2 第三方物流的发展现状与条件

1. 国外第三方物流发展的启示

现代意义上的第三方物流是一个约有 20 年历史的行业。物流发达国家和地区的实践证明，第三方物流服务的营运成本和效率远远优于企业自营物流。它可以帮助企业精于主业，减少库存，降低成本，提高核心业务的竞争力。

1) 欧洲第三方物流的发展

第三方物流在欧洲物流市场中占有重要的位置，第三方物流收入占物流总收入的比重平均达到 24.42%。

第三方物流之所以在欧洲兴起，是因为企业希望节省投资，集中精力发展核心业务，减少配送分拨成本，提高服务水平；欧洲运营配送设施需要很高的成本，管理要求十分苛刻。所以，在欧洲开设分支机构的公司普遍选择第三方物流服务，第三方物流企业得以发展壮大。

物流需求的膨胀导致了欧洲物流服务供应商剧增，欧洲第三方物流公司大致可以分为以下几个层次：传统货运商转变过来的物流企业、基于美国的第三方物流企业、国家垄断和专有的货运业转化而来的第三方物流企业。

这些第三方物流给欧洲带来范围广泛的创新服务，包括：①店内物流。在英国，目前推行店内物流，即零售店把物流环节交给专业物流公司，从而可以更加专注于商品销售。②多层次物流。欧洲的物流市场差异很大，这些差异使得第三方物流商为客户提供专业化的、独特的技能服务。③五星级货物旅馆。德国物流已提出“五星级货物旅馆”的口号，实际上是对物流中心的管理和运作提出更高的要求，以便吸引更多的客户。

2) 美国第三方物流的现状

据美国运输经济学家研究，在美国第三方物流拥有大约每年 7 000 亿美元的市场潜力，而现在第三方物流仅仅达到这个数字的 9.3%，可见第三方物流在美国的发展前景非常可观。美国著名经济分析家詹姆斯·温切斯特(James Winchester)指出，2006—2011 年第三方物流公司可以拿到 15%的外包市场份额，2016 年，这一份额将至少达到 20%。

美国提高第三方物流市场占有率的方法是促进物流合理化，而促进企业物流合理化的一个重要途径是将物流服务外包给第三方物流公司。美国第三方物流的作用已从单纯降低客户物流成本转为从多方面提高客户服务水平。而实现这一转变的前提是美国的第三方物流已经从仅仅提供运输、仓储等功能性服务向提供咨询、信息等管理性服务延伸。

美国第三方物流的发展对我们的启示是应提供广泛领域的服务。美国在经济发展中不强调政府的管制作用，而要求企业按照市场化运作模式发展。第三方物流业的兴起就是市场化运作的重要体现。执行第三方物流的企业利用本企业或其他企业物流资源，提供的物流服务除仓储和运输配送外，还有物料管理、直拨、库存管理、货物组配、JIT 等；经营职能包括作业、管理、工程技术等；物流活动的领域有供应、制造、销售和回收等。这三方面的要素相互组合，构成各种第三方物流的产品。

3) 日本第三方物流的概况

日本政府非常重视物流产业的发展，制定了《仓库业法》，在《商法》、《民法》中也有关于仓库的消防法等一系列的法规和法令。1997 年，又提出“综合物流对策”，目标是建立亚洲最先进的物流体系。2002年，日本政府又提出利用数字化推动物流业的发展。

日本第三方物流发展的主要特点是政府的主导作用，具体表现在以下几点。

(1) 规划优先。由于日本国土面积小，资源和市场有限，商品进出口量大，政府将城市内无规则的货运要求加以汇总，实现混载配送，提高配送效率。

(2) 政府加大资金投入。把生产及生产前的过程、物理性的流通过程、售后服务、销毁回收等全过程，设定为一个系统过程进行综合管理，使其物流业的现代化进程更进一步。

(3) 出台相关政策，鼓励现代物流产业发展。日本政府出台了许多放松政府管制、建立政府部门协调促进机构、提供政府援助等各种可行的鼓励政策。

4) 我国对欧美日第三方物流发展的借鉴

欧洲由于物流需求膨胀和物流市场发展参差不齐而发展了范围广泛的创新服务；美国根据市场需求提供广泛领域的第三方物流服务；日本由于自身资源问题加大了政府主导作用。同样，我国也应结合国情，借鉴别国经验，关注第三方物流发展的劣势，克服弱点，扭转不利因素，采取切实有效的措施，加快我国第三方物流的发展，缩小与发达国家之间的差距。

通过对欧美日第三方物流的研究，还可以看到：一方面，第三方物流产业已经成为发达国家的物流配送体系的核心，第三方物流产业在这些地区保持高增长的趋势，市场发展潜力巨大；另一方面，第三方物流产业面临激烈竞争和整合，只有通过加强对第三方物流能力、技术等的管理，实现社会资源的整合、物流信息的充分共享，才能解决相应的物流发展瓶颈问题。

2. 我国第三方物流发展现状

1) 物流基础设施规模刚刚建立

因为国家对通信设施建设的投资力度加大，全国形成了众多网络光缆干线。智能计算机、系统集成及通信等关键信息技术取得了重大突破，为国家信息基础设施和高性能公共平台建设创造了条件。地方政府纷纷规划建立物流基地和货物集散中心，企业也加大物流中心和配送中心的建设力度。

2) 第三方物流需求稳定增长

随着市场竞争的加剧，企业对物流行业的重要性认识不断增强，对专业化、多功能的第三方物流需求逐渐增加，使得第三方物流得到了发展。调查显示，我国的第三方物流市场在2005—2010年的年增长率达到35%，厂商产品销售增加到70%，销售商物流外包增加到55%。

3) 第三方物流发展稳步

随着物流行业的快速发展，我国第三方物流的市场格局发生了巨大变化，传统运输和仓储两大市场份额正在日渐减少，民营物流企业和外资、港资物流企业市场份额逐渐增加，一些物流企业内部物流部门也正在向第三方物流靠拢，开始发展物流服务。

3. 我国第三方物流发展存在的问题

我国第三方物流的现状主要表现为，一方面，入世给我国第三方物流企业带来了很好的发展机遇，且我国经济、贸易、物流发展态势良好，因而第三方物流发展的外部条件较好；另一方面，我国第三方物流还处于发展阶段，自身还存在很多缺点。具体表现为以下几点。

(1) 总体规模偏小、发展潜力巨大。第三方物流在我国尚处于起步阶段，企业物流和公众物流服务仍是社会物流的主要形式，有效需求不足现象在短期内很难改善。同时，在全球经济一体化的影响下，我国正在成为第三方物流发展最为迅速的国家之一，社会物流外包比例不断上升。

(2) 需求的不平衡性较强。随着中国日趋成为全球制造业的中心，国内企业与外资企业在物流形式、形态上存在着明显差异。一方面，外资企业物流理念先进，物流外包水平高，供应链管理要求严格且自主性较强，对第三方物流服务需求迫切、要求高；另一方面，国内企业的物流社会化、专业化程度依然较低。这种先进与落后物流形态并存的现象造成我国物流需求的多元化和社会物流结构的不均衡性。

(3) 行业集中度较低。据咨询机构分析，2006 年中国第三方物流市场大约有 18 000 个服务商和终端，排名前十位的服务商市场份额之和仅占市场总额的 13%，没有一家物流企业的市场份额超过 2%，说明我国物流行业尚未实现充分整合，行业利润空间尚未完全挖掘出来，与国际水平差距很大。

4. 我国第三方物流发展的条件

1) 物流政策环境

(1) 物流业的发展得到政府的大力支持。物流业的发展已被列入我国经济发展规划，2004 年 8 月，发展改革委会同商务部、公安部、交通部、国家工商行政管理总局等 9 个部门，出台了《印发关于促进我国现代物流业发展的意见的通知》，特别强调了要积极发展第三方物流。许多地方政府也普遍加强了对现代物流发展的组织、协调和指导工作，一些省市还建立了现代物流发展领导小组，制定了物流发展纲要或规划，以及配套的扶持政策，力图将本地区打造成区域的，甚至是国际的物流中心。这些政策的出台和实施为我国第三方物流的发展创造了良好的政策环境。

(2) 物流业发展的相关政策法规还不健全。物流业经营管理的法律法规及物流服务市场运行机制还不健全，涉及运营许可、跨省运输、登记注册、税收政策等方面的物流政策还不够完善，没有建成一个统一的物流标准，由此导致管制不利，出现了无序竞争、市场混乱等不良现象。

2) 物流基础环境

我国交通运输基础设施不断完善。近年来，我国以干线铁路、高速公路、枢纽机场、国际航运中心为重点，有力推进物流基础设施建设。截至 2011 年，全国铁路营业里程达到 9.3 万公里，比上年增加 2 071.1 公里、增长 2.3%，里程长度居世界第二位。截至 2010 年年底，全国公路总里程突破 400 万公里，达 400.82 万公里，比上年年末增加 14.74 万公里，“十一五”期间新增 66.30 万公里。高速公路网络更加完善。全国高速公路达 7.41 万公里，居世界第二位，比“十一五”规划目标增加 9 108 公里。2011 年我国水上运输船舶总规模首次突破 2 亿载重吨，其中海运船队达到 1.15 亿载重吨，居世界第 4 位；全国港口完成货物吞吐量也首次突破 100 亿吨，集装箱吞吐量达 1.64 亿 TEU（标准箱），双双位居世界首位。2010 年，中国民用航空航线里程为 276.5 万公里，比 2005 年年底增长 38.4%，完成货邮吞吐量 1 129.0 万吨，比上年增长 19.4%。到 2009 年，中国已建成原油管道 1.7 万公里，成品油 1.4 万公里，天然气 3.1 万公里。油气管道总长超过 6 万公里，比 2001 年年末的 4 万公里已增长了 50%，中国已逐渐形成了跨区域的油气管网供应格局。

许多建成和在建的交通枢纽、物流园区及地方现代物流园区的建设，都在加快进行。

3) 物流行业环境

(1) 物流业竞争激烈。随着现代物流需求的增长和现代物流理念的传播，大大小小的运输、仓储企业，甚至小型送货、送报企业都纷纷打起了物流的牌子，进入物流市场，使国内物流市场竞争日益激烈。加入 WTO 后，许多国外大型物流公司也逐渐进入我国，它们凭借熟练的物流操作手段、高效的专业化作业、先进的物流经营理念等方面的优势，抢占物流市场份额，使我国流通领域的竞争更加激烈。我国的物流企业主要由以下 4 类企业组成：由传统运输公司或仓储公司演变来的物流企业，如中外运、中邮物流、中铁物流、中远物流、中储等；民营物流企业；大型外资跨区域物流企业，如美国联邦快递(FedEx)、联合包裹(UPS)等；新兴的内资跨区域物流企业，如宝供物流、大通等。

(2) 第三方物流市场需求不足，但是潜力巨大。我国的企业尤其是国有企业，受“大而全”、“小而全”的传统经营理念的影响，宁愿自己设置仓库、车队等来从事物流活动，宁愿自己承担高额费用与风险，也不愿外包给第三方。据测算，目前我国企业的自有物流占整个市场规模的 60%～70%。虽然目前我国对第三方物流的需求水平并不高，但是，随着竞争的发展，传统自营物流的经营组织方式越来越不适应市场竞争的要求，物流需求方逐渐意识到采用第三方物流的重要性。统计数据显示，2010 年前三季度，中国社会物流总额为 91.5 万亿元，按可比价格计算，同比增长 16.8%，比上年同期加快 9.9 个百分点。前三季度，社会物流总费用为 48 182 亿元，同比增长 14.9%，比上年同期加快 8.5 个百分点。社会物流总费用与 GDP 的比率为 17.9%，比上年同期下降 0.1 个百分点。

2010 年以来，随着物流运行的平稳较快发展，中国物流企业经营逐步走出低谷，经营效益得到改善。据对重点物流企业统计调查汇总数据显示，1～8 月调查企业主营业务收入由去年同期的下降 18.4%，转为增长 41%；主营业务利润额由去年同期的下降 17%转为增长 44.8%，重点调查企业全部实现盈利。

5. *我国第三方物流的发展趋势*

经过几十年的发展，我国的现代物流虽然取得了一定的成就，但与发达国家相比仍存在着很大的差距，尚处于起步阶段。我国物流业重复建设多，资源浪费严重，整体综合效率低下。大多数物流企业处于小、弱、散的状态，这种情况已成为经济发展的瓶颈，制约着我国经济的快速发展。我国的第三方物流企业或脱胎于传统物流企业，或来源于国外独资和合资企业，且处于转型期，短期内不可能成为整合物流资源的“有领导力量的物流提供商”。而第四方物流的发展必须在第三方物流行业高度发达和企业供应链业务外包极为流行的基础上才能真正发展起来。因此，成为第四方物流企业的角色是缺位的，我国发展第四方物流任重而道远，必须统筹规划、循序渐进。

2.3.3 第四方物流概述

随着社会分工的进一步细化，企业与企业之间的关系前所未有地紧密起来。企业间的竞争已不再是单个实体间的竞争，也不是单个供应链之间的竞争，而是由与竞争企业相关的多条供应链构成的“集团”与“集团”之间的竞争。在这种情况下，作为联结企业与企业、企业与客户之间纽带的物流业发展的优劣已成为企业竞争成败的关键。新的经济环境要求新的物流体系与之相适应。在此背景下，一种新的物流形态孕育而生——第四方物流。第四方物流作为一种新的物流理念，它的出现标志着一个新的物流时代的到来，也为中国物流业的发展提供了一个方向。

1. 第四方物流的定义

埃森哲公司对第四方物流的定义："第四方物流供应商是一个供应链的集成商，它对公司内部和具有互补性的服务供应商所拥有的不同资源、能力和技术进行整合和管理，提供一整套供应链解决方案。"

第四方物流是指一个供应链的集成商，为供需双方及第三方物流的专业知识与专业技术领导整合平台。它不是物流的利益方，而是通过拥有信息技术、整合能力、物流网络平台做 ANY　TO　ANY 转换，以及其他资源提供一套完整的供应链解决方案，以此获取一定的利润。第四方物流帮助企业实现降低成本和有效资源整合，并且依靠优秀的第三方物流供货商、技术供货商、管理咨询及其他增值服务商，为客户提供独特的和广泛的供应链解决方案，因此又被称为"物流业中的物流业"，其营运能力不在传统物流业的实体物流资产上发挥，如仓库、场站、设备、货车等，而在于提供有效物流需求解决方案与执行方法，并专注核心业务，善用信息科技，进行物流资源整合之规划、执行与控管，累积与运用整合经验与知识资产为顾客创造更高的附加价值。

2. 第四方物流的特点

(1) 提供了一整套完善的供应链解决方案，以有效地适应需方多样化和复杂的需求，集中所有的资源为客户完善地解决问题。它不仅集成了管理咨询和第三方物流服务商的能力，更重要的是，一个前所未有的、使客户价值最大化的统一的技术方案的设计、实施和运作，只有通过咨询公司、技术公司和物流公司的齐心协力才能够实现。

(2) 通过第四方物流对整个供应链产生影响的能力来增加价值，即其能够为整条供应链的客户带来利益。第四方物流充分利用了一批服务提供商的能力，包括第三方物流企业、信息技术供应商、合同物流供应商、呼叫中心、电信增值服务商等，再加上客户的能力和第四方物流企业自身的能力。

总之，第四方物流是通过提供一个全方位的供应链解决方案来满足企业所面临的广泛而又复杂的需求。这个方案关注供应链管理的各个方面，既提供持续更新和优化的技术方案，同时又能满足客户的独特需求。

第四方物流存在 3 种可能的应用模式：

知识密集型模式，也称"协助提高者"，即第四方物流为第三方物流工作，并提供第三方物流缺少的技术和战略技能。

方案定制模式，也称"方案集成商"，即第四方物流为货主服务，是和所有第三方物流提供商及其他提供商联系的中心。

整合模式，也称"产业革新者"，即第四方物流通过对同步与协作的关注，为众多的产业成员运作供应链。

事实上，第四方物流无论采取哪一种模式，它都是在解决企业物流的基础上，整合社会资源，解决物流信息充分共享、社会物流资源充分利用的问题。因此，它也是发挥政府职能、推进我国现代物流产业发展所能做的唯一切入点。所以，第四方物流是我国物流业发展和提升的助力器。

3. 我国第四方物流的发展条件与对策思考

1) 第四方物流发展的条件

根据第四方物流的定义，第四方物流服务内容除了提供一整套供应链整合方案之外，还包括进行供应链再造和变革，以及实施与执行供应链整合方案。提供第四方物流服务，必须具备一定的条件。

(1) 外部条件。

第一，具有高度发展的第三方物流业，这是第四方物流发展的基础和铺垫。第四方物流服务是在第三方物流高度发展、供应链整合业务外包盛行的基础上产生的，而且供应链整合方案的制定和实施也离不开高效的第三方物流服务系统做支持。

第二，需要电子商务与现代物流产业完美融合，具有全国统一的、高效的物流公共信息平台。物流公共信息平台是政府、企业、客户共享的平台，是现代化物流管理乃至进行供应链整合的基础。拥有高效的公共信息平台，意味着信息传递迅速和高效，供应链上总成本降低、响应速度提高，最终产品/服务的性价比得到提高、供应将具有更强的竞争优势。

第三，先进的物流设施建设、鼓励性质的政府产业服务政策与完善的市场规范。第四物流具有跨行业跨地域合作的特点，它的运作状态直接与社会经济一体化的程度相关。我国地域分割、地方保护主义严重，对现代物流的发展造成了许多不必要的障碍，这种情况下，更需要政府对物流产业的支持及对市场进行积极有效的规范。

(2) 内部条件。

提供供应链的整合方案，首先，需要有世界级的供应链策略制定、业务流程再造、技术集成与人力资源管理能力及对组织变革问题有深刻的理解和管理能力；其次，需要拥有领先的供应链集成技术和外包能力；再次，需要一大批经验丰富的供应链管理专业人员，保证业务流程管理和外包的实施；还要具有良好的关系管理和组织能力，能够同时管理多个不同的企业，而且做到保守商业机密；最后，具有全球化的地域系统覆盖能力和支持能力。

2) 我国发展第四方物流的对策

由于第四方物流能解决整个社会物流的资源效率问题，且对物流服务有更深层次、更全面的要求，因此，发展第四方物流必须统筹规划，循序渐进。目前，可考虑从以下 3 个方面着手。

(1) 发展第三方物流，为第四方物流提供基础。只有大力发展第三方物流，第四方物流才有发展的基础。我国还处在发展第三方物流的初始期，需要整合物流资源，由竞争走向合作。国内物流业的资源较为丰富，但传统意义上的物流各个环节(如仓储、运输、包装等)之间缺乏有效的整合，需要提供一种全面的管理方式。

(2) 建立有效贯通全程的新物流体系。将从事异地间配送的物流公司和从事物流末端投递到户的配送公司进行优势互补，建立一种贯通物流全程的新物流体系，努力形成第四方物流的理想模式。做好物流服务标准化、规范化工作。将我国物流重新组合，是现代物流的一个根本性转变，而物流整合的黏合剂就是标准化和规范化。行业规范和标准，就是要对有关细节做出明确的规定。

(3) 政府统筹规划，搞好物流基础建设。我国物流产业真正提升，必须通过第四方物流来完成。政府加强统筹规划，注重物流设施的投资建设，打好物流配送基础，是第四方物流成长的必要条件。发展电子商务物流，建立全国物流公共信息平台；更新对现代物流的正确理解；注重研究开发物流配送技术和装备，降低物流成本，提高物流配送效率。还要重视物流理论的研究与交流，加快推动物流的合理化、现代化进程。

第四方物流具有突破现行供应链模式的潜能，它不仅能通过优异的运营计划、技能及其实施，与制造商建立一种长期进步、互惠互利的伙伴关系，而且可以整合全社会的资源，从根本上解决当前电子商务中物流瓶颈问题，是促进我国电子商务进一步发展的关键。因此，探讨借鉴第四方物流模式开展电子商务物流配送业务就具有重要的现实意义。

同样，第四方物流对于类似的其他垂直型 B2B(business to business)商务网站也具有借鉴意义。针对自身物流资源丰富、运营能力弱的特点，网站可以整合其他资源欠缺的第三方物流公司，把包括原有物流渠道在内的多个第三方物流提供商加以集成，向下游客户提供物流解决方案，提供包括物流配送、信息服务、商务服务和企业信息化建设服务于一体的综合服务，使企业成为行业中供应链的集成商，提供物流信息服务和物流组织管理服务方案。这样才能实现网站业务的真正突破，创造更大的发展空间，网站也才能获得更多的发展机会。

从全球物流行业来看，第四方物流目前也正成为一个新兴的行业热点。我国第四方物流的市场需求相当可观。而另一方面，我国物流产业发展目前仍处在起步阶段，与发达国家的物流产业发展水平还有相当大的差距。

针对我国物流产业发展现状和实际存在的问题，结合未来经济发展的总体要求，我国物流产业发展应遵循以市场为导向，以企业为主体，以物流服务需求为依托，最大限度地降低全社会物流总成本和提高物流效率，促进和支持中国经济健康发展的方针。在此前提下，未来 5～10 年内，我国物流产业发展的总体目标应当是，通过建立健全适应物流产业发展需要的相关制度规范，发展和完善包括各种基础设施在内的物流系统，建立起基本适应经济发展需要的社会化、专业化的物流服务体系。因此，符合这一发展目标的第四方物流是解决整个社会物流资源配置问题的最有力的手段，在中国必将存在广阔的发展空间，将在可预见的未来使我国物流产业真正得到质的提升，也只有这样才能在加入 WTO 后国际物流市场的竞争中占有一席之地。

2.4 第 3.5 方物流

第 3.5 方物流是基于物流企业独特的体系，为工业制造业、商贸业、农业等行业客户提供高效供应链一体化服务的一种创新模式，它特别主张在产业供应链中，为上下游供应商、生产商、销售商、物流服务提供商、终端消费参与者、金融服务商等，提供以为各方创造价值为导向的服务，构建和谐的战略合作关系，实现多赢。它完全实现并超越第三方物流的基础物流服务能力和第四方物流的解决方案咨询服务能力。杜臣物流是我国第 3.5 方物流的倡导者。杜臣物流以三大支持体系(供应链解决方案＋供应链运营保障＋ISCM 平台)，把第四方物流的物流解决方案及咨询智慧融入到协同服务的实践中，结合十余年第三方物流服务积累的服务经验与能力，持续优化服务，从而不断挖掘供应链的价值与服务对象分享，使之成为客户的核心竞争力，并由企业级客户供应链服务模式升华到产业级客户供应链服务模式，呈现中国第 3.5 方物流倡导者的风采。

2.5 第五方与第六方物流

2.5.1 第五方物流概述

第五方物流的概念，首先来源于物流业界的实践。由于第五方物流的表述才提出几年时间，因此还没有形成完整而系统的认识，在学术界、实业界及公众认知中，尚未形成统一意见。

基于物流外包的分析，国内不少研究者认为第五方物流只是第三方物流的延伸，与第三方物流没有明显区别，本质上仍是第三方物流。黄权初认为以物流营运的活动与功能来判断，所有的物流服务供应商都是第三方。丁俊发、赵启兰认为第五方物流是第三方物流的演绎，是全球合约式物流服务联盟。侯汉平指出，第四方物流、第五方物流同第三方物流一样，都是供方和需方以外的一方，只是从事的物流业务有所不同。董千里也认为，无论是第四方物流、第五方物流乃至第七方物流，各种第 X 方物流都仍然是第三方物流。但自 2001 年美国 Morgan Stanley 公司首次提出第五方物流的概念并描画了自第一方至第五方的物流金字塔图谱以来，国内外学界和实业界对第五方物流概念逐步认同，从不同的角度对第五方物流的内涵进行了探讨，形成了不同认识。

1. 国外第五方物流内涵的两种主要观点

第一种观点认为，第五方物流是指基于电子商务的供应链信息服务，即美国 Morgan Stanley 公司最初的设想。它涵盖供应链中所有各方，并强调信息所有权；从第一方物流到第五方物流的发展演进过程中，物流服务商拥有的物流实物资产不断减少，而对信息的掌控能力不断加强。Gunasekaran 和 Ngai 认为第五方物流是基于全球化运作的电子商务物流网络；Vasiliauskas 和 Jakubauskasy 认为第五方物流致力于为整个供应链提供整体物流解决方案；Vinay 等认为第五方物流是提供全面运作解决方案的电子商务物流服务商，弥补现有第三方、第四方物流缺陷，满足客户需要。

另一种观点认为，第五方物流是虚拟物流(virtual logistics)，这是另一家美国公司 The Abraham Group 提出并实践的。该公司总裁亚伯拉罕(Abraham)指出，第五方物流是沟通传统第三方物流和新型第四方物流的桥梁，并促使第一方物流的现有技术和基础设施驱动成本由供应链向虚拟企业组织转移。第五物流将消除第三方物流和第四方物流，形成远程无人值守的供应链，发展成为第零方物流，即传统物流部门将只是买方和承运方之间集成化信息链中的一环。

2. 国内第五方物流内涵的两种主要观点

一种观点认为，第五方物流企业是提供物流人才培训服务的一方。第五方物流的概念引入以来，很多教材及普及性文章中都明确指出第五方物流是提供物流人才培训服务的一方。例如，宋杨认为第五方物流企业从事物流业务培训，提供现代综合物流新理念及运作方式，是物流人才的培训组织。

另一种观点认为，第五方物流企业是提供物流信息服务的一方。杨茅甄引述美国摩根斯坦利公司的报告，指出第五方物流企业是指能够提供供应链电子协调服务(包括方案设计、软件编程、供应链的客户关系管理等全套服务)的物流企业。冯祖期认为第五方物流提供物流信息服务，在物流实际运作中提供电子商贸技术来支持整个供应链，为第一方、第二方、第三方和第四方提供物流信息平台，是一个系统的提供者、优化者、组合者。何明珂认为第五方物流提供物流信息服务，提供地域范围广、多行业、多企业的供应链物流信息服务，包括提供公共物流信息平台或电子商务平台，严格地讲属于电子商务或信息中介。

3. 第五方物流的定义

国内外第五方物流概念和内涵的观点虽然尚未统一，但多数离不开以下关键词：供应链物流、电子商务物流、信息网络、虚拟物流等。可见，第五方物流是不拥有物流实物资产，却能借助电子商务、网络及信息技术对整个供应链进行整体协调和物流运作的新型供应链物流解决方案。

2.5.2 基于信息服务的第五方物流研究进展

目前对第五方物流的专门性研究还较少，只是停留在人云亦云的概念描述阶段。针对基于信息服务的第五方物流，国内外研究的侧重点有所不同。

1. 国外第五方物流的研究进展

国外第五方物流研究相对集中于与第三方物流和第四方物流的发展比较及其基本模式，第五方物流与SCM(strategic cost management，战略成本管理)的关系及作用两方面。在美国Morgan Stanley公司对第五方物流的前瞻性研究中，首次提出了随着物流实物资产逐减而信息能力增强，物流运作主体由第一方物流向第五方物流发展，物流服务也由本地的运输、仓储等实体环节向整个供应链管理演进的物流发展金字塔，第四方物流、第五方物流及SCM软件公司处在该金字塔的塔尖。希克森(Hickson)等认为第五方物流专注于供应链战略管理，比第四方物流更强调技术创新和物流运作信息，其目标是更高的物流效率；通过与第三方物流、第四方物流的比较表明，第五方物流是基于信息技术和供应链的战略性物流解决方案，主要为具有复杂的供应链结构的巨型企业服务。

汉密尔顿(Hamilton)等人探讨了供应链结构复杂的跨国公司(MNEs)物流外包优化的进程，指出作为充分激活供求的物流模式的第五方物流是物流金字塔的顶点，在消费者驱动的需求供应链环境下，第五方物流的低成本和高运作效率使跨国公司专心于核心业务，获得更强的国际竞争力，稳固自身地位。

在此基础上，Hamilton罗列了第五方物流的三种模型：摩根斯坦利模型、客户关系分级模型、第五方物流方案提供商模型，指出第五方物流方案提供商具有充分激活供需价值链，不同业务能力和自主性，新的知识、技能与智能，灵活、敏捷、客户化定位等特点。帕克(Park，2009)专门讨论了上述3种第五方物流模型，根据这些模型的理念，研究了如何应用供应链运作参考模型(SCOR)，切实促进供应链的效率提高。

霍西(Hosie)等指出，从20世纪90年代开始，SCM及物流系统在战略管理、业务结构、国际商业环境、运输方式及门到门运输等方面发生了巨大变化，信息流相对实物流动而言愈加重要，而第三方物流和第四方物流之间的相互冲突，使得把它们整合为新的第五方物流就顺理成章。全球化、技术创新和反常规现象等主要驱动力量促使SCM，以及为此服务的第三方物流、第四方物流、第五方物流发展演变，给企业带来了潜在而明确的影响：物流成本降低、库存水平下降及客户需求响应增加。这种生产率的提高可能来自于集成并驱动SCM所有业务的技术突破，其中所需的一个重要柔性技能就是开发和维持一个在商业、运作及个人等各个水平上的信任。

因此，第五方物流服务供应商将需要确切获取并保持全面、完全集成的SCM，以帮助客户获得竞争优势。Screeton认为第五方物流通过网络系统组合一系列核心要素，形成具备所有功能的单一实体。第五方物流运作建立在前馈与反馈的双向基础上，以完成整个供应链中任意点上物品的可视循环。因此，一旦物品可以定位并持续转运到下一级，前馈循环中的物品或产成品订单会自动引发反馈响应。无论物品或信息处于供应链的前馈端还是反馈端，这一过程会一直持续进行。第五方物流旨在利用各个领域的最好资源，并提供真正的效率提高和成本节约，这是以往供应链管理未曾充分实现和不太可能实现的。当然，一个额外的好处是，通过一个简单的入口，网络可实现实时可视性，产生一个远超成本的价值增值。

2. 国内第五方物流研究的主要进展

国内第五方物流研究在接受外国第五方物流概念、模式的基础上，主要侧重于探讨第五方物流运作及其信息平台的构建及实现。

观点一：在引述冯祖期观点的基础上，任登魁较为全面地介绍分析了第五方物流的概念、产生、优劣势、发展因素和前景，并与第三方物流、第四方物流进行了比较，指出第五方物流以信息技术为基础，着眼于整个供应链，是在第四方物流的基础上建立的一个电子物流网络，其优势主要体现在供应链上的物流信息和资源方面，劣势表现在技术上的困难，以及应用中的企业信息系统转换及信息公开而带来的顾忌。

观点二：刘元洪认为第五方物流的成功运作要注意 3 个问题：一是要破除重物流而轻信息流的观念；二是要加强供应链管理信息系统建设；三是要加强对第五方物流人才的培养。

观点三：在讨论信息技术对第五方物流的发展的重要作用时，张顺和指出第五方物流的实现需要强大而先进的信息技术的支持，并分别介绍 EDI、条形码、RFID、GIS(地理信息系统)、GPS 等现代信息技术对物流的推动作用。他认为目前第五方物流还处于萌芽阶段，它的实现需要结合各种先进的现有信息技术及开发一些未来的高新技术才能实现。

观点四：在探讨一个基于第五方物流的电子商务多对多物流信息平台新模式时，汪斌、单圣涤提出由第五方物流服务提供商来建立开放的信息平台，通过规范的接口标准，随时将各电子商务平台和第三方物流服务提供商的信息服务整合在一起，其功能主要包括物流服务订单、物流信息跟踪、物流服务提供商信用管理等，较好地解决了电子商务平台与第三方物流服务提供商的信息平台的物流信息整合问题。

观点五：卢雄飞构建了面向服务的体系结构(SOA)下的基于第五方物流的电子商务信息服务平台，其体系结构总体上分为用户界面层、核心功能层、业务逻辑层、数据层及集成框架层；其物流资源集成框架主要由 UDDI(universal description discovery and intergration)服务中心、服务组件引擎和服务访问组件组成；核心功能包括最佳物流方案推荐、信用体系的建立、第三方物流服务商/电子商务平台信息管理、物流信息跟踪及安全服务等；基于 B/S 模式，采用 java EE 技术加以实现，其软件结构分为用户层、中间层、数据层 3 个层次。

第五方物流与供应链物流、电子商务物流、信息网络及虚拟物流密切相关，是不拥有物流实物资产，却能借助电子商务、网络及信息技术对整个供应链进行整体协调和物流运作的新型供应链物流解决方案。国内外对基于信息服务的第五方物流的研究，在概念内涵、发展模式、作用前景、物流信息平台的构建和实现等方面取得了一定进展，但还是初步的。进一步的研究应该紧扣供应链、电子商务、信息、网络、虚拟物流等关键词，如现有信息技术的应用及创新，信息化过程中的标准化推进，虚拟物流的安全服务，不同供应链之间的信息共享。

2.5.3 第六方物流概述

1. 第六方物流的概念

第六方物流是一个新的物流概念，它是指以电子网络为服务平台，将产业链和第三方物流进行资源组合和系统集成，为用户高效提供全程物流操作的服务方式。

第六方物流的概念由中国国际海运网CEO康树春首次提出，随后，这一跨时代、颠覆性的物流服务模式在物流界引起极大关注及争议。在目前急剧变化的市场环境下，康树春认为，该时期是验证这一概念的有利时机。

2. 第六方物流的特点

在我国大多数企业规模小、服务能力弱、经济效益差的情况下，可以通过第六方物流电子信息平台，将资源通盘整合，继而细化，提炼优质项目，高效服务客户。

1) 以电子网络为基础

第六方物流是建立在现代电子网络基础上的。电子网络包括了最新的信息技术，并且其网络分布在供应链和产业链的各个企业及用户当中。一方面是信息技术实现了数据的快速、准确传递，提高了仓库管理、装卸运输、采购、订货、配送发运、订单处理的自动化水平，使订货、保管、运输、流通加工实现一体化；企业可以更方便地使用信息技术与物流企业进行交流与协作，企业间的协调和合作有可能在短时间内迅速完成；计算机软件的发展，能有效管理物流渠道中的商流，这就使企业有可能把原来在内部完成的作业交由物流公司运作。另一方面就是网络覆盖了链中所有环节，企业或者用户可以实时监测到产品流通信息，及时沟通，能有效地避免“牛鞭效应”等不良影响。

2) 提供个性化服务

随着我国服务业的对外开放，现在市场趋向于全球化、扩大化，中外物流企业对决不可避免，激烈的竞争必将出现，这将是物流产业发展的一个转折点，中国物流将走上一条快车道，促使第六方物流加强国际间合作关系，增强了自身竞争能力。

客户对服务的要求千差万别，一个第六方物流企业不可能同时满足所有客户的所有要求，作为中小物流企业，服务资源有限，品牌可信度不高，在追求服务个性化的信息社会中，选定一个可以充分信任的合作伙伴，掌握客户的真正需求，确定服务的战略重点，使得服务资源的配置向这些重点集中以维持较高的客户服务标准。

一个物流企业能否成功在于其能否根据自身的比较优势和服务能力将有限的服务资源与市场服务需求进行有效匹配。这就要求第六方物流特别注重对现有客户物流服务需求进行深度挖掘，捕捉每次客户需求变化信息，保证让客户获得增值的体验。

3) 提供三维空间

第六方物流是跨时代、颠覆性的物流服务模式，它会让冗余、无序的物流模式消亡，也会为物流行业提供具有长远发展的三维空间，即利润空间、服务空间和市场空间。

由于物流处于产业链的核心环节，通过第二代电子商务实现的物流(以信息对接为手段，以广告和会员费为主要盈利模式的电子商务，被称为第一代B2B电子商务。以实体产业为基础，创造在线虚拟生产模型，通过其参与运营来实现盈利的电子商务，被称为第二代电子商务)，可以与其他产业链协同，实现产业互动和增值。

正是因为第六方物流的利用，企业能把产品以最低成本、最高水平的服务提供给全球各地用户，由此会显现出以前隐形的市场，创造了庞大的市场空间。

2.5.4 第六方物流的发展现状及趋势

在2008年第三届全球海运峰会上，来自世界各地的500多位海运物流经理人以“新新模式”为主题，针对当前世界性金融危机进行了深入讨论。联合国国际货物多式联运协会主席方贺丽女士指出，市场需要的是这样一种物流服务，货物既定 7 月 15 日送达，不可以 7 月 14 日，也不可能 7 月 16 日送达，因为货物 7 月 14 日到达，客户会额外支出仓储费用和银行的费用，如果 7 月 16 日到达，工厂可能出现停产危险。要想做到这一点，必须建立现代综合物流体系，准确把握物流的时间和整个运输的过程。不仅如此，海运物流已经是世界经济、区域经济和城市经济快速发展的重要引擎，并逐渐形成一种新兴经济：蓝色新经济。蓝色新经济的诞生也正呼唤着第六方物流的到来。

随着全球经济一体化的进程不断加快，世界经济的生态环境、产业格局及资本价值、产业链等架构也随之发生了重大变化，但是全球经济一体化的体系原理并没有建立，导致世界经济整体格局开始突发性破裂，2008 年爆发的世界性的金融海啸应该说是新经济体系板块与传统经济体系板块强烈碰撞的结果。所以说，此次金融危机用“冬天”来形容是不准确的，它是人类经济活动在新的历史纪元必然出现的格局性变化。面对这种变化，我们要做的不是救死扶伤，也不是动辄投资千亿、万亿拉动内需，这些都是短期行为，甚至可能人为破坏经济生态结构。我们必须尊重经济发展自身规律，因势利导，改善经济环境，升级产业结构，创造行业“新新模式”。对于航运业，完善物流产业结构，建立现代综合物流服务体系尤为迫切。

截至 2009 年，中国进出口贸易总额接近 2.5 万亿美元，中国港口的吞吐量已经达到了 64 亿吨，集装箱吞吐量突破了 1 亿标准集装箱。中国已经成为世界贸易大国和航运大国，中国海运存在 5 000 亿美金的巨大市场。据麦肯锡公司统计，中国运输同样的电子产品和粮食，要比美国多出 40%～50%的运输成本，这是一个非常严重的橙色预警。如果不解决这个问题，中国很难突破由贸易大国、运输大国向贸易强国和运输强国发展的瓶颈。因为物流不是效益，物流本身是没有任何使用价值的成本和消耗。就单项物流成本来说，中国几乎每项都低于发达国家，如劳动力成本、仓储成本等都低于发达国家，可是为什么中国综合物流成本却比发达国家高呢？主要有两方面的原因，第一方面，在中国整个产业布局不合理，没有形成科学的产业链体系。第二方面，供应链和产业链没有进行科学的配置，物质流通业、商业流通业、仓储业、交通运输业格局出现严重的错位，物流、商流、信息流、资金流没有形成有机的一体化工程。要解决这两方面的问题，有赖于尽快打造第六方物流。

第六方物流是以电子网络为服务平台，将产业链和第三方物流进行资源虚拟组合，用数字化集成系统完成流程操作的现代综合物流服务方式。电子商务作为数字生存的方式，代表未来的贸易方式、物流方式和服务方式。

习 题

1. 选择题

(1) 第一方物流是指(　　)物流。

A．买方　　B．卖方　　C．供应链　　D．数字

(2) 发展我国第一方物流的战略中最关键的战略是(　　)。

A．物流能力增强战略　　B．物流系统再造战略

C．企业物流管理的一体化战略　　D．企业物流外筹战略

(3) 第三方物流又被称为(　　)。

A．卖方物流　　B．合约物流　　C．代理物流　　D．供应链物流

(4) 企业物流管理组织(体系)的再造重建，包括(　　)。

A．观念重建　　B．组织重建　　C．流程重建　　D．网络重建

(5) 从发达国家物流业的状况看，第三方物流在发展中已逐渐形成鲜明特征，突出表现为(　　)。

A．关系契约化　　B．服务个性化　　C．管理系统化　　D．功能专业化

2. 简答题

(1) 简述我国第三方物流发展存在的问题。

(2) 简述第三方物流与第四方物流的区别。

(3) 简述第六方物流的发展现状与趋势。

(4) 第五方物流的含义是什么？试举例说明。

(5) 企业物流管理的一体化战略都包括哪几方面？

3. 判断题

(1) 第二方物流是指买方，即销售者或流通企业组织的物流活动。　(　　)

(2) 第三方物流一般自己拥有商品，参与商品的买卖。　(　　)

(3) 第四方物流作为一种新的物流理念，它的出现标志着一个新的物流时代的到来，也为中国物流业的发展提供了一个方向。　(　　)

(4) 第五方物流只是第三方物流的延伸，与第三方物流没有明显区别， 本质上仍是第三方物流。　(　　)

(5) 第六方物流是以电子网络为服务平台，将产业链和第三方物流进行资源虚拟组合，用数字化集成系统完成流程操作的现代综合物流服务方式。　(　　)

4. 思考题

第N方物流的发展对我国物流行业的发展有哪些启示？

案例分析

中国国际海运网——蓝色新经济

1. 蓝色新经济概述

1) 蓝色新经济浪潮

国际航运作为一个社会化产业，它的功能不仅仅是为国际贸易服务，航运物流业已经成为世界经济的主导，而且正在逐步走上世界经济的引导地位。海洋经济中的物流经济会成为新的经济增长点。海运物流已经是世界经济、区域经济和城市经济快速发展的重要引擎，并逐渐形成一种新兴经济——蓝色新经济。

2) 蓝色新经济的内涵

所谓蓝色新经济是指在互联网的基础上，运用海运物流门户对传统海运物流进行改造，将传统海运物流与现代物流信息技术与现代物流的供应链理念相互融合，建立起全新的海运物流电子商务模式，并使海运物流成为经济发展的基础和引擎来带动刺激经济的发展，这样的经济模式就是蓝色新经济。

2. 中国国际海运网与蓝色新经济

2004 年 1 月，中国国际海运网抓住机遇，充分利用互联网资源，登上了中国国际海运电子商务的舞台，开始掀起创造蓝色新经济的浪潮。中国国际海运网是以国际海运为核心，相关物流为辅，关联相关行业，具有供求信息交互、专业数据汇通、在线实务操作及行业新闻发布等功能的大型综合性国际海运门户商务电子平台。它将商流、信息流和物流相融合，将进出口贸易、国际海运及相关行业产业链进行商业组合，有效地解决航贸信息不畅、成本过高、操作脱节、效率低下等诸多问题。

3. 金牌订舱与虚拟无水港

中国国际海运网的设计的最开始是打造商业信息整合器，建设海运 E-HUB。它将海运信息、港口信息和物流信息汇总后进行分类组合，有针对性地服务国际贸易，便于进出口企业根据需要选择最好的服务和最合适的运价。但这些只是信息流，还是第一代电子商务的模式。为了将信息流变为可以运营的商流，同时将第一代 B2B 电子商务升级为第二代 B2B 电子商务，中国国际海运网提出运用网络开创第六方物流服务，并且在航运业将这种构想付诸实践，由此产生了金牌订舱(shipping mart)这样一种商务模式。

金牌订舱是中国国际海运网的核心商务模式，它使得中国国际海运网率先拥有了第二代 B2B 海运电子商务应用平台，这开创了中国海运物流电子商务的新模式。中国国际海运网“金牌订舱”之所以能取得巨大的社会效益和经济效益，主要是它将物流整个上下游的主要利益相关者的利益都考虑在内，并且通过信息平台使得各方可以获得更多更大的利益。

2008 年全球金融危机爆发，国际海运形势忽然变得严峻起来。2009 年第四届全球海运峰会在大连召开。会议期间“蓝色新经济”的概念再次引起世界的注意。会议上，国际海运网提出“虚拟无水港”的概念，而“虚拟无水港”就是蓝色新经济模式最典型的表现形式。“虚拟无水港”是将有水港口的设施、功能和服务及口岸系列配套服务虚拟并集成到电子平台，通过电子网络，延伸到腹地交通枢纽城市(无水港)，与无水港服务进行对接，协同海关、商检、银行、保险等部门提前完成货物出口操作并通过科技手段保障出口货物装运安全的现代综合物流信息平台系统。

金牌订舱和虚拟无水港是第六方物流最好的代表，通过第六方物流先进的业务模式，中国国际海运网成功地将物流上下游的所有关键的相关者整合到一起，通过自己的物流信息平台来让它们之间相互沟通。中国国际海运网在为物流利益相关者创造价值的同时也为自己创造了丰厚的利润。

4. 第六方物流门户带动蓝色新经济产生的效益

通过以上对于中国国际海运网案例的分析可以发现，第六方物流信息增值门户可以在以下几个方面提供物流信息增值服务，有效带动蓝色新经济的发展。

1) 提高效率，降低成本，创造第三方利润源

第六方物流将产业链和供应链通过信息化平台有机集成，形成极具效率的科学体系，可以降低物资流通环节成本，大大提升产业核心竞争力，为企业提供巨大利润空间。

2) 整合资源，协同行业，开发三维空间

第六方物流是跨时代、颠覆性的物流服务模式，它会让冗余、无序的物流模式消亡，也会为物流行业提供具有长远发展的三维空间，即市场空间、服务空间和利润空间。

3) 统一国际标准，建立市场秩序

第六方物流借助电子商务，建立国际间数据互动应用体系，并且更为重要的是，第六方物流直接服务市场客户，可以帮助客户降低成本、创造利润。在建立统一国际物流标准的同时，第六方物流也有助于建立物流市场秩序。

4) 建立安全体系，保障航贸经济快速发展

第六方物流通过电子商务，提供门到门的数字化服务和流程操作，经过安全认证的电子提单、电子保险单和电子商业单证，可以使国际海运和国际贸易单证风险降低为零，同时，也大大提高国际海运和国际贸易操作效率。

5) 保护生态环境，建立绿色物流网络

第六方物流可以使报关、报检、送单、取单等外出工作在自己公司办公室完成，可以根据港口作业指

令，有序安排车辆集港送货，这样就不会出现交错和拥堵现象。从而达到节能减排，实现低碳物流的目标。

讨论题

(1) 总结蓝色新经济的概念及内涵。
(2) 中国国际海运网是如何运用蓝色新经济的？
(3) 你从中得到哪些启示？

第3章　物流与供应链的关系

【本章教学要点】

知识要点	掌握程度	相关知识
供应链的概念及特点	了解	供应链定义的演变及四个特点
供应链概念的发展过程	了解	从六个不同的要素解释供应链概念和定义的发展过程
供应链下物流的概念及特点	了解	概念及四个特点
供应链下物流的发展趋势	了解	供应链下物流发展必须具备的三个要素
物流与供应链的联系与区别	掌握	营销渠道与供应链管理的联系与区别

导入案例

美国供应链发展进程

2000年美国物流管理协会全球年会的主题是"重新定义物流.com"，突出了电子商务对这个行业产生的一种革命性影响。2001年，美国物流管理协会全球年会会刊的封面是一位黑人乐手，第二页中这位乐手成为了乐队的一员。这意指一种战略伙伴关系——这里有两个层次的战略伙伴关系，一是物流服务供应商之间形成联盟，另一方面是指物流企业和制造业企业之间的长期的战略伙伴关系，即两业联动。这种长期战略伙伴关系指的是5年以上的第三方物流合作，这是在1998年以后形成的美国第三方物流的主流趋势。

2002年，美国物流管理协会全球会刊封面为两个老太太骑上哈雷摩托车在高速公路上狂飙，旁边写着：游戏规则在改变。物流领域出现了很多新的管理技术和新的技术手段。2005年美国物流管理协会更名为CSCMP，这标志着全球物流进入到了供应链时代。

2006年CSCMP全球年会推出了一个流程标准，成为生产制造业和所有物流企业共同遵循的指南。2007年CSCMP全球年会的主题是平面世界的曲线思维，意在以几何基数的速度来发展物流产业。2008年，物流界发生了危机。2009年CSCMP全球研究的是供应链领袖在危机中所起的作用，出席当年会议的都是物流领域领军性的人才。强有力的灵活性的供应链企业能够引领物流产业走出危机。2010年，出现了很多关于竞争、学习、引领的问题探讨，绿色供应链实际上在2007年以后就一直是物流领域探讨的一个主题，一些国家政府和企业纷纷制订了记录碳足迹的计划。碳足迹的记录已成为物流企业帮助它的生产合作伙伴在提高竞争力的同时提高绿色效益的一种手段。

讨论题

(1) 从美国供应链的发展进程中可以看出物流与供应链有什么关系？

(2) 解释两业联动的含义。

(3) 结合美国供应链的发展进程，查阅相关资料，谈谈我国供应链的发展进程。

【内容摘要】

供应链是物流的延伸和扩展，是物流发展到集约化阶段的产物。物流贯穿于供应链，成为供应链中不可或缺的一个子集。本章从供应链的概念、特点及供应链概念的发展过程，供应链下物流的概念、特点及供应链下物流概念的发展过程两大方面介绍物流与供应链的关系，最后总结物流与供应链的联系与区别。同时对营销渠道与供应链管理的关系做简单介绍。

3.1 供 应 链

3.1.1 对供应链概念的认识

1. 供应链概念的演变

供应链的概念是从扩大的生产(extended production)概念发展来的，它将企业的生产活动进行了前伸和后延。例如，日本丰田公司的精益协作方式中就将供应商的活动视为生产活动的有机组成部分而加以控制和协调。这就是向前延伸。后延是指将生产活动延伸至产品的销售和服务阶段。因此，供应链就是通过计划、获得、存储、分销、服务等活动而在顾客和供应商之间形成的一种衔接，从而使企业能满足内外部顾客的需求。美国史蒂文斯(Stevens)说：“通过增值过程和分销渠道控制从供应商的供应商到用户的用户的物料流就是供应链，它开始于供应的源点，结束于消费的终点。”早期的观念认为，供应链是指企业的一个内部过程，是指把企业外部采购的原材料和零部件，通过生产和销售等活动，传递到零售商和用户的一个过程，局限于企业的内部操作层上，注重企业自身的资源利用面向供应链的可重构 ERP。

供应链一词从英文 supply chain 直译过来并沿用至今。供应链及其相关概念随着实践和研究的深入，经历了不断演变的过程。

供应链概念的提出最早见于 1982 年。最开始有内部供应链和外部供应链之分，但后来企业认识到产品的竞争力并非由一个企业决定，而是由产品的供应链决定。以前企业尽量把物流成本转移给供应链上下游企业，这样或许会降低某个企业的物流成本，但物流成本的转移无法减少整个供应链的物流成本，最终仍要反映在商品的售价上。由于产品的竞争力未见提高，最后受害的将是供应链中的所有企业。这一阶段，企业已不再把目光局限在企业内部的物流系统，而把供应链当作系统，把物流延伸到企业外部，物流也发展到了外部一体化阶段，即供应链阶段。现在比较普遍的供应链定义是围绕核心企业，制成中间产品及最终产品，最后由销售网络把产品送到消费者手中的，将供应商、制造商、分销商、零售商连成一个整体的功能网链结构模式。

从供应链概念的发展可以看出供应链与物流之间的关系：供应链是物流的延伸和扩展，供应链是物流发展到集约化阶段的产物。物流贯穿于供应链，成为供应链中不可或缺的一个子集。

表 3-1 为不同的时期供应链的定义。

表 3-1　供应链定义的演变

学　者	时间	定　义
琼斯(Jones)、莱利(Riley)	1985	从供应商到最终使用者整个过程中物体流动的所有管理活动
哈里森(Honlihan)	1988	对从供应商开始，经生产者或流通业者，到最终消费者的所有物质流动进行管理的活动
Langeley& Houlcomb	1991	是为提供能给最终使用者带来最高价值的产品或服务，而开展的渠道成员间的相互作用
史蒂文斯(Stevens)	1989	通过增值过程和分销渠道控制从供应商的供应商到用户的用户物料流，开始于供应的源点，结束于消费的重点
Stevens	1990	从供应商开始，经附加价值生产过程或流通渠道，到顾客整个过程的物质流动的管理
卡维纳图(Cavinato)	1991	从企业到最终顾客整个过程中所发生的购买活动、附加价值活动和营销活动
纳瓦克(Novack)、西姆科(Simco)	1991	将从供应商开始，经生产者或流通业者，到最终消费者的所有物质流动作为管理对象的管理活动
李(Lee)、比灵顿(Billington)	1992	原材料到达、零部件或最终产品的提供，以及向顾客流通的生产流通中心网络组织
斯科特(Scott)、韦斯布鲁克(Wesbrook)		从原材料开始到最终使用者为止，生产或供应流程中各种要素的连接

续表

学　者	时间	定　义
特纳(Turner)	1993	从原材料供应商开始，经过生产、保管、流通等各种阶段，到最终顾客等整个过程的连接
汉德菲尔德(Handfield)、利基(Niches)		产品从原材料阶段一直到最终用户手中这一过程中，产品的流动和转化，以及伴随的与信息流动有关的所有活动
伊文斯(Evens)	1993	通过前馈的信息流和反馈的物料流及信息流，将供应商、制造商、分销商，直到最终用户连成了一个整体的模式
甘尼香(Ganeshan)、哈里逊(Harrison)	1997	执行采购原材料，把它们转换为中间产品和成品，并将成品销售到用户的功能网链
沃克(Walker)、阿尔伯(Alber)	1999	由自主或者半自主的企业实体构成的网络，这些企业实体共同负责与一类或多类产品相关的采购、生产并最终将产品送达顾客等各项活动
Jayashankar	1996	由自治或半自治的商业实体构成的一个网络，共同负责若干产品的原材料采购、生产和分销活动
泰根(Teigen)	1997	供应商、工厂、仓库、分销中心和零售商构成的网络，在此网络中进行原材料采购、转变和交付给顾客。供应链管理是优化供应链性能的决策

2. 供应链概念的发展过程和发展趋势

从供应链概念的发展过程可以看出其发展趋势。

1) 从内部化向外部化发展

早期的供应链概念认为供应链是制造企业中的一个内部过程，注重企业自身资源的利用，供应链定义也强调企业内部各个职能的集成。随着供应链自身的发展和对供应链认识的加深，随后的供应链概念注意到了与其他企业的联系，注意到了供应链的外部环境，供应链定义更多地强调外部企业与企业间的合作，通过合作来共同完成供应链的功能。

2) 从“链”向“网”发展

早期的供应链概念把供应链理解为一个链状的企业集合，或是将企业内或企业间各种职能连接起来的一个从原材料供应商到制造商再到销售商的链状组织。随后的供应链概念认识到“链”只是供应链的一个简化，供应链更应该是一个企业网络，通过这个网络的运行来实现某种特定的功能。

3) 从强调供应转向强调需求

早期的定义更多地强调企业的供应过程，强调从原材料供应商把原材料供应给制造商，制造商将制造好的商品供应给销售商。随着对供应链概念理解的加深，新的供应链概念更多地强调需求在供应链中所起的作用，没有消费者的需求，供应链的供应功能只能是无水之源。

4) 供应链概念价值化

供应链早期的定义多是描述供应链的功能，随着人们认识到供应链中不仅仅包括物流，还包括信息流、资金流后，尤其是研究者认识到价值链概念和供应链概念存在相通性后，许多供应链的定义采用价值链的方法，把与产品相关的所有能够产生价值的活动都看作供应链的一部分，结合价值链来定义供应链。

5) 供应链概念战略化和哲理化

随着研究者和企业界对供应链的重视，供应链的概念也逐渐从对企业间的相互作用的功能组合上升到企业和企业间战略的高度，供应链概念也更多地从战略的高度出发阐述供应链的功能和作用。同时，随着对供应链概念的进一步重视，供应链概念有进一步哲理化的趋势，这也表明学术界已经不仅仅把供应链看作企业间的功能合作，而是把供应链看成了一种管理战略和管理哲理思想。

6) 与研究角度有关

从对众多供应链定义总结研究中还发现，由于不同的研究者研究的出发点和角度不同，造成了其对供应链定义的不同。

3.1.2 现代供应链

1. 供应链在学术文献中的解释

(1) 拉维·卡拉科塔(Ravi Kalakota)对供应链的定义："从架构的观点出发，供应链指的是企业经营伙伴之间为了寻找资源、制造和传递产品所维持的复杂的关系网络。"

克帕扎卡(Kepa Xhaka)对供应链下的定义：通过原材料流、产品流和信息流连接成的包括供应商、物流服务提供商、制造商、分销商、零售商在内的一系列经济实体——制造企业供应链管理的交易费用与决策优化研究。

(2) SCOR将供应链定义为，从供应商的供应商到顾客的顾客，集成了计划、资源、制造、配送和反向物流的流程，包括经营战略、物料、工作流和信息流——供应链运作参考模型评析。

(3) 密歇根大学对供应链的定义：既强调供应链是一个过程，同时认为，供应链是一个对多公司"关系管理"的集成供应链，它包含从原材料的采购到产品和服务交付给最终消费者的全过程。

供应链是在相互关联的部门或业务伙伴之间所发生的物流、资金流、知识流、信息流和服务流，覆盖从产品(或服务)设计、原材料采购、制造、包装到交付给最终用户的全过程的功能网链。

从广义上说，供应链是指产品生产和流通过程中所涉及的原材料供应商、生产商、分销商、零售商及最终消费者等成员通过与上游、下游成员的连接(linkage)组成的网络结构，是由物料获取、物料加工，并将成品送到用户手中这一过程所涉及的企业和企业部门组成的一个网络。

从狭义上说，供应链也可以指企业内部的供应链，通过订单管理、采购管理、库存管理、生产计划、生产制造、质量控制、运输管理、销售管理、售后服务、市场预测等流程的组合，以更高的效率处理联合的物流、信息流和资金流，完成最终的客户服务。

可以将供应链描绘成一棵枝叶茂盛的大树：生产企业构成树根；独家代理商则是主干；分销商是树枝和树梢；满树的绿叶红花是最终用户；根与主干、枝与主干的一个个节点中蕴藏着一次次的流通，遍体相通的脉络便是信息管理系统。供应链上各企业之间的关系与生物学中的食物链类似。在"草—兔子—狼—狮子"这样一个简单的食物链中(为便于论述，假设在这一自然环境中只生存这四种生物)，如果把兔子全部杀掉，那么草就会疯长起来，狼也会因兔子的灭绝而饿死，连最厉害的狮子也会因狼的死亡而慢慢饿死。可见，食物链中的每一种生物之间是相互依存的，破坏食物链中的任何一种生物，势必导致这条食物链失去平衡，最终破坏人类赖以生存的生态环境。

同样道理，在供应链“企业A—企业B—企业C”中，企业A是企业B的原材料供应商，企业C是企业B的产品销售商。如果企业B忽视了供应链中各要素的相互依存关系，而过分注重自身的内部发展，生产产品的能力不断提高，但企业A不能及时向它提供生产原材料，或者企业C的销售能力跟不上企业B产品生产能力的发展，那么我们可以得出这样的结论：企业B生产力的发展不适应这条供应链的整体效率。

2. 一个完整的供应链举例

图3.1是一个非常典型的完整供应链。它从供货商向制造工厂供货开始。每个工厂都可能负责不同的部分。即不同区域的工厂生产的是不同型号的产品，或者生产产品里面的不同部分，最后汇集到制造总部，再转给行销总部，行销总部会把产品送给分公司，分公司经过经销商再卖给客户。

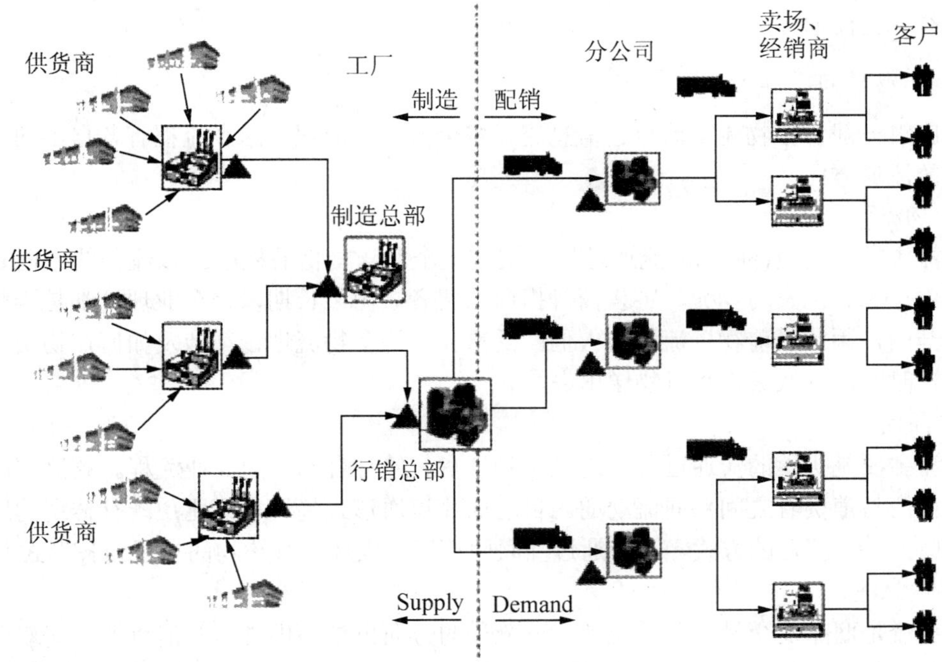

图3.1 典型供应链

3. 供应链的构成元素

一个简单的供应链由六个元素组成，这六个元素连接着需求、产品的流动、供应链消费者和最终用户，结束在消费者终端。

(1) 消费者：当消费者决定购买一家公司的产品时，他们就开启了供应链的流动。消费者联系供应商，订购特定数量的产品并规定具体的交付日期。

(2) 计划：为满足消费者的订单，企业开始为产品生产制订计划，从而引发了原材料的采购、零部件的订购等需求。

(3) 采购：采购部门收到原材料列表和生产部门需要完成的订单服务的列表。它将采购订单发送给选定的供应商，要求供应商提供必要的原料，并在规定日期送到指定的地方。

(4) 仓储：从供应商处接收原材料，检查原材料的数量和质量，准确无误后，原材料入库，以满足制造部门的需求。

(5) 生产：基于生产计划，合理利用原材料制造产品，完成制造后，经过产品检验，将产品存放在仓库内。

(6) 运输：确定最有效的运输方式，在客户指定的日期交付产品。

4. 供应链的基本结构

一般来说，一个完整的供应链结构包括以下要素。

(1) 供应商：指给生产厂家提供原材料或零部件的企业。

(2) 厂家：即制造业企业。这是产品生产的最重要的组成部分，负责产品生产、开发和售后服务等。

(3) 分销企业：为实现将产品送到经营地理范围内每一角落而设的产品流通代理企业。

(4) 零售企业：是指将产品销售给消费者的企业。

(5) 物流企业：即上述企业之外专门提供物流服务的企业。其中批发、零售、物流业也可以统称为流通业。

5. 供应链的流程

供应链一般包括物流、商流、信息流、资金流四个流程。四个流程有各自不同的功能及不同的流通方向。

1) 物流

物流主要是物资(商品)的流通过程，这是一个发送货物的程序。该流程的方向是由供货商经由厂家、批发与物流、零售商等指向消费者。由于长期以来企业理论都是围绕产品实物展开的，因此目前物资流程被人们广泛重视。许多物流理论都涉及如何在物资流通过程中在短时间内以低成本将货物送出去。

2) 商流

商流主要是买卖的流通过程，这是接受订货、签订合同等的商业流程。该流程的方向是在供货商与消费者之间双向流动的。目前商业流通形式趋于多元化：既有传统的店铺销售、上门销售、邮购的方式，又有通过互联网等新兴媒体进行购物的电子商务形式。

3) 信息流

信息流是商品及交易信息的流程。该流程的方向也是在供货商与消费者之间双向流动的。过去人们往往把重点放在看得到的实物上，因而信息流通一直被忽视。甚至有人认为，国家的物流落后同它们把资金过分投入物质流程而延误对信息的把握不无关系。

4) 资金流

资金流就是货币的流通，为了保障企业的正常运作，必须确保资金的及时回收，否则企业就无法建立完善的经营体系。该流程的方向是由消费者经由零售商、批发与物流、厂家等指向供货商。

6. 供应链的主要活动

供应链涵盖了从原材料的供应开始，经过工厂的开发、加工、生产至批发、零售等过程，到有关最终产品或服务的形成和交付到达用户之间的每一项业务活动。因此供应链理论涵盖了生产理论、物流理论和营销理论三大理论。供应链的主要活动包括以下内容。

(1) 商品的开发和制造：商品的规划、设计、商品化，需求预测和生产计划，商品生产和质量管理。

(2) 商品的配送：确保销售途径、按时配送、降低物流成本。

(3) 商品的销售和售后服务销售，品种齐全、及时的商品补充，销售数据和销售额的管理，了解问题，确定活动方针。

7. 供应链的分类

1) 根据供应链与企业内外部的关系划分

根据供应链与企业内外部的关系可以将供应链分为内部供应链和外部供应链。

内部供应链是指企业内部产品生产和流通过程中所涉及的采购部门、生产部门、仓储部门、销售部门等组成的供需网络。

外部供应链则是指企业外部的，与企业相关的产品生产和流通过程中涉及的原材料供应商、生产厂商、储运商、零售商及最终消费者组成的供需网络。

内部供应链和外部供应链的关系：两者共同组成了企业产品从原材料到成品到消费者的供应链。可以说，内部供应链是外部供应链的缩小化。例如，对于制造厂商，其采购部门就可看作外部供应链中的供应商。它们的区别只在于外部供应链范围大，涉及企业众多，企业间的协调更困难。

2) 根据供应链存在的稳定性划分

根据供应链存在的稳定性可以将供应链分为稳定的和动态的供应链。基于相对稳定、单一的市场需求而组成的供应链稳定性较强，而基于相对频繁变化、复杂的需求而组成的供应链动态性较高。在实际管理运作中，需要根据不断变化的需求，相应地改变供应链的组成。

3) 根据容量和需求的不同划分

根据供应链容量与用户需求的关系可以将供应链划分为平衡的供应链和倾斜的供应链。一个供应链具有一定的、相对稳定的设备容量和生产能力(所有节点企业能力的综合，包括供应商、制造商、运输商、分销商、零售商等)，但用户需求处于不断变化的过程中，当供应链的容量能满足用户需求时，供应链处于平衡状态，而当市场变化加剧，造成供应链成本增加、库存增加、浪费增加等现象时，企业不是在最优状态下运作，供应链则处于倾斜状态。平衡的供应链可以实现各主要职能(采购/低采购成本、生产/规模效益、分销/低运输成本、市场/产品多样化和财务/资金运转快)之间的均衡。

4) 根据功能性不同划分

根据供应链的功能模式(物理功能、市场中介功能和客户需求功能)可以把供应链划分为三种：有效性供应链(efficient supply chain)、反应性供应链(responsive supply chain)和创新性供应链。有效性供应链主要体现供应链的物理功能，即以最低的成本将原材料转化成零部件、半成品、产品，以及在供应链中的运输等；反应性供应链主要体现供应链的市场中介的功能，即把产品分配到满足用户需求的市场，对未预知的需求做出快速反应等；创新性供应链主要体现供应链的客户需求功能，即根据最终消费者的喜好或时尚的引导，进而调整产品内容与形式来满足市场需求。

以上后三种分类根据亿博物流咨询公司2009年划分标准。

8. 现代供应链的特点

从供应链的结构模型可以看出，供应链是一个网链结构，节点企业之间是一种需求与供应关系。供应链主要具有以下特征。

1) 复杂性

因为供应链节点企业组成的跨度(层次)不同，供应链往往由多个、多类型，甚至多国企业构成，所以供应链结构模式比一般单个企业的结构模式更为复杂。

2) 动态性

供应链管理因企业战略和适应市场需求变化的需要，其中节点企业需要动态地更新，这就使得供应链具有明显的动态性。

3) 面向用户需求

供应链的形成、存在、重构，都是基于一定的市场需求而发生的，并且在供应链的运作过程中，用户的需求拉动是供应链中信息流、产品/服务流、资金流运作的驱动源。

4) 交叉性

节点企业可以是这个供应链的节点企业，同时又是另一个供应链的节点企业，众多的供应链形成交叉结构，增加了协调管理的难度。

9. 供应链与纵向一体化

1) 两者的区别

纵向一体化一般指上游供应商与下游顾客之间拥有产权关系，而供应链上的企业集合一般不具备产权关系，它们一般是建立在共同的理念基础上的默契关系或通常的契约关系。

2) 供应链将取代纵向一体化

这里涉及企业的组织理论中企业的组织成本和交易成本的演变过程。传统上，企业是以一种小规模、单一组织形态而存在的，企业之间会发生大量交易，这就产生了巨大的交易成本。随着社会生产力的发展，一些实力较强的企业就以产权投资的形式控制其上下游企业，在其扩大规模的同时，达到了市场内部化、降低交易成本的目的。这就是纵向一体化产生和迅速发展的原因。

但随着企业集团规模的迅速扩张，使得企业的组织成本变得越来越惊人。表现在：企业的效率越来越低；企业越来越失去了自己的特色；企业适应市场变化的能力越来越低。到后来，市场需求向小批量、多品种、多规格方向发展，市场竞争也越来越激烈。另一方面，电子商务和物流无论是硬件方面还是软件方面都有了根本的发展，这就使得企业原来的市场交易成本大幅度降低。这两方面的因素使得供应链取代纵向一体化将成为一种必然。

3.2 供应链下的物流

3.2.1 供应链下物流的概念

物流是供应链过程的一部分，是对货物、服务及相关信息从起源地到消费地的有效率、有效益的正反向流动和储存进行计划、执行和控制，以满足顾客要求。

3.2.2 供应链下物流的特点

1. 供应链环境下传统物流运作模式的主要缺陷

传统物流是围绕单个企业的自身目标进行的管理活动，主要考虑满足生产商和销售商的安全库存需要，不可避免地存在以下四个缺陷。

1) 企业内部物流只能被分割

官僚化层级制管理导致企业物流管理只能分散，采购、生产、销售等部门往往是独立管理，这种各自为政的分段式物流管理模式，导致企业内部运作效率低下，不能实现物流集约化效益。

2) 库存太大

传统供应链流程上的库存缓冲，使供应商、制造商与零售商都有库存，很难进行科学统一的物流运作规划，而这正是造成供应链中存在“牛鞭效应”的原因。这种缺乏整体性的物流规划，常常导致一方面库存不断增加，另一方面在需求出现时又无法及时满足。这样，企业就会因为物流系统管理不善而丧失市场机会。

3) 反应迟缓，物流服务水平不高

由于传统销售渠道的松散性、信息的封闭性、利益的分割性、区域的割据性，以及企业内部的分权、专权，在物流运作过程中缺乏对信息的及时、有效沟通，影响了物流服务速度和水平，不能有效地支持产品销售。

4) 风险大

由于企业内部认为割据导致物流管理的四分五裂及业务链过长，经手的部门和人员过多，因此损公肥私的现象十分严重。同时，由于库存大，反应缓慢，库存不适应需要导致的毁损浪费也居高不下，企业所需要的流动资金增加，企业的经营风险增大。

2. 供应链环境下物流管理的特点

1) 物流运作效率和效益取决于上下游企业

有些企业可能会认为，物流运作仅与物流服务提供商的服务效率有关。实际上，在供应链环境下要想使物流对市场需求做出快速反应，离不开供应链节点上的企业同步采取行动，加强彼此间的协作与合作。具体来说，就是要求供应链的上下企业根据最终需求市场的信息，制订统一有序的采购、产生和分销配送计划，使物流有序地在上下游企业间流转。

2) 物流运作强调稳定性与弹性的平衡

供应链管理特别强调对客户要求的快速响应。客户的要求是千差万别的，面对不同的顾客，物流体系必须具有足够的弹性，以尽快响应不同的需求；同时，还要维持相对稳定的运营系统，以保证较高的服务质量和服务水平。

3) 物流运作离不开信息技术的支撑

信息技术是供应链管理的重要支撑，信息共享是实现供应链业务流程一体化的重要手段。物流运作本身离不开信息技术的支撑，供应链环境下的物流管理更是如此。通过信息技术，生产企业可以有效地沟通供应链上下游企业之间的物流订单信息，并在信息系统的支撑下，完成订货、生产、运输、仓储、流通加工等功能一体化，使物流管理统一，响应敏捷。

4) 物流活动的不可控性和变异性较高

在供应链环境下，物流活动的不可控性和变异性较高的原因有三点：第一，由于物流经常直接面对终端顾客，而客户具有分布不均匀、消费时间随意等特点，因此存在多种不确定性；第二，顾客的需求日益呈现多样化、个性化的趋势，导致变异性较高，从而给物流标准化运作带来了一定难度；第三，在许多供应链特别是全球供应链的物流运作中，物流的过程较长，运作过程中存在许多的不确定因素，导致了物流活动的不可控性。

3.2.3 供应链下物流的发展趋势

尽管全球物流已经进入到供应链时代，但是传统的运输、仓储、库存、采购仍然是这个领域探讨的主要问题。企业实施的物流供应链管理最终都反映在企业的财务指标上，生产企业的物流环节都要对其利润率、资金周转率、营业额有直接的贡献，所有的供应链绩效都是跟财务指标挂钩的。

现在的竞争不只是企业的竞争，而是供应链的竞争。供应商管理库存(vendor managed inventory，VMI)又称供应商存货管理，就是把供应商的存货放到生产企业的仓库里，直到生产企业出库的时候，存货的所有权才归生产企业所有，即生产企业占用供应商的资金。戴尔公司是采用 VMI 模式的典型案例。实施 VMI 虽然从表面看很可能使供应商的流动资金被生产企业占用，但实际上这样做可以使供应链上的企业生产计划的透明性、协调性高度一致，也能为供应商的生产计划节约大量时间；虽然供应商会损失一点点物流代价，但换来的却是供应链上所有企业的协同一致，是整条供应链的活力和竞争力。

这种趋势对我国物流行业或供应链管理范畴来说，是一个信号：在企业操作过程中要将仓储问题、运输问题等纳入到供应链管理框架中。

目前世界对发展中国家物流市场的关注，为我国物流业提供了非常多的商业机会；中国物流将来在全球范围内的影响力和受到的重视程度会越来越大。对于精益供应链来说，物流供应链是两条主线。第一条是管理的主线，所有的管理方法都可以与物流结合起来，“精益”的概念结合物流就是精益物流，六西格玛的概念结合物流就是六西格玛物流；另外一条线就是科技，互联网、RFID 等技术已经陆续应用到物流中，现在又出现了声控技术在分拣中的作用。

在美国，像 IBM、戴尔、NIKE 这样的大企业都在讲供应链的成果、流程。未来的运输问题，实际上包含了国际的范围、油价影响、多式联运等一系列的问题。从美国的角度来说，美国所有的物流成本中，运输成本占了 50%左右。另外一个重要问题——库存管理问题，现在流行缩小库存，建立最低安全库存，就更应该重视库存管理的环节。如何加快库存的流转，如何更加准确地预测库存，用什么样的方法来优化库存等都是值得关注的问题。

在供应链计划和需求计划流程里，第一项内容就是需求政策，系统地分析市场情报，充分地考虑产品服务价格和对补货做预测，预测每星期做一次，如果这一星期没有达到预测的目标，则表明没有满足最低的流程标准。一个好的企业要有健全的流程，再全面地搜集市场情报，通过各种各样的技术手段，最终达到需求预测准确。例如，某个时装企业让所有的店主试穿它生产的衣服，然后做定性分析，定性分析之后做定量分析，定量分析之后计算出首批订单。首批订单假如是 200 套，第一次上架 800 套，然后通过 3 天最短的补货周期进行需求的调整，所以该企业预测准确度非常高，在某些方面就达到了最佳的流程标准。

流程在应用的时候，首先要做差距分析。企业在最早的实施过程中，在供应链的框架体系下，研究各自在实施中遇到的问题，总结各自的实践，将是一个重要的发展方向。具体的是要先区分重点，再跟公司比较，最后采取行动，还要挑出最有效的行动。

最后提出几点看法：第一，以供应链的框架来探讨问题。这是一种思维方式的转变，更主要的是生产制造企业和物流企业从事物流活动的本质转变。第二，全球视角需要更多中国的参与。外界对中国物流的升温实际上给中国物流界参与国际物流提供了良好的机遇。对于企业是商机，学术研究是创造成果的机会。物流应该怎么搞，重视了生产企业的问题，将来对我们才有意义，否则只有做物流的人讲物流就没有价值，供应链管理的问题就是能够给生产企业创造第三利润源泉的问题。

供应链下的物流发展趋势要求具备敏捷性、适应能力强、均衡性等特点，只有这样企业才能超过其竞争者。

1) 敏捷性

敏捷性是至关重要的，因为在大多数行业，需求和供给波动迅速而广泛。现在的企业往往是降低成本来应对供应链的突然变化。如果物流具备了敏捷性反应能力，这样就会使得企业以最小的成本获得最大的经济效益来应对改变的市场。

2) 适应能力强

企业必须调整自己已有的物流网络适应市场的变化，而不是重新组织物流或者公司整体战略。一个好的供应链下的物流使经理能够快速识别市场结构的变化，记录最新数据，淘汰过时的信息，并跟踪关键因素。

3) 均衡性

一个好的供应链下的物流不以牺牲供应链上其他合作伙伴的利益而获得自己的利益，它强调的是利益的均衡性。这一点很重要，如果每个公司所关注的只是自己的利益而损害了在供应链上的其他合作伙伴的，整条供应链就会面临瓦解。

3.3 物流与供应链的联系与区别

3.3.1 物流与供应链的联系

从美国的物流概念的演变过程来看，伴随着市场环境的变化，物流与供应链管理呈现出融合的趋势。在现实中，许多人将供应链与物流混淆在一起，认为物流管理就是供应链管理，或者供应链管理就是物流管理。

例如，在一些学者和企业家眼里，物流与供应链管理是可以相互替代的。《供应链设计与管理》(*Design And Managing the Supply Chain*)一书中对供应链管理的定义如下：供应链管理是在满足服务水平需要的同时，为了使成本最小，而采用供应商、制造商、仓库和商店有效结合成一体生产商品，并把正确数量的商品在正确的时间内配送到正确地点的一套方法。该书对“供应链管理”所下的定义与 CSCMP 给出的“物流管理”的定义很相似，这两个定义都非常重视供应链中不同组成部分的集成，并对物流管理和供应链管理不做区分。

在实践中，物流系统成为企业运行的重要组成部分，也是供应链管理理论、技术方法的主要应用领域。供应链管理理论、技术方法的发展为改善物流管理和物流系统运行奠定了良好的理论基础。

现代生产企业要做到准时交货，提高交货可靠性，提高响应性，降低库存费用，加速资金周转，快速传递与反馈市场信息。由于当前的物流管理已经不仅仅局限于生产企业的内部管理，而是供应链企业之间的物流管理，因此，只有建立敏捷而高效的物流与供应链系统才能达到提高企业竞争力的要求。

3.3.2 供应链与物流及营销渠道的区别

一般来说，供应链视角下物流管理战略的目标有三个，即降低成本(cost reduction)、节省投资(capital reduction)和改进服务(service improvement)。

(1) 降低成本。战略实施的目标之一是将运输与存储相关的可变成本降到最低，即在服务水平一定的条件下，通常要评价各备选的行动方案，并找出成本最低的方案。

(2) 节省投资。战略实施的目标之二是使物流系统的投资最小化，该战略的出发点是使投资回报最大化。

(3) 改进服务。企业的收入一般取决于提供的物流服务水平，尽管提高物流服务水平将大幅度提高成本，但收入的增加可能会超过成本的上涨。要使战略实施取得好的效果，就应制定与竞争对手截然不同的服务战略。

供应链与市场学中销售渠道的概念有联系也有区别。虽然营销渠道和供应链管理听起来不再陌生，但是对大多数人而言，这两个概念之间却存在着模糊不清的关系。

1. 营销渠道

市场营销渠道又称分销渠道。美国营销协会(American Marketing Association)把营销渠道定义为“公司内部的组织单位和公司外部的代理或经销商、批发商与零售商形成的结构，通过这种结构进行商品、产品或服务的交易”。从技术意义上讲，渠道是一群企业在从最初所有者到最终所有者的营销过程中进行产品或服务的所有权交换。在我国，有的学者把营销渠道定义为“产品在其所有权转移过程中从生产领域进入消费领域的途径”。从上面两个定义可以发现，人们在考察营销渠道时通常是与商品所有权的转移，也就是说是与商流联系在一起的。

供应链是指“涉及将产品或服务提供给最终消费者的过程和活动的上下游企业组织所构成的网络”。而供应链管理是指“对商品从最初的原材料采购直到最终消费的整个过程中的物流和相关信息流进行管理，为顾客创造和提供附加价值”。

大多数制造商并非把产品直接卖给用户，而是要通过中间商层层往下销售。进一步观察，可以发现渠道中存在几种物质或非物质形式的运动“流”——商流、物流、资金流、信息流和促销流，渠道则表现为这些“流”的载体。因此，营销渠道包含的范围和内容非常广泛。

2. 供应链管理

对供应链而言，一条完整的供应链除包括消费者之外，还包括供应商(原材料供应商和零配件供应商)、制造商(加工厂或装配厂)、分销商(代理商或批发商)、第三方物流公司(储运公司或配送中心)和零售商(百货商场、超市、专卖店、便利店和杂货店)等企业或机构。但是一般情况下提到供应链时不包括广告公司、咨询公司和银行等，因为它们的活动与商品实体的移动关系不大。

供应链是由上述实体构成的网络，网络上同样流动着物流、资金流和信息流。随着人们对供应链研究的不断深入，供应链所包含的内容越来越丰富，玛莎 • C. 库珀(Martha C. Cooper)等人就认为供应链管理是对商业过程的管理，供应链中的过程共有 7 个：客户关系管理过程、客户服务管理过程、需求管理过程、订单满足过程、生产管理过程、采购过程、产品开发与商品化过程。供应链管理的目标是对上述 7 个过程实施统一管理。应该说物流管理只是供应链管理的一个方面，但就目前而言，供应链管理应用最多也是最为成功的领域还是物流。为使整个供应链中的物料和产品流动合理通畅，供应链管理甚至会把生产过程中的物料和零配件供应都涵盖进来，而这并不是营销渠道管理的内容。

从上面的分析中可以得出的结论是营销渠道、物流和供应链的范围和内容不能简单地说哪一个大，哪一个小，三者不是包含关系，而是存在一定程度的交叉。供应链的每一个过程都需要物流的支持，物流可以提高供应链的反应速度。

习 题

1. 选择题

(1) 根据供应链容量与用户需求的关系可以划分为(　　)。

A．平衡的供应链　　B．稳定的供应链
C．不稳定的供应链　　D．倾斜的供应链

(2) 供应链主要具有复杂性、动态性和(　　)的特征。

A．稳定性　　B．交叉性　　C．面向用户需求　　D．平衡性

(3) 一般来说，供应链视角下物流管理战略的目标有3个，即(　　)、节省投资和改进服务。

A．降低成本　　B．改进技术　　C．提高服务　　D．加快周转

(4) 供应链一般包括(　　)、商流、信息流4个流程。

A．物质流　　B．技术流　　C．物流　　D．资金流

(5) 一般来说，构成供应链的基本要素包括供应商、厂家、分销企业、零售企业、(　　)。

A．物流企业　　B．消费者　　C．采购部门　　D．运输企业

2. 简答题

(1) 简述物流与供应链的联系与区别。
(2) 简述供应链和纵向一体化的区别。
(3) 简述物流活动的不可控性和变异性较高的原因。

3. 判断题

(1) 内部供应链是外部供应链的缩小化。(　　)

(2) 基于相对稳定、单一的市场需求而组成的供应链动态性较高，而基于相对频繁变化、复杂的需求而组成的供应链稳定性较强。(　　)

(3) 供应商存货管理概念就是把供应商的存货放到生产企业的仓库里，直到生产企业出库的时候，存货的所有权才归生产企业，即生产企业占用供应商的资金。(　　)

(4) 人们在考察营销渠道时通常是与商品所有权的转移，也就是说是与商流联系在一起的。(　　)

(5) 供应链是物流的延伸和扩展，供应链是物流发展到集约化阶段的产物。物流贯穿于供应链，成为供应链中不可或缺的一个子集。(　　)

4. 思考题

供应链取代纵向一体化为什么是一种必然？

案例分析

沃尔玛的“无缝”供应链的运用

在衔接上游客户上，沃尔玛有一个非常好的系统，可以使供货商直接进入到沃尔玛的系统，沃尔玛称之为“零售链接”。通过零售链接，供货商就可以随时了解销售情况，对将来货物的需求量进行预测，以决定生产情况，这样他们的产品成本也可以降低，从而使整个流程成为一个“无缝”的过程。

物流的循环没有结束，也没有开始，它实际上是循环的过程。在这个循环过程当中，任何一点都可以作为开始，而且循环涉及每一点。沃尔玛就从顾客这一点入手，顾客在一家商店购买了商品之后与配送中心联系在一起的系统就开始自动进行及时补货，配送中心可以从供货商那里直接拿到货物。配送中心实际上是一个中枢，将供货方的产品提供给商场。供货商可以把货物只提供给配送中心，减少很多成本。

沃尔玛拥有百分之百一致和完整的物流体系。无论物流项目大小，沃尔玛必须要把所有的物流过程集中到一个伞形结构之下。在供应链中，每一个供应者都是“链”上的一个环节，沃尔玛必须要使整个供应链保持平稳、光滑，形成一个顺畅的过程。

沃尔玛的成功既可以说是优秀的商业模式与先进的信息技术应用的有机结合，也可以说是沃尔玛对自身的“商业零售企业”身份的超越。通过以上对沃尔玛的分析研究可以发现，沃尔玛给人们留下最深刻印象的，是它的一整套先进、高效的物流和供应链管理系统。沃尔玛在全球各地的配送中心、连锁店、仓储库房和货物运输车辆，以及合作伙伴，都被这一系统集中、有效地管理和优化，形成了一个灵活、高效的产品生产、配送和销售网络。为此，沃尔玛甚至不惜重金，专门购置物流卫星来保证这一网络的信息传递。

沃尔玛的成功经验可能使我国相当多的企业望洋兴叹，且不说沃尔玛拥有自己的卫星和遍布全球的大型服务器，仅仅是沃尔玛的每一台货物运输车辆上都拥有卫星移动计算机系统这一点，我国企业就难以效仿。同样，维持这一庞大网络的信息技术投入和升级管理费用也并不是多数企业可以承担的。

讨论题

(1) 你得到哪些启示？

(2) 沃尔玛的物流体系是如何运用“无缝”供应链的？

(3) 沃尔玛的物流体系是如何体现物流与供应链的关系的？

第4章 物流与商贸的关系

【本章教学要点】

知识要点	掌握程度	相关知识
商流概述	了解	商流的概念、与物流的联系与区别
商流与物流的分离	了解	商流与物流分离的表现形式
现代商贸物流一体化	掌握	商贸物流一体化的概念、功能及运作策略
商流与物流发展趋势	了解	中国商流与物流发展的前景

导入案例

我国商贸物流的发展现状

根据《商务部 发展改革委 供销总社关于印发〈商贸物流发展专项规划〉的通知》(商商贸发〔2011〕67号)的有关内容，我国商贸物流的发展现状包括以下内容。

商贸物流是指与批发、零售、住宿、餐饮、居民服务等商贸服务业及进出口贸易相关的物流服务活动。商贸物流属产业物流，是商品流通的重要组成部分。构建高效、安全、通畅的商贸物流服务体系，有利于降低物流成本，提高流通效率和效益；有利于促进商贸服务业转型升级，提升流通产业竞争力；有利于扩大就业，改善民生，维护社会稳定与繁荣；有利于减轻资源和环境压力，促进经济发展方式转变，更好地为建设小康社会、构建和谐社会服务。

为进一步促进我国商贸物流发展，根据国务院《物流业调整和振兴规划》(国发〔2009〕8号)和《商务部关于加快我国流通领域现代物流发展的指导意见》(商改发〔2008〕53号)的有关要求，制定《商贸物流发展专项规划》。规划期为2011—2015年。

改革开放以来，特别是进入新世纪以来，我国商贸物流发展成效显著，主要体现在以下方面。

(1) 城乡商贸物流服务体系初步建立，服务水平不断提高。

近年来，在国家政策引导和市场机制的作用下，城乡商贸物流服务体系逐步完善，服务功能不断增强。随着流通领域现代物流示范城市工作的推进，城市商贸物流专业化、组织化程度有所提高，为城市商贸服务业发展提供了有力支撑。“万村千乡市场工程”、“双百市场工程”、“农超对接”、“新农村现代流通网络建设工程”和农资流通体系试点等工作，有效促进了农村日用工业品、农资和农产品物流配送体系建设。批发市场通过功能再造和制度创新，延伸了加工、配送功能，缩短了供应链流程，提高了流通效率。餐饮企业通过建立现代化主食配送中心，实现网点的统一配送、及时补货，保证了食品的新鲜度，为方便居民消费发挥了积极作用。

(2) 商贸物流基础设施不断完善，配套能力不断增强。

近年来，我国商贸物流基础设施投资稳步增长，配套设施不断完善。仓储业固定资产投资近十年来年增幅保持在40%左右。立体仓库面积已接近仓库总面积的20%，形成了通用仓储与专业仓储、常温仓储与低温仓储、普通仓储与立体仓储共同发展的格局。截至2009年年末，全国连锁零售企业拥有各类商品配送中心3 426个，通过配送中心向连锁企业配送商品金额达到1.2万亿元。一批商品集散地、产地和销地批发市场经过建设改造，货物集散、配送能力不断增强，冷链物流设施成为新的投资热点。物流信息管理系统在商贸物流活动中得到广泛运用。现代化的商贸物流基础设施对促进传统物流模式转变，提高城市和城际配送效率发挥了积极作用。

(3) 商贸物流服务主体迅速成长，先进物流服务方式推广速度加快。

随着商贸物流社会需求的不断扩大，多种所有制、多种服务模式、多层次的现代商贸物流企业群体迅速发展。商贸企业、物流企业积极推广应用越库配送、共同配送、供应商管理库存等服务模式，满足现代零售企业小批量、多频次、快周转的物流服务需求，限额以上连锁超市商品统一配送率达到63.4%。汽车、家电、医药、烟草等专业物流形成一定规模。信息科技的广泛应用，大大提高了商贸企业和物流、配送企业的服务能力和供应链管理水平。各地建设的公共物流信息服务平台，有效地改善了物流信息的共享服务，促进了物流资源的供需衔接。

(4) 商贸物流发展环境明显改善，各种支持和配套政策日臻完善。

近年来，各级政府部门通过制定规划、出台政策、设立专项资金，从多方面支持商贸物流发展。中央财政通过设立促进服务业发展专项资金、农村物流体系建设专项资金，引导商贸物流健康发展。金融机构通过建立支持流通业发展专项贷款，支持商贸物流业进行基础设施改造。供应链金融创新和贸易融资快速发展，有效缓解了中小企业融资难问题。行业组织开展物流企业信用评级和综合评估工作，推动了物流市场信用体系建设。

商贸物流业快速发展对促进商贸繁荣、服务民生、改善消费环境、推进流通方式升级和转变经济发展方式发挥了积极作用。然而，我国商贸物流整体水平不高，物流效率偏低，难以满足商贸服务业快速发展和居民消费升级的需求，主要表现在：商贸物流企业普遍规模较小，组织化程度不高；专业化的第三方物流发展滞后，运作方式、运行模式不能适应工业和商贸企业精细化服务的要求；商贸物流基础设施落后，配送能力不强；商贸物流缺乏统一规划和布局，融资难、税负重、基础设施投入不足等，在一定程度上制约了商贸物流业发展。

讨论题

(1) 我国商贸物流的发展现状说明了哪些问题？
(2) 谈谈你对现代商贸物流一体化的看法。

【内容摘要】

商贸物流是指与批发、零售、住宿、餐饮、居民服务等商贸服务业及进出口贸易相关的物流服务活动。商贸物流属产业物流，是商品流通的重要组成部分。商贸物流业快速发展对促进商贸繁荣、服务民生、改善消费环境、推进流通方式升级和转变经济发展方式也发挥了积极作用。本章主要介绍了商贸物流的概念及物流与商贸的关系，商流与物流从分离到一体化的过程，讨论了商贸物流一体化具有的优化供应链、降低企业的经营风险、商流与物流相互促进的作用。

4.1 商流概述

4.1.1 商流的定义

为了说明商流的概念及商流与物流之间的联系，我们先从流通领域谈起。

根据经济学的观点，物资的再生产过程包括两个领域，一个是生产领域，一个是流通领域。有计划的生产和流通是我国国民经济的主体。生产领域承担着社会物质财富的生产任务。任何一种生产过程，都可以看成是将一种形状性质的物资改造成具有另一种形状性质，从而具有新的使用价值的新物资的过程。也就是说，生产过程的功能是能创造物资的“形质”效用。

但是，除生产领域外，必须还有一个领域把生产的商品及时地从生产者手中转移到消费者手中。这个领域就是流通领域。所谓流通过程，就是将生产的产品从生产者手中转移到消费者手中的过程。流通过程把生产和消费联系起来，既促进了生产，又满足了人们的生产和生活需要。既搞活了经济，繁荣了市场，又提高了人们的生活水平。因此，流通领域是促进国民经济发展的一个极其重要的领域。

可以这样来定义商流：商流是指将商品所有权或者使用权从生产企业手中转移到消费者手中的商品流通。这样商流就解决了商品所有权和使用权转移的问题，而由于生产者和消费者的分离，商品所有权转移就要借助于营销的功能。

所谓流通渠道，是指商品从生产者处送到消费者处的路径。流通领域包括商流和物流两种形式，而流通渠道指的是商流，即营销(所有权和使用权)的途径。而流通的渠道是从生产到消费的各成员间交易的链条。流通渠道就可以分为直接流通和间接流通。在生产者和消费者之间直接进行商品买卖，为直接流通。例如，通信销售和生产企业的直销点都是属于直接流通。在生产者和消费者之间有商业者(批发业者和零售业者等)介入交易时，为间接流通。

构成流通渠道的专门业者为流通业者，可以分为批发业者和零售业者。批发业者是指从生产者或者其他批发处采购商品，向零售业者或者其他批发业者销售的流通业者，它减少了总量的交易次数，集合了同类同种商品，使商品价值合理化。因此，在现代流通里面，它占据着重要位置。零售业者是指最终向消费者进行销售的流通业者，零售商是消费者的购买代言人，也是消费者需求信息的传播人。在销售过程中，接受消费者需求信息，然后反馈给生产者，为提高消费者的生活做出贡献。

4.1.2 商流与物流的联系与区别

1. 商流与物流的联系

商流和物流在流通领域中的联系主要表现在以下几个方面。

(1) 在商品流通的情况下，物流和商流都是商品流通必要的组成部分，是商品流通的两种不同的运动形式。

(2) 商流和物流都是从供应者流向需求者的运动，具有相同的起点和终点。

(3) 在商品流通的情况下，商流和物流在功能上是相互补充的，既分工又合作，共同完成流通的功能。

(4) 在商品流通的情况下，通常是先发生商流，在商流完成以后再发生物流。

2. 商流与物流的区别

即使在商品流通的情况下，商流和物流又是不同的，主要表现在以下方面。

(1) 物流是物资物质实体的流动，它能“消除”供需间的空间距离和时间距离，创造物资的空间效用和时间效用；而商流是物资的等价交换运动和所有权的转移运动，它“消除”供需之间的社会距离，创造物资的所有权效用。

(2) 从商品的性质看，商品是使用价值和价值的对立统一体。在商品流通的同一过程中，一方面表现为使用价值物的运动，另一方面又表现为价值物的运动。前者体现为空间、时间位置的变化运动，是物流，而后者体现为与货币等的等价交换和商品所有权的转移运动，是商流。这种物流和商流的分离，马克思很早就有论述。他说：“商品的实际流通，在空间和时间上都不是由货币来实现的，货币只是实现商品的价格，从而把商品的所有权转让给买主，转让给提供交换手段的人。货币使之流通的不是商品，而是商品的价格。”

(3) 商流和物流又是互相独立的，各自可以独立进行。流动的具体途径也可能不一致，流动的次序也没有固定的模式。在具体情况下，没有商流的物流和没有物流的商流都是可能的。总之，在商品流通的情况下，物流和商流既分工又合作，既互相区别又互相联系，既独立又统一，它们和谐地共处于流通过程之中，共同完成流通的功能。

4.2 商流与物流的分离

商流与物流具有不同的性质和特点。商流活动灵活、活跃，可以在任意场合多层次多环节地进行；而物流活动则具有惰性、稳重性的特点，货物不轻易流动，一动则要花费成本，而且即使要动，也要选择最短路径、最省时间的方式从而降低成本。

商流与物流也有不同的物质基础和不同的社会形态。从马克思主义政治经济学的角度看，在流通这一统一体中，商流明显偏重于经济关系、分配关系、权力关系，因而属于生产关系范畴。而物流明显偏重于工具、设施、装备及技术，因而属于生产力范畴。

商物分离是指流通中的商业流通和实物流通各自按照自己的规律和渠道独立运动，是将物流设施及有关的物流功能从商品流通领域独立出来，设置物流据点集中处理商品物流业务，以降低物流成本。典型的物流与商流分离模式为通过电子商务网上进行商流，网下通过第三方物流企业送货。

商流与物流分离的根本原因是，两者流通的实体——资金流与物资流有相对独立性。物资受到实物形态的限制，其运动形式、运行渠道与资金流有很大的不同。资金流可以由银行间的结算系统通过划账方式瞬时完成，从而完成了买卖交易，实现了所有权的转让。但相应的物资的转移还要经过运输、存储、配送等一系列漫长的过程来实现。

商流与物流的分离既保证了商流活动的灵活性和活跃性，保证了商流活动的高效率进行，又保障了物流活动的稳重性，保证了物流活动的低成本，提高了物流活动的效率。商物分离有利于物流合理化。物流与商流的分离过程如图 4.1 所示。

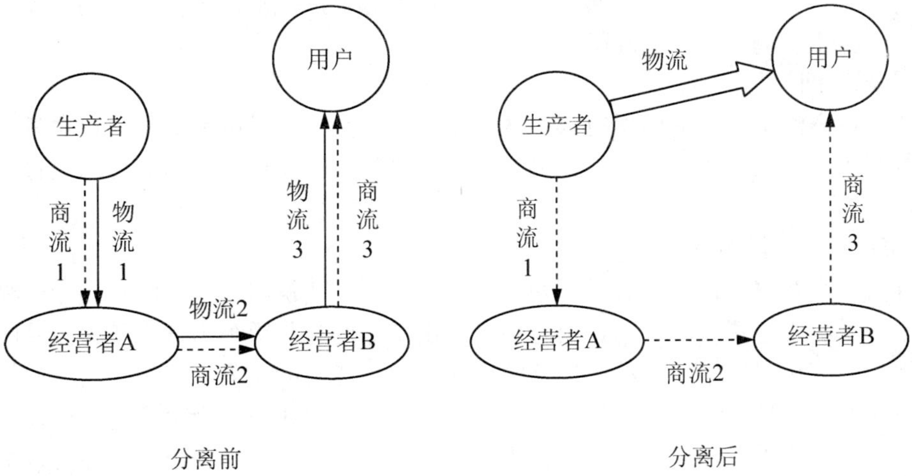

图 4.1　物流与商流的分离过程

物流与商流的分离是商品流通发展的产物。随着产销矛盾的发展，商流与物流必然会在时间、空间、规模上发生各种分离。在现代商品经济条件下，由于现代科学技术的发展，商品流通的深化，两者分离程度更高了。随着商业规模的扩大和经营结构的复杂化，像以前那样孤立地研究储、运、装、卸等物流的各部分和分别加以组织、管理就不够了，必须整体地、系统地研究物流，以便做出规划、对策，采取措施，建立基础设施，否则各方面不能配套，物流搞不好，商品流通过程就难以顺畅进行。

只重商流，不抓物流是不行的。商业的发展既包括经营规模扩大，又包括经营的专业化、社会化，结构的复杂化和多层次化。专业化协作的结果使得商业内部各行业之间、各企业之间的关系越来越复杂。这些联系都要通过物流来实现。另外，地区分布，横向联系的发展也要求物流的适应和完善。在高度集中统一的单一经济成分、单一流通形式、单一流通渠道、多环节的流通体制下，物流问题不突出，因为各种经济运行主要靠强制性指标和行政办法来组织。现在是有计划的商品经济，多种经济成分、多种流通形式、多条流通渠道、少环节的流通体制已经确立，要有指导性计划为主的宏观控制，要发挥市场调节作用，搞活企业。在这种情况下，物流体制改革的迫切性就更加突出。从整体出发，单纯地、系统地来研究物流问题就成为我国市场经济大发展的客观要求。根据我国的经济发展战略，我国的商品流通将全面进入国际贸易大循环。

随着改革开放的深入，国内各地区之间的贸易及进出口贸易将大量增加，研究国内及国际的物流也应提到日程上来。由此可见，研究商流与物流的分离，并注重对物流进行独立研究，是市场经济发展的必然要求。

商流与物流分离的表现形式主要有以下几种。

1) 商流在前，物流在后

物流是在商流之后完成的。商品的预购就是如此，实行商品预购，首先是买卖双方的一系列交易活动，如商务谈判、签订合同、交付订金或预付货款等。这时商品可能还没有生产出来，当然也不会有物流，经过一定的时间，等商品生产出来以后，才从产地运送到销地的购买者手里，从而也有商品的包装、装卸、运输、保管等物流活动。

2) 物流在前，商流在后

商品的赊销就属于这种情况，在商品赊销的条件下，买者不是先付贷款，而是先取得商品。商品实体首先发生包装、装卸、运输、储运等物流活动。过一个时期，才实行付款和结算，商流是在物流之后完成的。

3) 商流迂回，物流直达

例如，在商流中，产品的所有权多次易手，但产品实体可能从最初的售卖者直接送达最终的购买者。在这种场合，商流是曲线迂回地进行，但物流则不需要迂回进行，而是直达供货。

4) 只有商流，没有物流

只有商流没有物流，至少有以下两种情况。一种是建筑物、房产的买卖。一幢大楼，可以经过许多卖主与买主的交易，反复地发生由商品变为货币和由货币变为商品的价值形态的变化，所有权出现多次转移，但这幢大楼依旧岿然不动，根本没有物的流通。第二种情况是商品的投机活动。在投机活动中，由商品变为货币和由货币变为商品可以进行过多次，由一个投机者手里转移到另一个投机者手里，商流不断进行，但商品却可以沉睡在仓库里。这就是只有商流而没有物流。除此以外，还有只有物流而没有商流的现象。我国农民家庭副业中的自给产品，就是这种情况。马克思在《资本论》中虽不曾使用商流与物流的概念，但对只有商流没有物流或只有物流没有商流的情况都做过分析。

4.3 现代商贸物流一体化

4.3.1 商贸物流一体化概述

一个完整的商品流通过程通常包括商流、物流、资金流和信息流四个部分，因此，当人们谈到物流时，不可避免地要联系到其他“三流”。其实这“四流”互相依存、密不可分，商流是物流、资金流和信息流的起点，也可以说是后“三流”的前提，一般情况下，没有商流就不太可能发生物流、资金流和信息流；反过来，没有物流、资金流和信息流的匹配和支撑，商流也不可能达到目的。只有将这“四流”作为一个整体来考虑，才会产生更大的能量，创造更大的经济效益，商贸物流一体化已成为商贸流通业发展的一种趋势。

根据《商贸物流发展专项规划》中的定义，商贸物流是指与批发、零售、住宿、餐饮、居民服务等商贸服务业及进出口贸易相关的物流服务活动。商贸物流属于产业物流，是商品流通的重要组成部分。构建高效、安全、通畅的商贸物流服务体系，有利于降低物流成本，提高流通效率和效益；有利于促进商贸服务业转型升级，提升流通产业竞争力；有利于扩大就业，改善民生，维护社会稳定与繁荣；有利于减轻资源和环境压力，促进经济发展方式转变，更好地为建设小康社会、构建和谐社会服务。

1. *商贸物流的内涵*

商贸物流包含商贸业的输入物流、生产物流和输出物流。商贸物流更强调完整的供应链服务，包括物流加工、分拣、重组、打码、包装、运输、配送等综合过程，即商品流通(更严格的意义上应是商业流通)过程中商品实体的时空运动体系。商贸物流以商品的使用价值为中心，以保存、输送和完善商品的使用价值为依托，其基本功能也就体现于时空运动、形式交换和信息传播过程中实现商品实体从供给方向需求方的转移，它既要遵循商品流通的客观规律，实现商品实体运动在时间、空间上的优化配置，最大限度地创造时间效益和空间效益，又要提高为用户服务的水平，提高商贸企业的竞争能力，提高商品流通系统的整体功能和效率。商贸物流包括以下几方面的功能。

(1) 空间功能。商贸物流的空间功能主要体现于运输与配送上，也体现于装卸与搬运上，商品经过运输、配送、装卸、搬运等物流过程，其实物形态并未发生变化，数量也没有增加，但供给与需求之间的空间分离的矛盾已然解决。在这个意义上，商贸物流的上述活动创造了空间效应，具有空间功能。

(2) 时间功能。商贸物流的时间功能主要体现于储存保管上，也体现于商品包装之中，商品经过储存、保管、包装等物流过程，其商品实体改变了时间存在，且使用价值得到了妥善保护，并不随时间流逝而消失，能够满足需求方的要求，可以在一定的时间内由供给方转让给需求方，由此解决了供给与需求之间在时间上不一致的矛盾。商贸物流的上述活动创造了时间效用，具有时间功能。

(3) 形式功能。商贸物流的形式功能主要体现于流通加工上，也体现于商品包装之中，商品进入流通领域之后，其规格、功能、包装等并不总能够完全适合消费需求，因此要求对商品实体进一步塑造，以完善商品的使用价值。商贸物流的上述活动改变了商品实体的存在形式，创造了形式效用，具有形式功能。

(4) 信息功能。商品流通是商流、物流、信息流、货币流的统一，它们不是彼此分离、相互隔离的，而是相互依赖、彼此渗透的。信息流从其载体和服务对象来看，可以分为商品流信息(主要与商品的价值流通有关)和物流信息(主要与商品的使用价值流通有关)，而商品是价值和使用价值的统一体，因此商品信息与物流信息并非泾渭分明、界限明确，而是有所交叉，可以共享的。商贸物流信息主要是关于商贸业活动所涉及的物流数量、物流地区、物流时间、物流费用等情报资料。商贸物流信息不仅对商贸物流决策有重要作用，而且对于商品流通的全局有指导作用。

2. *发展商贸物流的措施*

2011年3月30日，商务部、发展改革委、全国供销合作总社组织编制印发《商贸物流发展专项规划》，引起了业界的广泛关注。《商贸物流发展专项规划》指出，未来 5 年将是我国经济发展方式转变的关键期，新型工业化和新一轮技术革命快速发展，居民消费结构加快升级，城镇化进程稳步推进，经济全球化程度日益深化，给商贸物流发展带来了重大发展机遇，同时也提出一系列新的要求。

此次发布的《商贸物流发展专项规划》是一项引导性、方向性的规划，涵盖的内容很多，共提出网络布局、基础设施、服务主体、模式创新、科技应用、典型示范、绿色物流、应急物流和国际物流等 9 项重点工作任务，并提出了明确的发展目标。

中国物流与采购联合会首席顾问丁俊发认为，在商贸物流体系建设中以下几个方面值得重点关注。

1) 城乡物流一体化

近年，在国家政策引导和市场机制的作用下，城乡商贸物流服务体系逐步完善，服务功能不断增强。随着流通领域现代物流示范城市工作的推进，城市商贸物流专业化、组织化程度有所提高，为城市商贸服务业发展提供了有力支撑。其中涉及农村日用工业品、农资和农产品物流配送体系建设，批发市场的功能再造和制度创新等，都是目前商贸物流中非常重要的内容。

2) 建立配送体系

《商贸物流发展专项规划》在“发展目标”中提出，到 2015 年，初步建立一套与商贸服务业发展相适应的高效通畅、协调配套、绿色环保的现代商贸物流服务体系，形成城市配送、城际配送、农村配送有效衔接，国内外市场相互贯通的商贸物流网络，引导和培育一批能够适应商贸服务业发展需要、具有较强国际竞争力的商贸物流服务主体，较好地满足市场供应、工业品下乡、农产品进城、进出口贸易等物流需求。

3) 倡导绿色物流

绿色物流涉及的环节和内容很多，如冷链、集装单元化运输、网络覆盖、逆向物流等，需要制造业、物流企业、物流技术与设备厂商等各方企业的推动与创新。

4.3.2 商贸物流一体化的功能

1. 优化供应链

随着我国经济多年保持高速的增长，物流业的规模越来越大，但是专业化的物流服务能力仍是物流业发展的瓶颈，这也导致了物流很难满足企业进一步降低运营成本的需要，物流业的现状越来越跟不上经济发展的要求，这在很大程度上是物流和商流、信息流不协调导致的，商贸物流一体化能有效改善这种状况。通过建立专业化的物流配送中心，可以保证商流的顺畅流通，还可以节约物流成本；通过搭建信息平台，可以保证商贸流通企业与物流企业之间信息的畅通，有利于双方之间的信息共享，加深双方之间的合作关系。

2. 降低企业的经营风险

流动资金对商贸流通企业的作用是不言而喻的，流动资金是限制商贸流通企业发展的瓶颈。我国目前的信用体系尚不健全，供货商发货后收货人不及时支付货款的情况时常发生，商品流通中经常会出现三角债的情况，被拖欠货款会影响企业正常的资金周转，一旦对方的经营陷入困境，就会对本企业的资产构成威胁。如果从事商贸流通的企业能同时经营物流业务，通过商贸物流的一体化，就可以分散企业的经营风险。值得注意的是，流通企业最好不要做低端的物流运输业务，因为这类业务的投入较大且利润低，不仅不会分散企业经营风险，还会占用企业大量的流动资金，影响主业的发展。

3. 商流与物流的相互促进

商贸流通企业的物流需求是非常巨大的，如果物流业务完全外包就会造成企业受制于人的情况，一旦与物流企业之间的关系出现危机，就会影响商品的正常流通。实现商贸物流的一体化后，一方面，物流可以为商贸业务的顺利实现提供保障服务，优质的物流服务又会提高客户的满意度；另一方面，流通企业稳定的商贸业务又会带来稳定的物流服务需求，促进物流业务的进一步发展。

4. 一体化运作帮助企业提高核心竞争力

在一个供应链体系中，依据节点企业在供应链中的地位和重要程度，企业分为供应链管理的主体企业和客体企业。主体企业在供应链管理中占主动地位，对供应链的业务起主导作用，参与或退出都会使供应链发生明显改变，在本行业中也具有较强的实力和行业地位，或者是拥有决定性资源的节点企业；而客体企业在供应链中处于被动响应角色的地位。供应链中的主体企业根据自身商流的需要和整个供应链的特点，设计物流方案并组织实施，较容易得到其他客体企业的响应和配合，在组织结构上为一体化运作创造条件，顺利实施商流和物流的一体化运作。

4.3.3 商贸物流一体化的运作策略

1. 组建物流网络

所谓物流网络，是指由执行物流运动使命的线路和执行物流停顿使命的节点两种基本元素所组成的网络结构。全部的物流活动都是在线路和节点上进行的：其中，在线路上进行的活动主要是运输，包括集货运输、干线运输、配送运输等；其他的物流功能如包装、装卸、配货、流通加工等都是在节点上完成的。流通行业中最主要的节点就是配送中心。配送中心是指接受供应者所提供的多品种、小批量的货物，通过储存、保管、分拣、配货及流通加工、信息处理等作业后，将按需要者订货要求配齐的货物送交顾客的组织结构和物流设施。配送中心主要有以下几个方面的作用：减少交易次数和流通环节；产生规模效益；减少客户库存，提高库存保证程度；与多家厂商建立业务合作关系，能有效而迅速地反馈信息，控制商品质量。商贸流通企业的销售网点一般布局都比较分散，如果商贸流通企业只建有一个仓库，那么把商品在规定的时间内送到客户的手中，这对物流就提出了非常高的要求且运输成本也会大幅度提高。为解决这一问题，商贸流通企业可以考虑在主要的销售地区建立几个区域性的配送中心，分别负责一定区域的商品配送，这样不仅可以保证商品配送的准时性，而且可以降低物流成本。

2. 开展供应链金融业务

供应链金融，简单地说，就是银行将核心企业和上下游企业联系在一起提供灵活运用的金融产品和服务的一种融资模式。供应链金融是站在供应链全局的高度，为协调供应链资金流，降低供应链整体财务成本而提供的系统性金融解决方案。供应链金融目前由商业银行、供应链上下游企业共同合作。对供应链上下游的物流企业而言，可以有效解决自身流动资金不足，却又得不到银行贷款的问题。供应链金融很好地实现了物流、资金流、信息流的三流合一。在供应链中，物流、资金流、信息流是共同存在的，信息流和资金流的结合将更好地支持和加强供应链上下游企业之间的货物、服务往来(物流)。商贸流通企业已具备了开展供应链金融业务的外部环境。从自身情况来看，商贸流通企业需要大量的流动资金，开展供应链金融业务应该是它们迫切需求的。

3. 建设商贸物流一体化信息平台

信息流是贸易流、物流和资金流实现整合的重要支撑，因此，建设商贸物流一体化的信息平台对于商贸物流一体化的实现具有非常重要的意义。

(1) 信息化建设是提升企业管理水平的重要契机。通过信息化建设，可确保各参与主体的资质、能力和利益，使信息的真实有效性得到保障；通过对平台信息的收集和合理开发，充分整合现有贸易、运输、仓储、加工及金融合作伙伴，提高合作各方运营能力。

(2) 商贸物流信息平台作为独立的第三方物流信用信息提供者。以强大的系统网络为支持，以收集、整理、记录大量参与主体交易信用信息为载体，通过系统信息连接，为商贸流通企业、货运公司、仓储公司和金融服务提供商等交易主体进行信息联动服务。

(3) 商贸物流一体化信息平台可以使商贸流通企业的物流与商流、信息流、资金流充分整合。在大大提高运作效率、降低成本的同时，保证了供货速度及良好的服务品质，增加了客户的满意度，从而提高企业的竞争力。

4. 重组组织结构

商贸流通企业要实现商贸物流一体化，必须组建物流网络，开展供应链金融服务，打造一体化的商贸物流信息平台，而这一切都需要企业在体制和机制上提供强有力的组织支持。总之，没有组织结构的重组，商贸物流一体化的实现只能成为空谈。近年来，随着市场竞争的加剧，特别是 2008 年的金融危机，对流通行业造成了巨大的打击。为了应对这一危机，许多商贸流通企业都实现了商贸物流一体化运作，以物流促进贸易流的发展，而贸易流的发展又会带动物流的进步，两者相互促进，提高了企业的市场竞争力。值得注意的是，作为一家流通企业，其核心竞争力是贸易，而发展贸易要拥有大量的流动资金，这时如果再在物流上投入太多的资金，必然会影响贸易的发展，因此，对于流通企业来说，关键是坚持贸易的核心地位，适当发展物流业以支持贸易的进一步发展。

4.3.4 商贸物流一体化的重大意义

实现商贸物流一体化，具有重大的意义。

1. 优化供应链的作用

随着我国经济多年保持高速的增长，物流的规模越来越大，但是专业化的物流服务能力仍是物流业发展的瓶颈，这也导致了物流很难满足企业进一步降低运营成本的需要，物流业的现状越来越跟不上经济发展的要求，这在很大程度上是物流和商流、信息流不协调导致的，商贸物流一体化能有效改善这种状况。

2. 降低企业的经营风险

流动资金对商贸流通企业的作用是不言而喻的，流动资金是限制商贸流通企业发展的瓶颈。我国目前的信用体系尚不健全，供货商发货后收货人不及时支付货款的情况时常存在，商品流通中经常会出现三角债的情况，被拖欠货款会影响企业正常的资金周转，一旦对方的经营陷入困境，就会对本企业的资产构成威胁。如果从事商贸流通的企业能同时经营物流业务，通过商贸物流的一体化，就可以分散企业的经营风险。

3. 商流与物流的相互促进

商贸流通企业的物流需求是非常巨大的，如果物流业务完全外包就会造成企业受制于人的情况，一旦与物流企业之间的关系出现危机，就会影响商品的正常流通。实现商贸物流的一体化后，一方面，物流可以为商贸业务的顺利实现提供保障服务，优质的物流服务又会提高客户的满意度；另一方面，流通企业稳定的商贸业务又会带来稳定的物流服务需求，促进物流业务的进一步发展。

4.4 商贸物流的发展趋势与面临形势

4.4.1 商贸物流的发展趋势

传统的物流企业要在激烈的竞争中取得新的进展，商流与物流相结合是必经之路。

1. 市场定位和复式渠道

由于资金有限及其他一些原因，企业在进入市场时，首先会考虑使用进入现成的分销系统，委托中间商销售商品。其优点是可以利用中间商的业务关系、经验和专业化优势，迅速了解和开拓市场，而且相对于建立自己的销售机构来说，既不需要投入大量人力、物力、财力，减少风险，又能赢得市场时效。经过多年的发展，企业开始对渠道有了相对深入的了解，认为自己对原有渠道的依赖不再像以前那么强烈，自己建设渠道的愿望逐步变得强烈。

企业使用比较多的另一种渠道策略是自行建立分销网络。为了更有效地争夺市场，一些公司并不愿意把一部分利润分割给中间商。一些实力雄厚的大型公司，为了扩大销售量和加强对分销渠道的控制，以便使公司业务和利润稳定，往往建立自己的国内外销售机构。尤其是当其产品生产技术复杂、有特殊的专利权或其产品为名牌的情况下，企业出于对营销效力、企业形象维护的考虑，加上对分销商的服务水平、营销能力不放心，因而致力于建立自己的分销渠道系统。

这是企业的两种基本策略选择。但在实际运用过程中，随着细分市场和潜在渠道的增加，企业越来越倾向于放弃单一渠道策略，转而将两种策略混合在一起使用，实行复式渠道策略，如设立国外分支机构但实际利用中间商营销的策略。例如，IBM 公司在国外一般都有自己的分支机构，但是仍寻求当地中间商负责销售工作，而分支机构本身仅承担监督指导和协调功能。商流的渠道建设其实是为下一步物流中转做准备的。宝洁公司就是这种典型模式。宝洁公司进入中国二十多年以来，已经掌握了本土营销特点。从 1996 年开始，宝洁公司便开始对渠道进行整合。其营销战略一直是基于终端的，宝洁公司运用渠道的目的只有一个：借用经销商的资金。宝洁公司的战略目的已经非常明显，那就是完全控制经销商。目前，宝洁公司已基本将原先的经销商变成自己的销售中心，到现在变成物流中转站，从而对最终用户的需求变化快速反应。可见商流发展到一定阶段将与物流结合，发挥巨大的商业潜力。

2. 采用差别化策略吸引客户、增强实力

在运营过程中物流企业同样可以站在整个供应链的角度考虑问题。成本领先和差别化的经营可以使物流企业挖掘出相对宽裕的发展空间。据 FT 中文网报道，美国制造商和零售商正将其国内仓库及配送设施移至中国，此举旨在提高其供应链的效率。而中国的传统物流企业正可以抓住这一机会在整个供应链环节中扮演重要的角色。目前，大多数美国公司都使用它们物流合作伙伴提供的设施，而不是在中国建立自己的仓库。这些合作伙伴包括 UPS 和敦豪公司(DHL)等。黄色运输公司通过其在华设立的一家物流合资企业，为其美国客户提供在华仓储服务。另一家美国制鞋企业 Red Wing 公司，已经将其盐湖城主要仓库的部分工作转移至 UPS 在中国盐田的一个仓库。"我们在犹他州做着完全相同的工作，但要付出更多人力、更长时间和更高成本。" Red Wing 公司销售主管彼得 • 恩格尔(Peter Engel)表示。在中国，仓库工人的成本约为 1 小时 2 美元，而在美国则是 14～15 美元。虽然这中间还有效率这一因素，但是巨大的成本差异无疑是企业重新考虑整个供应链最好的理由。

ROAO AIR 综合物流公司(以下简称 ROAO AIR)也在寻找相类似的解决方案，为其客户提供更优质的服务。ROAO AIR 于 1966 年成立于荷兰史基浦国际机场，迄今为止已经发展成大型的综合性国际物流服务公司，能够及时高效、经济迅速地提供各项物流服务，居荷兰物流业的绝对领先地位。ROAO AIR 在荷兰重要的机场、港口和国际物流仓储配送中心均拥有自己的分支机构，这是与其他第三方物流公司的区别，也是它与其他物流公司差异化经营的重要基础。并凭此为客户提供运输(海运、空运、陆运)工程物流、增值物流保税与监管仓储国际货代配送、报关报检、财税代理、信息技术咨询等各方面的优质服务。先进的信息追踪与追查系统实现了其供应链运作的完全透明与可见性。在当前的形势下，越来越多的制造商将仓储外包给物流服务公司。而有仓库等基础设施网络是物流企业提供差异化服务的基础。以此为基础，各类增值物流服务才能在网络化的仓库内快速延伸。

4.4.2 我国商贸物流面临的形势

根据 2011 年《商贸物流发展专项规划》的分析，我国商贸物流发展面临以下形势。

(1) 经济发展方式转变对商贸物流发展提出了新的要求。

转变经济发展方式是未来 5 年我国经济社会发展的主线，商贸物流是转变经济发展方式的重要领域。后金融危机时代，国际市场需求的不确定性增强，资源环境约束更加突出，外资物流企业加速在国内物流市场布局，流通业面临的市场竞争将更加激烈，要求商贸物流企业完善发展机制、创新服务模式、加快技术和装备更新、发展低碳物流，为扩大内需、服务民生、节能减排、促进经济发展方式转变做出积极贡献。

(2) 内需规模不断扩大为商贸物流发展带来巨大潜力。

2010 年，我国社会消费品零售总额达到 15.5 万亿元，生产资料销售总额达 36 万亿元，进出口贸易额接近 3 万亿美元。随着我国扩大内需长效机制的确立及经济增长向消费、投资、出口协调拉动转变，将进一步释放城乡居民消费潜力，国内市场总体规模将进一步扩大。预计到 2015 年，我国社会消费品零售总额和生产资料销售总额分别达到 30 万亿元、76 万亿元。商贸物流将迎来一个快速发展的新局面。

(3) 流通组织体系变革催生商贸物流服务方式创新。

我国商贸服务业正面临一场深刻变革，连锁经营由传统业态向社区便利店、大型折扣店等多业态、多业种延伸，对商贸物流提出更高要求。2009 年，我国限额以上连锁零售企业年销售额 2.2 万亿元，占社会消费品零售总额的 16.8%。与此同时，我国电子商务交易额快速增长，预计未来 5 年将保持年均 20%以上的增长速度，2015 年将达到 12 万亿元。交易规模不断扩大和流通方式变革催生物流服务方式创新，建设高效物流配送体系成为现代流通业发展的关键环节。

(4) 科技进步为商贸物流提供了新的服务手段。

当前，以运输技术、配送技术、装卸搬运技术、自动化技术、库存控制技术、包装技术等专业技术为支撑的现代化物流装备技术格局正在形成，技术与应用创新已经成为我国商贸物流业发展的重要保障。同时，经过市场的培育和适应性开发，物联网技术正在引领新一轮的物流技术革命。物联网技术的推广应用，对商贸服务业和物流业变革将产生深远影响，并推动商贸物流业效率和服务水平的进一步提高。

习　　题

1. 选择题

(1) 为了将生产的商品从生产者手中转移到消费者手中去，流通过程必须“消除”生产者和消费者之间存在的 3 个“距离”，分别是时间距离、空间距离、(　　)。

A．运输距离　　B．社会距离　　C．流通距离　　D．时间效应

(2) 商流是指将商品的(　　)从生产企业手中转移到消费者手中的商品流通。

A．经营权　　B．所有权　　C．交易权　　D．买卖权

(3) 商流属于(　　)范畴。

A．生产关系　　B．生产力　　C．社会关系　　D．经济关系

(4) 商贸物流包含商贸业的(　　)。

A．销售物流　　B．生产物流　　C．输出物流　　D．输入物流

(5) 商贸物流的功能有(　　)。

A．形式功能　　B．时间功能　　C．空间功能　　D．社会功能

2. 简答题

(1) 简述商流与物流的联系与区别。

(2) 商流和物流分离的表现形式有哪些？分离的原因是什么？

(3) 商贸物流的含义是什么？发展趋势是什么？

(4) 什么是商流一体化？

3. 判断题

(1) 在商品流通的情况下，通常是先发生物流，在商流完成以后再发生商流。　(　　)

(2) 物流和商流都是从供应者流向需求者的运动，具有相同的起点和终点。　(　　)

(3) 物流是物资的等价交换运动和所有权的转移运动，它“消除”供需之间的社会距离，创造物资的所有权效用。　(　　)

(4) 商流与物流分离的根本原因是，两者流通的实体——资金流与物资流有相对独立性。　(　　)

(5) 商流和物流有相同的物质基础和不同的社会形态。　(　　)

4. 思考题

如何理解《商贸物流发展专项规划》中提出的商贸物流的发展趋势？

案例分析

我国商贸物流的发展目标、重点与措施

根据《商贸物流发展专项规划》的有关内容，我国商贸物流的发展目标、重点及措施主要包括以下内容。

1. 商贸物流的发展目标

到2015年，初步建立一套与商贸服务业发展相适应的高效通畅、协调配套、绿色环保的现代商贸物流服务体系，形成城市配送、城际配送、农村配送有效衔接，国内外市场相互贯通的商贸物流网络，引导和培育一批能够适应商贸服务业发展需要、具有较强国际竞争力的商贸物流服务主体，较好地满足城市供应、工业品下乡、农产品进城、进出口贸易等物流需求。规模以上连锁超市商品统一配送率达到70%；农村“万村千乡”农家店商品统一配送率达到60%，农资连锁经营企业商品配送率达到80%以上；果蔬、肉类、水产品冷链运输率分别提高到20%、30%、36%；立体仓库的总面积占仓库总面积的40%；物流企业机械化、自动化、标准化、信息化水平显著提高；商品库存周转速度明显加快，流通环节物流费用占商品流通费用的比率显著下降。

2. 商贸物流发展的重点工作

1) 完善商贸物流网络布局，加强商贸物流基础设施建设

完善以现代物流配送中心为节点、以服务于商贸服务业和居民消费为目标的城市配送体系，实现城市配送与商贸服务网点、居民居住区的有效衔接。在继续推进“万村千乡市场工程”、“新农村现代流通网络建设工程”、“双百市场工程”和农产品“农超对接”的基础上，推进农村日用消费品和农资配送中心建设，大力发展城乡一体化物流服务体系。加强仓储设施建设，推进传统仓储向现代物流配送中心转变，促进全社会物流设施资源利用效率的提高。适应互联网和物联网发展趋势，大力推进商贸物流公共信息化基础设施建设。

2) 提高商贸物流专业化、一体化服务水平

支持大型连锁企业建设、改造现代物流配送中心，完善物流配送功能，发展统一配送，提高连锁企业物流配送精细化水平。大力发展第三方物流，支持商贸服务业与物流业对接，发展专业化、网络化、全流程的物流服务，促进供应链各环节有机结合。鼓励中小企业加强合作，创新物流合作方式和服务模式，发展共同配送。支持品牌生产企业与物流企业密切合作，建立专业化的城际和国际物流配送网络。

3) 引导和鼓励商贸物流模式创新，提高商贸物流科技应用水平

支持各类批发市场完善物流服务功能，逐步形成集展示、交易、仓储、加工、配送等功能于一体的批发交易型配送模式。建立以现代物流配送中心和高效信息管理系统为支撑的电子商务物流基地，形成覆盖主要城市、辐射农村的快捷、便利、畅通的网络购物配送体系，满足网络购物快速发展的需要。加快物流电子交易平台建设，在中心城市引导建立一批以网络平台为依托、以第三方物流服务为主体的中小企业物流服务模式变革。

4) 大力推广绿色物流方式

进一步完善综合运输体系，优化各种运输方式的比例。合理组织、配置物流资源，优化物流配送路径，降低运载车辆空驶率。大力采用和推广多式联运，实现各种运输方式之间的有效衔接。引导建立服务于商贸服务业的逆向物流体系，促进资源的循环利用。从流通末端应用入手，推广托盘共用系统，鼓励中心城市、重点区域运用物联网技术，率先推动托盘共用体系建设。

5) 完善应急物流运行机制、大力推进商贸物流国际合作

加强应急食品、物资储备库的规划建设，建立应急物资储备管理信息系统，完善应急商品储备、调运制度和应急处理流程，形成属地为主、条块结合、分级负责、与常态物流紧密结合的应急物流运行机制。鼓励大型商贸企业、物流企业制度性参与应急物流保障体系。继续推进物流业对外开放，鼓励外商投资现代物流业，引进国外先进物流管理方法、运作模式和技术装备。鼓励物流企业开展国际化经营，提高我国商贸物流企业的国际竞争力。以中日韩、中国-东盟、两岸四地和新亚欧大陆桥沿线区域物流合作为重点，开展务实、高效的区域物流合作。努力打造内外贸结合的商贸物流网络，实现国际与国内商贸物流渠道的有效衔接。

3. 商贸物流发展的保障措施

1) 加强商贸物流发展的组织协调和引导

各级商务主管部门、发展改革委、供销合作社要按照《商贸物流发展专项规划》确定的目标和任务，根据商贸物流发展特点，加强对商贸物流工作的规划指导和组织协调，建立相关工作机制，落实工作责任。在国家现代物流工作综合协调机制下，调动各方面的积极性，形成推动商贸物流发展的合力。

2) 改善商贸物流发展的市场环境

加强对商贸物流领域的立法研究，制定适合商贸物流发展需要的法律法规。推进市场化改革和体制创新，增强商贸物流业发展活力。加强城乡物流服务体系的整体规划，通过地方立法和制定相关政策，解决干线运输、城市物流配送车辆通行难问题。加强对商贸物流产业的宏观调控和运行监测，加强物流产业安全评估及竞争力评价，完善物流行业产业损害预警机制。加强商贸物流信用体系建设，增强企业信用意识和风险防范意识。

3) 加大商贸物流发展的政策支持

各级商务主管部门、发展改革委、供销合作社要积极研究出台相关政策，协调相关部门运用财政、金融、税收、土地等手段支持商贸物流业发展。认真做好商贸物流发展规划，现代物流配送中心、仓储设施、快速转运中心、商贸物流园区等物流基础设施项目需符合土地利用总体规划，并纳入当地城乡建设规划。加大对重点商贸物流项目的财政资金支持力度，推动、引导商贸物流企业“走出去”，符合条件的企业可以申请对外经济技术合作专项资金支持。拓宽融资渠道，鼓励金融机构加大对商贸和物流企业的融资支持力度，按照企业需求，加强金融产品和服务方式创新，积极探索多种形式的抵押或质押贷款担保方式。

4) 加强商贸物流基础工作

健全商贸物流统计分析制度，建立行业数据库，监测、分析商贸物流运行状态，提供行业服务、指导行业发展。加强仓储、配送各环节及物联网应用等相关技术和管理标准的制定工作，规范商贸物流服务行为，促进供应链各环节有效衔接，重点做好蔬菜、禽肉、水产品、速冻食品低温运输、装卸、仓储、加工配送等冷链物流相关标准的推广应用和衔接工作。加强商贸物流职业技能教育，开展商贸物流领域职业资格培训工作，协调相关部门与行业组织推动建立和完善多层次复合型商贸物流人才培养体系，及时输送市场急需的商贸物流专业人才。

讨论题

(1) 《商贸物流发展专项规划》都提出了哪些发展目标？你对此有什么看法？

(2) 你认为商贸物流发展的关键是什么？

(3) 你能从该规划中得到哪些启示？

第5章　物流与制造业的关系

【本章教学要点】

知识要点	掌握程度	相关知识
制造业中的采购物流	了解	采购物流的特点、技术服务方式、模式及采购的方式、特点
制造业中的生产物流	了解	生产物流系统与作业环节、生产物流管理内容和目标、生产物流的类型
制造业中的销售物流	了解	销售物流的模式、合理化及促进其发展的因素
制造业中的逆向物流	了解	逆向物流的成因分析、特点、意义
制造业在供应链网中的分析	了解	对3种不同类型的供应链进行分析
制造业在供应链中与企业上下游之间的关系	掌握	两种关系

导入案例

NEC助力宝供福田销售物流可视化

近日，日本电气股份有限公司(NEC)宣布为北京宝供福田物流导入的TMS(transport manage system，运输管理系统)顺利上线，实现了从车辆下单开始至回单结算运费的全过程可视化管理，大大提高了业务运作监控效率和工作效率。

宝供福田物流是一个以北京为管理中心，在9个省市区拥有整车和零部件事业部的大型企业集团。2009年累计销售汽车602 021辆，位居全球商用车单一汽车生产企业销量第一位。伴随着销量的提升，对物流的可视化、信息化管理成为宝供福田物流除了产品和质量之外的另一竞争法宝。

对于分销物流，一切活动的出发点都是客户需求，对于拥有车队的宝供福田物流来说，在途车辆管理、运费结算是管理的重要方面。此次NEC提供的TMS整车物流系统，通过对物流运输活动进行实时性、动态化管理，帮助宝供福田物流实现了对整车的出厂物流进行全过程的可视化管理和例外事件管理，允许其在整车交货全部过程中实时地修改细节。例如，可以了解哪些商品车在途，找到符合某个顾客特殊要求的商品车，改变其原目的地并直接转运至客户处。这样，正确的货物就可在合适的时间、以合适的价格发送到客户手中，实现运输过程从订单、计划、执行到结算全过程的可视化，并通过供应链各方的协同工作，规范物流运作，达到降低物流成本的目的。

导入NEC的TMS后，宝供福田物流发现订单处理总时间从原来6 000人/小时降低到4 000人/小时，下降33%；计费工作从原来需要大量人力进行计算和对账，变为只需要3名或4名财务人员就能完成全国所有项目账单的计算和核查。在大量节省人力的同时，外运获得了对于业务的全面实时监控和预警能力；订单整个执行过程完全可视、可控、可核查，大大提高了客户服务能力和服务质量。

NEC的TMS物流管理系统在日本的汽车物流行业得到了非常广泛和成功的应用，支持各种运输配送形态，如区域配送、集货物流、配送中心与物流中心之间的货物运输、厂商交货(有看板)等方式；可为企业提供自动装载管理、自动配车管理、承运商管理、租赁车管理、KPI(key performance indicator，关键绩效指标)管理等全面解决方案；满足运输过程中整车厂和物流商的管理需求，将广泛的物流过程与深入的运输管理结合到一起。

NEC今后还将继续凭借在制造业、流通业及服务业等不同行业常年积累的丰富物流管理经验及先进的开发技术，以最优质的服务帮助客户在物流管理方面节约成本，全面提高核心竞争力。

讨论题

(1) 宝供福田物流是如何利用NEC的TMS提高企业效益的？
(2) NEC的TMS物流管理系统在日本的汽车物流行业的应用有哪些？
(3) 根据案例谈谈你对制造业中的销售物流的看法。

【内容摘要】

工业化战略离不开现代物流的支持，因此制造业的快速发展更是与物流息息相关。制造业企业往往发展时间较长且相对稳定，大多数工业品有着数量多、分布相对集中、配送路线固定等特点，这些特点可以更好地保证物流服务的利润和长期合作关系。本章将从五部分介绍制造业与物流的关系：制造业中的采购物流、制造业中的生产物流、制造业中的销售物流、制造业中的逆向物流、制造业中企业的物流供应链管理。

5.1 制造业中的采购物流

采购物流是包括原材料等一切生产物资的采购、进货运输、仓储、库存管理、用料管理和供应管理，也称为原材料采购物流。它是生产物流系统中相对独立性较强的子系统，并且和生产系统、财务系统等生产企业各部门及企业外部的资源市场、运输部门有密切的联系。在加工制造型企业中基本上是采购原材料、零部件、毛坯料，有时候还有半成品等。

5.1.1 制造业中的采购物流的特点和作用

1. 采购物流的特点

采购是企业生产经营活动的源头，对最终产品的生产和销售具有重要的影响，因此，企业对采购物流的要求较高，在物流的及时性、准确性、经济性和安全性等方面具有特定的标准和要求，采购物流必须按照标准和要求，有计划、有组织地开展。

作为生产资料，企业需要采购的物料规模较大、品种复杂。采购物流需要针对供应商、地区、物料等各种因素，在运输方式、运输工具、运输线路、运输时间及各种物流工具等方面做出细致安排。其中易毁性、易燃性和危险品等物料的采购物流更加困难。

采购活动发生在企业外部，其物流活动也受到许多外部条件的制约，如供应商的信誉和组织能力、铁路和公路等交通设施、运输企业、通信状况等。由于受到外部因素的制约，采购物流需要各种社会力量的配合，企业必须基于开放和合作的态度搞好采购物流工作。

采购活动受到企业决策和物料供应市场变化的影响，面对着各种竞争对手和风险，这决定着采购物流具有一定的不确定性。企业在从事采购物流时必须增强风险防范意识，准备多套处理预案，提高采购物流的应变能力。

在考虑采购成本、运输成本和储存成本的基础上，企业各种物料的采购是按照经济订货批量的原则分期分批进行的，因此可以说采购物流是间断性的，甚至有较长的采购周期，它不像生产物流和销售物流那样是随时的、经常的。

2. 采购物流的作用

物料采购和组织货源是工商企业业务活动的基础，它对于保证生产经营活动的连续性具有决定性的作用。采购不及时不仅增加了生产滞后周期，而且会给企业带来重大的经济损失。随着消费者需求的多样化，企业必须以小批量、多品种的生产方式提高市场的快速反应能力，这都要求采购活动更加频繁、准确和及时，做好物料的配套性、规格化和准时化可以为先进的生产方式奠定良好条件。

采购成本是产品成本中的主要部分，是决定产品价格水平和竞争价值的主要部分。一般而言，制造业中产品成本中的 30%～80%是由采购成本构成的，一些特殊的行业甚至占到 90%以上，因此控制采购成本是降低产品成本的主要渠道。从商贸企业看，商业利润主要来源于“贱买贵卖”的流通差价，较低的购进价格对于商业利润具有决定性影响。

产品质量与生产工具、劳动对象的质量有密切关系，机械设备的可靠性和精度、原材料的质量及各种零部件的性能和质量直接影响到最终产品的质量，因此采购活动对提高企业质量水平、降低不良品率具有重要意义。

物流采购需要占用大量的流动资金和生产经营设施和场地，因此做好采购工作对于减少资金占用、提高设施和场地的利用率具有十分显著的意义。目前，许多企业面临资金紧张和设施不足等问题，导致上述问题的原因之一就是采购活动不够优化。通过挖掘采购活动的潜力，可以找到解决问题的重要途径，因此，科学合理的采购对于解决企业各类问题具有积极作用。

采购活动与企业外界的联系十分紧密，它对于促进企业的开放性具有战略意义。有效的采购活动首先可以促使企业转变“大而全”、“小而全”的思想，避免重复投资、重复建设，促进企业聚精会神地抓好主业，培育核心竞争力。通过采购这一纽带，企业可以构建外部合作体系，充分利用外部资源，因此采购活动对于发展虚拟企业、战略联盟和业务外包等新型管理模式具有特别重要的意义。

5.1.2　制造业中的采购物流方式

1. 委托社会销售企业代理采购物流方式

企业作为用户，在买方市场条件下，利用买方的主导权力，向销售方提出对本企业进行供应服务的要求，作为向销售方面进行采购订货的前提条件。实际上，销售方在实现了自己生产的和经营的产品销售的同时，也实现了对用户的供应服务，以此占领市场。这种供应服务是销售方企业发展的一个战略手段。这种方式存在的主要问题是销售方的物流水平可能有所欠缺，因为销售方毕竟不是专业的物流企业，有时候很难满足企业采购物流高水平化、现代化的要求。

2. 委托第三方物流企业代理采购物流方式

委托第三方物流企业代理采购物流方式是在企业完成了采购程序之后，由销售方和本企业之外的第三方从事物流活动。当然，第三方从事的物流活动应当是专业性的，而且有非常好的服务水平。该第三方所从事的采购物流，主要向买方提供了服务，同时也向销售方提供服务，在客观上协助销售方扩大了市场。在网络经济时代，很多企业要构筑广域的或者全球的供应链，这就要物流企业有更强的能力和更高的水平，这是一般生产企业不可能做到的，从这个意义来讲，必须要依靠从事物流的第三方来做这一项工作。

3. 企业自供物流方式

企业自供物流方式是由企业自己组织所采购的物品的本身供应的物流活动。这在卖方市场环境状况下是经常采用的采购物流方式。本企业在组织供应的某些种类物品方面，可能有一些如设备、装备、设施和人才方面的优势，这样，由本企业组织自己的采购物流也未尝不可，在新经济时代这种方式也不能完全否定。关键还在于技术经济效果的综合评价。但是，在网络经济时代，如果不考虑本企业核心竞争能力，不致力发展这个竞争能力，而仍然抱着“肥水不流外人田”的旧观念，也不是不可能取得一些眼前利益，但是这必将以损失战略的发展为代价，是不可取的。

5.1.3　制造业中的采购物流的技术服务方式

1. 准时供应方式

在买方市场环境下，采购物流活动的主导者是买方。购买者(用户)有极强的主动性，用户企业可以按照最理想的方式选择采购物流；而采购物流的承担者，作为提供服务的一方，必须以最优的服务才能够被用户所接受。从用户企业一方来看，准时供应方式是一种比较理想的方式。准时供应方式是按照用户的要求，在计划的时间内或者在用户随时提出的时间内，实现用户所要求的供应。准时供应方式大多是双方事先约定供应的时间，互相确认时间计划，因而有利于双方做采购物流和接货的组织准备工作。采用准时供应方式，可以派生出零库存方式、即时供应方式、到线供应方式等多种新的服务方式。

2. 即时供应方式

即时供应方式是准时供应方式的一个特例，是完全不依靠计划时间而按照用户偶尔提出的时间要求，进行准时供应方式。这种方式一般作为应急的方式采用。在网络经济时代，由于电子商务的广泛开展，在电子商务运行中，最基本消费者所提出的服务要求，大多缺乏计划性，而又有严格的时间要求，所以，在新经济环境下，这种供应方式有被广泛采用的趋势。需要说明的是，这种供应方式由于很难实现计划和共同配送，所以，一般成本较高。

3. 信息采购

信息采购是通过互联网络，借助计算机管理企业的采购业务。具体来说，开展信息采购的企业在网络上公布所需的产品或服务的内容，供相应的供应商选择；采购企业通过电子目录了解供应商的产品信息；通过比较选择合适的供应商。然后，下订单并开展后续的采购管理工作。也叫电子化采购、网上采购。

5.1.4 制造业中的采购物流模式

1. 进货型采购物流模式

进货型采购物流模式不具有战略性，与企业发展战略没有必然联系，仅仅根据企业业务经营的需要决定采购活动，大多数采购时间是固定的、例行的。

2. 单独业务型采购物流模式

单独业务型采购物流模式以具体的业务需要为导向，根据不同的业务分工，单独地解决单一业务的采购问题，采购活动被分解为更细的部分，突出专业采购的特点。

3. 战略支援型采购物流模式

战略支援型采购物流模式认识到采购活动对企业竞争能力的影响，从提高企业竞争角度加强采购管理，积极采用先进的采购技术和方法，强调采购活动对企业竞争战略的支持性。

4. 部门统合型采购物流模式

在部门统合型采购物流模式下，采购战略与企业竞争战略完全统合起来，从企业战略的制定阶段就考虑具体的采购职能，并将这些职能统合起来。采购部门与其他部门的沟通更加密切，建立了固定的沟通体制，专业采购人员与其他专业人员相互学习，在工作上更加有效地协调和配合。不再仅追求“个别部门的效率化”，而是将目标定位在“对企业整体的贡献”上。

5. 外部企业关联型采购物流模式

在外部企业关联型采购物流模式下，企业采购管理的视野更加开阔，采购活动克服了封闭性和内部性，重视与其他企业的分工合作。采购只能扩展为信息共享、产品开发和后勤管理等新的领域。采购方与供应商之间的关系也在发生深刻的变化，从简单的交易、单纯的竞争等讨价还价关系转变为技术支持、信息服务的合作关系。如果双方的合作比较紧密，还可以通过 EDI 等在双方之间进行实时数据传送。对采购管理成效的评价也不再以单一企业的利益为标准，而是看关联企业的相互利益。

5.2 制造业中的生产物流

企业生产物流一般是指原材料、燃料、外购件投入生产后，经过下料、发料，运送到各加工点和储存点，以在制品的形式，从一个生产单位(仓库)流入另一个生产单位，按照规定的工艺过程进行加工、储存，并借助一定的运输装置，在某个点内流转，又从某个点内流出，始终体现着物料实物形态的流转过程。它构成了企业内部物流活动的全过程，所以企业生产物流的边界起源于原材料、外购件的投入，止于成品仓库，贯穿生产全过程，在整个制造系统中循环流动。物料随着时间进程不断改变自己的实物形态和场所位置，即物料始终处于加工、装配、储存、搬运或等待状态。

5.2.1　制造业中的生产物流系统与作业环节

生产物流系统是将与生产目标完成和生产顺利进行所必需的物料、设备、部件、动力、加工件等整合为一个物流系统，并能使生产物流总体趋于合理化的综合体。

生产物流是企业物流的主体，它与整个生产工艺过程共生，实际上它已构成了生产工艺过程的一部分。它的大致过程：原料、零部件、燃料等辅助材料从企业仓库或企业外部开始进入生产线的开始端口，再进一步伴随着生产过程一个环节一个环节地流动，在流动的过程中本身被加工，同时产生一些废料和余料，直到生产加工终结，流入成品库为止。

在生产物流的形成过程和流动方式上，企业的生产类型起着决定性的作用。不同的生产类型决定着企业生产结构、工艺流程、工艺设备的特点，生产过程的组织形式及生产管理方法。同时，也决定了与之相匹配的生产物流类型。

通常情况下，企业生产的产品产量越大，产品的种类则越少，生产的专业化程度也越高，而物流过程的稳定性和重复性也越大。反之，企业生产的产品产量越少，产品的种类越多，生产的专业化程度就越低，而物流过程的稳定性和重复性亦越小。可见，物流的种类与生产类型的产品、产量、产品品种、专业化程度有着内在的联系，并对生产组织产生不同的影响和要求。

生产物流的作业环节与生产过程是密不可分的。最基本的生产物流作业系统有 3 个作业环节：进入生产的物流系统、生产中的物流系统、退出生产的物流系统。其主要结构和内容如图 5.1 所示。

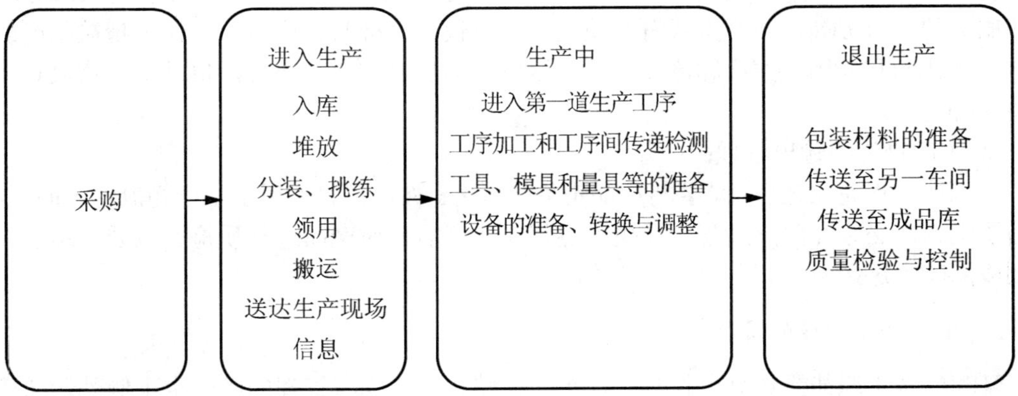

图 5.1　生产物流作业系统的基本环节

5.2.2　制造业中的生产物流管理内容与目标

1. 生产物流管理的内容

生产系统是将人力、物料、设备、技术、信息、能源等生产要素投入，交换为有形产品和无形产品的过程，如前所述是一个“输入—转换—输出”的过程。这一过程需要寻求各种上游资源的供应，也是将输出作为生产结果朝下游顾客供应的过程。在这一完整的供应关系中存在3种“流”，即物流、信息流、资金流。生产物流管理的内容以物流为核心，围绕信息流、资金流形成的一套管理理论和方法体系。

1) 物流资源的投入管理

生产系统需要有投入才能进行生产加工转换的过程，也才有流向需求顾客的可能，作为对生产的供应保障，其物流资源的投入管理主要包括以下方面。

(1) 物流需求的量和质及结构的物流管理。物料是指企业制造产品、提供服务所需的原材料、零部件和其他物品。当今企业生产运作所需的绝大部分物料需要外购，因此物料投入管理的主要目标是以最经济的方法保证及时充足、保质保量的物料供应。

(2) 设备、设施、辅助工具的物流管理。现代化企业提供产品和服务能力的一大特点是取决于其设施设备的能力，而不是人员工作的速度，因此生产与运作管理中的设施设备的主要目的是保持足够、完好和灵活的生产运作能力。

2) 生产转换过程的物流管理

生产转换过程实际上就是生产过程，生产过程有了物料投入以后，还要有一定的生产场地、生产布置和一定的工艺设计，才能进行生产加工。在这个加工过程中，相应的物流管理的主要内容包括以下内容。

(1) 工厂物流布置。工厂布局包括工厂布置和车间布置。工厂和车间如何布置本身就是一个物流的布置管理问题。不同的布置地点和方式决定生产物流的流动方式、距离和效率，而且一旦布置完成，其连续流动的加工过程也将随之固定，相应的物流模式也随之确定。

(2) 物料的准备管理。根据生产计划和生产工艺的要求，通过采购、库存、准备、送到生产现场等一系列环节，将生产需要的物料准时提供到位，保证生产正常进行及其效率。这就需要根据生产计划的要求编制物料需求计划，以保证物料流与生产计划相匹配。

(3) 物料流的配送管理。根据不同生产类型的特点，安排物料对生产的配送。在生产类型中，大量生产、多品种成批生产和单件小批量生产各有不同的生产特征，其生产系统的物料供应保障模式是不同的，必须符合各自的特征。此外，市场变化的快捷及顾客对产品和服务的要求提高，生产方式有了质的改进，快速、准时、成组、柔性、精益生产的要求被广泛认同和采用，生产物流如何适应这些新的生产方式的出现，也是生产物流管理的主要内容之一。

3) 生产物流的输出管理

在制造过程完成之后，就要将产品销售给顾客。如何销售不属于生产物流管理的范围，但为了销售，必须在生产过程中及生产过程完成之后，对产品进行质检、包装、运输、放置到成品库，这之中也要发生相应的物的流动。

2. 生产物流管理的目标

管理的基本职能是计划、控制、决策、调整，生产物流管理的职能也不例外。通过这些职能的实现，要达到的生产物流的管理目标包括以下几点。

(1) 效率目标。减少生产等待的时间，缩短生产周期，提高生产效率，直接降低物料供应的成本和间接降低生产成本。

(2) 保障目标。在恰当的时间、以恰当的方式和数量、在恰当的地点以最经济的方法保障物料的供应。

(3) 最佳效益目标。不仅要有最佳的保障目标，而且要有最佳的供应路线和组合，保证物流管理的最佳效益目标。

5.2.3 制造业中的生产物流类型

大量生产是指在较长的时间内重复进行一种或少数几种相似产品的大量连续生产。流动的有规律性和稳定性是其基本特征之一，与之相适应的物料流动必须做到稳定有节奏地满足这些生产的均匀流动性要求。

1. 大量生产物流

1) 大量生产物流的基本特征和优点

大量生产物流的基本特征包括以下几点。

(1) 工艺方面。由于设计图纸变化小，产品结构相对稳定，可以编制标准制造工艺。标准制造工艺经过反复生产验证，其质量可以不断提高。由于减少乃至消除重复编制工艺的工作，缩短了工艺准备周期，而且节省了工艺人员。由于产量大，生产重复程度高，可设计专用、高效的工艺装置，便于且宜于精确制定材料消耗定额，减少原材料消耗。

(2) 生产组织方面。可进行精细分工，提高工作的专业化程度，使人操作简化；推行标准操作方法，提高工作效率。适宜购置专用高效设备，采用流水线、自动线等高效的组织生产形式。

(3) 生产管理方面。便于且易于制定准确的工时定额。由于产品品种及产量稳定，原材料、毛坯变化小，易于供应厂家和协作厂家建立长期稳定的协作关系，质量和交货期容易得到保证。例行管理多，例外管理少，计划、调度工作简单，生产管理人员易熟悉产品和工艺，易掌握生产进度。

由这些特征所决定，大量生产物流具有以下优点。

(1) 由于分工细，专业化程度高，适宜采用高效的专用设备和专用工艺装备，可以大大提高生产效率。

(2) 工人重复从事专业化分工的某一个单一作业，操作简单，容易提高熟练程度；由于熟能生巧，工人容易创造出新的工作技能，提高操作效率，降低劳动强度。

(3) 一旦流水线正常运行，作业计划无须制定太多的细节，作业计划相对简单。

(4) 大量重复生产程序标准化、稳定化，能够确保产品质量。

(5) 由于大量生产物流的生产效率高，物流流动性好，在制品少，生产成本较低。

2) 大量生产物流管理的基本要求和内容

大量生产最基本、最主要的组织形式是流水线生产，稳定、连续、重复是其生产的基本特征之一。大量生产物流管理的基本要求是物流的组织、衔接与摆放必须符合流水线生产的重复性、有节奏性；提高物流配送与生产的相符性，减少在制品和物料的停滞占用；提高物流配送的连续性，以确保生产的不中断；加强物料的质检控制，确保合格物料上线生产加工。

根据以上大量生产物流管理的基本要求，其基本内容包括以下几点。

(1) 物料的准备。主要依据生产计划、流水线生产的节奏快慢、物流采购供应的周期、物料配置到流水线现场的周期来确定物料供应的种类、数量和供应周期。

(2) 物料的配送流动管理。根据流水线生产的技术和工艺设计要求，将物料准时配送到生产现场。准时的概念是既不提前，也不延迟，要在“恰好”需要的时候到位。

(3) 物料的检验。在物料提供给生产之前要有保证其合格的控制管理环节，防止废品上线，因为一旦上了流水线生产，就很难停止，造成的损失比其他生产类型要大。

(4) 物流的现场布置。物流为保证生产稳定进行，要求物流与生产的现场布置做到传递距离最短，提供速度最快。

2. 多品种小批量生产物流

多品种小批量生产介于大量生产与单件生产之间，即品种不单一，每种产品都有一定的批量，生产有一定的重复性。多品种小批量生产是为了适应市场多变的要求而逐步成为一种通行的生产方式。

1) 多品种小批量生产的基本特征

(1) 生产品种多样化。产品品种繁多，而批量预交货期又各不相同。

(2) 生产过程复杂化。从材料加工成产品的工艺路线有许多种，“物流”因作业的变化需要经常轮换，交错进行。

(3) 生产能力的适应性。由于品种不同，需求量不等，导致生产设备能力过剩或不足，只能通过加班或多班运转来加以调节。

(4) 生产环境条件的多变性。由于订货规格、数量、交货期的变化很大，往往要更改设计，在出现特别紧急的任务时，会发生外购件或原材料变货不准时、供货不及时等意外情况。

(5) 生产计划的变化性。因为订货的规格不一样，为满足不同的用户的需要，必然造成产品设计在生产过程中的多变及物流保障工作的复杂性。因此，要实现工艺计划和进度计划在这种生产方式下的最优是一项复杂的工作。

(6) 生产管理的动态性。由于具体车间在组织实施生产的过程中情况多变，容易引起设备故障、人员缺勤、熟练程度不足、次品多等问题。如果靠经验或直觉来管理，有可能使管理陷入混乱，很难做到规范化管理。

从以上对多品种小批量生产特征的总结中可以看到，追求产品品种的多样化与生产的高效率是一对矛盾。抛开生产组织本身，单从生产物流管理的角度看，如何使物流管理能够适应这种快速、多变、多样化的生产方式，保证生产的效率，保证物流的顺畅，是现代生产管理和生产物流管理的重要内容。

2) 提高多品种小批量生产物流效率的途径

(1) 减少零件变化。要减少零件的变化，可以通过产品系列化，零部件标准化、通用化等途径实现。

推行产品系列化可以减少产品的品种数，用户的多种要求可以通过产品系列得到满足。例如，人的脚的尺寸是一个连续的量，但生产厂家却不能制造无限多不同尺码的鞋，只能生产一个尺码系列的鞋。顾客选用最接近其脚大小的号码，便可满足使用要求。产品系列化导致品种数减少，从而导致零件数减少。

零部件标准化、通用化可以减少零件的变化。标准化、通用化的零件可供不同的设计者选用，结果是使零部件的变化减少。对标准、通用的零件多的产品，可以组织大量生产，从而降低成本，提高质量。标准零件、通用零件多的产品，一般来说，其制造质量好，成本低。

(2) 提高生产系统的柔性。一般来说，系统柔性是指系统处理外界变化的能力。生产系统柔性包括两方面的含义。一是能适应不同的产品或零件的加工要求。从这个意义上讲，能加工的产品(零件)种类数越多则柔性越好。二是指转换时间。加工不同零件之间的转化时间越短则柔性越好。

要提高生产系统的柔性，可以采用两种方法：硬方法和软方法。硬方法是提高机床的柔性；软方法是采用成组技术。

为了提高机床的柔性，人们一直在研究数控机床。数控机床就是通过由数字、字符构成的指令程序控制工件加工的机床。通过改变指令程序来适应不同的工件的加工，比改变机床和工艺装备来适应不同工件的加工要容易得多，因此数控机床具有柔性。

提高生产系统柔性采用的软方法就是推行成组技术。利用成组技术，将相似软件构成零件族，同族零件具有相似的制造属性，同族零件在一起加工可以减少机器的调整准备时间，从而使生产系统能较快地从生产一种零件转向生产另一种零件。

值得提出的是，将硬办法与软办法相结合即“软硬兼施”对提高生产系统的柔性效果最好。

3. 单件小批量生产物流

所谓单件小批量生产，是指企业中需要生产的产品品种多，但每一种产品生产的数量很少，生产复杂度很低的生产状态。

1) 单件小批量生产的特征

(1) 产品生产的随机性强，计划制订、执行和调度的工作复杂，例行工作较少。

单件小批量生产主要是订货式生产，订货可以是整件(套)产品，也可以是相关的零部件。因为订单的内容和订单到达的时间具有随机性，所以企业只能按随机到达的订单顺序逐项进行安排，企业无法对计划期内的任务在计划安排上进行全面规划并实现整体化，只能接到一次订单就安排一次生产。在生产物流计划编制和控制上，以零件需求为依据，利用计算机编制主生产计划、物料需求计划、生产作业计划，执行中以计划为中心，工作的重点在管理部门。

(2) 生产的一次性，企业需要按订单组织生产，使生产组织与技术准备呈现鲜明特色。

首先，在产品设计方面对于一次性生产的产品是不进行样品试制的。设计没有经过试制考验，有些问题会在生产时暴露出来，需要在生产过程中予以解决。在工艺准备工作方面，只制定工艺路线，不编制详细的工艺规程，许多生产工艺问题有待基层单位和生产工人去解决。每生产一种新产品都需要重新设计、绘制许多新图，或做较大修改，再加上非标准零件多，产批量又小，因此，设计工作量大，设计周期长，需要的设计人员多。此外，因图纸得不到制造过程和使用过程的检验，设计质量也不易提高。

其次，一次性生产的产品在生产中不断变换，为提高多品种生产的应变能力，通常都采用通用设备和采取工艺专业化的组织形式。但是传统的通用设备机械化和自动化程度低，手工操作的比重大，劳动生产率普遍较低。

最后，物料消耗定额不容易或不适宜精确制定，只能粗略制定工时定额。原材料、毛坯种类变化大，不易建立长期的稳定协作关系。工人必须完成多种较复杂的工作，需较长的时间培训。生产过程中，工人多以师傅带徒弟的方式培养，工作转换时间长。一般只能采用群式布置(按功能分类)，生产的组织分散，零件运输路线长。

2) 单件小批量生产物流管理的基本要求

(1) 选择恰当的物流组织管理模式。组织管理模式的适宜性是决定物流管理是否高效的关键。物流管理方式有两类，一是企业内部各职能部门，特别是生产单位独立完成各自的物流管理任务，物流管理可以按照各部门的利益关系协调管理。二是成立专门的物流管理部门，管理企业的各项物流活动，为企业整体经济效益服务。目前我国工业企业基本上采用第一种物流管理模式，今后应该逐步向第二种模式转变，这样更有利于实现物流活动的一致性和连贯性，提高物流速度，减少资金占用。

(2) 强化时间分析管理。在单件小批量生产中，除用在加工制造上的时间外，相当一部分时间用在了制定工艺、物料采购等方面。因而，就有必要分析产品生产总时间由哪些部分构成，它们的时间长短如何，是否具有非增值时间，是否可以改变等。

(3) 采用成组技术，依托计算机技术强化物流管理。产品设计方面，以成组技术为指导的设计合理化和标准化工作可以加快设计速度，节约时间，还可以为实现计算机辅助设计(CAD)打下良好的基础。据统计，当设计一种新产品时，往往有 75%以上的零部件设计可参考借鉴或直接引用原有的产品图纸。制造工艺方面，可以把加工方法、安装方式和机床调整相近的零件归结为零件组，设计出适用于全组零件加工的成组工序；设计出应用于成组工序的公用夹具——成组夹具；还可以将零件按工艺相似性分类形成加工组，使用同一组机床设备。

(4) 确定瓶颈资源，制订瓶颈资源计划。根据约束理论(theory of constraint，TOC)对于一个任务不断变化的单件小批量订货生产型企业，生产能力不平衡是必然的。生产能力不平衡，则必然存在能力上的薄弱环节，即存在制约整个系统的瓶颈环节。对约束资源应制订详细的生产作业计划，称为瓶颈资源计划。编制该计划的核心问题是确定瓶颈资源，即比较计划期的生产任务和生产能力，能力上最薄弱的环节就是瓶颈环节，所涉及的资源就是瓶颈资源。瓶颈资源有多种表示形式，最常见的就是设备的生产能力。

4. 准时生产物流

JIT，生产方式源于日本的“看板”系统，作为一种在多品种小批量混合生产条件下高质量、低消耗地进行生产的方式，其核心是关于生产计划和控制及库存管理的反传统思想。

准时生产物流是 JIT 生产方式在物流领域的延伸，其实质是要求企业在各个环节做到在准确的时间、准确的地点提供准确的产品。

准时生产物流是在 JIT 生产方式的基础上，为适应消费需要变得多样化、个性化而建立的一种生产体系及为之服务的物流体系，具体是指将必要的产品以必要的品种、必要的数量，只在正好需要的时间送到生产线及客户手中。

1) 准时生产物流的核心思想

准时生产物流方式实际上是一个“拉动”系统(pull system)。在这个系统中，首先由供应链最终端的要求“拉动”产品进入市场，然后由这些产品的需求决定零部件的需求和生产流程。在生产业务中，目标是只生产即时需要的品种、数量。当物流供应链上需要某一部件时，由沿着供应链的上一个阶段来满足，在需要的时间提供恰恰需要的品种和数量。

同样，这一供需活动引发了供应链上的再上一级工作平台的需求，以此类推。

在严格“拉动”这一核心思想的指引下，物流供应始终以客户的最终需求为起点，始终由后道作业根据前道作业所示信息提取材料或产品。在生产流程的安排上，要求在整个物流供应中保持生产过程的稳定化、标准化和同步化，从而保证从原材料到产成品，再到消费品这一过程畅通无阻，不出现瓶颈现象，完美地实现准时物流的目标。

2) 准时生产物流的特征

(1) 重新理解时间概念。在传统观念中，时间是一个“段”的概念。即使在经典的市场营销理论中，也看不到多少关于时间的新论述。从 4P[产品(product)、价格(price)、渠道(place)、促销(promotion)]到 6P[产品(product)、价格(price)、渠道(place)、推广(promotion)、政治力量(political power)与公共关系(public relations)]甚至 10P[调查(probing)、分割(partitioning)、定位(positioning)、产品(produc)、价格(price)、渠道(place)、促销(promotion)、人员(personal)、政治权力(political power)、公共关系(public relationship)]，时间的新含义从来没有受到太多的关注。尽管日本企业界提出了“时间顾客跟踪”、“时间信息反馈”和“时刻产品改进”三位一体的生产经营模式，重视对时间的控制，但其中所谓的“时刻”，只是强调尽可能缩短用于信息收集和传递信息、产品的时间，而并没有做到真正意义上的“实时”。在准时生产物流体制中，时间更多地带有“时点”的含义。在从获取顾客的需求信息到消费者拿到产品的整个物流过程中，始终强调的是一个准确的时间点，而不是一个时间段。

(2) 以零库存为目标。传统的观点认为，无论是原材料的库存、在制品的库存，还是产成品的库存，它们都是资产，代表系统中已积累的增值。期末库存与期初库存的差值也一直被认为是某一部门在某一周期内的效益。准时生产物流则认为任何形式的库存都是浪费的，库存是万恶之源。因为它不仅占用大量资金，造成修建和租赁仓库等一系列不增加价值的活动，而且还将许多管理不善问题掩盖起来，如机器经常出故障、设备调整时间太长、设备能力不平衡、缺勤率高、设备供应不及时等问题，使问题得不到切实解决。准时生产物流认为库存必须予以消除，应把“零库存”作为最终目的。在宏观条件不成熟时它通过把库存推到上游企业来实现自己的“零库存”。它对库存的要求不同于传统的方式，在准时生产物流中，原材料库存不利于降低成本，应尽量减少；在制品库存则属于浪费，应当消灭；产成品库存是生产直接面对客户，追求的是“零库存”。

(3) 消灭一切浪费。传统的生产管理理论认为，一定数量的不合格产品是不可避免的，允许可以接受的质量水平。而准时生产物流的要求是消除各种引起不合格产品的因素，在生产过程中利用严格的质量保证体系，进行全面质量管理，以生产中的质量控制代替最终检验，从根本上保证产品质量，消灭废品。此外，在生产准备方面也要求大大加快速度，避免人力资源的浪费。

(4) 强调协调。物流供应是一个系统，是由各种职能或各个生产流程组成的有机整体。显然，倘若整体的各个部分不能保持协调一致，物流系统的运行就面临极大的困难。准时生产物流体系中的协调包含了两层含义：一是生产流程内部的协调，它强调工作班组成员之间能相互交流信息，能够较好地发挥员工在基层车间发现、解决和防止各种问题的意愿、积极性和能力；二是外部协调，它强调供应商与客户之间要尽可能地联系、相互信任，实现最大限度的信息共享和协调计划。

5.3 制造业中的销售物流

5.3.1 制造业中的销售物流模式

销售物流有 3 种主要的模式：生产企业自己组织销售物流、第三方物流企业组织销售物流及用户自己提货。

1. 生产企业自己组织销售物流

生产企业自己组织销售物流是在买方市场环境下主要销售物流模式之一，也是我国当前绝大部分企业采用的物流形式。

生产企业自己组织销售物流，实际上是把销售物流作为企业生产的一个延伸或者是看成生产的继续。生产企业销售物流成了生产者企业经营的一个环节。而且，这个经营环节是和用户直接联系、直接面向用户提供服务的一个环节。在企业从“以生产为中心”转向“以市场为中心”的情况下，这个环节逐渐变成了企业的核心竞争环节，已经不再是生产过程的继续，而是企业经营的中心，生产过程变成了这个环节的支撑力量。

生产企业自己组织销售物流的好处在于，可以将自己的生产经营和用户直接联系起来，信息反馈速度快、准确程度高，信息对于生产经营的指导作用和目的性强。企业往往把销售物流环节看成是开拓市场、进行市场竞争中的一个环节，尤其在买方市场前提下，格外看重这个环节。

生产企业自己组织销售物流，可以对销售物流的成本进行大幅度的调节，充分发挥它的“成本中心”的作用，同时能够从整个生产者企业的经营系统角度，合理安排和分配销售物流环节的力量。

在生产企业规模可以达到销售物流的规模效益前提下，采取生产企业自己组织销售物流的办法是可行的，但不一定是最好的选择。主要原因：一是生产企业的核心竞争力的培育和发展问题，如果生产企业的核心竞争能力在于产品的开发，销售物流可能占用其过多的资源和管理力量，对生产企业的核心竞争能力可能会造成影响；二是生产企业销售物流专业化程度有限，自己组织销售物流缺乏优势；三是一个生产企业的规模终归有限，即便是分销物流的规模达到经济规模，延伸到配送物流之后，就很难再达到经济规模，因此可能反过来影响市场更广泛、更深入的开拓。

2. 第三方物流企业组织销售物流

由专门的物流服务企业组织企业的销售物流，实际上是生产企业将销售物流外包，将销售物流社会化。

由第三方物流企业承担生产企业的销售物流，其最大优点在于，第三方物流企业是社会化的物流企业，它向很多生产企业提供物流服务，因此可以将企业的销售物流和企业的供应物流一体化，可以将很多企业的物流需求一体化，采取统一解决的方案。这样可以做到专业化和规模化。这两者可以从技术方面和组织方面强化成本的降低和服务水平的提高。在网络经济时代，这种模式是发展趋势。

3. 用户自己提货

用户自己提货的形式实际上是将生产企业的销售物流转嫁给用户，变成了用户自己组织供应物流的形式。对销售方来讲，已经没有了销售物流的职能。这是在计划经济时期广泛采用的模式，将来除非十分特殊的情况下，这种模式将不再具有生命力。

5.3.2 制造业中的销售物流合理化

销售物流合理化应该做到：在适当的交货期，准确地向顾客发送商品；对于顾客的订单，尽量减少商品缺货或者脱销；合理设置仓库和配送中心，保持合理的商品库存；使运输、装卸、保管和包装的操作省力化；维持合理的物流费用；使订单到发货的情报传递畅通无阻；将销售额等销售信息迅速传递给采购部门、生产部门和销售部门。

1. 销售物流合理化的形式

销售物流合理化的形式有大量化、计划化、商物分离化、差别化、标准化等多种形式。

1) 大量化

通过控制客户的订货，增加运输量，使发货大量化。一般通过延长备货时间得以实现。例如，家用电器企业规定 3 天之内送货。这样做能够掌握配送货物量，大幅度提高配送的装卸效率。现在，以延长备货时间来增加货运量的做法，已被所有的行业广泛采用。

2) 计划化

对客户的订货按照某种规律制订发货计划，并对其实施管理。例如，按线路配送、按时间表配送、混装发货、返程配载等各种措施，被用于运输活动中。

3) 商物分离化

商物分离的具体做法是将订单活动与配送活动相互分离。这样就把自备载货汽车运输与委托运输乃至共同运输联系在一起了。利用委托运输可以压缩固定费用开支，提高运输效率，从而大幅度节省了运输费用。商物分离把批发和零售从大量的物流活动中解放出来，可以把这部分力量集中到销售活动上，企业的整个流通渠道得以更加通畅，物流效率得以提高，成本得到降低。

4) 差别化

根据商品周转的快慢和销售对象规模的大小，把仓储地点和配送方式区别开来，是利用差别化方法实现物流合理化的策略。即实行周转较快的商品群分散保管，周转较慢的商品群尽量集中保管，以做到压缩流通阶段的库存，有效利用库存面积，使库存管理简单化。此外也可以根据销售对象决定物流方法。例如，供货量大的销售对象从工厂直接送货，供货量分散的销售对象通过流通中心供货，使运输和配送方式区别开来；对于供货量大的销售对象每天送货，供货量小的销售对象集中配送，把配送的次数灵活掌握起来。无论哪一种形式，在采取上述方法时，都把注意力集中在解决节约物流费用与提高服务水平之上的矛盾关系上。

5) 标准化

销售批量规定订单的最低数量，会明显提高配送效率和库存管理效率。例如，生产化妆品的企业可以采用零售商不批发单一商品，只批发成套商品的“限制制度”，这样能显著减少拣货和配货作业人员，大幅度提高订单处理和库存管理等物流管理效率，这种标准化所带来的物流合理化，多用在化妆品企业和制药企业。

2. 销售物流合理化的实现

销售物流的合理化要求平衡用户需求与销售物流成本的矛盾。许多企业把销售物流最终目标确定为以最短的时间、最少的成本把适合的商品送达用户手中，但在实际工作中很难达到上述目标，因为没有任何一种销售物流体系既能够最大限度地满足用户的需要，又能最大限度地减少销售物流成本同时又使用户满意。

1) 销售物流的综合成本控制

为了实现销售活动，仓储、运输、包装等职能部门所投入的成本称为职能成本。系统成本则是整个销售物流活动过程中各职能成本的总和。不少企业往往认为自己的物流系统已达到了高效率水平，因为库存、仓储、运输各部门经营良好，并且都能够把各自成本降至低水平。然而，如果仅能降低个别职能部门的成本，而各部门不能相互协调，那么总系统成本不一定最低，这就存在着各职能部门的成本与系统总成本的矛盾。企业销售物流系统的各职能部门具有高度的相关性，企业应该从整个物流系统的成本来考虑制定物流决策，而不能只考虑降低个别职能部门的成本。因此，应该制定系统方案，进行综合物流成本控制。

2) 直销方案的综合物流费用分析

把商品直接销售到用户手中，这种销售物流方案一般会消耗较高的物流成本费用。但是这种直销一般是针对急需的用户采用，一旦延迟，很可能失去客户。如果失去销售机会而损失的成本大于物流成本，则企业还是应采用直销方案。

(1) 中转运输方案的综合物流费用分析。如果企业经计算发现，将成品大批量运至销售地区仓库或中转仓库，再从那里根据订单送货给每一个用户的费用少于直接将货物送至用户，可采用这种在销售过程中经中转再送货的方案。增建或租赁中转仓库的标准为增建或租赁中转仓库所节约的物流费用与因之而增加顾客惠顾的收益，大于增建或租赁中转仓库所投入的成本。

(2) 配送方案的费用分析。配送中心的代理送货将逐渐成为资源配置最合理的一种方案。配送价格是到户价格，与出厂价相比，其构成中增加了部分物流成本，因而价格略高于出厂价。与市场价格相比，其构成中也增加了市场到用户这段运输的部分成本，因而价格也略高于或等于市场价格。但是用户若将以往的核算改成到户价格的核算，就可以发现，配送价格更优越。

对于生产厂家，仅以出厂价交出货物不用考虑以后到用户的各物流环节的投入，省去了大量的人力、物力。配送方案可以使企业、配送中心、用户三方面分享规模化物流所节约的利益。

3) 销售物流的统一管理

不少企业将物流运营权分割成几个协调性差的部门，使控制权过于分散，而且还使各职能部门产生冲突。例如，运输部门只求运费最低，宁愿选择运费少的运输方式大批量运输；库存部门尽可能保持低库存水平，减少进货次数；包装部门则希望使用便宜的包装材料。各部门都从自己的局部利益出发，从而使整个系统的全局利益受损。因此，企业应将销售物流活动统一管理，协调各职能部门的决策，全权负责，这对于满足用户需求、节约企业的物流投入是非常有利的。

5.3.3 促进销售物流发展的因素

1. 信息化、网络化是现代销售物流的基础

现代社会是信息社会，物流的信息化是整个社会信息的一部分。销售物流的信息化包括物流信息的标准化、物流信息收集数据化和代码化、物流信息的电子化和计算机化、物流信息传递的标准化和实时化、物流信息储存与交换的数字化。诸如条形码技术、数据库技术、电子订货系统、电子数据交换及快速响应、有效的顾客反应技术与观念，已经得到了广泛采用。

2. 自动化能提高销售物流的效率

自动化的基础也来源于信息化，其核心是机电一体化，从而达到省时、省力，扩大物流作业能力，提高劳动生产率，减少物流作业的差错事故率的目的。例如，自动化立体仓库又称自动化存取系统，由货架、巷道机、周边搬运系统和控制系统所组成。在单元格组成的货架里，一个单元格内存放一个托盘的货物，由管理人员通过计算机发出入库或出库指令，巷道机、自动分拣机及其他周边设备按指令启动，共同完成入库或出库作业，做到了大量存储、自动存取，提高了工作效率。

3. JIT生产方式成为销售物流发展的原动力

JIT生产方式要求将必要的零部件以必要的数量在必要的时间送到生产线，做到恰到好处。而JIT生产方式应用到现代物流领域，就是要将正确的商品以正确的数量在正确的时间送到正确的地点，这种生产方式的应用是推动销售物流发展的原动力。

4. 供应链管理促进了销售物流的发展

供应链是以最终用户到初始供应商逆向而上的市场需求信息的传导过程，又是从初始供应商向最终用户顺流向下的产品和服务的传递过程。它将供应链管理中所涉及的众多供应商，包括供应商的供应商及众多的客户，包括客户的客户直至终端客户，组成了一个“供应网络”，通过这个网络中的各有关方面的协作配合，以最低成本为客户提供销售和物流的服务。

5. 共同配送中心是销售物流的崭新模式

配送是现代物流系统的终端，是由集货、配货和送货三个环节有机结合而成的，它直接面对服务对象，配送的水平和质量可以直观而具体地反映销售物流的功能发挥程度。共同配送中心更可以发挥资源共享、管理共用优势，使销售物流达到物尽其用和货畅其流的效果。

5.4 制造业中的逆向物流

5.4.1 制造业中的逆向物流成因分析

1. 主要驱动因素

许多有力的因素迫使企业将逆向物流的管理提高到战略程度的高级管理日程上。带来这些变化的主要驱动因素有政府立法、新型的分销渠道、供应链中的力量转换、产品生命周期的缩短。

2. 主要动机

对于企业而言，逆向物流往往出于以下动机：环境管制、经济利益(体现在废弃物处理费用的减少、产品寿命的延长、原材料零部件的节省等方面)和商业考虑。因而，管理者首先应认识到逆向物流的重要性和价值，其次要在实际运作中如何给予逆向物流以资源和支援，才是发挥竞争优势的关键。

近年来，随着电子商务的快速发展，物流业已从传统的流通业中独立出来并日益受到人们的关注。而随着人们环保意识的增强，环保法规约束力度的加大，逆向物流的经济价值也逐步显现。在我国经济发展水平较为落后的时期和地区厉行节约是首要选择，传统经济生活中的废品收购，空桶、空瓶、空盘，废旧钢铁、纸张、衣物等的重复利用也是一种常见的社会生活现象，因而，服务于废品回收再用的逆向物流并不是什么新东西。另外对产品零部件的回收再用或将上述包装回收后清洗再用都比买新的要便宜。只不过，由于过去十年中对环境保护的高度重视，逆向物流有了新的内容，如耐用产品和耐久消费包装。后来，新的资源再生利用技术的研究与推广大大降低了处理回收物品的成本，使逆向物流不仅意味着成本的增加，而且由于它能带来资源的节约，还意味着经济效益、社会效益和环境效益的共同增加。

3. 具体原因

逆向物流的产生原因包括宏观、中观及微观三方面的因素。

(1) 环境的压力及环保法规的约束。随着人们对消费品的要求越来越高，产品更新换代越来越快，被丢弃、淘汰的物品日益增多，抛向自然界的废弃物也越来越多，由此带来了巨大的环境压力；与此同时，很多国家的政府对建设废弃物处理设施制定了更加严厉的法规要求，如德国的《包装废品废除法令》和英国的《垃圾掩埋税法法案》。

(2) 来自“循环经济”的要求。循环经济近年来不仅进入中央决策层的视野，而且成为理论界的研究重点，得到了前所未有的重视。逆向物流是企业发展循环经济的途径，也是趋势，在循环经济中有着重要地位。循环经济倡导的是建立在物质不断循环利用基础上的经济发展模式，它要求物质循环利用，使得整个经济系统及生产、消费过程基本上不产生或者只产生很少的废弃物。循环经济遵循减量化原则、再利用原则和资源化原则。这三个原则都与逆向物流相关，这也是发展逆向物流的宏观因素。

(3) 来自制造商自身的需求。越来越多的企业认识到处理好逆向物流能为企业带来财富，运营平滑有序的过程能提高顾客服务水平、提高顾客忠诚度。在当今买方市场的经济环境下，顾客价值是决定企业生存和发展的关键因素，而逆向物流的成功运作是提升顾客价值的重要途径之一；对于制造商来说，经济利益也是逆向物流的驱动因素，随着廉价资源的获取越来越难，资源供求之间的矛盾越来越突出。对使用过的产品及材料进行再生循环利用，逐渐成为企业满足市场需求、降低生产成本的可行之路。这就促使企业对产品废弃后的回收、再加工、再利用引发的逆向物流活动越来越重视。

(4) 来自产品的压力。产品召回制度源于 20 世纪 60 年代的美国汽车行业。产品召回的应急计划涉及企业的方方面面，尤其是物流部门受到的影响更大。它们必须负责管理产品回流可能经过的物流渠道，因此逆向物流显得尤为重要。来自产品的压力还体现在另一方面：日益缩短的产品生命周期。直销电视购物网络和互联网的新的分销渠道的出现使商品直销成为可能。但是直销产品也增加了退货的可能性，由于顾客无法像传统的购物方式一样对商品进行观察、触摸、试用，收到货物后发现并不符合心意就可能要求退回。网上销售的增加使商品的回流量不断增加，直销渠道给逆向物流带来了压力。

5.4.2 制造业中的逆向物流的分类及特点

1. 制造业中的逆向物流的分类

1) 按照回收物品的特点划分

按照回收物品的特点划分，逆向物流可分为退货逆向物流和回收逆向物流两部分。退货逆向物流是指下游顾客将不符合订单要求的产品退回给上游供应商，其流程与常规产品流向正好相反。回收逆向物流是指将最终顾客所持有的废旧物品回收到供应链上各节点企业。

2) 按照逆向物流材料的物理属性划分

按照逆向物流材料的物理属性划分，逆向物流可分为钢铁和有色金属制品逆向物流、橡胶制品逆向物流、木制品逆向物流、玻璃制品逆向物流等。

3) 按成因、途径和处置方式及其产业形态划分

按照逆向物流的成因、途径和处置方式不同划分，逆向物流可分为投诉退货、终端使用退回、商业退回、维修退回、生产报废与副品及包装等六大类别。

2. 制造业中的逆向物流的特点

逆向物流作为企业价值链中特殊的一环，与正向物流相比，既有共同点，又有各自不同的特点。两者的共同点在于都具有包装、装卸、运输、储存、加工等物流功能。但是，逆向物流与正向物流相比又具有其鲜明的特点。

1) 分散性

逆向物流产生的地点、时间、质量和数量是难以预见的。废旧物流可能产生于生产领域、流通领域或生活消费领域，涉及任何领域、任何部门、任何个人，在社会的每个角落都在日夜不停地发生。正是这种多元性使其具有分散性。而正向物流则不然，按量、准时和指定发货点是其基本要求。这是由于逆向物流发生的原因通常与产品的质量或数量的异常有关。

2) 缓慢性

不难发现，开始的时候逆向物流数量少，种类多，只有在不断汇集的情况下才能形成较大的流动规模。废旧物流的产生也往往不能立即满足人们的某些需要，它需要经过加工、改制等环节，甚至只能作为原料回收使用，这一系列过程的时间是较长的。同时，废旧物资的收集和整理也是一个较复杂的过程。这一切都决定了废旧物流缓慢性这一特点。

3) 混杂性

因为不同种类、不同状况的废旧物资常常是混杂在一起的，所以，回收的产品在进入逆向物流系统时往往难以划分为产品。当回收产品经过检查、分类后，逆向物流的混杂性随着废旧物流的产生而逐渐衰退。

4) 多变性

由于逆向物流的分散性及消费者对退货、产品召回等回收政策的滥用，有的企业很难控制产品的回收时间与空间，这就导致了多变性。主要表现在以下四个方面：逆向物流具有极大的不确定性；逆向物流的处理系统与方式复杂多样；逆向物流技术具有一定的特殊性；相对高昂的成本。

5.4.3 制造业中的逆向物流中的废弃物处理

1. 制造业中的逆向物流中的废弃物的定义及产生

逆向物流中废弃物处理是很重要的组成部分，所谓逆向物流中的废弃物处理主要是指将生产过程产生的不具有使用价值的物质或顾客消费后所持有的的废弃物品回收到供应链上进行再加工和处理。

随着科学技术的发展和人民生活水平的提高，人们对物资的消费要求越来越高：既要质量好又要款式新。于是被人们淘汰、丢弃的物资日益增多。这些产生于生产和消费过程中的物质，由于变质、损坏，或使用寿命终结而失去了使用价值。它们有生产过程的边角余料、废渣废水及未能形成合格产品而不具有使用价值的物质；有流通过程产生的废弃包装材料；也有在消费后产生的排泄物，如家庭垃圾、办公室垃圾等。这些排泄物一部分可回收并再生利用，称为再生资源，形成回收物流。另一部分在循环利用过程中，基本或完全丧失了使用价值，形成无法再利用的最终排泄物利用，即废物。废弃物经过处理后，返回自然界，形成废弃物流。

2. 废弃物处理手段及废弃物物流的产业化情况

1) 废弃物处理手段

就固体废弃物而言，目前的处理方法主要有压实、破碎、分拣、脱水与干燥、固化、热转化、生物处置等 7 种。随着科技发展，垃圾处理设备不断改进，废弃物处理的现代化、科学化、系统化水平也逐渐提高。例如，现代机械用于垃圾分拣；生物工程用于填埋场建设；热物理传热 365JT 技术改进垃圾焚烧发电系统，提高产电能力；生物技术用于垃圾制肥，提高制肥效率和质量；现代化信息技术用于垃圾综合管理系统等。废弃物焚烧在国外获得广泛应用，在日本、荷兰、瑞士、丹麦、瑞典等国家已成为废弃物处理的主要手段。瑞士废弃物 80%为焚烧，日本、丹麦的垃圾 70%以上为焚烧。

当前废弃物处理的国际潮流是“综合性废物管理”，即动员全体民众参与 3R 行动，把垃圾的产量减下来，3R 的行动口号包括：①减少浪费(reduce)；②物尽其用(reuse)；③回收利用(recycle)。因为经济全球化及社会资源趋于全球流动，需要全社会这样做，以减少废弃物总量和城市处理垃圾的负担。

2) 废弃物物流产业化发展状况

以美国废物处理公司为例，该公司创立于 1894 年，是目前世界上最大的废物处理公司，也是唯一一家提供全套环保服务的公司。服务范围包括环境咨询、建筑 365JT 设计与工程管理处理，业务扩展到世界各地。今天的废物处理公司控制着国际废物处理公司、化学废物处理公司、带式喷丸清理机技术公司和拉斯特国际公司，成为世界上最大的环境服务公司。又如丹麦，只建有一个垃圾综合处理场，垃圾消纳量占全国的一半左右。

5.4.4 我国制造业中逆向物流的发展现状

我国政府为贯彻落实科学发展观、推动循环经济，制定了一系列法律法规和责任制度，逆向物流发展已初具规模：法规和责任机制初步建立，我国逆向物流可依据的法规有《中华人民共和国环境保护法》(以下简称《环境保护法》)《中华人民共和国固体废物污染环境防治法》(以下简称《固体废物污染环境防治法》)；在公众的环保意识日益增强、环保法规约束力加强、环保约束力被不断加大的背景下实施逆向物流计划，能使生产者承担产品废弃后的回收利用责任，并能促使生产者更加关注其产品设计和实用阶段的环境友好性。

目前我国企业也在积极探索和实践逆向物流。例如，神龙汽车有限公司对废旧物质资源的综合利用，联想公司与美集物流公司将合作延伸到“逆向物流”领域。此外还有医药、食品、电器等行业对退货的处理和主动召回，都显示了逆向物流的重要性。

随着废弃物处置费用的增加及环境法规约束力度的加大，逆向物流将在企业战略规划中发挥日益重要的作用。逆向物流有着无限的发展空间和广阔的市场前景。

5.4.5　制造业中的逆向物流实施的重要意义

1. 提高潜在事故的透明度

逆向物流在促使企业不断改善品质管理体系上，具有重要的地位。ISO 9001：2000版质量管理体系标准将企业的品质管理活动概括为一个闭环式活动——计划、实施、检查、改进，逆向物流恰好处于检查和改进两个环节上，承上启下，作用于两端。企业在退货中暴露出的品质问题，将透过逆向物流资讯系统不断传递到管理阶层，提高潜在事故的透明度，管理者可以在事前不断改进品质管理，以根除产品的不良隐患。

2. 提高顾客价值，增加竞争优势

在当今顾客驱动的经济环境下，顾客价值是决定企业生存和发展的关键因素。众多企业通过逆向物流提高顾客对产品或服务的满意度，赢得顾客的信任，从而增加其竞争优势。对于最终顾客来说，逆向物流能够确保不符合订单要求的产品及时退货，有利于消除顾客的后顾之忧，增加其对企业的信任感及回头率，扩大企业的市场份额。一个公司想要赢得顾客，它必须保证顾客在整个交易过程中心情舒畅，而逆向物流战略是达到这一目标的有效手段。另一方面，对于供应链上的企业客户来说，上游企业采取宽松的退货策略，能够减少下游客户的经营风险，改善供需关系，促进企业间战略合作，强化整个供应链的竞争优势。特别对于过时性风险比较大的产品，退货策略所带来的竞争优势更加明显。在当今买方市场的经济环境下，顾客价值是决定企业生存和发展的关键因素。维系顾客的满意度，并努力培养顾客的忠诚度，方能赢得顾客的信任，占据长久不败的市场份额。对于顾客(最终消费者)来说，逆向物流的成功运作能够确保不符合订单要求的产品及时退货；保证有质量问题的商品能够及时被召回，增强其对企业的信任感，提高回头率。1982年的美国强生公司的危机处理就是成功的一例。由于发生投毒事件，强生公司销量最好的泰勒诺致使7名患者中毒身亡，事故发生后致使该类药品的市场占有率急速下跌，强生公司反应迅速，立即运用逆向物流系统召回药品进行处理。现在，泰勒诺仍然是销量最好的止痛药。

3. 提升信息整合能力和产品质量监管体系

信息流如同资金流，贯穿于整个供应链的每个环节之中。同样，逆向物流的成功实施，实质上就是企业内和企业间的信息沟通与整合能力的强化，通过对退货和召回信息的归类与处理，可以直接追踪所发生的逆向物流总成本，为正向物流的运作提供正确、及时的信息反馈，即不断跟进的信息监控，反复真正实施PDCA质量循环，完成逆向物流的全面质量管理(TQM)。通过这种信息整合效果，随时能够了解产品的现状，实现与顾客的实时互动，这也是企业申请ISO 9000系列的标准要求。

4. 降低物料成本

减少物料耗费，提高物料利用率是企业成本管理的重点，也是企业增效的重要手段。

然而，传统管理模式的物料管理仅仅局限于企业内部物料，不重视企业外部废旧产品及其物料的有效利用，造成大量可再用性资源的闲置和浪费。由于废旧产品的回购价格低、来源充足，对这些产品回购加工可以大幅度降低企业的物料成本。

5. 改善环境行为，塑造企业形象

随着人们生活水平和文化素质的提高，环境意识日益增强，消费观念发生了巨大变化，顾客对环境的期望越来越高。另外，由于不可再生资源的稀缺及对环境污染日益加重，各国都制定了许多环境保护法规，为企业的环境行为规定了约束性标准。企业的环境业绩已成为评价企业运营绩效的重要指标。为了改善企业的环境行为，提高企业在公众中的形象，许多企业纷纷采取逆向物流战略，以减少产品对环境的污染及资源的消耗。

6. 增强企业的社会责任感

如今，顾客不仅考虑自己目前的生活状况和条件，而且开始密切关注人类后代的持续繁衍和发展。能否顺利实施可持续发展战略，是衡量企业向顾客和社会承诺和负责的社会伦理和道德尺度。企业实施逆向物流战略，不仅仅是为了提高企业的形象，保持和改善环境质量，更是企业本身的道德和伦理行为所要求的社会责任感的体现。例如，世界零售巨头沃尔玛在自己的网站上不断更新由供应商提供的产品召回的信息；澳大利亚政府通过报刊、视频等媒体中介以特殊的方式向公众提供召回的产品信息。

供应链的优化与管理成为企业聚集的焦点，这个以实物和业务为主线的流程自上游供应商向下游顾客完成商务的基本使命，因而贯穿了物流、资金流、信息流在内的诸多内容。通过这些职能，企业提升了利润空间，降低了成本。同样，逆向物流涵盖了正向物流所提到的一切功能，只是实物流和信息流与正向物流的方向截然相反，即出于重新获取和恢复价值或以适当处理为目的而将原材料、半成品、制成品及相关信息由供应链下游的最终消费端(或客户端)返回上游生产端(或供应端)的过程。

5.5 制造业中企业的物流供应链管理

5.5.1 我国制造业企业在物流管理中存在的问题

长期以来，我国企业在经营管理中存在着重商流、轻物流的不正常现象，物流管理的落后直接导致了企业在经济全球化竞争的大环境中明显缺乏竞争力。据统计，在我国工业制造业生产中，直接劳动成本占总成本的比重不到10%，而物流费用占商品总成本的比重，从账面反映约为40%，全社会物流支出约占GDP的20%。在商品的整个生产销售中，用于加工和制造的时间仅为10%左右，用于物流过程的时间几乎为90%。我国工业制造业物流管理中的常见问题可概括为以下几点。

1. 物流理念和认识方面

对企业物流重视程度不够是我国企业尤其是国有企业普遍存在的问题。各级领导往往是重生产轻管理、重工艺轻物流，对现代物流对新经济(客户经济、速度经济)时代中企业生产营销的巨大支撑作用和“第三利润源泉”的潜在能力缺乏应有的认识，墨守成规，缺乏物流革新精神。企业经营者对现代物流理解认识的偏差，严重影响了企业物流系统的整合、再建，影响了企业物流系统在软件或硬件上的投入，影响了企业高层对企业实施现代物流的监督管理作用，并直接影响到企业的最终经营管理效益。

(1) 没有把供应链管理作为企业的竞争策略。主要表现在：①对企业物流的认识还是停留在传统简单的仓储管理、运输管理观念上；②在公司经营战略的规划制定上，也往往没有考虑到物流部门的利益，物流部门在企业中的总体地位低下；③对物流计划和物流信息资源的整合、重视程度不够；④与供应商和合作伙伴间简单的买卖交易关系数量众多，但相互间信誉很差等。

(2) 不能正确地理解和认识企业物流成本。主要表现在：①缺乏全面供应链成本观，重视运输、仓储、采购成本等显性成本，对物流管理成本、库存持有成本、库存积压成本、占压资金机会成本损失等隐性成本重视不够；②物流系统一般没有采取总成本控制，物流成本模糊，分部门核算时总成本不清，各种物资、人员、设备设施和时间效率的浪费现象普遍存在；③没有采用先进的物流成本管理方法进行企业物流管理成本核算等。

(3) 物流管理的体制结构不合理、不科学。在企业中，原材料库存管理、制造用材料库存管理、成品库存管理、产品分拨运输与客户配送管理、各种物流资源的计划与控制管理，以及物料、成品的检验管理等企业物流管理作业环节分属生产、采购、销售、设计、物料等不同的独立的职能部门，本应是一体化、“流水化”的企业物流活动被人为地分割为独立的几块。各部门和各物流环节因对上级负责，容易强调部门利益而没有全局观念；各物流作业层次“画地为牢”，不能兼顾其他层次；企业中每个层次、每个人都只对自己负责，而不是兼顾企业和市场；部门间协调困难，相互间扯皮现象严重。这种体制的最终结果是导致企业物流活动中各环节的协调性差，信息共享性差，企业经营管理的总成本偏高，企业对市场响应速度缓慢。

(4) 物流“贪污”、物流“黑洞”和“物流腐败”问题。主要体现在企业计划、采购、供应、销售等各物流环节，在供应商的选择、物流作业的执行、管理等方面，过分追求各环节中的部门利益或个人利益，或对物流总是漠不关心、熟视无睹，或不思进取、维持现状或缺乏创新等，实际上都是在获取局部或个人利益而牺牲了企业的整体利益或长远利益。

2. 企业物流规划与运作管理方面

企业总体布局没有进行物流的规划、设计，企业现有的总体或局部的物流格局不清晰，因而造成企业内部问题丛生。

(1) 生产物流系统布局不合理，响应周期长，物料流管理混乱。主要表现在：①物料和总部成品仓库分散分布，无集中的物料集货、分拣与配送中心。物料管理混乱、困难，配送周期长，齐套性差。②物料除停滞外，经常处于交叉迂回、倒流跳跃和拥挤状态；重复搬运、无效搬运占 50%左右；物料流动路径长。③供应链管理提前期较长，从原材料到产成品的转换过程中 90%以上时间为物料的停顿或等待时间，其余 10%中的 70%为工装及其前后时间，真正创造产品价值的时间仅占整个周期的 3.0%。

(2) 整机生产计划、物流作业计划的均衡性、准确性差，部分物料积压严重。由于采购/外协物料到货的不可预期、生产工艺经常变更及紧急订单、临时订单的随意冲击等，公司月度整机生产计划、物流作业计划常常不能正确执行，计划变更频繁，且生产作业计划的跨期较长，导致作业计划准确性较低，月份与月份间的生产总量和规格的均衡性较差，对作业计划的严肃性重视程度不够。由此产生的直接后果是公司生产系统运作紊乱，存在管理、控制失控的危险，一方面部分生产物料积压严重，存货管理部门的压力剧增，另一方面整机的生产交货期却无法按计划及时保证。同时，由于无法保证按时交货，销售公司等又不得不取消有关生产订单，从而给生产系统造成恶性循环。

(3) 信息沟通困难，部门间信息阻塞和信息不对称性严重。我国部分工业企业虽然实行了 MRP II 或 ERP 管理，但多数企业使用功能却普遍有限，除 MRP 管理部分外，只利用主生产计划(master production schedule，MPS)、车间作业管理(shop floor control，SFC)的部分功能，对车间/工作中心的生产能力分析、物料供应提前期、交货期、产品生产周期的管理等基本没有使用或重视不足，导致整个产品生产供应链提前期的管理失控，对各环节的时间数据缺乏集中管理掌控，无法在公司系统内进行有效的信息沟通、信息共享。

(4) 盲目扩建(或租借)驻外仓库，对仓库的数量、选址、布局和功能的设计等只考虑眼前和局部利益，库存积压严重。仓库数量的增多，必然导致物品安全库存量的加大，使得公司整机产品库存剧增，库存积压风险加大。

(5) 仓库布局的不合理，引起牵拉型市场下畅销商品的紧缺和滞销品库存积压的矛盾。由于仓库数量多，布局又不合理，加之相互间资源无法共享，导致一部分地区某些物品积压严重，别的地方却又无货可卖，白白丧失市场销售机会。

(6) 计划管理问题。各分销机构要货计划准确率低、整机发货与调配计划性差，导致外地库位频繁调库与较高的产品返修率。还导致产品多次重复运输、重复搬运，产品损坏严重，返修率奇高。

(7) 成品库存管理问题。表现在整机成品没有按统一的整机物品编码管理，且记账凭证和物品口径不统一，管理混乱。

总部发货时，总部财务部是根据产品借用单、整机机型记账；物料部则根据产品借用单和 15 位整机物品代码记账；而驻外分支机构收到的却是总部送货清单，只能按送货清单和整机机型记账；同时外租仓库方却又是按产品出/入库单记账。导致各方记账方式和凭证都不统一，对账和查账十分困难。

(8) 对销售物流的管理粗放，销售行为中的漏洞很难控制，销售提货、结算比较随意，存在大量手续不完备的混乱现象，还有一些因此而产生的小集体利益，甚至是恶意的蛀虫行为，在某些地方导致公司财产大量流失。

(9) 物流成本虽高，但客户服务水平却很低，客户服务满意度低。

(10) 对企业物流和供应链管理效率缺乏全局、一体化的绩效衡量体系和持续改进计划。

3. 企业物流信息管理方面

企业物流信息管理方面的问题主要表现在：①物流信息管理手段落后，信息反馈速度和准确性不高；内部信息集成性和共享性差。②过分依赖市场预测的“推式”生产、“库存”生产模式，销售计划的预测和判断的“牛鞭效应”显著。

盲目的、各自信息不对称的市场预测和存货“投机”行为，导致公司生产、采购和销售计划频繁更改，不能很好地响应市场需求。单据管理混乱，各环节记账凭据不一致，库存对账困难，账面库存与实物不符。与原材料供应商、物流外包商、客户等伙伴缺乏畅通的信息交流、沟通机制，信息共享性差等。其他的还有物流基础设施及技术装备落后、机械化和自动化水平低、配套差、利用率和完好率低等。

5.5.2 制造业在供应链网中的分析

供应链网是由自治或半自治的实体所构成的，它们共同合作，负责管理一个或多个相关产品的采购、生产和分配活动。由于其中的节点企业常常为多家，并且处于一个多级动态变化的环境之中，它并非一条水平结构的单一线性链条，而是呈现出一个由原材料供应商到制造商、分销商、零售商乃至最终用户构成的网络结构，根据 Fu RL，Shaw J(1998)提出的 7 项结构特性指标，即制造特性、业务目标、生产的差异、产品模式、装配阶段、产品生命周期及库存需求，可以将工业制造企业的供应链网分为集中型、分散型和适应型。

在这 3 种不同类型的供应链网中，各个节点企业之间的关系虽然有所不同，但它们都通过企业间的合力创造价值、充分利用网络资源，发挥协同效应，使企业获得更大的竞争优势，实现生产及销售的有效链接和物流、信息流、资金流的合理流动，求得整体的最大化利益。根据 3 种供应链网的特点，利用 SCM 的 3 种分析工具——战略定位、价值链分析和成本动因分析，可以对具备不同供应链网结构特性的工业制造业逐一进行分析。其中，首先应进行战略定位，明确成本管理的方向，建立与企业战略相适应的成本管理战略；然后再进行价值链分析，将战略转变为对价值活动的管理；最后对成本动因进行分析，由于战术层面的作业成本动因普遍存在于企业日常生产经营过程的有关作业之中，主要考虑的是侧重于战略层面的战略成本动因。

1. 集中型供应链网

在集中型供应链网中，企业将制造过程和装配过程集中于某地完成，将零部件装配成最终的产品。航空、汽车、船舶制造等机械制造工业的供应链网属于这种类型。集中型供应链网一般以资金密集型、技术密集型居多；要求供应商与制造商距离较近；采用单件小批生产方式。

1) 战略定位分析

集中型供应链网中的企业可以采用慎重、无变化等稳定型的总体战略，再在其中寻找发展的机会。因为这一供应链网中的企业对环境变化预测比较准确，可以集中资源于原有的经营范围和产品，并通过改进各部门和员工的表现来保持和增加其竞争优势。由于其一般投入的资金量比较大，生产周期又较长，所以应着重考虑各节点企业资金流的分布状态和数量变化，产品质量成本的保证，作业单元的合理配合程度等。而在一般竞争战略上，可以考虑目标集聚战略，因为集中型供应链网中的顾客一般是特定的，这样就需要对这一特定群体展开强有力的攻势，形成和维护企业的竞争优势地位，达成企业的战略目标。在实施这一战略时，应充分考虑目标群的行业特点、生产规模，甚至所处国的政治倾向等因素。

2) 价值链分析

在集中型供应链网中，针对其规模一般较大、各节点企业距离较近的特点，企业应着重考虑基础设施、产品研究与开发、建立合作等作业。分析各节点企业在整个价值链网中的位置，在哪一部分耗费较大。由于这一供应链网的产品一般耗费资金较多，体积较大，价值较高，成本考核的重点应是资金成本和仓储成本，这样就需要制定合理的融资方案、采购策略和库存策略，考虑如何形成供应商、销售商与制造商价值链的合理对接，如何通过作业降低成本，进行价值链再造，改善各节点企业作业之间的联系等。

3) 战略成本动因分析

根据集中型供应链网的特点，企业的结构性成本动因分析应着重考虑企业的规模、技术和厂址选择这几个动因。例如，企业的规模在多大时对提高作业效率最有效，怎样才能获得递增的规模收益，怎样借助先进的技术手段对企业的产品设计、生产流程和管理方式等方面进行功能再造，厂址的选择应考虑制造商、供应商和购买商之间布局的合理性、效率性等。而执行性成本动因则着重考虑全面质量管理、生产能力利用率等动因。例如，如何利用较经济的时间来达到产品质量最优、如何协调质量与成本之间的关系、生产能力是否采用了较科学的运行方式，在固定成本与变动成本之间的协调分配是否合理等。

2. 分散型供应链网

分散型供应链网中的企业在工厂进行产品的复杂装配过程，而在分销地完成简单装配过程。电子工业、计算机工业和器械工业的供应链网属于这种类型。分散型供应链网一般以技术密集型、劳动力密集型居多；销售商分布在不同地点；采用大量大批的生产、订货方式。

1) 战略定位分析

分散型供应链网中的企业可以采取并购、横向一体化的发展型总体战略，因为在这一类型的供应链网中，行业之间，不同上下游企业的竞争较为激烈，这样就促使各节点企业考虑如何在挖掘与运用本企业内部资源的前提下，充分整合利用供应链网中相对独立的外部资源，加强信息交流与技术交流。在一般竞争战略上，可以着重考虑成本领先战略，在保证质量的前提下，采用各种有效手段降低研究开发、采购、生产、销售等各方面的成本费用，对成本进行控制和分析。在这一方面，可以采用作业成本法分析成本动因，消除非增值作业，选择不同的供应、生产和销售策略，改善企业价值链作业之间的内部联系和企业价值链作业与供应商及销售渠道价值链作业之间的纵向联系。

2) 价值链分析

针对分散型供应链网装配分两步进行、销售商较分散的特点，企业应着重考虑流程研究与开发、产品的仓储、订单处理，建立和维护分销和特约经销网络等作业。应该重点分析供应链网中各节点企业的链条的合理长度、地理位置分布与客户群的匹配程度等。由于各销售商比较分散，又需要对产品再进行简单的装配，在这一供应链网中，应着重考核物流成本和服务成本，如何确定科学合理的物流方式，如何选择销售商的分布区域，如何使供应商、销售商加强对产品的认识，以及整合各节点企业反馈的信息等都是值得考虑的因素。

3) 战略成本动因分析

结构性成本动因分析侧重分析企业的业务范围、多样性等动因。由于分散型供应链网第一步复杂装配生产出来的组件是通用产品，在第二步的简单装配中，就可以根据客户需要和市场变化情况，及时反馈信息，调整产品组件，提高顾客满意度。而执行性成本动因分析则侧重分析生产能力利用率、联系等动因，这些都是获得成本竞争优势的重要途径。例如，怎样整合不同的作业单元，改善作业所消耗的时间和资源，用何种方式加强供应链网中各节点企业的协调合作，如何减小需求信息从最终用户开始沿着供应链向零售商、分销商、制造商乃至原材料供应商的传递过程中出现的逐级放大现象(“牛鞭效应”)等。

3. 适应型供应链网

适应型供应链网中的企业拥有最终产品的装配线和分销机构，根据产品需求的变化趋势来安排生产，适应不断变化的市场，鞋帽业、服装业等的供应链网就属于这种类型。这种供应链一般以劳动密集型居多，销售商比较分散且根据外部环境变化灵活安排生产方式。

1) 战略定位分析

由于在适应型供应链网中大多是中小型企业，竞争力量分散，缺乏有巨大市场份额或为广泛购买者所认知的市场领导者，企业可以采用内部创业、纵向一体化等发展型的总体战略，通过开发新产品进入新的行业，或者将供应链网中的上下游企业联合在一起，向行业价值链的不同方向扩张，研究开发新产品，加快市场增长速度。而在一般竞争战略上，通过产品差异化战略，从质量、产品设计、服务、销售网络、品牌等各方面体现企业的特色，在技术开发、产品开发和市场营销中进行有力的协调，利用良好的销售渠道、领先的研发技术和生产工艺技术培养顾客的品牌忠诚度，构筑较高的进入障碍，提高企业价值链中现有企业的竞争力。

2) 价值链分析

针对适应型供应链网市场需求变化快、产品多样性的特点，企业应着重考虑产品研究与开发、营销等作业，提高企业的灵活性。由于要求供应链网中的企业对市场变化做出迅速反应，采取适应动态环境的有效措施，对信息成本等应着重考核。例如，如何建立快速有效的前馈、后馈信息渠道，如何正确预测市场需求的变化，如何针对目标客户群开发产品等，均是应该考虑的因素。另外由于这一类型的供应链网中的劳动密集型企业较多，对人工成本的考核也不可忽视。

3) 战略成本动因分析

结构性成本动因分析侧重分析企业的经验、多样性等动因。这些分析结果会对企业产品的成本高低及其结构产生决定性的影响，应该合理安排企业的基础经济结构，通过内部积累和学习曲线来降低成本，以顾客为出发点，满足他们的多元化需求。执行性成本动因分析则侧重分析劳动力参与、产品功能、外观等动因。因为适应性供应链网多是劳动密集型企业，如果提高职工的责任感，主动关心成本管理，挖掘降低成本的潜力，就会提高企业的竞争优势。在这 3 种供应链网中，一般而言，集中型供应链网的各节点企业相对较固定，数量不多；分散型供应链网则相对松散、数量较大；而适应型供应链网中的各节点企业关系更灵活，变化呈现出多级动态的特征。企业可以根据自身的规模、生命周期发展阶段、市场等情况及时做出调整，利用 JIT、计算机集成制造系统、计划评审法等技术，更好地强化供应链网，将各个参与供应链网的企业有效地组织起来，提高核心竞争力。

5.5.3　制造业在供应链中与其上下游企业的关系

当今，企业之间的关系已经从竞争走向了竞合，企业之间更多的是一种供应链合作伙伴关系。

1. 制造商—供应商合作伙伴关系

实施制造商—供应商合作伙伴关系就意味着新产品/技术的共同开发、数据和信息的交换、市场机会共享和风险共担。在供应链合作关系环境下，制造商选择供应商不再是只考虑价格，而是更注重选择能在优质服务、技术革新、产品设计等方面进行良好合作的供应商。供应商为制造企业的生产和经营供应各种生产要素(原材料、能源、机器设备、零部件、工具、技术和劳务服务等)。供应者所提供要素的数量、价格，直接影响到制造企业的生产的好坏、成本的高低和产品质量的优劣。因此，制造商与供应商的合作关系应着眼于以下 3 个方面。

(1) 使供应商了解企业的生产程序和生产能力，使其能够清楚地了解企业所需要产品或原材料的期限、质量和数量。

(2) 向供应商提供自己的经营计划和经营策略的必要措施，使供应商明确企业自身的希望，以使自己也能随时达到企业要求的目标。

(3) 企业与供应商要明确双方的责任，并各自向对方负责，使双方明确共同的利益所在，并为此团结一致，以达到双赢的目的。

供应链合作关系发展的主要特征就是从以产品/物流为核心转向以集成/合作为核心。在集成/合作逻辑思想的指导下，供应商和制造商把他们相互的需求和技术集成在一起，以实现为制造商提供最有用产品的共同目标。因此，供应商与制造商的交换不仅仅是物质上的交换，而且包括一系列可见和不可见的服务(研发、设计、信息、物流等)。供应商要具备创新和良好的设计能力，以保证交货的可靠性和时间的准确性。这就要求供应商采用先进的管理技术，如 JIT、TQM 等，管理和控制中间供应商网络。而对制造商来说，要提供的活动和服务包括控制供应市场、管理和控制供应网络、提供培训和技术支持、为供应商提供财务服务等。

对于制造商—供应商合作伙伴关系的双方，各自获得以下的利益。

1) 制造商/买主利益

降低成本(降低合同成本)；实现数量折扣、稳定而有竞争力的价格；提高产品质量和降低库存水平；改善时间管理；交货期限的缩短和可靠性的提高；提高产品设计对产品变化的反应速度；强化数据信息的获取和管理控制。

2) 供应商/买主利益

保证有稳定的市场需求；更好地了解用户需求；提高运作质量；提高零部件生产质量；降低生产成本；提高对买主交货期改变的反应速度和柔性；获得更高的利润(比非合作伙伴关系的供应商)。

3) 制造商/供应商

改善相互之间的交流；实现共同的期望和目标；共担风险和共享利益；共同参与产品和工艺开发，实现相互间的工艺集成、技术和物理集成；减少外在因素的影响及造成的风险；增强对矛盾冲突的解决能力；订单、生产、运输上实现规模效益以降低成本；减少管理成本。

2. 制造商—分销商合作伙伴关系

许多年来，商业专家一直建议制造商，尤其是工业制造商，对待分销商应该像对待伙伴一样。通常，这意味着重视分销商的价值及他们与最终顾客之间的关系，并给予他们必要的支持以便取得成功。分销商对于顾客需要和期望有深入的了解，成功的制造商在开发新产品或者产品线时可以运用这些信息。同样，分销商通常依赖制造商来提供必要的部件和专业技能。由于顾客服务要求出现新的挑战，以及由信息技术去应对这些挑战，人们针对分销商的看法正在改变。即使是一个强大而有效的分销商网络，也并非总能满足顾客需求。库存可能无法满足一个突如其来的订单，或者顾客可能需要特定的技术服务，而分销商并不具备该种技术技能。过去，这些问题可以通过增加每个分销商或制造商的库存和人手来解决。现代信息技术带来了第三种选择方案，即整合分销商，使单个分销商那里的专业技能和库存能够被其他分销商所用。

分销商一体化可以用来解决与库存或者服务相关的问题。就库存而言，分销商一体化可以在整个分销网络中，产生一个巨大的库存池，这样便在提高服务水平的同时降低了总的库存成本。同样，分销商一体化可以将顾客需求转给最适合解决此问题的分销商，满足顾客特定的技术服务需求。为了满足非正常的突然订单，以及更快地为修理提供配件，传统上是采取增加库存的办法。在较为成熟的公司中，由于存在风险分担的观念，供应链的前期环节中必须持有库存，它们仅在需要的时候才进行配送。而在分销商一体化中，每个分销商可以查看其他分销商的库存情况，来确定从哪里获得需要的产品或部件。分销商必须按照契约的规定，在一定条件下，按照既定的报酬标准交换部件。这种安排改善了每个分销商的服务水平，降低了整个系统所需的库存。当然，只有当先进的信息系统使得分销商可以查看其他人的库存状况，一体化的物流系统能够以低成本有效地配送部件时，这种安排才是有可能的。同样，分销商一体化也可以提高每个分销商在外界眼中的技术能力和快速响应非正常顾客需求的能力。在这种联盟中，不同的分销商在不同的领域具备专业技能。顾客的特定需求会被送往在这方面最为专业的分销商那里。

实施分销商一体化联盟面临两个主要问题。

(1) 分销商对参与该体系的回报可能持怀疑态度。分销商可能会认为自己在向熟练程度不如自己的伙伴提供库存控制的专业技能，特别是一些较大的拥有更多库存的分销商有这种想法的可能性更大。

(2) 参与的分销商不得不依赖于其他分销商，甚至是一些不认识的分销商，来帮助他们提供优良的顾客服务。这种新型的关系也很可能会取消特定分销商的特定责任或者专有技能，而将其集中于几个分销商那里。

分销商担心会失去自身的技能和能力，这一点也不奇怪。这就解释了为什么建立分销商一体化关系要求制造商一方投入大量的资源和精力。分销商必须确定这是一个长期的联盟。组织者必须努力在参与方之间建立信任。最后，制造商可能需要提供抵押与担保，来确保对分销商的承诺。

习　　题

1. 选择题

(1) 制造业中的采购物流模式有进货型采购物流模式、单独业务型采购模式、战略支援型采购模式和(　　)。

A. 部门统合型采购模式　　B. 单独部门采购模式

C. 外部企业关联型采购模式　　D. 企业综合型采购模式

(2) 最基本的生产物流作业系统的环节有进入生产的物流系统、完成生产中的物流系统、(　　)。

A. 中间生产的物流系统　　B. 间隔生产的物流系统

C. 退出生产过程的物流系统　　D. 结束生产物流系统

(3) 品种小批量生产的基本特征有品种多样化、生产复杂化、(　　)、能力的适应性及计划的变化性。

A. 成本的低廉性　　B. 时间的集中性

C. 环境条件的多变性　　D. 管理的动态性

(4) 销售物流合理化的形式有(　　)、计划化、商物分离化、差别化等多种形式。

A．大量化　　B．集中化　　C．信息化　　D．标准化

(5) 分散型供应链网的特点是技术密集型、劳动力密集型居多；(　　)；采用大量大批的生产、订货方式。

A．资金密集型、技术密集型居多　　B．销售商分布在不同地点

C．要求供应商与制造商距离较近　　D．采用单件小批生产方式

2. 简答题

(1) 简述生产物流的工艺流程。

(2) 简述准时物流的核心思想。

(3) 简述实施制造商—供应商合作伙伴关系的意义。

3. 判断题

(1) 企业生产物流构成了企业内部物流活动的全过程。　(　　)

(2) JIT 生产方式源于日本的“看板”系统，核心是关于生产计划和控制及库存管理的反传统思想。　(　　)

(3) 循环经济遵循减量化原则、再利用原则和资源化原则。这三个原则都与逆向物流相关，这也是发展逆向物流的微观因素。　(　　)

(4) 航空、汽车、船舶制造等机械制造工业的供应链网属于分散型供应链网。　(　　)

(5) 销售物流有三种主要的模式：生产企业自己组织销售物流、第三方物流企业组织销售物流及用户自己提货的形式。　(　　)

4. 思考题

分销一体化是如何解决库存或者服务相关的问题的？

案例分析

UPS 为 MBS 提供的图书退货逆向物流服务

MBS 是一家规模庞大的教材交易公司，旗下有一家网上虚拟书店，该书店向附近地区的培训机构、高校及中学提供教材及课辅资料的供应。为支持其日益增长的业务，该公司利用 UPS 的专业服务来增强客户服务管理和退货管理。

1. 来自客户的挑战

MBS 直销书店允许学生购买所需的某门功课的新书、旧书或学习资料；一旦该课程学习结束，学生还可以将这些书再卖给 MBS 直销书店。因此，其退货业务与销售业务同样频繁。

该书店创立于 1992 年，现已发展壮大成为一家经营范围涉及 250 000 门课程，服务对象超过 130 万学生，遍布美国、加拿大、波多黎各的大型企业。面对仍在继续发展的业务，MBS 面临着更大的挑战，即如何进行图书跟踪、退货管理和资产管理，如何进行跨国的图书资料的双向物流。为此，MBS 将其整个物流服务活动外包给 UPS，利用 UPS 的专业化服务来提高客户服务水平，降低退货处理成本，更有效地进行资产管理。

2. UPS 的解决方案

为提高图书退货处理的效率，UPS 开发了一套基于 Web 网的 UPS 回收管理系统，为准备退书的学生

提供一个网络入口。在课程即将结束的前几周，MBS 直销书店会给那些购买图书的学生发送一封 E-mail，将 UPS 服务入口的链接提供给这些学生。学生可以点击链接，浏览 MBS 的退书报价。如果决定接受报价，只需再点击就可创建一个 UPS 退货标签，学生可将该标签贴在他们的退书包裹上。另外，学生还可根据网络上的说明，安排 UPS 的收货计划。

贴有标签的包裹可以交送给 UPS 的任何一个司机或 UPS 的任一服务网点。这使得学生的退货非常方便。打印的标签含有 MBS 编制的条形码。其中包含了报价信息、一整套客户服务信息、国内账号、目录清单等信息。MBS 一旦收到 UPS 送来的退货，通过扫描标签，系统将自动通知 MBS 的会计部门处理支票兑付问题，学生也会很快收到通知，告之退书已经收到，书款已经付出，等等。

3. 实施成效

UPS 的专业服务帮助 MBS 直销书店大大提高了客户服务满意度和退货管理水平。项目实施 4 个月，新的系统就处理了 110 000 个退货标签，比上一年同期水平增加了 300%。另外，MBS 直销书店预测，新的系统将帮助企业取得 15%的年业务增长率。

讨论题

(1) 你得到了哪些启示？

(2) 从 UPS 的解决方案分析现代技术在逆向物流中的作用。

(3) MBS 为什么要利用 UPS 提供的逆向物流服务？

第6章　物流与农业的关系

【本章教学要点】

知识要点	掌握程度	相关知识
物流发展对农业的影响	了解	物流发展对农业的三个主要影响
农业中物流的应用	了解	物流在农业供应、生产、销售中的应用
农业物流的内涵	掌握	农业物流概述、分类、现状及发展对策
农产品电子商务物流	了解	农产品电子商务概念、发展趋势

导入案例

上海农工商集团全方位打造农业物流链条

上海农工商集团是一个农业龙头企业群，该集团拥有光明乳业、农工商超市、都市农商社、上海鲜花港、海丰米业等5家国家级农业产业化重点龙头企业，涵盖了农产品生产、加工、流通的各个环节。按照该集团发展集成商的经验，主要措施有3个方面：一是借助品牌魅力扩大生产基地；二是利用平台优势吸纳资源；三是拓展合作伙伴做大经济增量。

1. 郑州“大厨房”物流港实现从粮仓到厨房大跨越

2006年6月3日，“2006中国•郑州大厨房文化节暨现代厨房用品博览会、农副产品交易会”在郑州市大厨房农副产品物流港拉开帷幕。在此次交易会上，一个最引人注目的主题就是变“中国粮仓”为“国人厨房”。郑州大厨房农副产品物流港是政府发展郑州西区的重点工程，包括厨具、酒类、调味品、农副产品、平价中心五大专业市场，是一个集厨房商业文化及相关产业综合运营的品牌，“大厨房”具备了展示交易、国内外贸易、电子商务、品牌宣传、文化传播等多重复合功能，将致力于打造规模空前，全国领先的“食文化”商业基地。

2. 苏果超市开始把农户和加工企业纳入农村流通体系

为了响应商务部开展的“万村千乡”市场工程，江苏苏果超市近年来开始进行大规模的“上山下乡”活动，逐渐形成了一种独特的“双流通”农产品物流模式，并成为全国供销系统的一个典型。为了开启现代农村物流制，苏果超市一方面成功运作基层供销社改制，建成农村营销网络；另一方面，突破传统经营理念，与农产品生产基地形成紧密的利益联结机制，以订单农业的形式与农产品生产基地形成一种紧密的利益联结机制。

值得注意的是，“新合作模式”在辽宁受阻事件表明，基于行政化模式，用低级的资本运作手段取得“超常规”发展速度的扩张，是不切实际的。因此，在现代农村流通体系建设中，各地要积极引进现代农业物流新模式，改造传统形式上的农业物流企业，要以企业为主体，进一步强化物流基础设施平台、信息网络平台和政策平台的支撑，创新农村物流运行体制和机制，打造一个具有竞争力的现代农业物流平台。

讨论题

(1) 结合案例说明农业物流的发展现状。
(2) 物流发展对农业有哪些影响？
(3) 如何利用电子商务和物流配送体系进行农商对接？

【内容摘要】

物流的发展，特别是农业物流对我国农业现代化、产业化及提高农产品竞争力有着十分重大的现实意义。本章主要介绍了物流在农业供应、生产、销售中的应用，农业物流的概念、分类、现状及发展对策，农产品电子商务的概念及发展趋势，并引入了一种新的模式“农商对接”。要实现新型农业现代化，就要解决好农产品流通领域存在的深层次的矛盾，就要做好农商对接，实现以商活农，并积极开展农超对接、农批对接、农企对接，减少农产品流通环节，降低物流成本。

6.1 物流发展对农业的影响

现代物流是运用高科技与现代信息技术的一种全新理念、管理方式与全新技术。它的兴起与发展，成为世界经济一体化的强大推动力，同时，也为各国的农民带来巨大的收益。因此，物流的发展，特别是农业物流对我国农业现代化、产业化及提高农产品竞争力有着十分重大的现实意义。

6.1.1 促进农业产业化与规模化经营

1. 农业产业化的含义

农业产业化是以国内外市场为导向，以经济效益为中心，以主导产业、产品为重点，优化组合各种生产要素，实行专业化经营、社会化服务、企业化管理，形成种养加、产供销、贸工农、农工商、农科教一体化经营体系，使农业走上自我发展、自我积累、自我约束、自我调节的良性发展轨道的现代化经营方式和产业组织形式。

2. 农业规模化的含义

农业规模化的前提是加快土地流转，联结个人土地为大规模的土地供企业进行规模化经营，提高生产经营效率。农业的规模化经营是实现现代农业发展的重要途径，它有利于改变传统的小农生产模式，有利于土地、技术、人才和资金等生产要素的合理组合和优势重组，促进农村经济的全面发展。农业的规模化经营也是我国现阶段提高农业劳动生产率、解决劳动力紧张、加快城市化进程的有效途径。

3. 物流发展促进农业产业化与规模化经营

由于农业生产的地域性与农产品消费的普遍性，农业生产的季节性与农产品消费的全年性，农业生产的局限性与农产品消费的全球性，农业生产的分散性与农产品需求的多样性，造成了农业生产与农产品消费之间的矛盾，从而严重影响农业产业化与规模化的步伐，而发展现代物流是解决上述矛盾的一个有效途径。

现代物流作为一种先进的组织方式和管理技术，已经被世界各国广泛采用，在国民经济中发挥着重要的作用。美、欧、日等发达国家和地区，将现代物流与农业产业结合，通过利用现代物流的理念及技术，加强对农业产前、产中和产后的商流、物流、资金流、信息流和人才流的管理，大大降低了农业生产和流通的成本，提高了农业运行的效率和质量，达到农业增值、提高农业及农产品竞争力的目的。美国的芝加哥谷物期货交易中心、日本的东京筑地鱼市、荷兰的花卉批发市场联合拍卖组织就是利用现代物流来让古老的农业增值的经典范例。而我国也在不断学习借鉴国外成功经验，进一步发展符合我国国情的农业物流。

大力发展农业物流加快了我国农业的产业化与规模化，其具体体现包括以下内容。

1) 农业内涵更丰富

农业产业不仅包括传统的种植业、养殖业等农业部门，还包括生产资料工业、食品加工业等第二产业，以及交通运输、技术和信息服务等第三产业的内容，涵盖了农业产前、产中和产后领域，形成了“从田间到餐桌”的完整产业链条。

2) 技术密集性

传统农业主要依赖资源的投入，而农业产业化、规模化后则日益依赖不断发展的新技术投入，通过提高资源利用率和持续发展能力来实现经济增长。

3) 功能多元性

现代农业在提供鲜活、优质、安全的农产品和工业原料的同时，还具有生活休闲、生态保护、旅游度假、文明传承、教育等功能。

4) 效益综合性

农业产业强调生产性、生态性和生活性的统一，以综合效益最大化为原则，把农业看成是基础产业、战略性产业，使农业由单一经济转向综合经济，由弱质产业变成具有强大活力的、可持续发展的优势产业，实现经济效益、生态效益和社会效益的有机统一。

5) 产业化经营

传统农业是以土地为基本生产资料，以农户为基本生产单元的一种小生产，而在现代农业中，农户广泛地参与到专业化生产和社会化分工中，加入到各种专业化合作组织中，农业经营活动实行产业化经营。

6.1.2 提高农产品竞争力

1. 农产品竞争力的定义

从国际市场的角度看，农产品竞争力可定义为一国农产品参与国际市场竞争，开拓市场、占据市场并以此获得利润的能力；从国内农产品市场竞争角度看，农产品竞争力主要表现在抵御国外农产品对国内市场冲击的能力。从这两种角度看，农产品竞争力都包括以价格竞争力为主的质量竞争力和信誉竞争力等内容。

2. 物流发展对农产品竞争力的影响

1) 从国际竞争力角度看

物流是第三利润源。发展农产品物流，更能有效发挥我国出口农产品的价格优势。经济学中的成本理论表明，产品的成本由原材料、人工及流通成本组成。而原材料和人工成本由于科学技术的发展，都已降低到极限，而通过物流管理和物流的一系列活动来降低产品成本就成为企业经营利润的主要活动，这就是人们所说的“第三利润源”。同时，物流业也是国民经济中创利的主要活动，因为物流业以降低成本为目标，物流业越发达，物流成本越低，物流成本在总成本中的比例就会越低，那么，这个国家的制造业与农业就会显著地降低成本，并提高客户的满意程度。由于我国的一些出口农产品，特别是劳动密集型产品有价格比较优势，如果在流通环节中通过发展物流的方式再次降低成本，将使我们的农产品的价格竞争优势更为明显。因为农产品物流也具有一般物流业所具有的特点，向前延伸到农业生产过程，向后延伸到商品销售领域，组成一个物流的产业链，使农产品流通由单纯的农产品运输、集散功能扩展为流通加工、包装、储存、运输、配送及农产品生产和销售中的技术、信息服务，调控农业生产和农产品销售。农产品物流通过这种产业化方式，能减少产品损耗，缩短流通时间，降低交易成本，从而降低农产品的总成本，增强农产品的出口竞争力。

2) 从国内竞争力角度看

从国内市场的竞争力看，在国家支持农业和鼓励粮食生产，以及加快发展农产品物流的政策条件下，主要粮食作物综合生产能力可以基本上满足国内对口粮和饲料粮的需要，粮食产品竞争力加强，并具有相当的抵御国外粮食产品对国内市场冲击的能力，水稻、小麦、玉米的国内消费占有率较高。

但是国内农产品市场开放程度提高以后，国外农产品进口数量增多，在国内的市场份额增加，国内外同类农产品的竞争强度提高。虽然国产小麦、大米和玉米的国内市场份额保持绝对优势地位，粮食物流又减少了成本，但除玉米以外，主要农产品的国内自产数量在总供应量中所占比重均呈现下降趋势，而国外进口所占比重则呈现上升趋势。中国棉花进口量仍然相当大，特别是进口大豆在国内市场的占有率远远超过国产大豆所占比率，国外大豆产业在相当程度上控制了国内大豆市场，中国大豆产业的生存与发展受到严重的威胁。我们更应重视粮食物流的发展，在粮食供应与销售方面提高服务质量，减少成本，以抵御国外农产品的竞争威胁。

6.1.3 促进消费，保障农民收入与农民利益

(1) 发展现代化物流是引导和促进消费、培育和保护内需的重要措施，也是增加农业收入的重要手段。

最近几年来我国最终消费额占 CDP 的比重一般都在 60%以上，其消费大多数是通过物流中的流通业来实现的。随着城乡居民收入水平、消费水平不断提高，多层次、多样化的消费需求已经形成，只有大力发展现代化物流，才能适应消费结构和消费层次的变化，向广大消费者提供价廉物美的商品和一流服务，引导和扩大消费。中国经济的最大症结是农民收入不高，这导致了扩大内需有很大的困难，制约了经济的发展。在农村，充分利用物流系统终端环节的零售商形式，是行之有效的一种方法。而把大城市的超市通过连锁经营，布点到县城与集镇，这些店通过“超市＋农户”、“定牌加盟”，以及利用连锁网络把产品带出去等各种方式，带动了当地农副产品的加工销售，推动了农副产品产业化经营，既解决了农民“卖难”问题，又能扩大农民的消费需求。现代物流成为开拓农村市场的新路子。

(2) 发展物流产业，有利于提高农民收入。

中国的农民大多还维持着自产自销的小农户生产，由于不了解市场的需求情况，导致产品滞销或遭受损失，因而失利。而通过物流的订单方式，克服了生产的盲目性，满足了市场的有效需求，从而增加了农民的收入。而且物流产业能带动相关产业的发展，农民收入增加的来源实现了多元化。例如，丹麦农民自办的农业服务企业有自己的仓库、马队、船队和码头，生产还是一家一户，各种农产品是根据与公司签订合同的数量生产的，运输与销售都是物流企业的事情。这样，他们既省事又省心，不必为产品卖不出去而发愁，而且比自产自销收益高得多。

(3) 物流产业的发展，使农业走向科技化与信息化的道路，有利于保障农民利益。

农民通过物流企业的服务，可以获得更加优质的种子、农药、化肥、机械与配料，并获得真实可靠的市场信息，促进养殖业和各种副业的发展，农民收入也会自然而然地增加。同时有利于从源头上避免假冒伪劣产品进入市场。

6.2 农业中物流的应用

现代农业物流是指以农业出产为焦点，为满足用户需求，运用现代化的物流手段，对农业产前、产中、产后供给源至需求源的产物全过程的供给链整合，使农产物实现其价值、使用价值和在物流过程中增值，降低农产物出产与通顺成本，提高客户管理水平，提高农业出产的整体效益而进行的一系列活动。成长农业物流对培植新农村具有主要意义：①有利于增加农民收入。农业物流的竞争和通顺环节的削减能够降低出产资料和糊口资料的价

钱。②有利于晋升农产品价值。③有利于农村经济的发展。④有利于加速农村城镇化历程。

6.2.1 物流在农业供应中的应用

1. 农业供应物流的含义

农业供应物流(agricultural supply logistics，ASL)是为保证农业生产正常运行供给和补充生产所需生产资料的物流。它主要是指农业生产资料的采购，包括种子、肥料、农药、地膜、农机具，以及农业生产需要消费的其他原料、材料及燃料等，其中还应包括电力资源、水利资源和农业生产资料的使用与市场信息服务。

农业供应物流的物流方向是由生产厂家经市场向广大农村消费市场的流动。其物流组织者按销售方式的不同可以是生产厂家、供货人或消费者自己。物流方式一般是由外地大批量购入生产资料，由经销商分销到站、店、场、户，终端消费者是农民或农业生产经营企业。由于农业生产的季节性，农业供应物流也具有很强的季节性。

2. 农业供应物流出现的问题

以农业大省黑龙江省为例，黑龙江省目前农业生产资料的主要来源大致如下：种子、种苗、农药、肥料和饲料等大多由农业类公司提供；大型设备(如拖拉机、收割机、播种机、插秧机、动力提水设备及大型运输机械等)一般由国有大中型企业提供，小部分进口(多数为农场使用)和中型农机具、部分化肥、农药或地膜等由地方工业企业提供；有机肥、土农药或土饲料等一般由村办经济组织提供或农户的小作坊自办。其物流方向的组织过程一般是从一级批发市场逐步向二、三级市场转移，通过干线运输到支线运输来实现，其流通形式呈扩散形态，而物流方式主要为由外地大批量购入生产资料，由经销商分销到站、店、场、户，终端消费者是农民或农业生产经营企业。

在这样的物流供应组织模式下，作为农业生产投入的农用生产资料，其流通状况令人担忧。国家原来在农村建立的农用生产资料服务体系正逐步退出或转变，处于一种“网破、线断、人散”的状态，农村市场常常成为假冒伪劣商品的倾销地和批发地。随着国家农用生产资料市场的进一步放开，假种子、假农药、假化肥等坑农害农的事件时有发生。而在农机具的选购上，村民多数是在没有专业农机技术的指导下，盲目在一些个体农机销售单位选购，当出现技术及质量问题时往往无人解决，农户只得自行处理，往往造成农时的延误及经济上的损失。

另外，农业生产物流一部分由农业生产企业运作，绝大多数由个体农户形成。目前，黑龙江省绝大多数农村农户承包土地不多，物流量不大，一般由个体农户自己策划安排，多数以不误农时和提高产出率为目标，实行企业式运作，追求质量效益的较少。

3. 农业供应物流发展策略

(1) 政府推动，城乡自建。在农村逐步推行连锁经营，构建以城区店为龙头、以乡镇店为骨干、以村级店为基础的农村现代流通网络，满足农民消费需求，改善农村消费环境，同时建立起与该工程相配套的农业供应物流及销售物流体系，促进农业产业化发展。

(2) 以村为单位建立采购及销售站。在农业生产资料(如种子、化肥、农药等)采购及农产品(如粮食等)销售方面，应改变现有的农户以个体为单位盲目购买及出售的现状，村委会应组织建立起本村的采购及销售部门，并在采购及销售上采取科学的管理方式及方法，选择优秀的供应商及收购商，从而保证农资的质量及农产品能以合理的价格及时地销售。

6.2.2 物流在农业生产中的应用

农业生产物流(agricultural product logistics，APL)是指在农业种养殖活动管理到农产品产出收获的过程中，因生产要素的配置、运用和管理而形成的物流。它是农业生产活动的主要内容，决定着农业生产成本和效率。

按照内容和形式的不同，农业生产物流具体又分为三个环节：一是种养殖物流，包括整地、育苗繁殖、播种、移栽等活动及相关信息服务；二是管理物流，即动植物或微生物生长过程中的物流活动，包括农作物的除草、用药、施肥、浇水、整枝等，动物的喂养、微生物的培养等活动及相关的信息服务；三是收获物流，即为了收获农产品而形成的物流，包括农作物的采收、脱粒、晾晒、筛选、整理、包装、入库作业或动物捕捞和处理等作业所形成的物流。

与工业企业生产物流相比，农业生产物流具有较大的不同：一是农业生产物流的对象一般不需要反复搬运、装卸和存储，而是用药、施肥、浇水、喂养等；二是农业生产物流在一个生产周期内的停滞时间长，运动时间短，而工业生产物流几乎是不停滞的；三是农业生产物流周期比工业物流长，且具有明显的季节性。

6.2.3 物流在农业销售中的应用

1. 农业销售物流的含义

农业销售物流(agricultural sale logistics，ASL)是指由农产品的销售和加工行为而产生的一系列物流活动，包括农产品的保鲜、运输、储存、初深精加工和销售等作业，由经销商的收购、储存、加工、包装、运输和分销等环节组成。农业销售物流的方向、方式与农业供应物流的恰好相反，是从农村到城镇，从农户(农业生产企业)到农产品初、深、精加工的企业，其流通形式呈现集中状态。

2. 农业中销售物流的方向

首先要确定在这一系列过程中，物流的对象，也就是农业供应链中的对象，一般来说，产品特性在很大程度上受运输和仓储条件影响。水果、鲜花、牛奶、树木等产品在链中的每个环节中都可以有意或无意地受到影响，而使其性质发生变化。

农产品种类繁多，以不同方式进入销售店的农产品有不需要深加工的蔬菜、水果、粮食等，也有需要进行深加工的各类食品、棉花等，以及鱼、肉、禽、蛋等肉类食品。农产品属于生命周期短的产品，因此农产品销售的时效性较强，在一日之内农产品的价格变化也比较大。

多数情况下，农产品产于农村。由于其生产和消费上的分散性使得在流通中不可避免地要进行一次或多次集散，一般是通过农贸市场或是批发市场聚集再转到零售商或是超市终端，经过不同方式的配送投入到工业生产或是城市居民消费。大规模农产品批发市场的建立，局部实现了农产品不同地域、不同季节的调剂和互补，但还停留在初始原材料性农产品的集散和销售上，而且，我国的农产品物流是以常温物流或自然物流形式为主，在这种状态下的初级农产品保鲜困难，在物流过程中的损失很大，因而给季节性和区域性调配带来无效物流和诸多不便。因此，农产品冷链物流、电子商务物流是农业中销售物流的方向。

3. 农业中销售物流的组织

在销售中不可缺少的组成部分是连锁店经营和配送中心及其管理的实现。因此在销售物流系统中应该以这两个组织为重心，但是与一般的企业物流有所不同，农产品具有鲜嫩、易腐、易衰老的特性，从田间到市场的安全低耗，需要一条既具备温度(冷链)保证，又具备无伤害保证(机械伤、病毒、光线照射等)，以及具备时空调运保证的现代物流系统。当然配送保鲜、冷冻和易腐货物在储存和运输的过程中都需要制冷和冷冻的技术设备和足够的设备容积量。同时农产品物流对市场和农业结构的依赖程度很大，对于市场方面的调整可借鉴国外经验，由生产同类产品的农民组成合作组织，共同开拓国内和国际市场。

(1) 连锁店经营是商业大流通、大市场发展的必然趋势。其特点是在一个广大的地域内设立许多中小规模的商店，各店商品由同一个配送中心采用统一进货、统一价格、集中配送、单店分销的方式，这样能加快商品周转，扩大销售，降低进货成本。

(2) 配送中心主要根据收集到的各个连锁店的经营情况和供应商的供货情况，制订进货计划和价格政策，并按各个连锁店的要求，审核调拨申请，输送商品。关于新入库的商品，则按一定比例调拨给各连锁店销售，无须申请。此外，它还对商品编码进行管理。

从物流来讲，配送几乎包括了所有的物流功能要素，是物流的缩影或是某个小范围中物流全部活动的体现。一般的配送集装卸、包装、保管、运输于一身，通过这一系列活动实现将货物送达的目的。特殊的配送则还要以加工活动为支撑，所以包括的方面更广。

配送中心要展开配送服务就要有顾客群。物流配送网络是开展物流活动的基础。但只有当企业具备对整个物流供应链的掌控能力，逐步实现由单纯物流劳务提供商向能为客户提供物流整体解决方案的系统集成商和一体化物流服务提供商的转变，才能将物流网络的资源优势转化为企业竞争优势。

4. 农业销售物流的合理化

农产品销售物流就是通过包装、储存、长途运输和短程配送等物流实现农产品销售，完善物流服务功能。其中主要是根据物流合理化原则确定运输路线、农产品储备系统和包装水平、农产品加工作业水平及送货方式等多方面相关内容。这一物流过程是农产品实现其价值的关键阶段。若销售物流不畅，即会影响销售利益，造成农产品积压甚至丧失价值的不良后果。

农产品销售物流的合理性首先要体现商流、物流和信息流的统一。其次，在农产品生产、销售及消费过程中，必然会出现大量废弃物，对其运输、装卸和处理的物流活动构成了农产品废弃物物流。所以农产品销售物流系统结构除包括上述的物流过程外，还应有逆向物流过程，即农产品废弃物(如木材等)的回收利用，实现资源的再利用。发展绿色物流，保护环境，有利于国家经济的可持续发展。再次，IT管理是现代销售物流设计和运行的基本理念。即销售物流应以消费需求为原动力，在正确的时间，以正确的质和正确的量，到正确的场所，完成商品流通加工、物流移动和附加增值，同时实现销售物流整个系统的四大工作目标：服务优质、成本低廉、运行可靠、效益最大。

农产品销售物流系统的设计与规划管理应先强调信息传递电子化和商品管理条码化，使得原本需要人工介入填写或录入的票据、报表，全部以电子方式直接导入系统当中，既可以提高效率又可以最大限度地避免错误的发生。而在商品管理中充分利用条码和便携式手持终端，使之渗透到各环节作业当中，可以使出库作业的错误率降至0.03%以下。作为供应链一部分的销售物流无论在内部作业和外部接口方面都应深入挖掘、提炼信息，并使信息联动起来，为实现整个供应链的最优化奠定基础。当然，还应该考虑到地理市场分析、产品品种的需求分布、顾客需求分布和订货分布类型等有关市场方面的因素。

6.3 物流与农业的结合——农业物流

6.3.1 农业物流概述

1. 农业物流的内涵

1) 现代农业物流的定义

根据现代物流概念的发展，结合农业经济理论，我们认为，现代农业物流是指以满足顾客需求为目标，以信息技术为支撑，运用现代化的物流手段，对农业生产资料与农产品、相关服务和信息，从供应源到消费源所进行的组织、控制与管理等经济活动，是全社会物流的重要组成部分。它是由农业生产资料采购农产品的生产、收获、储存、运输、包装、流通加工、装卸搬运、配送、分销与信息处理等一系列运作环节组成，并在整个过程中实现了农业生产资料和农产品保值、增值和组织目标。

2) 现代农业物流与农产品流通的区别

(1) 性质不同。从产业的角度看，农业物流是一种服务产业的名称，现代农业物流的核心活动是完成农资、农产品的时间和空间转移。而农产品流通是以货币为媒介交换农产品的领域，它把生产和消费联系起来，是农产品商品化过程中的一个重要环节，其核心活动是商品交换活动。

(2) 涵盖的范围不同。经济活动通常包括生产、流通和消费活动，而农产品流通过程又包括农产品商流和物流。商流是一种以货币为媒介的买卖交易，其最终目的是实现产品的价值。农产品流通首先是从商流开始的，通过生产者与消费者之间农产品所有权的转移来实现价值效用；随后通过农产品从供给方向需求方的转移，实现农产品的使用价值。而农业物流包括农业生产资料物流和农产品物流，是一种追加的生产过程，它克服了时间和空间的阻碍，提供有效的、快速的农业生产资料和农产品的输送和保管等服务来创造农业生产资料、农产品的效用，主要包括实物流和信息流。现代农业物流涵盖了与农业生产资料、农产品相关的生产、流通加工和消费领域。由此可知，农产品流通不是现代农业物流的全部，现代农业物流相对于农产品流通所涉及的范畴更广大。

(3) 利润源不同。农产品流通的利润来自农产品的差价；而现代农业物流的利润来源则是多元的，既有农业生产资料、农产品的差价，又有物流环节的包装、加工等活动产生的增值。

3) 现代农业物流与传统农业物流的区别

(1) 内涵更加丰富。现代农业物流是传统农业物流向两头延伸，并加进了新的内涵，涵盖了与农业相关的生产、流通和消费领域，连接了供给主体和需求主体。也就是说它从只涉及商品流通领域，扩展到了生产前和生产过程中的物质、信息流通过程，生产后的加工和市场营销等领域。而传统农业物流只涉及商品流通领域，即农产品的包装、运输、储存和装卸等过程。

(2) 管理理念和模式不同。现代农业物流的管理理念是以实现顾客满意为第一目标，提高物流服务水平，增强农业产业链整体效益。而传统农业物流的管理理念是追求个体成本的降低，没有考虑顾客满意度水平和整个农业供应链的绩效。现代农业物流管理是一种农业产业链的集成管理，是主动服务。物流承担方从系统的角度综合考虑农业物流的各个环节/各项功能，利用现代管理和现代技术提供总体信息，以整个供应链为基本单位，为农业价值链的每个环节提供增值服务，从而追求总成本最小、利润最大、服务最优的目的。传统农业物流管理是一种分散管理、被动管理。它孤立地看待参与农业物流的各个环节，没有考虑各部分活动是有机地结合在一起的，有些活动是具有效益背反关系，简单地对各部分活动进行分割管理，缺少相互之间有效的信息沟通和集成，造成在进行成本分析时，追求单一环节成本最低，导致“牛鞭效应”。

(3) 科技含量不同。现代农业物流采用了先进的运输技术、存储技术、保鲜技术、加工技术、包装技术、信息技术等，运用现代化的手段，能够实现农业物流过程的标准化、自动化、网络化、智能化和信息化达到保值、增值的目的。而传统农业物流科技含量低，手段落后，无法实现农产品的有效保值和增值，造成巨大损失。传统农业物流的第一要素是“运力”，而现代农业物流的第一要素是“信息”，建立高效率的物流信息服务体系是发展现代农业物流的重要内容。

(4) 服务水平不同。现代农业物流是一种快捷、准时、透明、准确的精细物流，能够提高农业物流效率，降低物流成本，提高服务水平，增加物流活动的附加值；而传统农业物流是一种粗放物流，其物流服务的能力差。

(5) 社会化程度不同。第三方农业物流是现代农业物流发展的主流和趋势，它运用自身专业物流功能，或通过一系列的代理服务，或通过发挥其物流管理的优势，为顾客提供优质、高效的运输仓储和加工、需求预测、物流信息、成本控制、物流方案设计及高层次的全程物流服务。这样不仅有助于降低损耗，减少成本费用，而且也缓解了交通拥挤，节约了能源，保护了环境，完善了物流活动的服务功能。传统农业物流社会化程度低，多是自营物流，本质上追求生产与物流的结合，传统物流企业也只能简单地提供运输、仓储和初加工服务，缺乏农业物流增值服务。

4) 现代农业物流的功能

从现实来看，现代农业物流具体有四个方面的功能。

(1) 实现使用价值的功能。在农业经济运行中，通过农业物流活动，实现农业生产资料和农产品的使用价值。

(2) 增值的功能。在农业物流过程中，通过提供农业生产资料和农产品分类与包装、配送、运输、仓储与管理、农产品加工、农产品需求预测、信息服务、成本控制、物流设施网络和物流方案设计等增值服务，来达到增加农产品附加值的目的。

(3) 提升竞争力的功能。现代农业物流能够通过降低农产品生产和流通成本、提供差异化的物流服务、提高市场反应速度与客户满意水平、降低库存数量、缩短生产周期、增加农副产品的附加值来获得竞争优势，提升农业物流企业和农产品的竞争力。

(4) 调剂的功能。由于自然条件、资源分配和技术发展的不平衡，各个国家和地区在某些特定的农业生产资料和农产品生产上具有绝对优势或比较优势。通过现代农业物流，可以实现不同区域、不同国家之间农业生产资料和农产品之间互通有无，满足农业生产需求和人们对农产品消费多样性的需求，拓展农产品的市场范围，促进农业资源的优化配置，提高农业整体效益。

2. 农业物流的特点

农业生产不同于工业和服务业，在生产和流通过程中对自然力、自然条件及个体生命的依赖性比较明显，农产品本身往往具有鲜活性，农业生产的地域性、季节性和分散性的特点十分突出。与此同时，农产品，特别是鲜活农产品，又是人们生活的必需品，消费弹性小，具有普遍性、经常性、需求多样性的特点。由于农业生产与农产品消费的诸多特性，导致了农业物流不同于工业物流，具有以下突出的特点。

1) 涉及的点多面广量大

农业物流的流体对象包括农业生产资料和农产品，基本上涵盖了种苗、饲料、肥料、地膜、农药、兽药、燃料等农用物资和农机具，以及种植业、养殖业、畜牧业、林业等，物流节点多，结构复杂。农业生产资料的产销供需量都很庞大；农产品的产量大、品种多，很大一部分转化为商品，商品率很高，而且进出口数量巨大。目前，用于生活消费的农产品很大一部分还是以鲜食鲜销形式为主，在分散的产销地之间要满足不同时空上的消费需求；同时还有以农产品为原料的加工工业，如食品加工制造业、饮料工业、纺织品工业、服装业、皮革业、造纸及纸制品业、木材加工业、农产品化工业、制药业、文教艺术用品工业等，对农产品的需求量大。这些必然导致农业物流的数量大、范围广。

2) 具有独立性和专属性

农业生产资料和农产品的重要性和生化特性，使它们有别于物流的流体，这就决定了农业物流难度大，技术要求高，在方向、路线、储运条件、技术手段、流通加工标准、包装方式等方面都有比较严格的规定，具有相对独立的特性。同时，由于农业物流量大，时间性强和生化特性，要求有配套的设施、设备和运输工具等，包括专门设立的仓库、输送设备、专用码头、专用运输工具、装卸设备及物流中的跟踪服务，这是工业物流所不具备的，而且在农业物流中的发、收及中转环节都需要严格的质量检测，以确保农产品品质、质量达到规定的要求。例如，农药的运输需要专用的运输工具；在粮食储运方面，为使粮食的使用价值得到保证，粮食的储存需要采取低温、降水、防潮、烘干、除杂、害虫防治等一系列措施；收购上来的棉花需要根据棉花纤维的长度进行分类、整理；水产品要冷冻运输；分割肉要冷藏运输；牛奶制品要进行恒温运输。

3) 具有非均衡性

农业生产的地域性、季节性、集中性与农产品消费的广泛性、经常性、分散性之间的矛盾，决定了农业物流的非均衡性。农业生产是以自然再生产为基础的经济再生产过程，自然条件的差异决定了农产品的生产具有明显的地域性。一个品种只能在某一个或某几个区域生产，并且农产品，尤其是植物性产品受自然条件的影响大，因而农业的生产时间和劳动时间具有明显的不一致性，它必须等到一个完整的动植物生命周期结束才能完成。正如马克思所指出的那样："植物性物质和动物性物质不能像机器和其他固定资本、煤炭、矿石等那样的规模突然增加，因为前两者的成长和生产必须服从一定的有机界规律，要经过一段时间间隔，而后面这些在一个工业发达国家，只要有相应的自然条件，在最短的时间内就能增长起来。"同时，农业生产者也不能在一个年度内均匀地分布生产能力，只能随着自然条件的变化在某一特定时期内集中生产某一品种。尽管现代科学技术可以缩短农产品生产的自然生命周期，或是人为地创造环境培育、种植、养殖动植物产品，但它总是无法像工业品那样在短时间内实现大批量生产。因而，同一种农产品的生产与市场供给具有明显的地域性、季节性和集中性的特点。这就与农产品消费地域上的广泛性、时间上的均衡性产生了矛盾，在农业物流过程中表现出非均衡的特点。而解决这一矛盾就需要现代农业物流主体在旺季时组织市场营销，进行必要的农产品储备与加工处理，通过适时吞吐，以减少淡旺季之间的供求波动和价格波动，实现农产品的供求平衡。

4) 保值和加工增值是农业物流的重要内容

由于农产品生产具有区域性，而人们的消费需求又是多样性的，因而需要不同区域之间进行流通交易。然而农产品大部分又是鲜活易腐的，农业物流特别要求“绿色物流”，在物流过程中做到不污染、不变质。但即便采取了保鲜等一系列技术措施，仍会有一定比例的损耗，而且这个比例会随时间和距离加大而迅速增加，这限制了农产品流通半径和交易时间。而农产品流通要求实现等价或近乎等价的原则，以保护农民最基本的利益。因此，农业物流的流体与载体要素如何匹配，如何运用先进的物流技术使农产品在物流过程中有效保值，是现代农业物流的核心问题。另外，农产品不同于工业品的最大特点是农产品市场价值的很大一部分是在离开生产领域后得到提升，具有更大的加工增值潜力。农产品的加工增值和副产品的综合利用是减少农产品产后损失，延长其保存期限，提高农产品附加值，丰富人民生活，使农产品资源得到充分利用的重要途径。农产品加工增值是现代农业物流中一个不可缺少的重要组成部分，如粮食精深加工、畜产品加工、水果加工、水产品加工等，具体包括研磨、抛光、色选、细分、干燥、规格化等生产加工、单元化和商品组合等促销加工。

5) 更注重关系的稳定性

工业物流及供应链管理注重的是流程再造，是对企业内物流和企业外物流的连续性整合。而对于农业物流来说，在各类物流链条上，组织之间的相互选择和关系的确立及维护关系稳定性的制度设计是非常重要的。这是因为：农产品大众生产、大众消费的特点及产品较小的差别化程度，使得农业物流链上各组织主体之间相互选择的余地很大，很容易造成物流链的动荡；同时，农产品的易腐易烂的鲜活特性要求物流时间尽量缩短。

6) 具有较大的风险性

第一，大多数农产品具有鲜活易腐性，部分农业生产资料具有生化特性，对物流技术和物流设施设备要求高，一定程度上限制了农资、农产品在跨区域和跨季节的及时调节，使农业供应链具有更多的风险。第二，农业生产和农产品消费的分散性，使得经营者难以取得垄断地位，市场信息分散，人们难以全面把握市场供求信息及竞争者、合作者的信息。第三，农业生产的季节性强，要求物流必须及时，否则会使市场价格产生较大波动。第四，农产品是生存必需品，大多数农产品的消费表现为人们生理需求的满足，消费代用品最少，替代用途最小，对价格的变动反应不敏感，其需求规模与人口数量的相关性很强。第五，由于农产品价格较低，农业物流一定要做到低成本运行。

3. 现代农业物流的相关要素

1) 流动要素

(1) 流体。是指农业物流中的“物”，即农业生产资料和农产品，具有自然属性和社会属性。

(2) 载体。是指农业物流的流体借以流动的设施和设备。主要包括物流设施、物流设备、物流工具和信息技术及网络。农业物流载体的状况直接决定着农业物流的质量、效率和效益。

(3) 流向。是指农业物流的流体从起始点到终止点的流动方向。一般说来，农业生产资料物流的流向主要是从城镇到农村，农产品物流的流向主要是从农村到城市。

(4) 流量。是指农业物流的大小。

(5) 流程。是指农业物流流体从起始点到终止点实际经历的过程。

现代农业物流的流动要素之间有着很强的内在联系，它们相互依存，相互制约。流体的自然属性决定了载体的类型和规模，流体的社会属性决定了流向，载体对流向、流量和流程都有制约作用，载体的状况对流体的自然属性和社会属性均会产生影响。因此，开展现代农业物流活动时要注意处理好各要素之间的关系，否则就会使农业物流成本增加，服务水平降低，效率和效益下降。

2) 功能要素

功能要素是指现代农业物流系统所具有的基本能力，这些基本能力有效地组合在一起，便形成了现代农业物流的总体功能，从而合理、有效地实现农业物流最终经济效益和社会效益的目的。由于农业生产资料的时效性和农产品的鲜活易腐性，在保鲜、实效、安全、清洁等方面对农业物流功能要素的要求更高。一般认为，现代农业物流的功能要素主要包括以下几点。

(1) 运输。就是使用运输工具对农业生产资料和农产品进行运送的活动，是农业物流的中心活动。由于农资(如农药)、农产品，特别是鲜活农产品的运输要求高，难度大，因此，运输方式和运输工具的选择、运输路线的确定、科技服务手段和合理化管理措施的采用，对于保证农业物流顺利进行是至关重要的。

(2) 包装清洁。是实现现代农业物流的必要条件和重要手段。包装具有保护功能、方便功能和促销功能。运输包装可以减少农资、农产品的损耗，便于储存、运输和搬运装卸，提高仓容，保持农产品卫生，保护环境；商业包装便于消费者识别和选购，同时也有促进农资、农产品销售的重要作用。由于农业生产资料、农产品品种繁多，自然属性不同，对包装的要求也各不相同。

(3) 储存保管。就是把农资和农产品的使用价值和价值保存起来，克服生产与消费在时间上的差异，创造时间效用，是农业物流的一项重要内容。农资和农产品的储存保管对仓库、储存技术、组织和管理、储存保管制度等有较高的要求。

(4) 装卸搬运。是在一定的区域内，以改变农资和农产品的存放状态和空间位置为主要内容的活动，是对农业物流活动进行衔接的中间环节。不同的农资和农产品，对装卸搬运的要求也有很大差异，如农药、种苗、鸡蛋等易碎品，牲畜，奶制品的搬运，对搬运工具和搬运条件要求各异。

(5) 流通加工。是指在生产过程或流通过程中，为了向消费者提供更有效的产品，或者为了合理利用资源等更好地衔接生产和消费需要的目的，在农业物流过程中进行的一些加工活动，是提高农产品附加值、促进农产品差别化的重要手段之一。

(6) 配送。是农业物流进入最终阶段，以配货、送货形式最终实现资源配置的活动。农业物流的配送主要包括农业生产资料的配送和农产品的配送，它集经营、服务、社会集中库存、分拣和装卸搬运于一体。现代农业生产和流通要求农业物流配送做到快速、及时、有效。

(7) 信息处理。农业物流信息与农业物流的各个环节都密切相关，起着神经系统的作用。现代农业物流信息处理，包括与农业物流活动有关的计划和预测，对农业物流动态(运量、收、发、存数)及其有关的费用、生产、市场信息的收集、加工、传递、存储、检索、使用，以及管理信息系统的开发和应用等活动。农业物流信息处理的目的就在于保证农业物流信息的充沛、可靠、及时，以达到促进农业物流整体功能的发挥。

(8) 中介服务。包括对农户、农业生产企业和农业物流企业提供农业物流信息技术、法律咨询服务，农业物流策划，企业诊断、经营指导，农业物流教育和人才培训等，还包括对农业生产资料和农产品的中转储运、托运、运输代办、农用专业运输工具租赁、配送代理等服务。

3) 支撑要素

现代农业物流的建立和运行需要有许多支撑手段，尤其是处于复杂的社会经济系统中，要确定农业物流系统的地位，要协调与其他系统的关系，这些要素必不可少。支撑要素主要包括以下内容。

(1) 硬件要素。包括农业物流设施、农业物流设备、农业物流工具和信息设备及网络等。

(2) 软件要素。包括组织及管理、体制制度、法律法规、行政命令、标准化系统、科学技术等。硬件要素和软件要素共同支撑着现代农业物流系统的运行，因此，在注重硬件要素建设的同时，不能忽视软件要素的完善。

6.3.2 农业物流的分类

由于农业的复杂性和广泛性，需要对与之呼应的物流进行分类。一般从以下几个主要角度进行分类。

1. 从农业产业结构角度分类

按照农业产业结构的内容，可以将农业物流分为粮食种植业物流、果菜种植业物流、牧业物流、渔业物流、养殖业物流、林业物流、农村副业物流等。农业物流之中，影响比较大的是种植业物流。

2. 从农业产业链角度分类

按照农业产业链的不同领域和环节，可以将农业物流分为农业供应物流、农业生产物流、农业产品物流。

农业供应物流包括 5 个方面的物流活动：种子供应物流、肥料供应物流、水供应物流、农业生产工具供应物流和农药供应物流。

农业生产物流包括的物流活动：农业耕作物流活动、农田管理物流活动和采摘收割物流活动。农产品物流包括农产品集货物流、农产品销售物流、农产品加工物流和农产品储存物流。

3. 从物流功能角度分类

按照物流在农业中实现的具体功能，可以将农业物流分为农业集货物流、农产品销售物流、农业再生资源物流、农业逆向物流、农业废弃物物流等。

4. 从使用对象角度分类

从使用对象角度分类是和农业产业体制有关的一种农业物流分类方法。农业产业体制基本上有两大类型：分散的生产和集中的生产。前者包括农户分散生产经营、土地家庭承包、小的合作经营和小型家庭农场；后者包括农业企业、农业经济联合体、集体统一经营农业、大型农场等。两大类型农业产业体制的农业物流是有区别的，按照这个区别可以分成分散农业物流和集中农业物流两类。

5. 从冷链角度分类

1) 肉类和水产品冷链物流

肉类是以猪肉为代表，加快猪肉及水产品的冷链物流体系建设。产品排酸、预冷等低温初加工设施是我国冷链的弱项，积极推广肉类和水产品冷藏运输和全程监控技术，推动零售环节超市、大卖场冷柜销售方式，形成“无缝化”连接的肉类冷链物流体系。建设中央直属猪肉储备冷库和地方猪肉储备冷库，依托企业冷库完善猪肉储备体系，这样才能提高政府对猪肉市场的调控能力。

2) 果蔬冷链物流

果蔬冷链物流体系建设中强调分级、包装、预冷等商品化处理和冷藏储存等环节。我国现需要大力发展冷藏运输，逐步提高果蔬产品冷藏运输能力；完善主销区果蔬冷链配送设施建设，发展具有集中采购、跨区域配送能力的现代化果蔬配送中心。大型果蔬农产品批发市场、连锁超市、果蔬储运营销企业的建设也有利于果蔬冷链物流的发展，积极培育具有一定规模和竞争力的第三方果蔬冷链物流服务企业。

6.3.3 农业物流的现状

1. 流通渠道多环节，农产品价值损失重

农产品的大宗物流一般都会包括这样几个主要环节：生产者—产地市场—运销批发商—销地市场—零售商—消费者。在整个物流链条上，由于农产品未经加工的鲜销产品占了绝大部分，而这样多环节的流通链条，无论是时间和流通效率上，还是现有的保鲜手段都无法适应农产品的鲜销形式，因此相当一部分新鲜产品由于运价、运力、交通基础状况和产品保鲜技术原因而损失巨大，当农产品集中上市时，物流不畅，加工能力不足，产销脱节严重，因而损耗情况更为突出。据有关部门统计，我国水果蔬菜等农副产品在采摘、运输、储存等物流环节上的损失率在 25%～30%。也就是说 1/4 的农产品在物流环节中被消耗掉了。广东每年因水果、蔬菜等鲜活商品腐烂造成的损失达 7.5 亿元。目前农产品流通渠道比较单一，没有形成多渠道的营销体系。另外，数量多、质量不高是我国农产品质量的突出问题。在农产品物流中，对不需要加工而直接消费的农产品，影响其质量的主要是生产与流通环节。裸露、散装、非冷藏状态下的农产品流通，在运输、分销、零售及多次装卸过程中，因无法以技术保证而增加了二次污染机会；在生产过程中，农产品采摘、收获或捕捞，植物类产品自身的后熟，屠宰后动物类产品自身的微生物活动，也因无技术手段保证，极大地影响产品的新鲜度，降低了农产品质量。

2. 物流技术装备水平低，物流基础设施的配套性、兼容性差

运销保鲜技术是目前影响超市生鲜经营的突出问题之一。“新鲜”是鲜销农产品的生命和价值所在，但由于鲜活农产品的含水量高，保鲜期短，极易腐烂变质，会大大限制运输半径和交易时间，因此对运输效率和流通保鲜条件提出了很高要求。现在，我国的农产品物流是以常温物流或自然物流形式为主，农产品在物流过程中的损失很大。有关数据统计，我国鲜活商品的跨区域流通因缺少专用站台、制冰能力和预冷设备，每年运输损耗高达 20%

以上。因流通环节中转和储存设施严重不足，果蔬损耗数量占到收购量的18%，污染率超过5%。而发达国家的果蔬损失率则控制在5%以下，美国果蔬物流则更为典型，产品可以一直处于采后生理需要的低温状态并形成一条冷链：田间采后预冷—冷库—冷藏车运输—批发站冷库—超市冷库—消费者冰箱，果蔬在物流环节的损耗率仅有1%～2%，在条块分割、行政区划多头管理的传统模式下，农村中各种物流设施的规划和建设缺乏必要的协调，因而物流基础的配套性、兼容性差，导致系统功能不强。从陆运到海运，从汽车运输到火车运输的多形式联运交通网络基本未形成，有的边远贫困山区连公路都没有，因而农产品之“物”不能畅，农产品之“流”不能流。

3. 投资结构失衡，农产品增值低，冷链发展落后

一直以来，我国农业经营在农业增产上的投入很大，但保鲜技术和物流等后续农产品处理加工方面却明显相对投入不足。从农业产业链的整体看，如果能够更多地关注生产、流通、加工一条龙的产业链经营，并加强后两个环节的投资及开发采用保鲜技术，那么就能使果蔬损耗率减少一半，这就意味着增产水果500多万吨，蔬菜3 000多万吨。美国农业目前的生产环节投入比例为30%，产后投入比例为70%；生产环节的人员少，采后加工服务的人员多。国外水果经过采后储藏加工，增值比例为1∶38；我国是1∶1.8的水平，原因在于我国的农产品绝大多数是由产地以原始产品(采摘后的初级状态)的形式销售，而农产品附加价值的真正实现是在非产地，所以我国农产品鲜销的方式限制了农产品的增值。我国采后商品化处理为1%，保鲜储藏比例不足20%，加工比例不到10%。我国生鲜冷链薄弱的现状和数量型的农产品生产形成了很大的矛盾，问题不解决，高损耗的状况也将难以根本扭转。因此，急需加强这方面的投资。

6.3.4 推动农业物流发展的对策

1. 针对农产品流通渠道环节多、农产品价值损失重的农业减损物流

农业物流的损耗是农业物流与其他物流尤其是工业物流相比较最有特殊性的问题。工业物流系统可以有效地解决包装问题，包装的功能解决了漫长物流过程中的损耗问题。但是，由于农业产业的特点，在物流功能系统中，包装的功能很难实施，或者保证一定的包装功能，就会使农业物流成本大幅度上升，变得无法承受。由于农业物流系统包装功能不足，就必然会发生损失。农业物流损耗问题是世界性的普遍问题，但是我国更为严重。有资料显示：果菜种植业物流，发达国家损耗在1%～5%，我国则高达20%～30%。所以，农业减损物流对我国尤为重要。

农业减损物流的措施大体上有以下几种。

第一，在农业物流系统中强化包装的功能。通过包装的防护作用，将物流对象与外界适当隔离以减少损失。

第二，奖励农产品供应链。改变现有农业物流多环节、多层次的局面，通过优化的农产品供应链缩短物流时间，减少物流环节，以减少损失。

第三，对农业物流对象进行保护性的流通加工，使之增强抗损的能力，延长保质时间，以减少损失。

第四，采用冷链等全程防护的最先进的物流系统，不仅可减少损失，而且能保持优质的质量，取得更好的空间价值。

第五，建立特殊直达通道、短路通道、绿色通道，用这种通道式的物流来解决问题。

农业减损物流的问题不仅仅是科学技术措施和方法的问题，在本质上它是技术经济效果权衡的问题。减损的目的是为了减少损失，减损的投入必须要低于减损所获得的收益。当然，这种技术经济的评价，不单取决于投入与产出的价值比例，还必须有环境价值、资源保护价值及战略价值的综合评价。

2. 加强农产品物流基础设施及物流技术装备建设

农产品物流基础设施及物流技术装备建设这一问题主要谈的是交通与储运工具两方面的建设与发展。所谓基础设施，是指为生产过程、经济发展提供一般性的共同条件的设施。主要是指为生产力系统的运行直接提供条件的部分，如道路、机场、港口、油田水气管线、通信路线、厂房仓库等，称为生产性基础设施；在基础设施中，最重要的是交通，当然还包括通信等。

现代物流不等于交通与仓储，但没有交通与仓储就不可能有现代物流。交通是指铁路、公路、水路、航空、管道等方面的运输设施。交通是现代物流中的一个最重要的因素。因此我们要加强农村的交通设施建设。交通设施是形成全国统一市场，形成现代物流最主要的条件。而农村公路网络密度更低。农村公路是农产品物流的主要载体，也是农产品流向国内外主要的途径。根据《农业协定》的绿箱政策的规定，加强公路等方面的交通基础设施建设，是政府提供服务的一项重要内容。依据各地经济状况与交通类型特点，有条件的地方要尽力建设一、二级与高等级公路。在中西部落后的地区争取在一两年内做到村村通公路，要逐步完善公路网络，提高公路网络的通达深度和能力。另外，要强化路政管理，严禁乱设卡、乱收费，需要收费的要实行全国“一票制”，确保农产品的运输航道畅通无阻，物畅其流。

加强农产品储运工具和设备的开发与改进各式农用运输车、提高贮存手段。为了推动我国农产品冷藏保鲜物流，降低储运环节的损耗率，必须加强冷藏货运车辆生产与营运，淘汰不符合公路及食品卫生标准的车辆，保障冷藏货物的质量，另外，还要加强棉库、粮库、保鲜库、冷藏库的建设，增强温控设备和防潮设备等。

农业现代物流系统的修建并不是摒弃现有物流资本，成立一个全新的系统，而是充实操作现有物流资本，通过对现有农业物流系统的不断刷新、填补、整合、晋升，慢慢成长成为顺应社会经济成长和物流自身成长需要的新型的、先进的物流系统。

3. 加快农产品冷链物流发展规划

近年来，随着农业结构调整和居民消费水平的提高，生鲜农产品的产量和流通量逐年增加，全社会对生鲜农产品的安全和品质提出了更高的要求。2010 年，发展改革委印发的《农产品冷链物流发展规划》(以下简称《规划》)在借鉴国外先进管理经验和理念的基础上，结合我国实际情况对 2010—2015 年期间农产品冷链物流做出了明确的规划。加快发展农产品冷链物流，对于促进农民持续增收和保障消费安全意义重大，同时也是适应农产品大规模流通的客观需要。随着城乡居民消费水平和消费能力的不断提高，居民对农产品的多样化、新鲜度和营养性等方面提出了更高要求，特别是对食品安全的关注程度不断提高。加快发展农产品冷链物流已经成为保护农产品品质，减少营养流失，保证食品安全的必要手段。长期以来，我国农产品产后损失严重，果蔬、肉类、水产品流通腐损率分别达到 20%～30%、12%、15%，仅果蔬一类每年损失就达到 1 000 亿元以上。同时，受到生鲜农产品集中上市后保鲜储运能力制约，农产品“卖难”和价格季节性波动的矛盾突出，农民增产不增收的情况时有发生。《规划》提出的发展农产品冷链物流，既可以减少农产品产后损失，又可以带动农产品跨季节均衡销售，促进农民稳定增收。值得提出的是，我国生鲜农产品生产具有较强的比较优势，但是由于冷链发展滞后，我国蔬菜、水果出口量仅占总产量的1%～2%，且其中 80%是初级产品，在国际市场上缺乏竞争力。特别是随着近年来发达国家不断提高进口农产品准入标准，相关质量、技术和绿色壁垒已经成为制约我国农产品出口的重要障碍。因此《规划》将对加快发展农产品冷链物流，提高出口农产品质量，突破贸易壁垒，增强国际竞争力意义重大。

6.4 农产品电子商务物流

近年来，人们对农产品的需求日益呈现出大量化、多样化、优质化和动态化的趋势，现有农产品流通体系越来越难以适应新的市场发展形势。而电子商务的出现为构造新型农产品流通体系提供了有益的思路。发展农产品电子商务物流不仅能够提高农民的根本利益，改善农产品流通状况，促进农产品贸易，增加农民收入，是实现农业现代化的有效措施，加快农业和农村经济结构战略性调整，而且能够大大提高我国农业国际竞争力，对发展国家经济具有重要意义。因此，如何加快现代农产品电子商务物流发展，已成为亟待解决的问题。

6.4.1 农产品物流的运作现状

目前，我国农产品流通领域呈现出中介主体过多、产销流通链过长的局面。每个流通环节都要花费交易时间，产生交易成本，抽取部分利润，从而导致流通时间长、市场效率低、农产品价格节节上升。另外，流通环节的冗长性、多重性和分散性容易造成生产者和消费者被隔离，产生“牛鞭效应”，市场信息在传递过程中失真或被扭曲。生产者在缺乏及时、准确的供求信息的情况下盲目组织生产，面临较大的风险。

我国农产品批发市场大多数规模较小，地域分散，产品和信息隔离，难以形成交易集中、市场透明度高、竞争充分的市场环境，导致农产品价格波动较大，区域价格差异明显。农产品批发市场主要采用“一对一”的对手交易方式，交易规模小、次数多，信息搜寻难度大，市场透明度低，形成的价格不能正确地反映供求关系。市场信息服务差，许多批发市场的信息建设基本处于空白。

农产品电子商务物流发展滞后。据专家统计，我国每年在运送路上腐烂的果蔬达 3.7 万吨，可供养 2 亿人的生活。此外，在农产品市场建设、物流模式的建设等方面仍存在问题。

6.4.2 农产品电子商务的发展意义

1. 农产品电子商务的概念

农产品电子商务是指在农产品生产加工与销售配送过程中全面导入电子商务系统，利用信息技术与网络技术，在网上进行信息的收集、整理、传递与发布，同时依托生产基地与物流配送系统，在网上完成产品或服务的购买、销售和电子支付等业务的过程。它是一种全新的商务活动模式，也是一种新的农产品交易制度安排。

2. 发展农产品电子商务的意义

电子商务作为一种新型的贸易形式，具有信息化、自动化和无地域界限等特点，正在改变着农产品生产、经营和管理活动，为传统农产品交易方式的发展带了机遇，可以通过搭建农业信息应用平台，在网络上实施农产品的交易，以便捷、高效、低成本的方式来实现农业生产与市场的有效衔接，给农产品流通注入了新的生机和活力，对改善农业价值链和提高农业竞争力有着极大的促进作用，也必将对农业经济发展产生深远的影响。

1) 减少农产品流通环节，降低农产品的流通成本

通过电子商务平台，生产者能直接和消费者进行交流，迅速地了解市场信息，自主地进行交易。其信息获取能力、产品自销能力和风险抵抗能力大大加强，对传统中介的依赖性也大大降低。电子商务可以减少中介环节，但不能完全消除市场中介，社会分工的必然性仍需要有专门从事农产品流通的组织。

通过电子商务平台，生产者能直接、迅速、准确地了解市场需求，生产出适销、适量的农产品，避免因产品过剩而导致超额的运输、储藏、加工及损耗成本。再者，以电子商务中介代替传统中介能节约包括信息搜寻成本、摊位费、产品陈列费用、询价议价成本等在内的交易成本和因信息不通畅而带来的风险成本。

2) 健全农产品市场机制和功能

市场分割、信息不对称、缺乏充分竞争的市场环境是农产品价格不稳定的主导因素。通过电子商务网络平台，各地的农产品批发市场能相互连通，形成全国性的农产品流通大市场。另外，农产品虚拟市场可以容纳大量的交易者，实现交易的集约化和市场的规模化。再者，电子商务的自动化也大大减少人工成本和人为干预，不仅使交易的边际成本接近零，而且让每个交易者都享有平等的信息获取和交易机会，保证了市场高度的透明性和公平性。

3) 增加农产品的销售渠道

农产品生产的地域性强，很容易导致区域性结构过剩，而农产品电子商务跨越了时间和地域性界限，使企业能够冲破条块分割的市场格局，摆脱区域性市场的限制，提供一个全球性的巨大市场，企业只需连入互联网的终端即可将其生产经营的农产品延伸向世界的任何一个角落，为农产品销售提供了一种全新的方式。而且农产品电子商务使中小农产品企业得到更多的市场机会，为企业打造品牌优势、提高经营利润、壮大企业规模提供了更有效的途径。同时，农产品电子商务可以实现网上广告、订货、付款、客户服务和货物递交等售前、销售和售后服务，大大提高宣传力度，挖掘出潜在客户，扩大交易范围，在更广泛的范围内寻求到较多的供应商或顾客，可以选择理想的价格和其他有利的交易条件，并且通过供需双方的及时沟通，调节生产与市场的矛盾，使农业生产者能够根据市场需求合理组织生产，避免农产品结构性的“卖难”问题。

6.4.3 农产品电子商务物流的发展趋势

1. 农产品电子商务的发展趋势

农产品电子商务呈现出四个发展趋势：个性化趋势、专业化趋势、区域化趋势及移动化趋势。

提供高效的物流配送，形成深度的产业链合作。鲜活农产品物流量大，建立供应链的难度比绝大多数产业要高，但目前传统的农产品流通模式也并不都是落后模式，有些已成熟化，完全可以成为全程式电子商务供应链建设的必备基础。在电子支付安全级别、电子

商务诚信体系建设、电子商务法律体系建设等相关方面，农业电子商务的支撑环境将逐步规范和完善，新一代的农产品电子商务平台将浮出水面。农产品标准化工作将进一步得到加强，使农产品更适合于电子商务的交易模式。此外，随着智能手机用户的增长，未来农产品移动电子商务交易将从预热期转向发展繁荣期。

2. 探索成功的电子商务运营模式

在今天这样竞争激烈的复杂市场环境下，经营好一个企业非常辛苦，而经营像农产品电子商务这样的新兴业务更是需要“大胆摸索，小心过河”。实践证明，选择正确的运营模式，是农产品电子商务企业生存和发展的生命线。

企业运营模式必须考虑以下几个问题。

(1) 要适应农产品的特点。必须围绕农产品的季节性、区域性特征，一切从实际出发，制定正确的企业战略，开展业务布局。

(2) 要准确定位目标人群。例如，先定位城市有消费能力的高端群体，再逐步向中等收入群体扩展，先从团购做起，再逐步向高度个性化扩展，循序渐进，走稳健发展的道路。从这个意义上讲，上海农信公司推出的“菜管家”农产品电子商务平台的模式就是一个非常好的探索，既大胆，又稳健。

(3) 要提供高效的物流输送。向客户提供新鲜的农产品，是对电子商务物流的基本要求，也是重大的挑战。要认真选择农产品来源地的地理位置和交通手段，根据物流辐射范围，确定市场区域，精心做好标准化的包装，确保点对点及时送达。

(4) 要形成深度的产业链合作。稳定高效的供应链是农产品电子商务成功的重要保障。要把分散的农户组织起来，建立企业间的协作配套机制，实现上下游企业的密切配合、高效运转。经营不同产品的专业网站之间也可以建立互相协作的战略联盟，相互补充，共同发展。

(5) 要争取当地政府的政策支持。农产品电子商务还是一个新兴产业，离不开政府的大力扶持。各地政府应加强部门间的相互协调，积极制定促进农产品电子商务发展的优惠政策，加强社会信用体系、电子支付和农产品标准化建设，创造良好的电子商务发展环境。

3. 电子商务物流配送体系与农商对接

电子商务物流配送是现代物流配送在电子商务环境下的必然发展。

配送作为连接下游客户的“最后一公里”而直接面向客户提供物流服务，其服务的效率高低与质量优劣将直接影响着下游客户对上游物流服务提供方所提供的一切物流活动的最终评价。因此，配送活动不仅影响着物流的经济效益与社会效益，甚至可以说物流成果主要是通过配送来实现的，它是将事物的物质特性转换为经济价值的过程。

近年来，随着电子信息技术的飞速发展，电子商务在企业生产经营活动中的应用越来越普及，这也为物流配送活动向着“高效化、虚拟化和低成本化”方向发展创造了良好的外部环境，为传统物流配送向更为先进的电子商务物流配送演进提供了可能。

1) 电子商务物流配送的内涵

电子商务物流配送是现代物流配送在电子商务环境下的新发展，是符合信息化、现代化、社会化的物流配送。所谓电子商务物流配送是指配送主体以现代信息技术为支撑而开展的配送活动。具体来讲，就是指配送主体采用网络化的计算机技术、现代通信技术及先进的管理手段，针对社会需求，严格地、守信用地按用户的订货要求，进行一系列分类、编配、整理、分工、配货等工作，定时、定点、定量地交给没有范围限制的各类用户，满足其对商品的需求。

2) 电子商务物流配送的特征

(1) 虚拟性。电子商务物流配送的虚拟性来源于网络的虚拟性。通过借助现代计算机技术，配送活动已由过去的实体空间拓展到了虚拟网络空间，实体作业节点可以虚拟信息节点的形式表现出来；实体配送活动的各项职能和功能可在计算机上进行仿真模拟，通过虚拟配送，找到实体配送中存在的不合理现象，从而进行组合优化，最终实现实体配送过程，达到效率最高、费用最少、距离最短、时间最少的目标。

(2) 实时性。虚拟性的特性不仅有助于辅助决策，让决策者获得高效的决策信息支持，还可以实现对配送过程实时管理。配送要素数字化、代码化之后，突破了时空制约，配送业务运营商与客户均可通过共享信息平台获取相应配送信息，从而最大限度地减少各方之间的信息不对称，有效地缩小了配送活动过程中的运作不确定性与环节间的衔接不确定性，打破以往配送途中的“失控”状态，做到全程的“监控配送”。

(3) 个性化。个性化配送是电子商务物流配送的重要特性之一。作为“末端运输”的配送服务，所面对的市场需求是“多品种、少批量、多批次、短周期”的，小规模的频繁配送将导致配送企业的成本增加，这就必须寻求新的利润增长点，而个性化配送正是这样一个开采不尽的“利润源泉”。电子商务物流配送的个性化体现为“配”的个性化和“送”的个性化。“配”的个性化主要指通过配送企业在流通节点(配送中心)根据客户的指令对配送对象进行个性化流通加工，从而增加产品的附加价值；“送”的个性化主要是指依据客户要求的配送习惯、喜好的配送方式等为每一位客户制定量体裁衣式的配送方案。

(4) 增值性。除了传统的分拣、备货、配货、加工、包装、送货等作业以外，电子商务物流配送的功能还向上游延伸到市场调研与预测、采购及订单处理，向下延伸到物流咨询、物流方案的选择和规划、库存控制决策、物流教育与培训等附加功能，从而为客户提供具有更多增值性的物流服务。

3) 农商对接

农商对接作为目前农产品流通模式的一种创新更多的见于政府的相关文件，没有形成统一的定义。在农商对接模式中，重点是通过双方多次交易建立信任，形成长期稳定的关系，寻求双方的利益最大化；核心是使农户参与农产品加工等环节，增加农户收入。因此，农商对接不仅仅只是农产品流通环节的减少，也是功能上的重新分工与协作，更是利润的重新分配过程。

农商对接行动是通过政府牵线搭桥，使生产者与经营者直接见面，使小生产与大市场紧密结合，减少流通环节，降低流通成本，推动农产品的标准化、规模化、集约化生产和品牌化经营，提高农业生产效益，促进农民增收致富。农商对接从形式上实现了产销直接见面，从根本上解决了农产品质量的源头监控，既是农产品流通模式的创新，又是订单农业的一种新模式，实现了农业生产者、商家、消费者的互利共赢，已经成为农产品流通的发展新方向，农商合作的新模式。

农业发展必须走产业化、规范化、品牌化道路；要以基础设施建设为突破，实施“万村千乡”市场建设、标准化菜市场建设、规范化农贸市场建设、大型综合农贸市场建设，推进工业品下乡，农副产品进城；建立和完善政策支持体系，畅通农产品绿色通道，减免企业税负，加快农业产业化发展；实施五大商贸行动，搭建农商对接的平台，提高农副产品附加值，增加农民收入，实现“农商”共荣共赢。

农产品电子商务真正拥有物流配送体系的很少，像我国知名的中国大米网、北大荒农产品电子商务交易平台等大型公司也是与其他物流公司合作进行物流配送或刚刚组建自己的物流系统，还没有形成完善的农产品物流配送体系，刚起步的农产品电子商务公司大多是以批发市场为基础发展起来的，品种多，生产单位小，组织化程度低，物流技术难度高，发展农产品电子商务，物流体系的建设尚待推动。

农商对接最简单、最直接的模式是农超对接。所谓农超对接，指的是农户和商家签订意向性协议书，由农户直接向超市、菜市场和便民店提供农产品，这种新型现代流通模式将使千家万户的小生产与千变万化的大市场对接起来。据统计，“农超对接”推动农产品流通成本平均降低10%～15%，对消费者来说买菜更便宜了，对农民来说卖菜价格也更合理了。

要实现新型农业现代化，就要解决好农产品流通领域存在的深层次的矛盾，做好农商对接，实现以商活农。积极开展农超对接、农批对接、农企对接，减少农产品流通环节，降低物流成本。

习　　题

1. 选择题

(1) 大力发展农业物流加速了我国农业产业化与规模化，其具体体现为(　　)。

A．农业内涵更丰富　　B．技术密集性

C．功能多元性　　D．产业化经营

(2) 现代农业物流与农产品流通的区别是(　　)。

A．性质不同　　B．管理理念和模式不同

C．服务水平不同　　D．内涵不同

(3) 现代农业物流与传统农业物流的区别是(　　)。

A．内涵更丰富　　B．涵盖范围不同

C．利润源不同　　D．科技含量不同

(4) 现代农业物流的功能包括(　　)。

A．实现实用价值　　B．增值功能

C．提升竞争力　　D．调剂功能

2. 简答题

(1) 农业产业化及农业规模化的含义是什么？

(2) 农产品竞争力的定义是什么？

(3) 农业供应物流的含义是什么？

(4) 什么是农产品电子商务物流？

(5) 物流发展对农产品竞争力的影响有哪些？

(6) 物流在农业生产中的应用有哪些？试举例说明。

(7) 什么是现代农业物流？

3. 判断题

(1) 农业产业仅仅包括传统的种植业、养殖业等农业部门。 ( )

(2) 农业销售物流的方向、方式与农业供应物流的相同，是从农村到城镇。 ( )

(3) 农业产业化的前提是加快土地流转，连接个人土地为大规模的土地供企业进行规模化经营，提高生产经营效率。 ( )

(4) 物流业越发达，物流成本越低，物流成本在总成本中的比例就会越高。 ( )

(5) 农业供应物流的物流方向是由生产厂家经市场向广大农村消费市场的流动。 ( )

4. 思考题

(1) 农业物流的特点是什么？

(2) 现代农业物流的发展趋势是什么？

案例分析

吉林省农业物流的现状分析与发展对策

吉林省是一个农业大省，急需提高农业现代物流的质量与效益，吉林省物流业的发展，离不开农业物流的发展。

1. 吉林省发展农业现代物流的基本前提

1) 交通运输情形

(1) 地理位置。吉林省地处东北地域中部，地理位置优胜，南邻辽宁省，西接内蒙古自治区，北与黑龙江省相连；东与俄罗斯联邦接壤，东南部与朝鲜民主主义共和国隔江相望。边境线总长 1 438.7 千米，其中中朝边境线 1 206 千米，中俄边境线 232.7 千米。最东端的珲春市与日本海的最短距离仅 15 千米，距俄罗斯的波谢特湾仅 4 千米。

(2) 交通干线获得增强，路网技术水平显著提高。吉林省交通基本行动措施，特别是高级公路和农村公路的培植取得了较快的成长。交通基本行动措施总量迅速扩大、路网结构不断优化，运输处事水平有所提高，为农产品现代物流快速成长供给了有力的支撑。

(3) 基本实现“村村通公路”。吉林省实施的“村村通公路，路上通客车”项目取得成效，“十五”时期全省农村公路培植完成投资 196 亿元，建成农村公路 35 000 千米，全省实现了 100%的乡镇和 100%的行政村通公路，成为全国较早实现这一方针的省份。2005 年吉林省乡通沥青(水泥)路率达 98.5%，比“九五”末增长 15.5%；行政村通沥青(水泥)路率达 70.7%，比“九五”末增长 43.3%。

2) 农产品批发市场成长迅速，市场系统培植取得成效

继吉林省现代畜禽及产品物流配送中心工程项目被列为 2003 年全国重点农产品批发市场培植试点项目后，长春果品中心批发市场等 6 个农产品批发市场项目也被列为 2004 年国家支持项目，首要用于项目信息系统和检验检测系统培植。

2003 年 12 月 8 日，由长春粮食集团与德隆集团配合培植的东北亚物流中心在长春市绿园区开业，该中心总投资 12 亿元，分两期施工，全数建成后将成为东北亚最大的农产品集散中心。该中心的生意品种以粮食制品粮油为主，辐射长春及四平、松原、白城等地域，延长到辽宁、黑龙江、内蒙古、新疆和沿海各省，其设备先进、功能齐全、生意体例现代化、市场管理信息化，是与国家粮食生意网及全国 35 个农业城市粮油信息中心联网的专业性粮油批发市场。

3) 现代技术慢慢应用到农业物流，促进了物流水平的整体提高

2003 年以来，国家操作国债资金，支持农产品批发市场信息系统和检验检测系统项目培植。已有吉林省现代畜禽及产品物流配送中心工程项目等 10 个农产品批发市场项目获得了国家的支持，开始实施两

个系统培植。吉林省将建立起比较完善的农产品信息网络，与全国农产品信息系统对接，逐步促进农产品市场结构调整和升级。

4) 加工业的迅速成长，促进了农业物流的发展

吉林省是国家主要的商品粮出产基地，粮食商品量、人均占有量、调出量、玉米出口量等多年来位于全国首位。吉林省各类玉米加工企业年加工能力跨越 10 万吨的就有 10 个，形成了大成、吉发、吉林燃料乙醇、华润赛力事达、德大、皓月、吉粮集团等粮食加工转化和农产品商业企业集团。随着种植业和养殖业的结构调整，粮食加工转化财富快速成长，促进了农业物流的成长。

2. 吉林省农业物流现状及存在的问题

1) 农业物流资本需进一步整合，并合理配置

农业物流的货场、仓库、运输车队、装卸搬运队伍、包装厂、铁路专用线自成系统，独立运作，缺乏横向联系，物流行动措施设备很难获得充实操作。一方面，随着现代物流成长，现有的物流基本行动措施成长相对滞后，不能满足现代物流成长的需要。另一方面，大量的商贸储运资本处于闲置状态，仓库、车辆、铁路专用线等操作率低，缺乏对物流资本的整合。

2) 农业物流基本行动措施不能满足物流增添需求

重点模式在于，集装箱、冷藏车等农产物运输工具的培植；专用仓库、特种仓库(如低温库、冷藏库、立体仓库)等农产物储存行动措施的培植；专用叉车、托盘、货梯、升降平台、巷道堆垛机等机械化装卸搬运行动措施的培植；农产物深加工能力的培植；农业物流信息技术的培植。

3) 第三方物流成长迟缓

第三方物流是相对“第一方”发货人和第二方“收货人”而言的专业企业来承担企业物流活动的一种物流形态。受企业经营规模化和专业化水平限制，农产品现代物流特别是第三方物流没有获得应有的成长，市场经营主体仍处于零星状况。

3. 吉林省发展农业现代物流的对策

1) 成立统一的综合协调机制和执行实体

通过成立统一的综合协调机制和执行实体，增强对农业现代物流的组织管理，构建吉林省农业物流规划方案和实施办法。物流管理是一项系统工程，物流管理不仅涵盖吉林省内首要运输体例及城市与区域运输的规划和协调，而且包括现代物流概念所涉及的仓储、配送等管理工作，成立统一的综合协调机制和执行实体，可以使农业物流各环节获得有效整合。

2) 吉林省农业现代物流系统的修建

一方面，应考虑现有农业物流资本的充实操作，政府通过政策指导、管理协调，力争对现有资本进行整合，成为吉林省农业现代物流系统的有机组成部门；另一方面，通过修建基本行动措施、信息平台，使其促进吉林省农业现代物流系统的优化和晋升。

重点培植三纵两横综合运输主通道，这五大综合通道的根基形成，将为吉林省沟通周边及省内各地区的交流发挥了重要作用，充分发挥区域交流功能。

3) 以粮食物流培植为突破口，晋升农业物流水平

作为粮食主产省，选择粮食物流这一具有比较优势的财富，给予重点扶持，做好粮食物流。重点抓住国家在“十一五”时期支持粮食物流项目培植的有利机缘，推进粮食运输体例和装卸体例更始，发展散粮运输，实现码头、中转库装卸的自动化，推广应用粮食运输专用车辆，成立现代粮食物流系统。

4) 成立农产品拍卖中心

一个现代化的农产物批发市场的拍卖中心可以创造出增值效应，拍卖中心结合商流、物流、资金流、信息流，利用先进的技术来控管前端的供货流程，在拍卖中心进行高效、透明、公开的电子交易与收付款，连接后端的物流机制进行分拨派送作业并通达最终消费市场。拍卖中心能够充分整合农产品物流供应链群体，从而激发各种增值服务的功能及效应。从集成的角度看，拍卖中心的综合效应可以归纳为产品的价值、流程的价值和市场的价值。

讨论题

(1) 结合案例说明吉林省农业物流的发展现状。

(2) 谈谈从案例中得到的发展农业物流措施的启示。

第7章 物流与社会稳定及国家安全的关系

【本章教学要点】

知识要点	掌握程度	相关知识
危险品物流概述	了解	危险品概述、危险品的运输
应急物流概述	了解	应急物流的概念、性质与特点
战略性能源物流概述	了解	我国能源物流的发展现状
军事物流概述	了解	军事物流的概念、特征

导入案例

海地地震应急物流方案

许多国人都津津乐道于中国救援队在海地创下的“第一”：救援飞机第一批在海地降落，救援队第一个上“火线”，救援运输队驰援海底。

这当然是值得称许的，但人们不应忽视“第一”背后的第一——美国 82 空降师的 100 名先遣队在第一时间赶到海地机场，并抢在中国等国民用运输机降落之前，将跑道上的石块等障碍清除，并架设起最基本的无线电通信设备，确保这些飞机在跑道遭破坏、塔台通信因断电而瘫痪的机场顺利降落。成为为海地地震应急物流的开路先锋。

事实上，在此次海地地震发生后，美国的救灾应急物流反应速度、效率都令人刮目相看。灾害发生后不到 3 小时，美国已通过外交渠道，争取到海地唯一邻国——多米尼加共和国的帮助，开放两国边界，打通物流通道，启动美国海军的核航母，建立海上地震救援的交通枢纽与中心。在应急物流组织上，美国并没有因灾情紧迫而一次投入大量兵力，而是有序投放：空降兵 82 师的 100 名先锋队开辟空中通道，建立通信联系；速度最慢但最有效能的海军舰船最先出发，以免延误救援，而所派舰船也经过精心思虑，核航母既可充当临时直升机场、前线指挥中心、通信情报中心、应急物流中心，还可直接为灾区供电(其供电能力可满足一个中等城市需要，而且无须加注燃料)，而医院船的到位，将大大改善灾区的医疗条件——尤其是手术条件和病床需求。

不仅如此，在自身指挥协调机制尚未完善之前，美国还“放下架子”，和依托海外领地瓜德罗普岛的法国建立了救灾协调机制及物流中心，确保了救灾投入的效率优化。与之相比，中国救灾能力与应急物流的提高固然也很明显，中国参与海地地震救灾的应急物流运作也面临地理距离远，与海地非邦交国协调不畅等客观原因，但总体上看中国救助队仍然停留在“求快”的阶段，综合救灾和保障能力的进步相对小得多；而从“5·12”汶川到太子港，中国在救灾统筹、协调、保障、兵力投放和后勤组织等方面，仍看不出阶段性进步的痕迹。

孔子曾经说，“君子不贰过”，有问题不是最可怕的，出现问题却难以根本解决、遇到类似情况仍会复发，才是最可怕的。在救灾的应急物流问题上，“贰过”就意味着更多生命、财产的损失，确保“不贰过”，意义自然更加重大。从新奥尔良到太子港，美国在救灾范畴的“纠错”能力，值得认真比对分析，认真思考一番。

讨论题

(1) 为了采取更及时的救助，美国都采取了哪些行动？这些行动的重要性如何？

(2) 中国在救灾能力与应急物流的提高方面还应做出哪些改进？

【内容摘要】

应对突发事件不外乎物流、人流、信息流三大流。其中，物流是人流、信息流的物质载体，为应对突发事件提供物资支撑，其内容包括抢救灾区物资、保障灾区人民生活、提供救援物资、支持灾区恢复建设四大内容。因此，应急物流是国家应急管理的重要内容。从战略角度来看，一方面，在平时，军事物流应积极配合地方物流，另一方面，在战时，地方物流应积极配合军事物流。本章主要介绍了危险品的概念，危险品的运输，应急物流的概念、性质与特点，我国能源物流发展现状及军事物流的概念、特征。其中详细介绍了应急物流与军事物流的战略作用，如何实现国家大战略意义上军事物流与应急物流协调、合作、互补、同步的融合式发展。

7.1 危险品物流

7.1.1 危险品概述

1. 危险品的定义

随着危险品物流在政府及相关物流企业中得到了相关重视，且人们对危险品的认识程度越来越高，越来越重视，我们提出危险品这一定义。

危险品主要是指那些对人体和环境有危害的物质或物品，这些物质或物品具有爆炸、燃烧、氧化性、毒性、感染性、放射性、腐蚀性、污染水源及环境、致癌及细胞突变等危害性。

2. 危险品的分类

目前所谈及的危险品分类主要依据的是联合国危险货物运输专家委员会编写的《关于危险货物运输的建议书：规章范本》(Recommendations on the Transport of Dangerous Goods: Model Regulations)，以下简称橘皮书。尽管橘皮书是从安全角度将危险品进行分类。但是它是迄今为止国际上比较完整地将危险货物进行分类的国际规章，已广泛地被危险品生产、销售、运输和管理部门所接受。当然，橘皮书的编写也是采纳了有关国际组织及许多国家危险品管理工作的成功经验。例如，放射物质的分类就是采纳国际原子能机构的分类标准，感染物质是采纳国际卫生组织的分类标准。

橘皮书从运输安全角度将危险品分为 9 大类 20 项，在此基础上 GHS(Globally Harmonized System of Classification and Labellng of Chemicals，化学品分类及标记全球协调制度)又考虑到化学品对人类和自然环境产生的危害，将危险化学品分为 26 类。

依据《关于危险货物运输的建议书：规章范本》的规定，按危险货物具有的危险性或最主要的危险性分成 9 个类别。有些类别再分成小类(或项别)，将危险货物分为九大类 21 小类。类别和项别的号码顺序并不是危险程度的顺序。

第 1 类：爆炸品

1.1 项：有整体爆炸危险的物质和物品

1.2 项：有迸射危险但无整体爆炸危险的物质和物品

1.3 项：有燃烧危险并有局部爆炸危险或局部迸射危险或这两种危险都有，但无整体爆炸危险的物质和物品

1.4 项：不呈现重大危险的物质和物品

1.5 项：有整体爆炸危险的非常不敏感物质

1.6 项：无整体爆炸危险的极端不敏感物品

第 2 类：气体

2.1 项：易燃气体

2.2 项：非易燃无毒气体

2.3 项：毒性气体

第3类：易燃液体
第4类：易燃固体；易于自燃的物质；遇水放出易燃气体的物质
4.1项：易燃固体、自反应物质和固态退敏爆炸品
4.2项：易于自燃的物质
4.3项：遇水放出易燃气体的物质
第5类：氧化性物质和有机过氧化物
5.1项：氧化性物质
5.2项：有机过氧化物
第6类：毒性物质和感染性物质
6.1项：毒性物质
6.2项：感染性物质
第7类：放射性物质
第8类：腐蚀性物质
第9类：杂项危险物质和物品

对于危险品如何分类应按照橘皮书规定的分类原则和标准，进行分类定级试验，常用的危险品已在橘皮书“危险货物一览表”中列明。

3. 我国危险品物流现状

随着我国工业化进程的不断推进，各大工业城市的发展规模也逐步扩大，对各单位和企业危险化工原料的需求也不断增加，于是危险品物流作为物流领域的一个分支其作用和影响也就逐渐显示出来，但是由于我国危险品物流刚刚起步，相关领域的理论知识和实践经验都几乎处于空白状态，大部分危险品物流的运作只是沿用，甚至直接套用普通货物的物流操作，致使安全事故不断发生，危险品物流过程中不断发生的事故源于危险品物流管理的不到位。现代物流理论最近几年快速发展，但对危险品物流管理的研究工作刚刚起步，具体操作方式也只是直接套用普通物流实践中的方法，结果导致一方面有些危险品的物流操作没有得到重视而导致有毒有害物质泄漏，甚至爆炸等严重后果，还有更多的潜在危险没有发现。另一方面，一些有较强安全意识与安全责任感的单位企业对于危险品物流运输的操作引起了重视，但却由于没有可供参考的具体操作方法和管理体系，使得危险品物流的管理自20世纪90年代就开始显现出比较明显的瓶颈现象。因此，加强危险品物流管理已成为摆在政府和相关物流企业面前的课题。

随着经济的发展，危险品已经不仅仅是政府和相关物流企业的重要课题，人们对健康和环保的认识水平越来越高。因此，对危险品的生产、销售、使用、运输及危险品的管理等也已成为当今经济社会普遍关注的重要问题。

从20世纪90年代后期，联合国危险货物运输专家委员会将GHS作为每次会议的重要议题之一。经过多年的工作，GHS报告于2002年12月正式通过，各国承诺在2008年以前实施。GHS是针对化学品对人类和自然环境产生的危害，建立一种国际通行的协调的分类和标签系统，这种协调统一的系统将有利于控制和利用危险化学品，保护人类和自然环境。可以看出，人们对危险品的认识从过去单一的物理的危害深入到长远的潜在的危害。

7.1.2 危险品的运输

危险品运输是特种运输的一种，是指专门组织或技术人员对非常规物品使用特殊车辆进行的运输。一般只有经过国家相关职能部门严格审核，并且拥有能保证安全运输危险货物的相应设施设备，才能有资格进行危险品运输。

随着经济的快速发展和人民生活水平的提高，石油及成品油、液化石油气(LPG)、化学品原料等水路危险品运输的需求日益增长。危险品运输在生活中所占的比重也越来越重。下面将根据运输方式来介绍危险品运输管理。

1. 海上危险品运输管理

1) 海上运输危险品产生危险的几种情况

海上运输危险品产生危险的几种情况包括：①因环境变化而产生危险；②因积载不当而产生危险；③因混装于同一集装箱内而产生危险；④运载非法货物也会产生“危险”。

2) 海上集装箱装运危险品运输注意事项

现根据以上几种情况来介绍一下海上集装箱装运危险品运输的注意事项。

根据 TT Club(through transport club，联运保赔协会)的调查，70%的危险品事故都可以在供应链内部被检测出来。集装箱装运危险货物时，其积载方法和运输要求均与非危险货物是完全不同的。因此，首先应加强对危险品装运过程中所涉及的所有人员的培训。考虑到该类货物的物理性质、化学性质及运输安全的要求，《国际活动危险货物规则》(以下简称《国际危规》)对集装箱运输装运危险货物提出了如下要求，以求在供应链环节最大限度地减少事故发生的可能性。

(1) 认真审查所有托运文件，确保所有必要的信息。

(2) 按照《国际危规》的有关规定进行包装。

(3) 不符合《国际危规》要求的货物，或包装破损、货物渗漏的不得装入集装箱。

(4) 不应将危险货物与不相容的物质拼载在同一集装箱内，特殊情况经主管当局同意的除外。

(5) 当危险货物只构成集装箱内容的一部分时，最好应装载于接近箱门易卸处。

(6) 装载易燃危险货物的集装箱，不应与可能提供水源的冷藏或加热的集装箱装载于同一舱内。

(7) 装载危险货物的集装箱，应检查外部有无所装货物破损或撒漏迹象，一旦发现破损、撒漏或渗漏的集装箱，在未加以修理和将容器移走前，不得予以承运。

(8) 装有危险货物的集装箱，应标有规格不少于 250mm×250mm 的国际危规类别的标牌(标志)，且至少有 4 幅这种标牌(标志)，将其贴在集装箱外部明显的地方，每侧各一幅，前后端各一幅(有的口岸还要求在集装箱顶部也贴上危险货物标志，便于码头吊箱人员识别)。同时还要检查张贴的标牌(标志)上所标志的危险品种类及数字是否正确无误。

(9) 危险货物的任何部位不得突出于箱容，装箱后即应关门施封。

(10) 集装箱一经被认定为无危险性，所有危险标志应自箱上去掉或加以遮盖。

(11) 装载危险货物的集装箱卸空后，应采取措施保证集装箱没有被污染，使集装箱不具有危险性。

(12) 某些干燥的散装危险货物，可装载于由主管当局特准制作的用于该种货物运输的集装箱内。

(13) 散装液体货物和非冷藏的压缩气体的装载，应得到主管部门的批准。

(14) 负责危险货物装箱的现场检查员，应提交“装箱证明书”，以证实已正确装箱并符合以下规定：集装箱清洁、干燥，外观上适合装货；集装箱内未装入不相容的货物；所有包件都经过外部破损检查，装入箱内的包件是完好的；所有包件都已恰当地装入集装箱并进行了必要的衬垫和固定；集装箱及包件都有正确的标记、标志；对集装箱内所装的每一票货物，已经收到其根据国际海上货物运输规则所要求的危险货物申报单。“装箱证明书”应填妥集装箱编号、箱内所装货物的品名、联合国编号、危险货物类别、包件数量、总重、船名、航次等。装箱现场检查员签字、标注证书编号、装箱日期和检查地点。最后由装箱单位加盖印章。

(15) 托运人应在货物托运单上或单独的申报单上保证其所托运的货物已正确地加以包装、标记、标志等，并具备适运的条件。还应写明危险货物正确的名称，单证内应确切说明所属的危险货物的类别。

(16) 运输危险货物时，应准备与运输其他种类货物同样的单证，这些单证的格式、填写的具体内容及各方所承担的责任由适用于该项运输方式的国际公约和有关立法加以确定。

(17) 按照各类危险品的具体装箱要求进行装箱。

(18) 按照各类危险品的运输要求进行运输。

(19) 按照各类危险品的装卸要求进行装卸。

2. 航空危险品运输管理

航空危险品是指在航空运输过程中，可能危害人身的安全、健康或者损害运输工具、设备及其他财产的物品或者物质。

航空危险品的运输必须遵守我国运输过程中有关国家的法律、行政法规和其他有关规定。

绝对禁止航空运输的危险物品：

① 在温度75℃、48小时内能够自燃或分解的爆炸品；

② 既含氯酸盐又含铵盐的爆炸品；

③ 含有氯酸盐与磷的混合物的爆炸品；

④ 对机械振动极为敏感的固体爆炸品；

⑤ 对机械振动比较敏感的液体爆炸品；

⑥ 在正常航空运输条件下易产生危险的热量或气体的任何物品；

⑦ 经测验证明，具有爆炸性的易燃固体和有机过氧化物，即按危险品分类程序要求其包装件用爆炸品标签，以作为次要危险性标签的易燃固体和有机过氧化物。

3. 铁路危险品运输管理

由于危险品的特殊性，决定了其运输条件的特殊性。铁道部对危险品运输的各个环节都提出了明确的要求。在受理、承运、包装检查、车辆使用、配装限制、装卸、保管、急救措施、灭火办法等方面的要求都非常具体，而且品名不同，规定也不一样。因此办理一批危险货物，作业人员需要翻阅大量的规章、文件。

危险品作业包括：①审核车站、专用线的办理限制；②审核运单上危险货物的品名(别名)、编号、类项的填记；③审核运输特殊危险货物的证明文件；④审核运单上需要填记的车辆特殊防护规定及编组隔离标记；⑤危险货物包装检查；⑥选配符合规定的车辆；⑦零担危险货物的配装；⑧危险货物的装卸、保管及撒漏处理；⑨危险品发生火灾后的施救；⑩作业人员受伤害后的急救处理等多个作业环节。每个环节作业的不当都会影响运输安全。

目前，这些烦琐的工作主要是通过人工进行，存在作业效率低，易出差错等问题。但现在在许多城市已经出现了一些现代化的运输系统，在某些方面解决了这些问题。以哈尔滨铁路局为例，哈尔滨铁路局特货科与天津某电子有限公司合作开发了“铁路危险货物运输管理系统”，如图 7.1 所示。

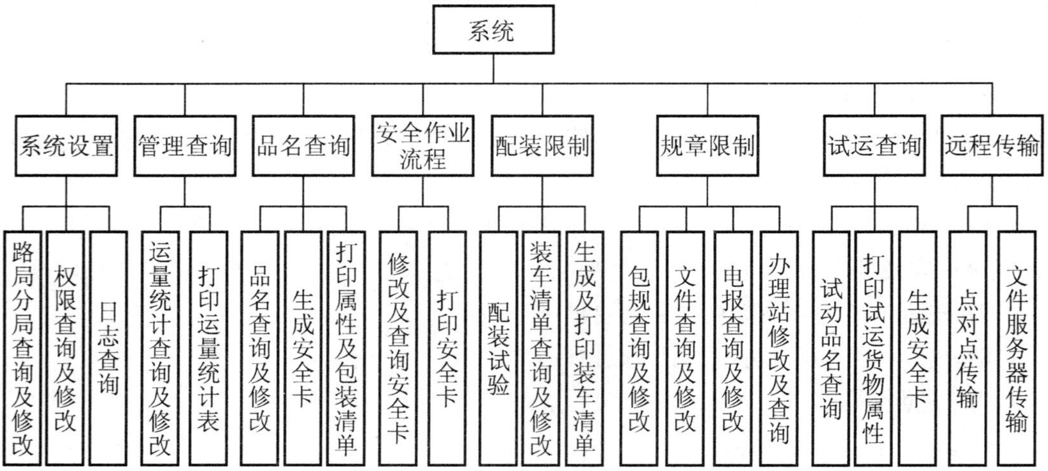

图 7.1　功能总体结构图

4. 公路危险品运输管理

公路运输已成为危险化学品运输的主要方式之一，但危险化学品在公路运输过程中由于不确定因素的存在，导致事故频发，已受到国人的广泛重视。国内外在危险品公路运输中主要应用智能交通运输系统(intelligent transportation system，ITS)。

近十多年来，无论是发达国家还是发展中国家，都不同程度地受到交通问题的困扰。美国有关部门预测，到 2020 年，因交通问题造成的损失每年将超过 1 500 亿美元，同时，人们越来越重视保护环境和节约能源。近 20 年来，计算机技术、通信技术、信息技术快速发展，把这些技术综合应用于交通运输，ITS 便应运而生。

ITS 将现在各自单独存在的车辆状态过渡到车辆和道路融合，然后进一步将车辆和其他交通手段融合，通过这些步骤，逐渐使交通系统化。ITS 将现代信息数据通信、电子控制和计算机处理等技术综合运用于地面运输管理，建立起在广大范围内全方位发挥作用的实时、准确、高效的运输管理系统。对车辆、驾驶员、道路及相关因素综合管理，使车辆和道路智能化。从具体功能上讲，ITS 技术将汽车、驾驶者、道路及相关的服务部门相互连接起来，使道路与汽车的运行功能智能化，公众能高效地使用公路交通设施和能源。其最终目的是建立快速、准时、安全、便捷和舒适的交通运输体系，以保证社会经济可持续发展，建立与人类生存环境相协调的良好的交通运输环境。危险化学品公路运输智能化管理系统基本框架如图 7.2 所示。

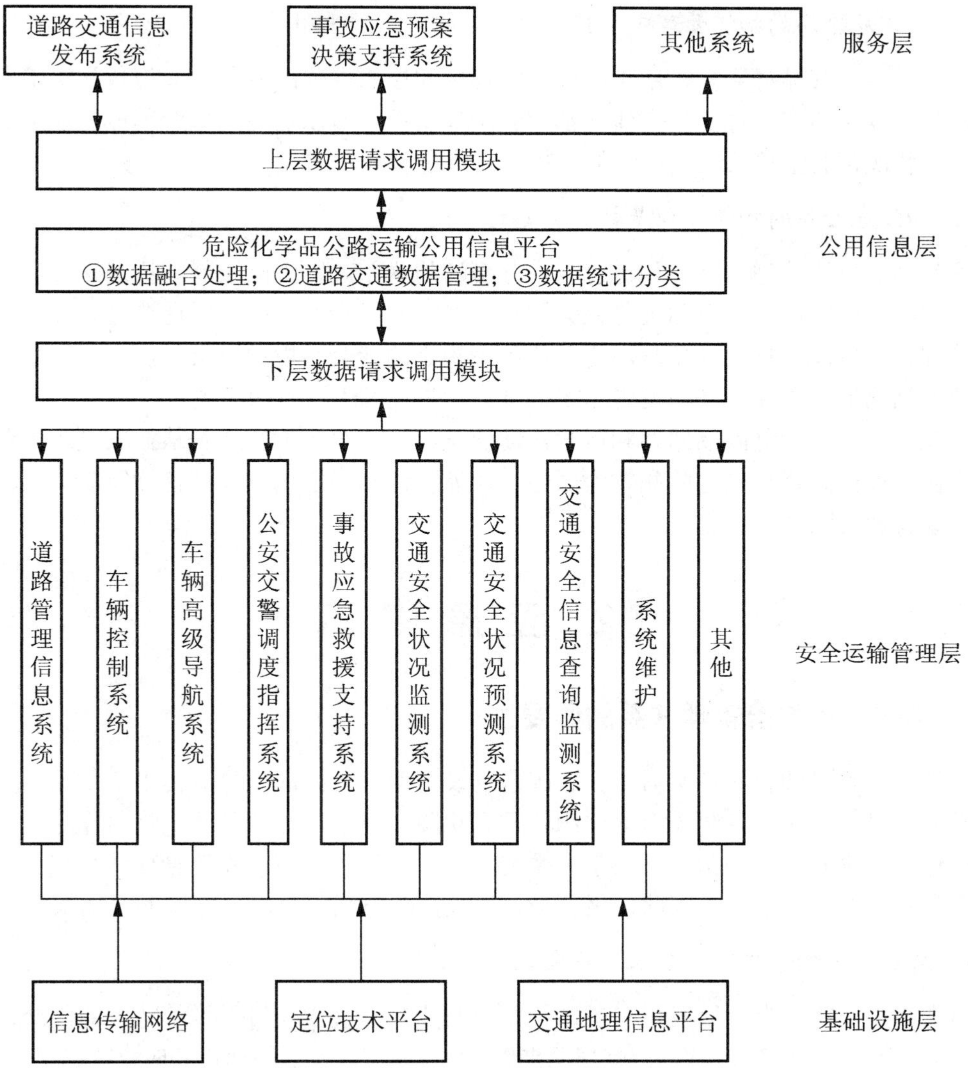

图 7.2　危险化学品公路运输智能化管理系统基本框架

7.1.3　加强危险品物流管理对社会稳定与国家安全的意义

随着经济的发展，危险品储存运输等物流业务日趋增多，由于安全管理措施不到位，储存运输设备不符合条件，从业人员安全意识淡薄，危险品物流过程中存在发生各种事故的隐患。危险品物流与普通物品物流相比具有其特殊性，就是更强调安全性，安全管理工作对危险品的物流管理显得更为重要和关键。

加强危险品物流管理对社会稳定与国家安全具有其特殊意义，表现在以下几个方面。

1. 加强危险品的物流管理是相关单位生存发展的需要

以南京市为例，扬子石化、金陵石化等国家重点大型企业具有大量危险品物流业务，加强对这些企业的危险品物流管理也就显得尤为重要，因为这不仅关系到企业的生存与发展，更关系到城市发展。

2. 加强危险品的物流管理是科技进步的保障

危险品由于其品种繁多，用途广泛，配套性和技术性强的特点而成为科学实验和检验的必需品，众多科研单位的生产研究都依赖于危险品，所以这些企事业单位的危险品物流管理工作状况都会直接影响到科研的成败及科技进步和发展。

3. 加强危险品的物流管理是社会稳定的前提条件

危险品的物流管理与社会稳定有着十分密切的联系。物流的发展，特别是当前所欠缺的危险品物流的发展，一方面会给社会增加很多就业机会，另一方面通过加强对危险品物流的管理，可以减少危险品事故，为营造和谐稳定的社会环境做出贡献，随着工业化的来临，危险品物流与城乡经济的发展已密不可分，与人民生活密切相关。

因此，只有严管危险品储存和运输，促使危险品储存运输企业和从业人员为工业企业提供快捷、安全、优质的危险品物流服务，才能保证和促进城乡经济持续发展，人民生活水平的改善和提高。

7.2 应急物流

7.2.1 构建应急物流管理体系的必要性

近年来，频发的自然灾害对世界各国进行及时而有效的应急物流提出了很高的要求，而科学的管理体系是应急物流有效组织的重要保障。目前，无论是从战略运作层面还是从技术操作层面来看，我国都缺乏科学、系统、高效、经济的应急物流管理体系来支撑灾时应急管理体系的有机运转，因此，极有必要尽快建立自然灾害应急物流管理体系。

1. 自然灾害的本质特点要求构建应急物流管理体系

由于自然灾害具有频繁发生，难以预测及其影响与规模与日俱增等特点，因此，自然灾害的抗灾救灾管理工作更应从战略层面来思考如何构建一个高效运作的应急物流管理体系。

2. 自然灾害的频繁发生性特点决定了急需构建应急物流管理体系

近年来，世界各国地震、海啸、台风等自然灾害频发，这些突发性重大自然灾害给人类造成了巨大的人员伤亡和财产损失。例如，2005 年年初在印度尼西亚等东南亚国家爆发的海啸夺取了十几万人的生命，并造成数以亿计的财产损失。我国在 2008 年上半年就发生了两次巨灾：1 月初的雨雪冰冻灾害和“5 • 12”汶川里氏 8.0 级地震灾害。其中，1 月份的雨雪冰冻灾害，涉及 14 个省份约 7 786．2 万人。“5 • 12”汶川地震到 6 月底时已遇难六万九千多人，受灾 4 555 万人。因而，构建自然灾害应急物流管理体系的研究，具有重要的现实意义。

3. 2008 冰雪灾害和汶川地震救灾实践的物流短板现象要求构建应急物流管理体系

2008 年年初爆发的冰雪灾害与 5 月份汶川地震灾害的救灾实践暴露出我国自然灾害应急物流组织管理中存在诸多短板问题。根据木桶原理，一个木桶能装多少水，不是由那些长板决定的，而是由最短的那块板决定的。因此，自然灾害的应急物流，如果不能准确地识别出这些短板并及时地采取有效措施加长这些短板，那么整个应急物流管理的效率将会降低，应急物流的效果将会大打折扣，而应急物流的组织协调也将受到牵制。从这个意义上讲，自然灾害的抗灾救灾管理工作必须从实践操作层面总体上来加以把握，研究如何构建一个没有短板的应急物流管理体系问题。

1) 应急物流存在组织保障短板

首先，物资保障量大，涉及面广。例如，汶川地震救灾的面积达10万多平方千米，单仅保障一日三餐频度很高的食品，应急物流任务就非常繁重。其次，由于交通、通信、电力的中断，对应急物流的组织带来极大威胁。

2) 应急物流存在组织时效短板

雪灾爆发初期出现湖南、广东等重要交通干线上受困的人们的生活必需品后勤供应不足。抗震救灾的时效是72小时，在72小时内能不能把食品、药品及工程设备运送到位，拷问着应急物流的效率。民政部第一时间从合肥、郑州、武汉、南宁等10个中央物资储备库紧急调拨救灾帐篷，24小时内这10个库15万顶帐篷即全部调空，四川灾民对帐篷需求存在极大缺口，8天后仍然存在80万帐篷缺口。另外，汶川地震中还出现了救援物资运送迟迟不能到位，到位后食品已变质，药物已过期等现象，暴露出了应急物流管理体系本身的缺陷。

3) 应急物流存在组织协调短板

首先救灾物资来源复杂，地区捐助、军队支持、国家调拨、国际志愿；承担物流的实体，既有企业也有部队；既有国家控制的物流资源，又有志愿者自己组织的。其次，几百万人流向灾区，这种无序的流动更增加了应急物流的难度。

由此可见，应急物流供给不能及时送达，会给灾害救助、给社会生活带来系列问题。首先，将增加应急物资的运输时间、运输成本和运输压力。其次，灾害救援物资和日常必需品的供应短缺或过期变质，更将增加受灾者痛苦，加剧人们对灾害的恐慌心理，给社会安全造成隐患。最后，没有科学有效的管理体系保障下的应急物流，将会成为灾害应急管理的重大阻碍，不仅严重浪费了宝贵的物资和运输资源，而且一旦次生灾害连锁发生，救灾物资的补给难度加大，受灾范围、灾害损失将向纵深发展，后果不堪设想。

7.2.2 应急物流的概念

应急物流是指为应对严重自然灾害、突发性公共卫生事件、公共安全事件及军事冲突等突发事件而对物资、人员、资金的需求进行紧急保障的一种特殊物流活动。它具有突发性、不确定性、非常规性及弱经济性等特点。应急物流可以分为军事应急物流和非军事应急物流两种。

应急物流与普通物流一样，由流体、载体、流向、流程、流量等要素构成，具有空间效用、时间效用和形质效用。应急物流多数情况下通过物流效率实现其物流效益，而普通物流既强调效率又强调效益。

应急物流产生的背景是尽管当今世界科技高度发达，但突发性自然灾害、公共卫生事件等“天灾”，决策失误、恐怖主义、地区性军事冲突等“人祸”仍时有发生，这些事件有的难以预测和预报，有的即使可以预报，但由于预报时间与应急物流发生时间相隔太短，应对的物资、人员、资金难以实现其时间效应和空间效应。

7.2.3 应急物流的性质与特点

1. 应急物流的性质

物流的性质可以划分为固有性质和非固有性质两类。物流的固有性质是指物的实体(party)性质和运动(flow)性质；物流的非固有性质包括物流服务(service)、管理(management)、技术(technology)和经济(economy)四个方面。物流固有性质是物流非固有性质选择优化的客观对象，而非固有性质揭示了固有性质效率改善的本质，提供了其选择优化的途径和方法。从物流的性质来看，物流中的任何物流活动都应包括主体、物质(material)、运动三部分，且在物流中存在以 PMF 为分形单元的自相似嵌套式结构。应急物流是为应对突发事件的特殊物流，同样具有一般物流的固有和非固有性质。

应急物流的“应急”二字本身带有一定的军事色彩，但应急物流并不等同于军事物流。军事物流的指令性较强，尤其在战争爆发的时候，始终把军事利益放在首位。而应急物流系统则应该以社会利益为牵引，服务的对象是受灾地区的人民。

2. 应急物流的特点

应急物流是一般物流活动的一个特例，它具有区别于一般物流活动的特点：①突发性和不可预知性：这是应急物流区别于一般物流的一个最明显的特征；②应急物流需求的随机性：应急物流是针对突发事件的物流需求，应急物流需求的随机性主要是由于突发事件的不确定性；③时间约束的紧迫性；④峰值性；⑤弱经济性：普通物流既强调物流的效率，又强调物流的效益，而应急物流在许多情况下是通过物流效率的实现来完成其物流效益的实现；⑥非常规性；⑦政府与市场的共同参与性。

7.2.4 应急物流对社会稳定与国家安全的意义及其发展应注意的问题

我国地质、地理条件复杂，生态环境基础脆弱，重大自然灾害发生的频率高、强度大，这一自然条件与人口众多的现状使我国成为世界上少数受灾最严重的国家之一。远的不说，近些年来便不断地发生了一些重大突发事件，如 1998 年的长江抗洪、2003 年的“非典事件”、2008 年的南方雪灾和汶川大地震及 2009 年的甲型流感等，此外还有不断发生的诸如社会公共安全事故、矿井事故、化学物品泄漏等事故。这些自然灾害、突发性公共卫生事件、公共安全事件等往往会造成巨大的人员伤亡和财产损失，需要大量的应急物资解决处理伤者救助、卫生防疫、灾后重建、恢复秩序等工作。而这便需要将大量的救灾物资运抵灾区，以控制灾情的进一步发展和维持灾区人民的正常生活及灾区重建工作。所以，当一个国家或地区发生重大自然灾害或突发性事件时，应急物流保障做得好，就能够减少损失和危害；如果应急物流做得不好，则会给这个国家或地区造成重大灾难。应急物流对维护社会稳定、降低灾害程度有着不可估量的重大作用。

尽管在党和政府的关怀下，我国近些年发生的几次大的自然灾害和突发事件均较好地组织了各类物资的应急保障，实地演练了一次次应急物流。但总体而言，我国应急物流的实施水平和效果仍有待提高，而且我们发现，在每次行动中，军队往往起着很突出、有时甚至是决定性的作用，地方与军队物流力量的通力合作可以说是成功的关键，离开了任何一方的参与，每次的应急物流任务均不可能如期完成。因此，在未来自然灾害仍将是我们必须面对且制约我国社会经济发展的一大因素，构建我国和谐社会和确保国家安全必须建立一套真正意义上的应急物流系统来适应处置突发应急事件的情况下，如何充分利用军地物流资源，军地共建一套健全高效的应急物流系统，已是十分紧迫和必要，具有十分重要的现实意义。在建设应急物流系统时我们应注意以下内容。

1. 充分认识应急物流的战略价值

抗震救灾期间，媒体关注的多是抢险救人，几乎没有一个镜头是反映物流问题的。救人固然很重要，但救人所用的物资器材也同样重要。而我们仅仅看到了那些在一线救人的英雄，却没有看到这些在后方默默无闻向一线输送物资的应急物流的勇士。由此可见，我们在对应急物流的认识上还存在一定差距。我们应当从国家安全战略的高度来审视应急物流的意义与价值。应急物流是我国安全保障体系里一个非常重要的组成部分。比如说战争，无非就是三大流，其中一个是人流，一个是信息流，还有一个就是物流。人流就是在各级军事指挥员的组织下，一个军、一个师或者一个团在战场从这个地方“流”到那个地方，完成攻防的转换。所以说，军事指挥从某种意义上讲就是人流的指挥。但人流无论“流”到哪里，物资包括装备、器材，也要同时同地到达，这两大流只有实现了最佳汇合才能发挥最大的战斗力。这两大流依靠什么来实现很好的流动呢？主要依靠的就是信息流。但人流也好，信息流也好，它们所需要的物资保障靠什么？要靠物流。因此物流是三大流的基础。国家安全保障体系里仅仅有解放军、武警部队等人流的力量是不够的，还必有强大的物流作为支撑。所以说，应急物流是国家安全保障体系里非常重要的一个组成部分。如果我们的认识能达到这个高度，就能够自觉推动应急物流建设。

2. 应急物流必须走军民结合的发展道路

军地物流一体化是军地物流联合发展的高级阶段。发展应急物流仅仅依靠军方的力量，或者仅仅依靠民方的力量，都难以取得成效。古今中外无数的事实都证明了这样一个道理：只有军民结合，协调发展，才能真正构建高效能的应急物流体系，才能真实体现应急物流的建设目标。从理论上讲，军队物流和地方物流的终极目标是一致的，都是为了把我们的国家建设好。此外，两者在物流技术、设备、内容等方面也是相融的。在物流技术上，地方物流的先进技术可以移植到军队物流系统中，军队物流的先进技术也可以转用于地方物流。地方物流的运输、包装、仓储等业务内容可在一定程度上与军队物流系统实现联合经营。

应急物流平台的建立对于一个国家而言是十分必要的，没有应急物流的后方保障，当灾难来临时人们会措手不及，将面临失去亲人与朋友的危机，也许你奋斗多年的资产就那样付诸一炬，我们应当重视应急物流对于个人，对于国家，对于世界的重要意义。

7.3 战略性能源物流

7.3.1 我国能源物流发展现状

越来越多的生产型企业注重供应链的整合管理，强调一体化物流服务和行业集成化，以煤炭、石油化工为代表的能源物流得到长足发展。

1. 能源仓储设施建设速度加快

随着能源资源短缺情况的加剧及石油价格的频繁波动，国家和社会对能源的仓储设施的投资不断加大。如今，国内各大港口附近均兴建了大批的储油罐，内地的炼厂、油品经销商也相应扩大储罐投资。国家已在浙江、青岛建立了3个国家级储油基地。广东、大连、上海、日照、黄骅等地的储油基地都在迅速扩张。

2. 能源信息化建设“升级换代”

近年来，一批与物流相关的电子政务平台，如电子口岸系统、危险品运输监管系统等也开始投入使用，取得了良好的效果。例如，湛江海关及下属茂名海关与茂名石化合作，自主开发的“进口原油监控系统”，不仅提高了原油输送效率，而且使原油运输得到安全保障。加强对能源及危险品储运的安全监管，预防和减少危险品储运过程中的恶性事故，对最大限度地保障国家和人民群众的生命财产安全有重要意义。

7.3.2 物流在石油能源发展上的价值

作为一种专业性的物流活动，石油企业的物流管理水平与中国物流产业的整体发展水平息息相关。令人欣慰的是，近年来物流业的迅速发展为中国石油企业提升物流管理水平奠定了良好的基础，具体表现在以下方面：

(1) 物流产业发展环境的持续改善将为石油企业物流体系的改革创造良好的宏观条件。

物流产业的发展环境可以分为客观环境和软环境两个方面。客观环境方面，因为物流需求的总量规模与全社会商品交易总量、国内生产总值等宏观指标存在高度的正相关关系，中国经济规模的日益扩大为物流产业发展提供良好的经济基础，产业结构的升级和优化将为物流发展提出新的更高的要求，而经济市场化程度加深、城市化进程加快、开放型经济的不断深入则为物流产业的发展营造了适宜的客观条件。软环境方面，出于对物流产业重要性的认识，现代物流业的发展已经引起了我国各级领导、各级政府、各界人士的高度重视。据统计，全国已有20多个省市30多个中心城市做出或正在制订物流发展规划；2002年3月原国家经济与贸易委员会(以下简称国家经贸委)在上海召开推进流通现代化工作现场会，把发展现代物流业作为“十五”期间三大重点任务之一，并着手研究制定有关物流发展产业政策，把物流项目首次列入国债项目；原国家计划委员会(以下简称国家计委)正着手制定全国物流业发展总体规划等。种种政策、措施将给中国物流产业的迅速发展提供强大的推动力。

对于正处于改革攻坚阶段的中国石油企业物流体系来说，产业发展环境的改善、产业的整体进步无疑将从两个方面推动改革进程：一是充分证明了进行改革的必要性，有利于转变经营观念、降低改革的阻力，二是可以利用“后发优势”提高改革成功的可能性，为物流体系的进一步发展创造条件。

(2) 中国物流产业在物流基础设施、物流装备、物流技术和物流人才培养等方面取得的进步将为石油企业提升物流管理水平提供专业支持。

新中国成立六十多年来，我国物流基础设施已经初具规模，交通运输基础设施、仓储基础设施、信息基础设施已足以支撑物流业发展的需要，集多种物流基础设施和不同类型物流企业为一体的物流园区也开始建设；物流装备与物流技术方面，起重运输机械、自动仓库、自动分拣系统及设备、无人搬运车系统(AGVS)技术装备及集装箱装卸运输系统等物流装备的制造，我国已有很大进步。还有物流信息化技术在企业中的应用，一个良好的运输方案能为顾客和企业减少很多麻烦，物流信息化就很好地在运输方案中体现了对企业的专业支持，好的运输方案需要一流的人员把运输方案信息化传播给社会各界相关企业，一是起到相互学习的作用，二是能促进物流业稳步健康发展，整个中国在未来就会形成一个物流信息化的趋势，信息化操作和传统操作给物流业带来的冲击是相当大的。最后信息化模式管理司机，一流的司机加上高科技操作。这种模式的优势是可以想象的。

无疑，这些进步在推动中国物流产业发展的同时，也将给石油企业提升物流管理水平提供各方面的直接或间接的专业支持。

7.3.3 能源战略储备对社会稳定与国家安全的意义

1. 我国进行石油储备的必要性

近年来国际石油价格波动剧烈，从2000年开始震荡上行，到2008年甚至涨到了每桶147美元，2008年7月以后短时期内连连破位，跌至每桶34美元，后又在50～80美元的范围徘徊。国际石油价格的波动对国民经济的影响明显加大，由于能源在经济运行中的基础性作用，而使得石油的价格变动产生了强烈的连锁反应。持续攀升的高油价导致我国石油进口的代价不断加大，近几年每年因国际油价上涨而多支出进口成本上千亿元左右，而且加剧了国内石油市场的紧张。从某种意义上说，怎样在合理的价格水平上得到我们需要的石油资源，是我国能源安全战略的重要任务。

战略石油储备的真正意义是为了应付突发事件，我国目前主要从中东、非洲等地进口原油，而中东为世界最不稳定的地区，此外我国石油进口主要依赖于印度洋——马六甲海峡这一运输通道，而马六甲海峡一方面航道拥挤带来了运输效率的低下；另一方面，这一地区经常存在的海盗袭击及大国的战略控制等因素，影响整个航路的安全。因此，石油运输通道安全问题突出。

石油储备是指为保障国家、社会与企业的石油安全供应而实行的石油储存。中国作为一个规模巨大的经济体，要保障国家安全并保持经济稳定运行，必须提高防范石油市场价格风险的能力，逐步完善我国的石油储备体系，加大石油储备量。

2. 能源是支撑国民经济和社会发展的重要战略物资

能源供给安全是一国经济保持稳定增长的关键，也关系着国家经济的安全。目前，国际能源格局正在经历深刻的变化。从消费上看，能源消费重心正在从西方发达国家向亚太地区转移，尤其是很多发展中国家的能源消费增长迅速。同时能源生产也日益多元化。目前OPEC(石油输出国组织)掌握着石油供给的主动权，与此同时，北海、非洲和墨西哥湾也开采出石油。相应地，很多西方国家在能源上也开始采取多元化战略。

对于中国来讲，能源(尤其是石油)安全是关系到中国在21世纪实现全面建设小康社会、进而基本实现现代化目标的重大战略问题。中国石油安全的主要目的是避免供油中断和油价大幅波动带来的危害。但随着我国石油对外依存度的加大，石油保障安全战略问题已经十分严峻地摆在我们面前。

自2001年以来，国际石油价格持续攀升，出现了全球石油供给不足的现象，同时也带动了其他能源(如煤炭等)价格的上涨。在国际油价持续高位运行和中国国民经济快速增长的背景下，中国国内能源供给长期处于偏紧状态，石油对外依存度不断上升，对中国这样一个高速发展的能源消费大国来讲，能源价格不断上升，既对国民经济的健康发展造成了一定的冲击，又影响着国民经济的可持续发展。在能源供给紧张的局面对经济发展产生了一定负面效应的同时，中国对能源的需求不断增加，在全球能源需求增长中占有较高比例，中国自身的能源需求也成为一项重要的战略资源，使我国在整个全球能源市场中的重要性进一步提高。因此，中国应站在全球的高度，充分认识在能源供给保障方面的劣势和优势，制定切合实际的国家能源保障战略，对国民经济和社会的可持续发展起到积极的支撑作用。

7.4 军事物流

7.4.1 军事物流概述

1. 军事物流的出现

军事物流的发展经历了古代、近代和现代 3 个时期。总的来说，在第二次世界大战之前的军事物流，主要是侧重于仓储和运输两大功能，还没能形成完善的、科学的军事物流理论体系。

军事物流的真正形成是在第二次世界大战时期。期间，美军及其盟军为了战争的目的，需要在横跨欧洲、美洲和大西洋的广大空间范围内进行军用物资的补充调运，因此在军队人员调动，军用物资装备的制造、运输、供应，战前配置与调运，战中补给与养护等军事后勤活动中，研究采用了一系列的技术和方法，使得这些后勤活动既能及时保障供给、满足战争需要，又能降低费用、缩短时间，减少成本，还要实现有效的自我防卫。这些活动实际都可以归结为是对军用物资的采购、运输、仓储、分发进行统筹安排、优化调度和全面管理。军事物流就是在对这些方法和技术进行提炼后，总结而形成的一套系统的理论体系。

2. 军事物流的定义

军事物流是指运用系统思想、集成理念，以全局策划、精确计算为核心，集成军地各种优质物资保障资源，把包含在军事后勤活动中彼此分割的采购、运输、储存、包装、配送等作业环节和功能，整合成以先进的信息技术和现代物流技术为支撑、相互联系与整体运作的专业化活动过程。

军事物流是现代物流在军事领域的一个分支，军事物流的服务对象具有特殊性，决定了军事物流成为一种特殊的物流活动。这种物流活动，其目的是将军事力量在平时和战时生活、训练、执勤及作战中所需的军用物资经过筹措、运输、包装、加工、仓储、供应等环节，最终送达部队用户而被消耗使用，以实现在空间上的转移和时间上的调节作用。

7.4.2 军事物流的特征

与地方物流相比较，军事物流有其特殊性，这种特殊性主要体现在以下方面。

1. 军事性

军事物流产生于战争而又服务于战争，因此军事物流活动属于军事活动的范畴，这是它区别于其他物流活动的显著特点，也是其本质属性。

具体而言，这种军事性主要从五个侧面得以体现。

(1) 体现在军事物流活动与军事活动的联系上。这种联系是非常紧密的，不仅表现为军事物流活动直接影响到军队的作战和建设，而且表现在军事活动的发展变化也在不断地对军事物流提出更高的要求，迫使军事物流与之相适应，进行自身变革。

(2) 体现在军事物流活动的目标上。物流目标是指物流活动最终追求的价值，从这个意义上讲，军事物流活动所追求的目标体系中，军事效益的最大化是最为主要的，在此基础上再兼顾经济效益的实现。

(3) 体现在军事物流对象的特殊性上。作为军事物流对象的军用物资包含两类，一类是军民通用物资，如通用油料、食品、药材等；另一类是军队专用物资，如特种油料、弹药、军械、被装等。特别是对于后一类的军队专用物资，从社会属性上讲，它完全摆脱了民用物资的商品属性，只能为国家武装力量所使用，具有非常明显的军事性。同时，在管理上军用物资也不同于其他物资，尤其是军械、弹药等武器装备，在采购、调拨、运输、入出库、装卸搬运及维护保养等日常工作中都有严密的军事组织指挥，管理非常严格，在管理方法、手段上，表现出很强的军事化特征。

(4) 体现在军事物流组织体制上。军事物流机构作为军事后勤的重要组成部分，在经费划拨和组织机构等方面完全纳入了军队的编制体制之中。

(5) 体现在军事物流的运作上。军事物流的运作具有高度的机动性，这是由战争的高度动态性所决定的。虽然战争形态从古至今发生了很大的变化，但适应战场形势与客观环境而具有的高度动态性，以及与其相适应的后勤保障必须保持的快速机动能力仍然是现代战争取胜的决定因素之一，这是军事物流与社会物流的重要区别所在。

2. 经济性

在强调军事物流军事性的同时，必须看到军事物流也是一项复杂的经济活动，与社会经济生活中的多种经济要素发生联系，也具有经济属性，因此要受到经济规律的制约。

其主要原因有以下几点。

(1) 在资源有限的前提下，即在当前及未来较长一段时期内，军用物资保障资源的供给与军队需求之间的矛盾仍然比较突出的情况下，军事物流活动必须遵循市场经济中价值规律、供求规律等客观经济规律，只有这样才能更好地提高军事物流综合效益。

(2) 军事物流需要运用经济手段强化管理。大量实践证明，行政手段、经济手段、法律手段在军事物流的管理中都是不可或缺的，特别是在军事物流与国民经济进行交叉衔接的环节上，如军用物资市场采购、利用军事物流资源实施面向社会的服务等领域内更应该注重经济手段的应用，以提高管理效率，充分调动有关方面的积极性。

(3) 军队内部在客观上仍然是不同利益集团的组合体。如军队仓库之间、军队仓库与受供单位之间，以及军队仓库内部各部门和个人之间等，客观上都存在着不同的经济利益上的关系，这些关系也需要运用经济杠杆来进行调节。但是，必须强调的是，军事物流的这种经济性与社会物流相比较而言是存在很大区别的。具体表现在，前者是相对经济性，而后者是绝对经济性。

所谓相对经济性，主要是指军事物流不能够完全参照社会物流，将经济利益的最大化作为运作的根本目标，军事物流的经济性是在一定条件限定之下实现的。虽然战争在战略安排上必须考虑战略成本与战略效用的博弈，但在战争进行过程中，军事物流将完全围绕赢得战争这一目标而实施保障，因此，军事物流的成本必然从属和服务于战争行为的目的。所以，从军事物流的根本目标出发，我们不难理解，在必要的情况下，非节约性及成本第二将成为指导军事物流的一项基本原则。

3. 复杂性

随着社会生产力的发展，作战手段日益现代化，作战行动日益快速化，作战力量日益集成化，作战规模日益大型化，作战地域日益全球化，军事物流活动也必然会随之而日趋复杂化。

这种复杂性主要体现在以下几个方面。

(1) 军用物资技术含量提高。随着部队武器装备的日益现代化，军用物资结构发生了巨大变化，库存物资的品种和数量不断增加，对收、发、储、运的要求也各有不同，日常管理和维护的技术性要求也更高，致使军事物流难度有所加大。

(2) 军事物流手段的机械化、自动化、智能化程度提高。现代科技在军事物流领域的不断应用，使军事物流技术实现了跨越式发展，特别是自动化管理系统的建立带动了军事物流管理方法和手段的全新变革。

(3) 军事物流组织的协调性要求提高。随着军事物流规模的扩大，机械化、自动化水平的提高，物流功能的不断拓展，管理对象的日益复杂化对军事物流组织的协调性要求也越来越高。

4. 服务性

军事物流的服务性特征是由军事物流活动的内在性质所决定的。“为部队服务”、“为作战服务”是军事后勤活动的根本出发点和归宿，当然也应该是军事物流的根本出发点和归宿，因此，军事物流的一切活动都围绕着服务于全面提高部队战斗力这一根本目标来进行的。

5. 非均衡性

这种非均衡性主要体现在平时和战时对军事物流要求的不同上。和平时期，部队处于正常训练和工作状态，因此军事物流活动相对稳定，物流总量较小，物流方向相对确定，物流速度要求一般，总体上遵循一定的活动规律。但在战争时期，军事物流活动受作战规模、作战强度、战场环境、气候条件、作战对象等诸多因素影响而不断发生着变化。例如，随着军用物资消耗量的增加，物流量猛增，物流方向朝战场方向高度集中，速度急剧加快，表现出与平时完全不同的形态。

7.4.3 发展现代军事物流对社会稳定与国家安全的战略性意义

在当前经济全球化和新军事变革加速发展的新形势下，发展军事物流对于落实全面建设现代后勤战略部署，有效保障国防和军队现代化建设，实现构建军事物流体系的目标，具有十分重要的理论和现实意义。

作为军事后勤的重要组成部分，军事物流在将国民经济转化为军事实力、保障军事行动和国防建设的需要中，发挥着极其重要的作用。军事物流良好的流向、流量及其精确性、预见性，不仅起着支持和保障军事行动的作用，而且发挥着调整和强化军事后勤力量，以及将国家的经济力、科技力、信息力等要素转化为战斗力，支援和巩固国防建设的作用。所以，军事物流也是战斗力和保障力，是落实“保障有力”的基础实力之一。因此应大力发展军事物流。

1. 顺应世界军事发展的新趋势

1) 新军事变革需要新物流

世界范围的新军事变革，推动战争形态向信息化加速演进。信息化条件下的局部战争是诸军种联合作战，战争区域广阔，作战样式转换频繁，行动快、破坏强、消耗大，各个作战单元和保障要素一体联动，体系对抗程度高，要求军队后勤必须快速、高效、准确地满足部队更加多样化、个性化的物资需求。这些都对后勤保障产生了深刻的影响和挑战，对发展军事物流提出了全新的要求。

2) 现代战争打的是“物流战”

军事物流是沟通军事后勤与作战之间的“桥梁”和“纽带”，任何一项军事行动都离不开大量而有效的物资保障，而军用物资的筹措、采集、运输、储存与供应，乃至分发和使用消耗，构成了军事物流组织与管理的全过程。军事力量正是通过军事物流活动，源源不断地供应其所需要的各类军用物资，才得以有效地展开军事行动。离开了军事物流对军事行动的支持与保障作用，后勤保障和军事活动将寸步难行，保障力和战斗力的发挥便会受到极大制约。现代战争的高消耗，从某种程度上讲，打的就是物流战、后勤战，军事物流已成为军事后勤和装备保障体系的基干，已成为支持与保障信息化条件下局部战争的一种重要手段。世界发达国家军队，大都建有先进物流体系，并在世纪交替的高技术局部战争和非战争军事行动中显示出了巨大优势。海湾战争中，多国部队后勤在战争中对近 70 万多国部队所实施的有序、高效的物流保障曾令世人惊叹，美军仅油料和各种物资的消耗，单兵平均每日达 200 余千克，是第二次世界大战时的 10 倍、越南战争时的 4 倍。12 年后的伊拉克战争中，美英联军大量使用高技术武器，开战两周即发射精确制导弹药 8 000 多枚，出动战机 2 万多架次，各型战车 3 000 多辆，战舰百余艘，投掷的精确制导弹药占总投弹量的 95%以上。

3) 信息化战争依赖“精确物流”

信息化条件下的局部战争，信息集约化程度非常高，战争的精确性、实时性越来越强，保障军事战略的实现与作战任务的完成，越来越依赖现代物流。海湾战争结束后，驻欧美军总司令曾经指出，“作战与军事物流的一体化，是美军在海湾战争中取胜的一条重要经验”。美军将军事物流的地位提高到与作战同等重要的新高度，并认为物流是“一个主要的作战系统”，“作战和物流日益融合”，甚至提出，在一定意义上，“作战就是军事物流，军事物流也就是作战”的观念。高技术条件下，作战与物流关系已经从相互依存关系，发展到了相互融合和一体化的阶段。适应这一要求，世界发达国家军队将现代物流理论引入军事后勤，先后提出了“速率后勤”“精干后勤”“聚焦后勤”“精确后勤”等保障理念，利用现代信息技术手段和通信网络系统，可以准确地了解作战部队的情况，准确预测部队物资需求，实时掌握军用物资的消耗，在准确的时间、准确的地点为部队提供合适数量的物资。

4) 我军应建设现代物流

新军事变革迅猛发展，世界各主要军事强国加快了军事转型步伐，并把军事物流资源应用在军队建设和训练作战中，越来越多的部队后勤需求都是从军事物流中获取，这种军事需求，进一步突显出军事物流在军队现代化建设和现代战争中的作用。新军事物流运用计算机信息网链接军事物流运作的各个环节，对军事物流实体网络进行“无缝链接”，将过去几个部门分散管理的运输、补给、维修和其他保障职能统管起来，极大地提高了军事物流的保障能力，高效精确地满足信息化战争的要求。要打赢信息化战争，做好军事斗争后勤准备，必须把加快军事物流体系建设，作为推动军队后勤转换的重要途径和手段，这就要求我军必须大力推进军事物流体系建设。

2. 军事物流应适应我国经济社会发展

1) 军事物流离不开国民经济大局

党的十七大对我国经济社会发展做出新的战略部署，提出建设创新型国家、提高经济整体素质和国际竞争能力等新目标、新要求。国民经济发展使我国物流业迅猛发展，军事物流作为与国家、社会有着广泛密切联系的特殊军事经济活动，根植和运行于国家社会经济领域。国民经济发展及相关政策的调整变化，必然会影响到军事物流。

2) 市场经济为军事物流提供新机遇

市场经济体制在我国的确立带来了大量社会物质财富的创造，对以国民经济为基础的军队产生了全方位、深层次的影响。市场经济发展使国家物流业发展迅猛，近年来，我国物流业快速发展，产值已占 GDP 的 6.8%，成为国民经济的重要增长点。2009 年国务院制定了《物流业调整和振兴规划》。在此背景下构建军事物流体系，使得军队后勤由自办实体、自我服务、自我保障初步转变到依托物流力量进行保障，促进保障效益的提高。面对经济在发展、政策制度在调整、社会环境在变化、市场观念在增强、法治意识在强化等新形势，如何将有限的国防经费转化为满足军事用途或保障军事任务的物品并与国家经济社会发展有机融合起来，是发展军事物流面临的重大挑战。应该说，依托国家物流体系和社会物流资源，推进我军军事物流体系建设的历史性机遇已经显现。

3) 军事物流应与地方物流对接

军事物流作为一项重要的军事经济活动，对国民经济发展具有重要的拉动作用，其流向、流量及精确性、预见性能力的提高，不仅起着调整和强化军事后勤力量、将国家的经济力和科技力转化为战斗力的作用，而且对战争起着强有力的支撑和保障作用。军事物流的根基在于国民经济之中，没有国民经济这一母体的坚实支持，军事物流便会成为无米之炊、无水之舟。此外，通过基本原理、运作模式等方面与地方物流相融，军事物流更容易实现与地方物流系统的无缝对接。然而，由于我军现有后勤管理体制现状，使得军事物流在许多方面还难以与国民经济有机结合。随着军事物流整合、集成理念的不断深入，军事物流与地方物流必然向一体化方向发展。

4) 经济发展提升军事物流效益

市场经济体制的进一步完善，能够提高军事物流和军事经济效益。运用现代物流理论与技术方法，大力发展军事物流，可以大大降低军事物流系统的支出费用，降低军事物流系统的总成本，从根本上提高军事经济效益。军事物流与地方物流在物流设施、设备、管理技术、服务等方面存在广泛的通用性和互补性。

军事物流体系是在整合军事物流内部资源的基础上，将以前相对独立的军事物流系统与地方物流系统进行有选择的融合和优化，实现军队与国家、社会资源的共享。在和平时期，军队自身物流除了满足部队战备训练和应付突发事件外，其他大部分时间处于闲置状态，维持军事物流系统的正常运转，需要消耗大量的人力、物力和财力，造成军事物流资源的巨大浪费。而将军事物流资源用于支援国民经济建设，为发展社会主义市场经济服务，既可以提高军事物流参与国家与地方建设的积极作用，又能够极大提高军事物流和军事经济效益。

3. 军事物流具有推动我军后勤创新发展的意义

中央军委颁发的《全面建设现代后勤纲要》，对建立军民结合的军事物流体系提出了明确要求，并将其确定为推动我军后勤创新发展的一个有效途径。只有加速发展军事物流，才能有效推进全面建设现代后勤发展。

1) 军事物流核心是保障一体化

全面建设现代后勤，是长期以来我军后勤建设发展宝贵经验的科学总结，是新的历史条件下军队后勤建设的科学选择。其核心内容就是保障体制一体化、方式社会化、手段信息化、后勤管理科学化。这也是今后推进军事物流深入发展的基本原则。建设军事物流体系能够促进后勤体系结构完善，能够有效聚合各种后勤保障资源和要素，优化调整军事后勤结构。军事后勤是一个包含人员、物资、设备、仓储等诸多要素的复杂系统，也是军事物流管理的重要内容，只有加速军事物流建设，运用军事物流理论，对各类保障资源进行优化配置，才能提高后勤保障效益。军事物流组织三军一体、物流资源军地融合、物流运作整体联动、物流手段技术先进、物流效能综合高效。按照三军一体、横向联结、纵向贯通的要求，建立以需求为牵引、以实物供应保障为主线、以采购为源头、以配送为重点、以服务为中心的战略、战役和战术三级衔接的军事物流保障实体网络体系。

2) 保障一体化呼唤管理体制一体化

军事物流建设强调物资采购、运输、加工、包装、仓储、供应的一体集成，而我军后勤管理体制还处于各自分割状态，军交、物资、仓储、装卸搬运、采购各自一体，条块分割，各自为政，不符合建设军事物流的要求，其管理体制尚未形成。通过加速发展军事物流，将会从根本上集成与优化后勤保障资源，将军用物资生产、采购、运输、配送等活动作为一个整体进行统一布置，使得军用物资的生产、包装、分拣、输送、装卸、配送、分发等各个环节做到更好地衔接和组织，实现军事物流各项环节更好地衔接和组织，实现军事物流各项功能活动之间的横向协调、配合与集成，变被动补给为主动配送，变计划分配为个性化服务，从而从根本上改善我军后勤保障体制一体化，必将对军队后勤现代化建设产生极其深远的战略影响。

3) 提高军事物流社会化保障度

随着军队现代化建设水平的不断提高，后勤保障建设越来越复杂，专业分工越来越精细，后勤保障任务越来越繁重，仅仅依靠军队自身力量难以满足军队建设和战时保障的需要，迫切需要尽快提高军事物流社会化保障程度，按照社会化大生产的方式，把军队后勤建设得更加精干高效，将有限的人力、物力、财力集中用于保障履行军事职能，把那些社会性的保障职能尽量交给社会去办，以保证充足的物资供应。在对伊作战开始后，为保证进攻速度并减少伤亡，美军提出实行“弹弓”式后勤供给，即后勤保障和作战部队一起迅速挺进伊拉克，从而使工程师、医护人员和武器专家向作战部队提供比以前更多的支持。但随着美军一线部队的快速向前推进，这种保障方式的弱点也显露无遗，后方补给线长达500多千米，需要5万兵力、7 000辆运输车昼夜往返穿梭不停，在这种情况下，如果后勤没有很好的物流机动力量，机动速度不快的话，后勤保障必然大打折扣。马岛战争、海湾战争和科索沃战争中的军事物流保障，都昭示了组织社会化军事大物流的强大生命力。而通过发展军事物流，将军地物流进行一体规划建设，可以有效避免军事后勤设施、设备的重复建设和重复投资，有利于实现军地资源的共用共享，能够极大弥补军队自身保障力量的不足，提高军事后勤资源的整体利用率。

4. 提高多样化军事行动保障能力

胡锦涛主席站在时代发展和国家安全的战略高度，多次提出军队要提高应对多种安全威胁，完成多样化军事任务的能力。这是胡锦涛主席为军队使命做出的新定位，为国防和军队现代化建设指明了方向，建立军事物流作为军队现代化建设的重要组成部分，加快创新军事物流，是有效保障我军履行新使命的重大战略举措。

1) 军事物流保障多重军事效益

军事物流作为一种承担军事物资保障供应任务的特殊物流，在追求经济效益之外，更追求军事效益。军事物流体系实际上是一条包括供应商、军事采购、军事仓储、军事运输和部队用户在内的军事供应链，在这个军事供应链中，物流起着重要作用，是企业供应链与军事供应链的接口，是军事供应链的初始环节。军事物流保障效能的综合高效，体现在保障的精确性上，在保障过程中实施准确调控，随战场形势的改变而灵活转换物资流向、流量，做到适时、适地、适量保障。军事物流运作中，始终围绕满足用户需求为中心，及时准确掌握物资需求信息，以信息流牵引和调控物资流，协调好系统内部要素及与国家和社会物流系统的有机联系，形成需求为引导、信息激活、实时调控、整体联动的运行机制。军事物流运作状况，在市场上获取军事物资的情况，将直接关系到整个军事物流体系运作和军事物资保障活动的成败。近几年，我军担负的印度尼西亚海啸救灾、巴基斯坦地震救灾、美国飓风救灾、朝鲜洪水救灾等物资应急保障任务，均采用军事物流方式，依托军地物流资源基础，迅速动用储备物资，紧急组织商家生产，军地昼夜兼程配送，协调动用民航运力境外直达运输，出色完成了任务，创造了第一个将救援物资送达受灾国的历史纪录，赢得国际社会广泛赞誉。实践表明，军事物流体系运作方式灵活，保障快捷高效，的确是提高多样化军事任务保障能力的可靠保证。

2) 多样化任务提出更高要求

军事物流作为军队组织体系的重要组成部分，是供应保障的前提和基础，是军事作战保障链条中重要组成部分。当前，我军所处的历史条件正在发生深刻变化，承担的任务不断拓展，已从应对传统安全威胁拓展到应对非传统安全威胁，从维护国家安全稳定拓展到维护世界和平。我军在国际事务和处理国内突发事件中发挥的作用越来越大，承担的国际援助和应急保障任务也越来越多，这对建立军事物流提出了新的更高的要求。随着科学技术的进步和战争形态的演变，军事物流的作用将会越来越明显，只有加快建立与现代战争相适应的生产、采购、运输、配送等体制，才能够有效保障军事斗争准备需要，为提高军队应对多种安全威胁、完成多样化军事任务的能力提供强有力的物资支持。

3) 努力实现精确化保障目标

军事物流体系的基本特征是整体优化、系统集成、全程可视、无缝链接、快速反应，这为完成多样化军事行动保障提供了重要保证。军事物流运作，要能够紧紧围绕部队用户需求，及时准确掌握物资需求信息，形成需求引导、快速响应、信息支撑、一体联动的运作机制，实现以准确的数量、准确的质量、准确的时间、准确的地点、准确的价格为部队提供恰当的保障。按照这一要求，军事物流就要以信息化技术手段为支撑，大力开发运用信息化军事物流管理系统和物资资源可视系统，广泛运用电子商务技术手段，实时了解保障部队的位置、所需物资的准确数量及物资资源情况，增强快速响应能力和应急保障能力，实现物流精确化保障。

习 题

1. 选择题

(1) 橘皮书从运输安全角度将危险品分为( )。

A．九大类二十项　　B．八大类二十项

C．九大类三十项　　D．八大类三十项

(2) “装箱证明书”应填妥( )。

A．品名　　B．联合国编号　　C．集装箱编号　　D．船名

(3) 危险品作业包括( )。

A．审核车站　　B．审核证明文件

C．发生火灾后的施救　　D．零担危险货物的配装

(4) 军事物流体系实际上是一条包括( )和部队用户在内的军事供应链。

A．军事采购　　B．供应商　　C．军事运输　　D．军事仓储

2. 简答题

(1) 简述海上运输危险品产生危险的几种情况。

(2) 什么是应急物流？性质及特点是什么？

(3) 简述能源战略储备对社会稳定与国家安全的意义。

(4) 军事物流的特征是什么？

3. 判断题

(1) 依据《关于危险货物运输的建议书：规章范本》的规定，按危险货物具有的危险性或最主要的危险性分成9个类别。 ( )

(2) 危险品运输是特种运输的一种，是指专门组织或技术人员对非常规物品使用特殊车辆进行的运输。 ( )

(3) 装载易燃危险货物的集装箱，不应与可能提供水源的冷藏或加热的集装箱装载于同一舱内。 ( )

(4) 集装箱一经被认定为无危险性，所有危险标志应自箱上去掉或加以遮盖。 ( )

(5) 散装液体货物和非冷藏的压缩气体的装载，不需要得到主管部门的批准。 ( )

(6) 军事物流的服务性特征是由军事物流活动的内在性质所决定的。 ( )

4. 思考题

(1) 物流与社会稳定、国家安全的关系说明了什么？

(2) 应急物流对社会稳定的意义给我们什么启示？

案例分析

海地地震应急物流方案

1. 美国救援航母成为应急物流平台，应急物流启动，空投救援物资

2010年1月12日，海地发生的大地震导致海地道路严重受损，地面运输受到很大限制。在此情况下，

美军开始向海地居民空投救援物资。

据悉，美国空军使用 C-17 军用运输机运送物资。这些飞机从位于北卡罗来纳州费耶特维尔的波普军事基地起飞，前往海地。每架飞机每次将运送 40 包的援助物资。美军计划在 3 天内总共空投 600 包援助物资。美军已经确定了 3 处投放地点，飞机将从 1 000 米高空进行空投。

在已经升空的一架飞机上，机组人员将空投 14 000 份战地快餐和 13 000 多升水。不过美国国防部长盖茨曾表示，地震发生以后空投物资更有可能引发混乱而不是制止混乱。他说："如果地面没有任何分配机构，进行空投会导致骚乱，因为人们将争夺救援物资。"

在地震发生一周以后，海地政府官员和人道主义机构努力将救援物资提供给最需要的海地居民。但是海地发生的多起骚乱事件阻碍了救援工作的正常进行。一家主要援助机构提出抱怨，认为美国控制的飞机场存在不平等和供应瓶颈的问题。不过美军认为他们正在努力工作，加速物资运输。

2. 中国东航首批执行海地地震应急物流运输队出发

运输受阻，物流不畅，极大地影响着海地地震的救灾行动与赈灾物品的发放与配送，为此全球应急物流系统启动，中国应急物流迎接挑战。

据最新消息：东航首批执行海地地震救援任务的"航班救援队"已经于北京时间 21 日中午 12 点 45 分从上海飞行部正式出发，执行地底地震应急物流运输任务。

上海飞行部以高度的政治使命感认真对待此次包机任务，在 1 月 21 日上午 9 点 30 分接到任务后，飞行部立即吹响了"救援集结号"，一个小时之内便顺利成立了一支由 4 名机长教员(杨雄南、石立新、刘凯、刘海峻)和 3 名成熟副驾驶(文雷、黎晶、张哲浩)组成的强大航班救援队。据了解，机组将先执行 MU581 航班抵达温哥华，在那里做简单休整后，预计于北京时间 24 日调换刚抵达温哥华的第二套救援机组，继续运送国内的医疗队和医疗器械飞往海地。

据飞行部航务部经理王松介绍，此次包机任务飞行时间紧迫，航线距离极远，且地处加勒比海地区的海地在此季节上空多对流天气，震后情况非常复杂，海地机场通信、导航及后勤保障存在许多不确定因素，给执行这次任务的机组带来极大的挑战。机组成员均有着执行重大包机任务的经验，其中机长杨雄南还执行过汶川地震救援任务，他们在出发之前都表示虽然困难重重但对完成此次任务充满信心。

3. 海地强烈地震交通瘫痪，应急物流运输取道邻国

在加勒比岛国海地 1 月 12 日 7.3 级强烈地震发生后，全球救灾工作及赈灾物品应急物流系统迅即启动，但地震在城海地境内交通非常差，没有火车，公路也很破旧，造成赈灾的应急物流进展十分艰难。很多援助物资取道多米尼加等邻国，然后通过陆路转到太子港。美国在地震后迅即启动应急系统，首先派直升机先遣队降落海底太子机场，清理跑道，架设通信设施，打通海底救援应急物流运作的最快捷空中走廊，使联海团的后勤中心也可以运作。赴海地执行救援任务的中国国际救援队乘坐的专机于北京时间 14 日清晨 6:40 左右取道温哥华国际机场补充油料、办理相关手续后飞往海地。

据介绍，武警总医院常备灾难救援战备应急仓库，医疗分队组成人员每年都要进行两次集中救援训练。医疗分队到达地震灾区后可立刻组建成一个小型医院及相应的应急配送仓库投入救援工作。

法国政府 1 月 13 日当天紧急向海地派遣救援人员和两架载有救援物资的飞机。在 24 小时内从两个海外省马提尼克和瓜德罗普及法国本土调遣总计 130 名救援人员和 6 条搜救犬前往震区。

巴拿马外交部也发布公告说，巴拿马政府将为联合国人道事务协调处实施震后救援提供便利，救援所需的基本物资将被及时送往海地。

4. 世界粮食计划署：将建 30 个人道主义物流中心

作为联合国负责物流事务的关键机构，世界粮食计划署已经建立了一个物流系统，来确保运送人道主义救援物资的飞机在太子港的安全降落。并计划派出直升机，找到受灾人员的集中地，发现之后立即发放食品。世界粮食计划署正在太子港建立 4 个人道主义物流中心，并计划在海地周围再建至少 30 个这样的中心。除了食品发放，世界粮食计划署还在帮助国际移民组织发放装水的容器及净水剂。

由于对食物的需求较大，世界粮食计划署在全球发出倡议，呼吁国际社会捐献 1 亿份即食食品，以便在紧急情况下第一时间保住灾民性命。为了保证此次大规模救援行动的实施， 世界粮食计划署正在动用

5条通往海地的人道主义走廊。陆路运输的食品和救灾物资将会经由邻国多米尼加进入海地，空运的物资降落在太子港的主要机场及Borahonas的一个小型机场，水运则通过太子港的主要港口进入海地角的另一个海港。目前已经得到了共1 600万份的即食食品的提供保证，并且正在购买420万吨的补充即食品，以满足儿童对能量和营养的日常需要。

讨论题

(1) 简述在此案例中你得到哪些启示。
(2) 分析应急物流在海地地震的救援过程中所起到的作用。
(3) 应急物流的发展对社会稳定与国家安全的意义。

第 8 章 物流信息化与现代物流

【本章教学要点】

知识要点	掌握程度	相关知识
物流信息化概述	了解	物流信息化的内涵及内容
物流信息化现状	了解	中国物流信息化发展的现状及原因分析
物流行业信息化需求特点	重点掌握	八大需求特点
物流信息化目标	重点掌握	5 条目标
物流管理信息系统的构建	掌握	物流管理信息系统的特点、基本功能、典型系统
物流中心与信息处理中心一体化	了解	物流中心与信息处理中心的关系
物流信息化对现代物流建设的作用	掌握	物流信息化对物流和物流现代化的作用

导入案例

佳德物流信息化变革

深圳佳德物流有限公司(以下简称佳德物流)创立于2003年8月1日，现有配送中心面积近18 000平方米，已投入使用的仓储面积达7 600平方米，仓内配备各种专业运输车辆和搬运机械。拥有先进的物流信息系统，完善的仓储设备及运输能力。公司成立以来，信息化给企业带来了无穷的动力和机遇。

佳德物流在建立之初，由于规模、资金等问题，一度发展举步维艰。在面对困难的同时，也"关心"探讨同行的成功之道，借鉴成功经验为己所用，提出企业改革要实现企业信息化。

业务部经理钟兆峰说："在实现企业信息化的问题上，当时佳德物流在发展中遇到的主要问题是内部管理的低效率、不规范和高成本，为了解决此问题，实现企业管理的规范化，提高企业运作效率和降低成本，信息化建设和信息系统的引进和实施迫在眉睫。"

佳德物流了解到企业的信息化有3种模式，即自己开发信息系统、与IT公司合作开发、交给专业的物流软件公司。其中，第一种模式引进IT人员的直接和间接成本都很高，且在进度上很难保证；第二种模式，IT公司技术人员不懂物流，企业要花费大量时间与之沟通，而且还往往不能发现问题所在与信息系统要解决的问题，再加上，这样一来，企业的日常经营也会或多或少受到影响，服务也得不到保障，还可能会丢失客户，得不偿失。第三种模式则是中小物流企业最好的选择：专业的物流公司，其物流分析人员曾是物流企业的优秀主管或经理，了解物流运作流程和信息系统要求，再辅以专业的IT人员，开发的系统一般通用于物流企业，对于类型与规模不同的企业只要根据客户所提出的特殊要求进行客户化调整即可。此外按照目前的系统实施流程、专业物流软件公司的业务分析人员首先会对企业的业务流程进行详细的分析，并提出流程方面的咨询意见，而对于中小物流企业来说，专业的管理咨询意见是非常重要的。理所当然，佳德物流选择第三种模式，与此同时，佳德物流也走上了信息化道路，为企业带来更多的机遇。

讨论题

(1) 佳德物流为什么会选择第三种信息化模式？
(2) 你知道的信息化技术包括哪些？
(3) 根据案例谈谈你对信息化是企业经营的动力的看法。

【内容摘要】

物流信息化意味着整个物流作业环节从运输、仓储、装卸、搬运、包装、流通加工到配送全面使用现代信息技术，实现企业内外信息资源的优化配置和集成化管理，企业的发展更多的是利用信息。物流信息化程度的高低，是衡量现代物流企业实力的一个重要标志，是物流企业市场核心竞争力的表现。本章主要是从物流信息化的发展、建设及作用等几方面对物流信息化及现代物流进行探讨分析，以实现企业的经济效益和核心竞争力，使企业较以前有本质、根本的变化。

8.1 物流信息化概述

1. 物流信息化的概念与内涵

信息化这个词是当今社会出现频率最高的词汇之一，在不同的场合以不同方式进入公众的耳朵，到处都可以听到信息化，如国民经济信息化、企业信息化、工业信息化、商业信息化、物流信息化等。但什么是信息化，有人把它理解为“计算机化”或“电脑化”，认为多买几台计算机，都使用计算机操作，就实现信息化了，这是一种误解。“化”这个字，指的是一种全新的、根本的、本质的变化。例如，物流现代化指的是物流行业的技术装备、管理方法、人员素质、作业效率、经济效益等都达到一个全新的、根本的、与以前有本质变化的更高水平，而不是指推广某种物流技术、装备某种物流设备。

物流信息化是指物流企业运用现代信息技术对物流过程中产生的全部或部分信息进行采集、分类、传递、汇总、识别、跟踪、查询等一系列处理活动，以实现对货物流动过程的控制，从而降低成本、提高效益的管理活动。物流信息化是现代物流的灵魂，是现代物流发展的必然要求和基石。

物流信息化程度的高低，是衡量现代物流企业实力强弱的一个重要标志，是物流企业市场核心竞争力的表现。现代物流企业必须广泛使用现代物流信息技术，控制和集成所有的信息。有几台计算机，开发几个信息系统，买几台物流设备，不能称其为物流信息化。物流信息化意味着整个物流作业环节从运输、仓储、装卸、搬运、包装、流通加工到配送全面使用现代信息技术，实现企业内外信息资源的优化配置和集成化管理，企业的发展更多的是利用信息。物流信息化的最终目的是提高企业的经济效益和核心竞争力，企业要较以前有本质、根本的变化。

物流信息化具有深刻的内涵，具体来说有以下五个方面。

1) 以现代物流信息技术为基础

信息化从某种意义上来说，就是现代信息技术的广泛应用过程。物流信息化也是这样，是现代物流信息技术在物流活动中的广泛应用过程。

2) 以物流信息资源开发利用为核心

物流信息资源是物流企业最重要的资源之一，开发利用物流信息资源既是物流信息化的出发点，又是物流信息化的目标，在整个物流信息化体系中处于核心地位。物流信息资源分内部信息资源和外部信息资源。内部信息资源是指物流企业内部经营管理和各个环节产生的信息资源，如物流计划信息、物流财务信息、物流运输信息、物流仓储信息、物流配送信息等。外部信息资源是存在物流企业外部，对物流企业有影响的信息资源，如物流市场信息、物流宏观经济信息、物流政策法规信息等。物流信息资源的开发利用，不仅要收集、掌握、加工、处理、存储、传递、使用和拓展内外物流信息资源，而且还要在此基础上重新设计物流业务流程，重新定位物流企业内外关系，重新构造物流企业组织架构，重新设计物流制度框架，重新考虑物流企业文化和重新变革管理模式。未来的物流市场竞争，更多的是物流信息资源的开发和利用效能的竞争。

3) 物流信息化覆盖物流活动的全方面

物流信息化涵盖了物流企业生产经营活动的各个方面和全部过程，包括运输信息化、仓储信息化、装卸搬运信息化、包装信息化、流通加工信息化、配送信息化等。物流信息化除覆盖物流活动的各个环节外，还会引起物流企业组织结构、企业文化、企业经营管理理念和模式的变化。

4) 物流信息化的最终目的是增强企业的核心竞争力

在市场经济条件下只有具有市场竞争和利润驱动的内在动力，才会使企业产生使用先进的物流信息技术改造传统物流的迫切要求。尽管物流信息化会使企业在物流上投入一笔资金，还要承受物流信息化带来的组织变革的阵痛，并承担可能失败带来的风险，但一旦成功将会给企业带来很大的经济效益。沃尔玛从美国一个小镇的杂货店发展成为今天的全球零售商巨头，一个重要的原因是得益于其先进的物流信息化系统，我国海尔的强大很大方面也是得益于物流信息化。因此，物流信息化的根本动力就是增强企业核心竞争力，提高企业的经济效益。

5) 物流信息化是一个过程

物流信息化不是一朝一夕能够实现的，更不能一步到位。特别是对传统物流企业来说，信息技术的开始使用只是战术层次，只是某个物流环节的使用。随着不断向物流活动的各个环节的渗透，会进一步形成战略性影响。从作为自动化的工具和信息沟通的手段，到整个物流活动的信息化，是一个渐进的发展过程。物流信息化随着企业的发展而发展，而物流信息化水平的提高又反过来促进企业的发展，形成一个良性循环，从而推动企业不断向前发展。物流信息化的发展速度和水平提高一方面取决于企业的发展水平，企业发展快，物流信息化需求高，资金投入也大，从而推动企业物流信息化发展；另一方面，取决于物流企业员工的信息化知识和水平的高低，员工的物流信息化知识的水平高，乐意使用信息化技术和设备，可大大降低劳动强度，提高劳动效率，员工有舒适感和成就感，从而推动物流信息化进程。反之，就会阻碍物流信息化发展。因此，大力加强对员工的信息化知识和技术的培训是提高物流信息化水平的一个重要条件。物流信息化还是一个不断学习的过程，企业要不断向物流信息化建设得好的和成功的企业学习，借鉴同类企业物流信息化建设的成功经验，使自己在建设过程事半功倍，少走弯路。同时，还要不断总结自己在物流信息化建设道路上的成功经验和失败教训，加深对物流信息化的认识，从而促进物流信息化发展和水平的提高。

2. 物流信息化的内容

1) 现代物流信息技术

现代物流信息技术的应用是物流信息化的基本内容和基础，没有现代物流信息技术的广泛应用，不能称其为物流信息化。现代物流信息技术主要包括计算机技术、通信技术、网络技术、条码技术、无线射频技术、地理信息系统、全球定位系统、电子数据交换技术、快速反应系统、电子自动订货系统等。

计算机的广泛应用是物流信息化最基本的内容，是基础的基础。因为企业大多数信息现在都是以电子信息的形式出现，这就必须借助于计算机来进行信息处理。在信息化时代，没有计算机的企业，无法与社会交流信息，将是一个封闭的企业，从而会使企业失去很多发展机会，甚至会使企业陷入困境。计算机应用包括硬件建设和软件应用，购买计算机硬件企业必须投入一笔资金，开发和购置软件同样需要企业投入一笔资金，要克服重硬轻软的思想。

现代通信技术是计算机和通信技术的结合体，包括两个方面的内容：一是将计算机应用于通信中，解决复杂、庞大、快速的通信交换问题。二是将通信技术应用于计算机，使分散在异地的计算机或其终端联结，组成计算机通信网络，实现信息资源的共享。

网络技术又叫计算机网络技术，是将具有独立功能的多台计算机、终端及其附属物流设备，通过通信设备和线路联结起来，并配以相应的网络软件构建的网络系统。既可以联结成简单的网络，又可以联结成复杂的网络，通常根据网络覆盖范围不同和应用技术不同可划分为局域网、城域网、广域网。局域网的覆盖面积一般在数千米以内，特别适合企业内部信息化建设。城域网是将各个独立的局域网联结起来形成的一个规模更大的适合于大城市使用的网络。广域网又叫远程计算机网络，可以跨城市、跨地区，伸延到全国和全球，它可以租用公共电话网或专用线路，把远程的计算机联结起来，互联网是地球上最大的广域网。

条码是由一组黑白相间、粗细不同的条符号组成，结合条码扫描器，可以识别物品的信息。条码技术已广泛应用于物流企业，大大提高了物流作业的效率和减少差错率。

无线射频技术是利用无线电波对记录媒体进行自动读写的识别技术，已广泛应用于物流自动化作业领域，大大提高了物流作业的工作效率。

地理信息系统是为地理研究和地球决策服务的计算机信息系统，在物流企业运输线路选择、最短路程模型和网络物流模型等领域得到了很好的应用。

全球定位系统在物流企业的货物车辆定位得到了很好的利用。

电子数据交换技术在物流企业运输、仓储配送等作业环节应用很广。

快速反应系统在物流信息化瞬息万变的市场上，是物流企业提高市场竞争力的重要法宝，在竞争激烈的物流市场上，快速反应技术显得十分重要。

电子自动订货系统在物流企业自动订货中前途十分广泛。

2) 物流过程信息化

物流过程信息化即建设以适应物流市场变化，可迅速、快捷、灵敏反应的物流信息系统，形成以物流市场为核心，使物流要素的资源信息化、数字化、自动化，实现物流活动过程的优化和高度集成的信息体系。其具体体现主要在实现物流运输信息化、仓储信息化、装卸搬运信息化、包装信息化、流通加工信息化、配送信息化和信息处理的数字化。

3) 物流管理信息化

物流管理工作包括计划、组织、指挥、协调、控制等功能，是一项复杂的系统工程。物流管理信息化彻底改善物流管理工作费时费力的状况，大大提高物流管理工作效率。通过建立物流管理信息系统，使物流计划制订更加科学合理，更加切合实际，并具有前瞻性。组织职能也将大大优化，更有效率。指挥路线不再是自上而下的单向指挥，而是自上而下和自下而上的双向指挥，指挥的效果能够得到及时反馈，各部门的协调交流更加快捷、直接、通畅。控制职能将进一步发挥作用，特别是事前控制将发挥更大作用，各种误差事故将及时得到反馈和纠正。管理信息化将覆盖物流管理的各个方面，具体体现主要是在物流管理的各个环节全过程的管理信息。对人、财、物、技术更加有效地进行管理，使之适应信息化管理需要。通过建立人力资源、劳动工资、财务管理、成本核算、物耗能耗管理、技术管理等管理信息系统，使人流、财流、物流、技术流更加规范合理。彻底改变传统物流那种封闭的、强制的、分而治之的、以纵向层次组织为主体的信息流程，代之以开放的、民主的、组合分工、以横向组织为主的信息化管理运作。

3. 物流信息化的重点

物流信息化的重点是基础信息的采集，还有信息的共享和交换两个问题。

在新的框架里面，“十一五”期间物流信息化的重点放在基础信息的采集及信息的共享和交换两个方面，现在整个物流信息化还存在几个需要解决的关键问题。

(1) 基础信息的采集。物流行业的大量信息还是要依赖手工录入，因此存在效率低、差错率高、更新不及时等问题，影响后期的整个传输和应用，而这是信息化的基础。如何解决物流信息的采集问题是起点，接下来是信息的共享和交换。

(2) 在“十一五”期间采取的一个方案是将RFID用在物流装备上，而商品还是以条形码为主。这样的方案作为物流信息化的基础框架，通过进行动态跟踪识别，间接掌握商品的信息，而不是一下子将RFID技术用到每一件商品上。

(3) 平台式信息交换共享的体系。建立公共平台已经成为共识，人们都在呼吁信息整合。但是，人们有时把公共信息平台理解成为一个有形的机构，一个集中信息储存管理的机构，或者是集中管理的数据库。这样的理解是非常狭隘和不全面的。本书的理解是，它是一个体系，有很多层次的工作要做，建立一些必要的集中管理的数据库可能是需要的，但是更多的还是信息交换、信息共享的一种机制，一种模式。所以，平台实际上是要创造一个信息交换、信息共享的方式和环境。

物流行业公共信息平台的建设是现阶段物流信息化的重点和核心环节。国务院《物流调整和振兴规划》指出，“十二五”期间国家将重点扶持物流公共信息平台的建设和发展。现阶段，全国范围内具有普遍影响力的两家物流行业公共信息平台：锦程物流网侧重于外贸物流和空中物流，经过多年的发展，业务遍布全国，尤其是在沿海地区和东部经济发达地区有广泛的影响力；中国物通网则致力于建设国内物流信息服务平台，服务涵盖了铁路、空运、公路、水运、搬家、快递等各种物流方式，40余万名注册会员遍布全国各地，在物流行业有广泛的影响力。此外，央视网最近也开通了物流频道，可以预见，今后将有更多的竞争者加入这个行业。

(4) 行政监管系统的协调与开放是整个信息系统物流信息化重要的切入点。各个部门，特别是物流中的一些监管部门，像交通部、铁道部、海关、商检等部门在物流环节中都发挥了很重要的作用，我们需要这些系统能够共享，能够向社会开放。铁道系统已经基本上实现了车辆的RFID跟踪，运作得很好，自己的效益也很高，但是没有向社会开放，所以物流企业还用不上。

8.2 物流信息化的现状及发展趋势

8.2.1 我国物流信息化的现状

1. 中国物流信息化的现状分析

我国的物流信息化从20世纪70年代起步，20世纪80年代进行铺垫，20世纪90年代中、后期进入发展阶段。目前，我国物流企业中信息技术应用和普及程度还不高，发展也十分不平衡。

1) 信息化总体水平低

信息化是现代物流的基本特征，是现代物流发展的一种重要趋势。我国多数物流企业在信息化建设上都已起步，但总体水平还很低，程度参差不齐。根据中国仓储协会公布的中国物流企业信息系统的调查结果显示：作为物流信息化进程核心的物流信息系统日益成为物流企业的发展瓶颈，中国只有39%的物流供给企业拥有物流信息系统，绝大多数物流企业尚不具备运用现代信息的能力。在拥有信息系统的物流企业中，大多数的信息数据系统都是相互孤立和静态的，“信息孤岛”现象十分严重，信息系统的业务功能和系统功能还很不完善，物流信息资源的集成和整合能力还尚未形成。中国物流信息化水平低与中国企业信息化水平不高有关，据国际电信联盟发布的名为《2011 年衡量信息社会发展》的报告，按照由 11 项指标汇集而成的信息和通信技术发展指数 IDI 来衡量，韩国、瑞典、冰岛、丹麦和芬兰是世界上信息和通信技术最发达的国家。在该排行榜上，美国位于第 17 位，中国则处在第 80 位。尽管媒体对信息化报道得很多，但中国物流信息化水平还是很低的。

2) 条码及射频技术普及率不高

条码及射频技术作为一种物品识别的应用，在我国企业中开展得较早，但普及率不高。根据中国物品编码中心公布的《中国企业供应链管理调查报告》显示，我国 75%的企业储运单元和货运单元都没有条码标志。货运单元条码、储运单元条码及位置码的应用水平还很低，直接影响了计算机物流系统的运作，极大地限制了仓库管理自动化的实现。条码及射频技术普及不高，还直接影响了整个物流流程的信息采集与反馈，影响物流企业与工商企业之间的信息共享及物流作业的自动化。

3) EDI、GIS、GPS 的应用十分有限

EDI 是电子数据交换技术，EDI 与国际互联网的应用，使物流效率的提高更多地取决于管理信息技术，EDI 的应用提供了更多的需求和库存信息，提高了管理信息的科学化水平，使物流更加完善和迅速。然而 EDI 作为一种新型有效的管理信息手段在物流企业应用十分有限，真正意义上的 EDI 应用还远未开展。原因一是企业信息技术基础差，多数企业无法应用；二是开发成本高，多数企业无资金实力；三是上下游企业未达成共识，影响企业应用。GIS 是一种地理信息系统技术，GPS 是一种全球定位系统技术，加拿大 20 世纪 70 年代在铁路运输中采用 GPS 使铁路通过率提高了 33%，美国公路运输采用 GIS 和 GPS 后，空驶率降低了 30%，在我国目前只有少数大型物流企业采用，在物流领域应用还十分有限。

4) 网络技术应用还停留在初级水平

局域网、互联网是国际上物流领域比较成熟且普及的网络技术，但我国物流企业真正利用局域网、互联网开展物流业务的还为数不多，不少企业使用网络技术开展物流业务仍停留在一种初级水平，只是利用网络技术获取、传递、使用一些初级信息资源，还没有达到利用现代网络技术集成整合企业内外各种信息资源和有效信息的使用的目的。

2. 信息化落后对物流产业的影响

1) 阻碍物流市场规模的扩大

我国的物流产业刚刚起步，市场规模还很小，第三方物流市场规模只占社会物流成本支出的 2%左右，与发达国家相比还有很大的差距。物流市场规模小给社会带来的直接影响就是大量物流活动仍停留在工商企业内部。目前，我国工商企业大多都有自己的运输车队，自己的仓库，有的还有自己的远洋船队，投入很大，成本很高，但实际效益很低。据统计，我国目前企业自货自运车辆占社会运输车辆的 70%，货运空载率达到 37%，运输平均时速很低，仓库大量闲置，有的年久失修，商品损耗很大，物流浪费惊人。工商企业继续搞“大而全”、“小而全”，产、供、销一体化，运输、仓储一条龙。

2) 影响物流企业的生存发展

我国的物流企业规模普遍较小，实力普遍不强。有实力、大规模、有影响的现代物流企业很少。由于信息化落后，不能有效配置使用各种资源，影响了物流企业进入其他地区、

行业或其他企业市场，更影响企业冲出国门，走向全球开展国际物流。不利于物流企业拓宽生存发展空间，也不利于企业缩短经营服务上的时间和空间距离、降低组织成本和管理费用，影响企业的市场竞争优势和核心竞争力。信息化是一个企业实力和竞争力的表现，是现代物流企业的生命线，信息化落后的企业，在信息化时代很难生存，更不可能做大、做强。中国传统物流企业要生存发展，必须追赶现代物流的步伐，必须把信息化作为首要任务来抓。

3) 影响物流企业经营服务规模

目前，我国物流市场上涌现出了大批第三方物流企业，也有一些第四方、第五方物流企业。但这些物流企业经营服务手段仍然单一，其主要经营服务仍然是运输和仓储，大多数企业还停在传统物流的经营服务上，与现代物流的服务内容和经营手段还有很大的差距，多数企业还不是真正意义上的现代物流企业。造成这种现象的主要原因就是我国物流企业的信息化落后，因为没有信息技术的广泛使用，与信息技术相关的大量物流活动还无法或根本没有能力全面展开。如物流信息服务、物流订单管理、物流成本控制、自动化库存管理、智能配送、物流方案设计等服务项目，多数企业还无法开展。物流企业在经营服务项目的拓展，在很大程度上取决于对信息技术的使用，取决于物流企业的信息化程度高低。

4) 影响企业组织结构更新

由于信息化水平不高，信息技术未能在我国物流企业广泛应用，作为管理基础的企业组织结构没有来自信息技术广泛应用和信息化的压力，企业组织结构不能做适应信息化要求的相应变革。目前，我国多数物流企业还是在原组织结构下进行简单的计算机化，只是使用计算机代替传统手工操作，而企业现有体制中的矛盾、混乱、缺陷依然本质性存在。企业组织结构的落后带来的直接后果就是人浮于事、效率低下、经济效益下滑和企业市场竞争力差。

5) 制约物流作业自动化

物流作业自动化是现代物流的一种重要趋势，也是提高物流效率的一种重要手段和途径。物流离不开运输、仓储、装卸、搬运、包装等物流作业，运输的自动化要求建立铁路、公路、水路、空运和管道的综合运输体系，仓储、装卸、搬运、包装的自动化要求高度机械化、自动化、标准化，建立起高效的仓储人、机、物系统。综合运输体系需要一个物流信息化平台，仓储人、机、物系统需要大量信息技术与现代物流机械设备有机地结合应用，没有信息技术与现代物流机械设备的有机结合应用，就没有物流作业的自动化、现代化。

我国物流作业的自动化水平普遍较低，在运输、仓储、装卸、搬运、分拣、堆码、包装、加工、点货及票据处理等许多环节，手工操作仍占主导地位。有的企业也有不少物流自动化设备，如自动分拣机、自动包装机、自动堆码机、自动起重机等，由于信息化落后影响了这些物流自动化设备效率的正常发挥。信息化落后对物流作业自动化的影响的主要表现：信息化落后影响物流信息采集、处理、传递、使用、反馈的自动化，从而使物流自动化设备无法运行。信息化落后还影响物流管理和决策的现代化，从而使库存管理、运输管理、配送管理等的智能化无法进行。由于物流作业自动化水平低下，造成物流作业效率和效益极其低下，浪费损失十分严重。据有关部门不完全统计，我国每年因装卸、搬运、运输造成的损失为500亿元人民币，因包装造成损失150亿元人民币，因保管不善损失30亿元人民币。

3. 对策与建议

通过上述分析表明：我国信息化在物流领域总体水平较低，信息化落后已经成为制约我国物流产业发展的技术瓶颈。不仅影响我国物流市场规模的扩大，而且影响着物流企业的生存发展、经营服务水平、组织结构创新，制约物流作业自动化水平提高。应从以下几个方面着手制定相应对策措施。

1) 加大政府对信息化的推进力度

信息化落后，不仅制约物流产业的发展，更重要的是对我国经济的可持续发展和经济运行效率有很大的影响。我国经济运行质量不高，其中一个重要原因是现代物流运行效率不高，我国经济运行中物流成本占 GDP 的比重约 20%，美国、欧洲、日本等发达国家物流成本占 GDP 的比重一般都为 10%，物流有很大的潜力可挖，如果我们能在若干年内，实现物流产业跨越式发展，将物流成本降到 10%左右，将是我国经济从粗放经营向集约经营转轨的一个重大胜利。可以借鉴美国和日本的经验。美国从 20 世纪 80 年代开始，政府制定了一系列信息化法规，建设起了一个世界上最安全、最方便、最经济有效的物流系统，这些法规为确立美国物流在世界上的领先地位提供了保障。日本从 20 世纪 90 年代中期以来，为促进企业信息化建设，制订了五年赶超美国的计划，并为此专门设立了“信息化推进战略本部”，制定了相关法规，为赶超美国物流做出了贡献。建议我国政府有关部门也应尽快研究和制定推进企业信息化建设的方案和法规。

2) 加强信息化在物流领域的示范和引导

只有信息技术在物流领域的广泛应用才有现代物流，没有互联网、企业内部网、条码及射频技术、电子数据交换技术、地理信息系统、全球定位系统、智能标签技术、自动化仓库管理技术和信息交换技术等现代物流信息技术，整个现代物流根本就不存在。目前，我国已涌现出一批物流信息化先进企业，这些企业在信息化建设方面有许多成功的经验。例如，海尔就成功创立了“一流三网”的物流信息化模式：“一流”是以订单信息系统为中心，“三网”分别是全球供应链资源网络、全球用户资源网络、计算机信息网络。通过“一流三网”，实现了“三个零”的突破(零库存、零距离、零营运资本)，取得了巨大的物流效益。海尔物流信息化以来，呆滞物资降低了 73.8%，仓库面积减少 50%，库存资金减少 67%，海尔国际物流中心全部实现了现代物流的自动化和智能化。目前，海尔产品实现了中心城市 8 小时，区域内 24 小时，全国 4 天以内配送到位，极大地降低了产品成本，极大地提高了企业核心竞争力。海尔物流信息化的成功为全国的企业做出了榜样，具有很强的示范和引导作用。有关部门可以考虑在物流信息化先进企业多设一些物流信息化示范基地，以带动和推进我国的物流信息化建设，加快信息技术在物流领域的应用和推广。

3) 建立企业信息化服务体系

我国的物流企业，中小企业占绝大多数。对广大的中小物流企业而言，在激烈的市场竞争中，它们深知信息化对企业的重要性。但缺乏大企业进行信息化建设的资金和能力，信息化建设项目是需要花钱的工程，少则几十万元，多则成千上百万元，不少中小型物流企业望而生畏，信息化建设无法进行。有关部门可以考虑借助信息产业和全社会的力量组织企业信息化服务体系，开展信息技术和信息化基础设施的托管业务。这样一方面可以减轻中小型物流企业实施信息化的成本和难度，推动中小型物流企业的信息化建设步伐；另一方面，可以催生新兴的信息化服务行业，从整体上推动我国企业信息化的建设。

4) 加强企业信息化人才培养

信息化人才不足是制约物流信息化建设的关键因素。物流企业信息化建设中所采用的系统模式都是人机系统模式，需要既懂信息技术又懂物流的复合型信息化人才，而在我国物流企业这种复合型信息化人才奇缺，随着许多信息技术在物流领域的广泛应用和物流企业信息密集程度的提高，物流企业对复合型信息化人才的需求更加突出，因此，加强企业信息化人才的培养成为改变物流信息化落后的关键。建议政府有关部门应高度重视对信息化人才的培养，可采取两条腿走路的办法。一是加强高校培养物流信息化人才的力度，加强现代物流学科建设，完善物流信息化人才的培养体系，多出高质量的物流信息化人才。二是拓宽教育培养渠道，鼓励行业协会、物流企业开展多方面、多层次的教育培训，以满足企业信息化对物流信息化人才的急需。

8.2.2 物流信息化的发展趋势

(1) RFID 技术的应用更加广泛。应用是推进 RFID 技术发展的动力，包括有关的标准化体系的建设也要在应用中逐步成熟，更值得关注的是 RFID 技术对商业模式和物流流程带来的革命性变化。

(2) 系统整合技术更受关注。系统整合技术包括系统的总体设计和建模方法，也包括系统的开发工具和运营平台的日趋成熟，平台化和基础功能标准件的结构化越来越成为管理软件的必然选择。

(3) 信息化与标准化的结合更加紧密。标准化将进入信息系统的基本结构、基本功能模块及信息系统处理的单证和相关的物流术语等，此外还会涉及信息技术和设备的标准。

(4) 商业智能技术的应用开始起步。一些有依据数据积累和信息化管理经验的企业开始进一步提升其管理和决策的水平，更深入地挖掘数据、寻找规律，目前可以预期的方法论有两大类：数据为基础的识别法建模和经验为基础的先验法建模。

(5) 物流信息化技术供应商的盈利模式可能会发生重大改变。传统的信息系统供应商将从制造商销售产品的角色转变为服务商，帮助客户使用信息技术获得效益。在市场竞争中，共性的、基础性的服务将被整合，趋于标准化、规模化，与此同时，中小供应商将在市场细分和专业化方向寻求发展。市场竞争会给客户带来更好的技术和服务。

8.3 物流信息化的作用与意义

8.3.1 信息化对物流的作用

1. 对物流的控制和协调

物流和信息流是流通的组成部分，两者关系密切。在过去两者合二为一，而物流信息化将两者逐渐分离。

在现代物流中，物流主要是信息沟通的过程，物流的效率依赖于信息沟通的效率，信息流不仅反映物流，更主要的作用是控制、协调物流资源、物品、资金流动的时间、方向、大小，即速度。物流企业可以通过信息沟通为客户提供信息服务，而准确、及时的信息和畅通的信息流从根本上保证了物流的高质量与高效率。因此在现代物流中，物流信息系统起着神经系统一样的作用。

物流信息系统的使用，有效地为物流企业解决了单点管理与网络化业务之间的矛盾、成本和客户服务质量之间的矛盾、在有限的静态资源和动态市场之间的矛盾、现在和未来预测之间的矛盾。它通过直接切入物流企业的业务流程，实现对物流企业各生产要素(车、仓等)进行合理组合与高效利用，降低经营成本，直接产生明显的经营效益。它有效地把各种零散数据变为商业智慧，赋予了物流企业新型的生产要素——信息，大大提高了物流企业的业务预测和管理能力，通过“点、线、面”的立体式综合管理，实现了物流企业内部一体化和外部供应链的统一管理，可以有效地利用物流资源。

2. 缩短未来管道

物流管道缩短是指物流周转时间和存货的减少。一般来讲，物流备货时间大于顾客订单周期，要克服备货时间差距的唯一办法就是保持存货。存货量根据预测确定，预测误差会导致存货的过剩或不足。为缩短管道长度，必须尽可能地减少或消除存货，同时使物流备货时间与订单周期一致。物流信息化一方面可以提高物流作业速度，优化物流流程，减少物流备货时间；另一方面，物流信息化提高了物流信息传递速度，延长了订单周期。

物流管道缩短的直接结果是提高物流系统的快速反应能力。各种物流信息技术都极大提高了物流业务处理的速度，物流信息系统的中枢神经作业可以提高物流系统对外界的响应灵敏度。

3. 实现物流系统化管理

现代物流的核心理念在于系统化，主要是通过整合各种物流功能和物流资源来实现系统化管理。传统物流中，各活动往往相互脱节，如传统的运输企业、仓储企业、加工企业基本上都是独立运作，相互间缺乏协同，物流系统整体运行效率不高。在物流信息化之前，即使从理念上考虑了系统整体优化，但由于管理信息手段落后，信息传递速度慢、准确性差，而且缺乏共享性，使得各功能之间的衔接不协调或相互脱节。信息化建设使物流信息不再局限于某一物流环节上，各个物流子系统通过信息共享联系在一起，利用信息系统将包装、搬运、储存、运输、配送、流通加工、物流服务等物流功能实施有机整合，保证物流过程的顺畅。以物流业务流程为例，物流信息化建设将不同环节的订货处理、采购、取货、装箱、运输、拆箱、库存控制、报关、单证处理等物流活动及信息流活动实现集成化设计与处理，避免不衔接活动、重复活动、无效活动，创造出整体的竞争优势。

物流信息化不仅对物流活动径向整合，还对物流信息资源、物流设施和服务资源进行整合。在物流信息资源的整合方面，主要是对各物流功能环节的信息共享和处理，使整个系统内的信息资源都能在信息系统中完整、全面地反映出来，并且通过优化处理实时生成物流各环节或功能所需要的信息，实现系统内的信息资源优化配置。在物流设施和服务资源整合方面，信息化改变了以往主要通过物流设施的投资来提高物流管理水平和运作效率的单一方式，通过信息技术可以把不同种类、不同位置、不同企业、不同国家和地区的物流资源(包括服务资源)整合到一起，提高整体的资源利用率。例如，虚拟物流的出现就是物流资源整合的典型应用。

4. 协调供应链各环节的运行

随着供应链管理的应用，物流服务范围不断扩大。由于经济全球化趋势导致供应链的延长，企业不得不把供应链物流整合起来进行管理，以连接市场的供需双方。供应链物流系统是由许多不同的组织构成的，系统中某一部分的决策会影响整个系统的运作。物流信息系统把这些组织联系成为合作者，提高物流的透明度，使供应链物流上的各节点成员能实现信息的实时共享，增强了协调管道和取得最佳流动的能力。

5. 优化物流绩效

信息系统在物流中的重要性不仅仅体现在信息技术可以解决当前企业物流体系中的问题上，更重要的是，运用信息系统可以设计并实施新的物流解决方案，降低物流成本，提高物流质量和服务水平，从而大幅度提高物流绩效。

首先，通过物流信息化可以最大限度地优化物流网络和物流流程，减少一切不必要的环节和过程，有效控制供应链总库存水平，显著地降低各项物流费用和企业资金占用，从而大大降低物流总成本。物流作业过程中大量的运筹和决策，如物理网络规划、物流业务预测、库存控制规则的确定、运输路径的选择、物流配送方案的拟定等，对物流成本有着极大的影响。物流信息系统综合运用数据挖掘、决策理论、知识管理及其他相关技术和方法，对物流系统的数据进行处理与分析，为物流系统运行控制、日常决策和战略决策提供有效支持，显著降低物流总成本。

与传统的书面、电话、传真及手工信息处理相比，现代信息技术大大提高了物流信息的处理速度，这种基于快速反应能力的管理，把物流管理的重点转向如何对客户需求做出迅速反应。物流信息化在一定程度上解决了行业间信息互通、企业间信息沟通及企业与客户间交流的问题，实现对客户的个性化服务，从根本上提升物流服务水平。物流信息系统对市场信息的获取和跟踪能力使物流企业提供的服务更符合客户需求；通过网络为客户及时提供可视化服务来查询物流状态和回答业务咨询，方便了客户对物流过程的及时掌握，这对变化极快的现代经济活动是极为重要的，从而更好地支持了客户的业务活动；物流信息化使物流系统具有了作业流程的快速重组能力，极大提高了物流服务的敏捷性和灵活性；物流信息化带来的高质量、快速响应服务更值得客户信赖，让客户能集中精力从事自己的业务并优化运作流程，从而提高其经营效益，增加客户价值。

此外，由于物流运输的路途和时间很长，绝大多数作业是在物流监督的视野之外进行的，信息技术对运输过程中的产品质量管理尤为重要，成为发展物流全面质量管理的主要组成部分。

6. 促进物流效率

信息化将改变现有社会经济的消费系统和生产系统，从而改变人类生存的秩序。物流是国民经济的服务性系统，社会经济秩序的变革必将要求现有的物流系统结构、秩序随之变革。物流信息化既是这种变革的动力，也是这种变革的实质内容。传统物流企业或部门以信息化为契机，把信息系统实施与流程改造、物流网络重组、管理体制改革紧密地结合起来，从而实现组织形式、管理方式、运作流程上的变革，转变为适应信息时代市场经济运行模式的现代物流企业。例如，在 EDI 的支持下，工商企业将自身的物流功能分离出来，将各种物流作业交由运作效率更高的专业化物流企业承担，从而产生了第三方物流企业。

物流信息化对物流的变革作用是不断发展的。计算机在物流过程中的系统数据处理应用促进了物流业务流程和控制方式的变革；物流信息网络的发展促进了供应链物流的发展，物流竞争不再停留在单一的环节上，而是把整个物流过程的管理效率和管理水平的提高作为竞争的主要焦点，从原来的关注物流设施水平转向了管理信息能力的提高和信息技术利用水平的提高上。

8.3.2 物流信息化对现代物流建设的意义

1. 物流信息化对现代物流企业的意义

物流信息化是现代物流的主要标志。从某种意义上说，没有物流信息化，就没有现代物流企业。物流信息化对现代物流企业的意义，主要体现在3个层面。

1) 提高企业的决策水平

信息技术、网络技术的普及和发展，特别是互联网技术解决了信息共享、信息传输的标准问题和成本问题，使得及时、准确的信息更广泛地成为控制、决策的依据和基础。

2) 固化管理和优化操作

物流信息系统的作用有二，其一是固化新的流程或新的管理制度，使其得以规范地贯彻执行；其二是在规定的流程中提供优化的操作方案，如仓储存取的优化方案、运输路径的优化方案等。

3) 推动供应链的形成和对供应链的管理

物流管理是供应链管理中的主要组成部分。通过对上下游企业的信息反馈服务来提高供应链的协调性和整体效益，如生产企业与销售企业的协同、供应商与采购商的协同等。物流信息系统不仅是供应链的血液循环系统，也是中枢神经系统。供应链的基础是建立相互利益机制，但是这种机制需要一定的技术方案来保证，信息系统在这里的主要作用是实现这种互利机制的手段。例如，销售商的库存由供应商的自动补货系统来管理，生产商的生产计划根据销售商的市场预测来安排等。

2. 物流信息化对现代物流的意义

1) 促进物流组织结构优化，增强快速反应能力

传统物流企业主要从事仓储、运输、配送、包装等环节物流服务，即进行成品配送和原材料运输，以及储存、存货、顾客服务等单项活动。这种传统的物流企业往往采用职能型的“金字塔式”的组织机构，不利于信息共享和快速响应顾客需求。只有结构精简，反应灵敏、迅速，灵活多变的柔性组织才能适应现代化高柔性生产技术的要求。现代物流信息技术的应用，能够支持第三方物流企业采用模块化、扁平化、网络化等组织结构及团队工作方式，这些形式能够促进物流企业与货主企业之间的信息沟通的畅通、及时，从而有效地提高企业适应市场的能力。

2) 能够有效降低物流企业的运营成本

第三方物流的经营活动项目繁多，物流运作过程中节约的潜力很大，合理地设置和安排运输线路、库存量、送货方式、供应网络、监控系统等对于提高企业效率和降低经营成本具有重要作用。而现代物流信息技术的应用，能够实现物流全过程的协调、控制和管理，能够实现信息的快速、准确、实时地收集、传递和处理，物流供求双方之间的协调与合作能够在尽可能短的时间内完成，实现从网络前端到最终端客户的所有中间过程服务，减少

过程差错的产生和商品损耗，提高作业精度和效率，加速资金周转速度，从而提高第三方物流的运作效率。

3) 提高物流市场的把握能力

随着市场的进一步深化，物流市场需求表现出多样化和差异化的特征，不仅包括传统的运输、仓储、配送、采购的环节，同时各式各样的增值服务层出不穷，如进出口代理服务、资金流服务、商务服务、虚拟生产服务、深度服务网络等。这些增值服务需求的把握和实现，需要利用现代物流信息技术，特别是电子商务在物流企业中的应用，通过电子商务把自己上下游客户的全部业务集中起来，进行实时联网，完成采购、销售、仓储、运输、结算、商务等一体化供应链业务，从而实现对物流市场需求的全面把握，提升企业市场反应能力，并且有针对性地开发服务品种，以帮助企业实现全方位、全时空的服务，体现物流企业与上下游发展战略伙伴关系的供应链联盟战略构想。

4) 加快物流产品创新和过程创新

物流业务创新是从仓储、运输，过渡到配送、流通加工，直至向客户服务延伸、向制造支持延伸等乃至无穷尽的创新空间。第三方物流服务的关键在于增加客户价值，而物流的具体服务方式是不定的，根据客户的需求不同，物流的实际服务内容往往是不同层次物流产品的灵活组合。这种差异化组合就是物流产品创新和过程创新的具体表现。而物流信息化能够有助于各种物流服务的系统集成，它通过现代物流技术和管理技术，将节点企业内部供应链及节点企业之间的供应链有机地集成起来进行一体化管理，客户只需要一家集成物流服务供应商，就可以实现“一站到位”服务。物流服务提供商通过现代物流管理信息系统进行过程创新，实现了与客户的实时沟通，推动了整个物流业务的准时化、同步化运作的顺利实行。

5) 提高第三方物流企业的管理水平

物流企业信息化不仅仅是硬件本身，更重要的是与管理的有机结合，将先进的管理理念、管理制度和方法引入到管理流程中，进行管理创新。信息化建设的最直接体现就是管理创新，信息化建设所成立的平台为管理者、决策者提供了大量的信息，管理决策者可以基于这些信息做出及时准确的判断和决策。通过物流企业管理诊断，利用信息技术对企业的管理流程进行改善、再造，实现物流、信息流、资金流的协同统一，能够提高物流服务质量、高效配置资源、实现智能化物流。通过物流信息化平台，能够实现企业全员绩效考核，提升员工工作积极性与主动性，实现企业管理指令的及时传递与即刻执行，保证企业管理制度的有效执行。物流信息化能够促进物流操作流程的标准化、规范化和自动化，统一管理，达到提高操作效率和服务质量的目的。

8.4 物流信息化发展的需求

8.4.1 我国物流信息化需要迅速发展的原因

我国正处于全面推进信息化的进程之中，所以物流领域的信息化既带有一般行业信息化的共性，也有其特性。分析近年来现代物流信息化在我国得以迅速发展的原因，主要来自于3个层面的因素。

1. 基础信息化需求仍是主流

由于信息技术、网络技术的普及和发展，特别是互联网技术解决了信息共享、信息传输的标准问题和成本问题，使得信息更广泛地成为控制、决策的依据和基础，因此只要解决信息的采集、传输、加工、共享，就能提高决策水平，从而带来效益。在这个层面上可以不涉及或少涉及流程改造和优化的问题，信息系统的任务就是为决策提供及时、准确的信息。这是所有行业信息化的共性问题、基础问题。物流企业同样也不例外。

2. 涉及流程改造的信息化需求日渐突出

企业在利益机制的驱动下，不断追求降低成本和加快资金周转，将系统论和优化技术用于物流的流程设计和改造，融入新的管理制度之中。此时的信息系统作用有二，其一是固化新的流程或新的管理制度，使其得以规范地贯彻执行；其二是在规定的流程中提供优化的操作方案，如仓储存取的优化方案、运输路径的优化方案等，此时信息系统作用主要在于固化管理和优化操作。此类信息化建设涉及流程，因此带有明显的行业特点。

3. 供应链的形成和供应链管理的作用上升，其中物流管理是其主要组成部分

要解决的问题是提高整个供应链的效率和竞争力，主要是通过对上下游企业的信息反馈服务来提高供应链的协调性和整体效益，如生产企业与销售企业的协同、供应商与采购商的协同等。物流信息系统不仅是供应链的血液循环系统，也是中枢神经系统。供应链的基础是建立互利的利益机制，但是这种机制需要一定的技术方案来保证，信息系统在这里的主要作用是实现这种互利机制的手段。例如，销售商的库存由供应商的自动补货系统来管理，生产商的生产计划根据销售商的市场预测来安排等。

3 个层次的需求是由浅入深的，在我国的发展也是逐渐展开的。后一阶段往往以前一阶段的基础为起点，即流程改造和过程的优化控制是要有信息化基础为起点，而供应链的形成和供应链管理又要以各企业流程设计和运行优化为基础。由于我国现在是利用后发优势，希望通过更短的过渡时间走过许多跨国公司几十年甚至上百年的历史，所以常常三步并作一步走，这方面也有许多成功的例子，说明处理得好可以缩短这个进程。但是如果处理不好，不能对症下药，反而会适得其反，甚至伤筋动骨。我国目前在推广现代管理技术的时候，ERP 的失败率很高，很重要的原因就是没有弄清三个层面的需求，也没有搞清楚自己究竟在哪一个阶段，要解决的主要矛盾是什么，就盲目开方下药。

8.4.2 循序渐进的信息化之路

从总体上来看，我国绝大部分的物流企业，特别是中小物流企业仍处于第一个阶段，即要用少量的投资，解决业务各流程的信息化问题，目标是建立决策依赖信息、数据的机制，其中特别是将财务核算深入到各业务环节去。此类需求占企业的主体。少部分基础较好的物流企业已经进入了第二层需求，即优化流程设计和运行操作。这样的企业有较好的经营管理机制，较好的信息化基础，可以为流程再造提供制度保证和数据基础。此类需求占企业总需求的比例虽然还不大，但增长比较快。进入第三层的我国物流企业目前还是凤毛麟角。但是并不是说供应链思想在我国不适用，如果有意识地宣传、探索供应链理论和实践，可以加快我国现代物流和供应链管理的发展。

目前，绝大多数物流企业还处在以信息化的基本内容为主的系统建设阶段。例如，大

型制鞋企业奥康集团采用了用友公司的网络分销管理系统，实现了以信息为基础的经营决策机制，有效地解决了信息不通畅的问题。最直接的效果，也是更关键的，就是可以使企业对市场变化的反应更灵活，从而抓住稍纵即逝的商机。可以说，这是当前制造企业、分销企业的物流信息系统中最典型、最基础的应用之一。在这里，我们看到的是利用信息技术建立的一种决策依赖于信息的机制。

由于采用了科学的物流成本效益核算方法，使物流成本和效益分摊至各物流环节，通过系统的分析，为改善物流流程提供决策数据，不断分析、改善，使物流系统的运作和总体物流效益逐步趋向最优化。

一般来说，流程的改造必然会涉及企业组织结构和制度的变革，难度比较大，所以经常是一个个环节分步实施，逐步完善的。以流程改造为主、具有较强操作优化功能的系统多数是在供应链的一些关键环节上突出表现出来的，如集中采购、集中库存、运输优化管理等。一汽集团的采购供应链管理系统就是这样的一个较为典型的系统。在上马系统之前，一汽集团的零配件采购分散在许多部门，管理分散、采购政策和标准不统一、采购行为不规范，造成物资资源“散、乱、差”的局面。经过流程改造，确定了集中采购的新模式，成立集团采购部，建立采购资源网。经过实践运行，这套系统得到用户一汽集团采购部的好评，也取得明显的经济效益。许多例子证明，集中采购一般可以降低采购成本的 5%～10%。

再比如，东风汽车股份有限公司(以下简称东风股份)开发的整车仓储电子化管理项目是操作过程优化的一个典型系统。该系统根据优化理论，建立了一套数学模型，可以在仓储面积、车型集中管理和存取顺序等多项约束条件下进行仓储方案的优化，确保每天的运行都在高效率、低成本的状态，常年运行下去的效益是十分可观的。可以说，信息系统能否在线地提供高效、优化的操作运行方案是衡量物流系统水平高低的一项重要标准，因为这些系统每天都在运行，积累的效益(或者是损失)是巨大的。

典型的供应链管理系统在国内物流企业中凤毛麟角，但有一个值得关注的特点是，制造业企业的物流信息系统多半是 ERP 的某种延伸，连锁分销企业的物流信息系统则是其核心竞争力的支柱。这一点说明制造业的物流外包在短期内可能发展的不会很快。

8.4.3　物流行业信息化需求的特点

信息化是现代物流的基础与发展核心，也是物流业务运营的神经中枢。近年来，在客户要求、企业发展、行业竞争和政府引导等多方驱动之下，物流企业的信息化投入和信息化水平都保持了较快的增长。由于我国现代物流起步晚，从总体上看，我国物流企业的信息化水平尚处于较低层次。随着中国现代物流的进一步发展，中国物流企业的日趋成熟，物流信息化建设必须与之配套发展。目前，我国物流行业未来信息化建设主要的需求特点表现在以下几个方面。

1. 高效决策，需要综合决策分析支持平台的支撑

集团化企业结构复杂，下属企业多、产权结构复杂，业务经营信息复杂、零乱，缺乏有力的信息集成和决策平台支撑，不能有效地整合经营管理数据，难以对企业经营中存在的风险进行预警，难以对业务单元进行客观、有效的绩效评价。

2. 集团化、综合化、多元化经营，集团管控风险显著增大

为了更有效地整合资源，降低成本，实现大型集团规模经济、范围经济、风险分散和协同效应的优势，许多公司都慢慢走向集团化、多元化经营，同时，面对自身经营及来自

客户需求变化带来的风险，如何快速地反映和评估，也对集团风险管控体系提出了更高的要求。

3. 集团结构复杂，财务管理难度加大

物流集团与下属企业及各下属企业之间内部财务系统分立，缺乏集团和下属企业之间的协同，集团财务管理难度加大。而且还需要建立会计集中核算体系，加强成本管理、预算管理、资金管理和财务分析等功能来解决集团财务管理的难题。

4. 专业物流人才缺乏是现代物流发展的瓶颈，需建立战略人力资源管理

解决我国中高级专业物流人才缺乏的问题，除了教育培养需跟上经济发展的脚步，更重要的是在整个社会建立专业物流人才的合理资源管理体系，这就要求物流企业充分建立科学的人力资源管理和培养体系，强化物流企业人力资源建设，保障企业核心竞争力。

5. 物流基础设施投入大，采购分散，集团资产管理困难

集团缺乏合理有效的总体规划，对于其集团内部各分公司投资物流项目开发、物流基础设施建设等方面管控不到位，且物流基础设施投入巨大，导致内部各公司在物资采购上各自为政，资产管理成本居高不下，资源重复投入现象严重。

6. 业务运营能力有待提高，经营面临挑战

物流业务涉及的面广、过程长，对资源的整体协调能力要求较高，由此需要发挥集团各网点的资源整合优势，合理有效地调用集团内外资源；针对物流“产品”服务的特殊性，要求协同建立物流服务质量标准化和一体化体系，从而提供综合性、标准化和一体化的服务；针对客户多样化需求，需要物流企业能够提供不同客户不同需求的定制物流服务，为特定的客户定制不同的作业服务流程，从而满足客户多样化、更贴身的服务需求。

7. 信息系统分散、缺乏有效集成

物流行业涉及的面非常广，涉及军事、生产、流通、消费等领域，且物流过程长，涵盖了几乎全部社会产品在社会上与企业中的运动过程。由于缺乏有效的整体规划，每个不同业务特征基本都有各自的一套系统，由此，物流企业常常仅业务系统就有好几套，各个系统规模和起点不一，而且缺乏有效集成。

8. 支撑电子商务发展的物流系统平台需要重点建设

电子商务是现代商务的重要组成部分，电子商务的开展需要一个有效的现代物流模式提供低成本、高效率、适时适量的服务，这也为物流企业提供了新的发展机遇和挑战。然而，目前两个行业在产业链上相距较远，熟悉电子商务的人不熟悉物流，熟悉物流的人对电子商务知之甚少，故双方都苦苦探索相互结合的途径和切入点，因此需要建立支撑电子商务运作的物流系统，以满足电子商务健康发展的需求。

8.4.4 物流信息化的目标

物流信息化的目标具体包括以下内容。

1. 操作信息化

操作信息化是通过作业自动化、智能化的应用，提高作业效率，减少因人为失误造成的产品次品率和作业安全性。物流企业的操作信息化主要涉及运输工具生产自动化、仓储管理自动化、港口作业自动化等。

运输工具生产自动化包括线路优化、配载作业、移动定位和通信等方面，随着各类技术的发展和完善，目前已形成一整套的智能交通系统。

仓储管理自动化包括自动化仓库设备、进出库管理体系和库存库位信息输出等。

港口作业自动化包括货物进出门警系统、理货自动化系统、装卸自动化系统等。

2. 管理信息化

物流企业的管理信息化，主要包括行政管理系统和业务管理系统两部分，通过实施办公自动化系统(OA)、管理信息系统(MIS)、企业资源规划等，实现行政管理网络化、无纸化，业务管理数字化、合理化。

3. 决策信息化

通过整合管理信息化应用中的各种系统，建立数据仓库，对数据仓库中对应信息的梳理和挖掘，形成决策支持系统，为物流企业决策提供数字化依据。

4. 协同作业信息化

通过采用开发式技术路线设计整个业务管理系统，与客户、合作伙伴和政府监管机构，构成协同作业体信息流，全面降低合作风险，提高协同作业效率，获取增值利润。

5. 客户服务与电子商务

通过建立统一的电子商务平台，引入电子订舱、货物跟踪、网上仓库、网上订票、网上采购等系统，全方位发展物流电子商务和提高客户服务质量，实现以客户为中心的现代物流作业体系。

总之，物流信息化可以归纳为以下三大目标。

(1) 自动化目标，即运用信息技术部分或全部地取代以人工方式进行的活动和业务职能，提高效率和降低成本。

(2) 合理化目标，即应用信息技术全面改造物流业务工作流程，整合企业资源，全面提高经营管理水平。

(3) 资产增值目标，即利用信息系统重塑企业的管理模式和经营理念，改变企业的产品和服务领域，创造出新的竞争优势和经济增长点。

8.5　现代物流信息化的建设

8.5.1　构建物流管理信息系统

1. 物流管理信息系统概述

物流管理信息系统是企业物流管理信息系统的基础，也是企业信息化的基础。它利用信息技术对物流中的各种信息进行实时、集中、统一的管理，实现信息流对物流、资金流的控制与协调。

随着物流技术与理念的发展和不断更新，物流管理信息系统分为三个层次。

1) 信息处理层次

信息处理层次的LIMS(laboratory information management，实验室信息管理系统)主要解决物流信息的采集、储存、加工与共享，实现物流业务的信息化，从而提高企业的决策水平，给企业带来效益。在此层次上不涉及流程、改造和优化问题，采用一般的LIMS就可以提供很好的解决方案。

2) 流程优化层次

企业为了不断地追求降低成本和加快资金的周转，将系统论和优化技术用于物流的流程设计和改造，融入新的管理机制中，此时的 LIMS 就需要提供优化的流程解决方案，如运输路径和仓储问题的解决方案。

3) 外部合作层次

随着供应链技术的发展，将 LIMS 与 SCM 相结合日益重要，与外部实体进行业务合作信息交换也日益频繁。在此层次，LIMS 需要服务于企业的供应链管理，以提高整个供应链的效率和竞争力，并为企业与外部实体的合作提供支持。

在上述的 3 个层次中，前一个层次是前提、基础，后一个层次是升华、进步。

2. 物流管理信息系统的特点

随着计算机技术和网络技术的发展，物流信息系统正向着信息分类的集成化、系统功能的模块化、信息采集的在线化、信息存储的快速化大型化、信息传输的网络化、信息处理的智能化及信息处理界面的图形化方向发展。

1) 集成化

物流信息系统将企业的各项在逻辑上相互关联的业务连接在一起，为企业物流活动中的集成化信息处理提供了基础。在系统开发过程中，数据库的设计、系统结构及功能的设计、输入/输出设计、界面设计等都应遵循统一的标准和规范。

2) 模块化

在系统设计中，把物流信息系统划分为许多具有独立功能的模块(子系统)，各个模块通过统一的标准进行开发，然后再集成组合使用。

3) 网络化

物流信息中心将对各地传来的物流信息进行汇总、分类及综合分析，然后通过信息网络把各种分析结果传达至各节点，以指导、协调和综合各节点的业务工作。

4) 智能化

信息技术的飞速发展使得物流信息系统的智能化水平越来越高，先进的物流信息系统应当能帮助企业管理者快速做出正确的决策，如决策支持系统。物流信息系统智能化还是亟待发展和提高的领域，这一领域将是现在和将来物流信息化过程中的一个重要的发展方向。

3. 物流管理信息系统体系结构模式

所谓信息系统模式，就是系统功能组成和各部分的逻辑关系的框架描述，即结构模型和功能模型，描述工具通常用系统层次关系图和系统功能模型图。

1) 管理信息系统模型的特点

管理信息系统模型的特点包括：①不同规模、性质企业的物流管理信息系统的模式不同；②不同主体、不同层次的物流管理信息系统的模式不同；③企业物流与物流企业的物流管理信息系统的模式不同；④不同行业(业态)的物流管理信息系统的模式不同。

解决方案——首先进行业务(服务)模式的抽象，通过物流和信息流程分析来确定层次，再按需求分析划分子系统及功能模块。

2) 建立物流管理信息系统模式的步骤

(1) 准备工作。以供应链的思想、理念为指导，进行需求分析，根据信息系统达到的目标、最佳资源配置，进行业务流程重组、组织机构及功能再造。

(2) 建立层次关系图。通过层次关系图确定系统的层次结构和规模。例如，系统由几个管理层次构成。

(3) 建立功能模块图。通过功能模块图确定每一层的功能结构图。例如，每个子系统的功能模块组成。

(4) 建立逻辑结构图。通过逻辑结构图确定功能模块的逻辑关系。例如，从物流业务流程中进行信息流程的分析、接口分析等。

(5) 明确业务活动。通过业务活动流程图确定每一个功能模块内的业务活动过程。例如，每个业务活动的具体操作——信息采集、存储、加工、传递、汇总等。

3) 物流管理信息系统模式的构建类型

(1) 按信息产生和发挥作用的领域构建物流管理信息系统模式可分为内部事务处理系统、外部的物流业务信息系统。

(2) 按信息的应用性质不同构建物流管理信息系统模式可分为计划信息系统、控制及作业信息系统、信息统计系统、支持信息系统、电子商务平台。

(3) 按活动领域分类不同构建物流管理信息系统模式可分为仓储管理系统、运输控制系统、电子订货系统等。

(4) 按在物流活动中的不同作用构建物流管理信息系统模式可分为订货信息系统、库存信息系统、生产信息系统、发货信息系统。

(5) 按物流管理信息系统的主要功能构建物流管理信息系统模式可分为信息采集系统、信息处理系统、信息传递系统、信息应用系统。

(6) 按物流管理信息系统的层次构建物流管理信息系统模式可分为业务(交易)层、管理控制层、决策分析层。

4. 构建物流信息系统的原则

1) 信息的可得性

物流信息系统所存储的信息，必须具有容易而且持之以恒的可得性，如订货和存货的信息。这包括两个层面的含义，一是信息的存入，物流信息系统必须能够快速而准确地将以书面为基础的信息转化为电子信息，保证第一时间提供最新的信息；二是信息系统应能够向信息需求者提供简易、快捷的获取信息的方式，而不受时空的限制。信息的可得性能够减少企业作业上和制订计划上的不确定性，减少损失和浪费。

2) 信息的精确性

物流信息必须精确地反映企业当前的状况和定期活动，以衡量顾客订货和存货水平。信息精确性的含义既包含了信息本身由书面信息转化为电子信息时的准确性，同时又包含了信息系统上所显示的存量信息与实际存货的一致性。通常，要达到平稳的物流作业要求，企业实际的存货与物流信息系统提供的存货其吻合度必须达到99%以上，信息越是准确，企业不确定性运作情况就越少，缓冲存货或安全存货的需求量也越少，甚至根本就不需要。

3) 信息的及时性

物流信息必须及时提供快速的管理反馈，及时性要求一种活动发生时与该活动在信息系统内可见时的时间耽搁应尽可能小。信息系统必须及时更新系统内的信息，信息更新的时间间隔越长，信息系统所报告的信息与实际情形的偏差就越大，对物流过程和其他活动过程的危害也就越大。

4) 处理异常情况的能动性和主动性

物流信息系统必须以处理异常情况为基础，依托系统来突出问题和机会。管理者通过信息系统能够集中精力关注最重要的情况，包括存量的居高不下或严重不足，促使管理者做出相应的决策。

5) 信息系统的灵活性

物流信息系统必须具有高度的灵活性，以满足用户和顾客的需求。因为顾客的广泛性和需求的多样性，他们对信息的需求也是不尽相同，企业物流信息系统必须有能力提供能迎合特定顾客需要的数据。

6) 系统界面的易操作性

物流信息系统必须是友善和易于操作的，这一方面是为了使管理者便于使用操作，同时也可提升工作效率。适当的系统界面要求提供的物流信息要有正确的结构和顺序，能有效地向决策者提供所有相关的信息，避免管理者通过复杂的操作才能达到相应的要求。

5. 物流管理信息系统技术架构

1) 物流管理信息系统技术架构的地位及特性

物流管理信息系统的技术架构是底层架构，不是整个信息系统的体系结构或系统的 IT 架构。底层技术平台是为基础数据平台、业务逻辑平台、信息门户平台服务的，必须以信息资源规划、物流企业建模为依据。不然，就会本末倒置。

这里所谓的物流信息平台的技术架构，主要是指网络体系结构，即与不同需求与体系结构模式的物流信息相适应的系统网络硬件与软件平台。它是物流管理信息系统开发与应用的环境，但不是核心和成败的关键。

企业系统架构与企业的内部组织、流程和业务模型密切相关，它不同于其他软件架构，它必须完成一些非常特殊的要求。企业架构有以下特性。

(1) 简单性。企业系统架构必须简单易用，以保证关键人员之间能有效沟通。例如，很多人都要参与企业软件的规范制定和构建，包括职能部门的 IT 协调员及技术架构师。不同角色的人对软件有不同的看法，掌握的技术也可能不同。所有参与者都必须能够根据各自分工理解和管理结构。

(2) 灵活性和可维护性。企业系统必须经常改变，以适应市场变化，遵守新的法律条款，或满足业务重组的需求，企业系统架构必须定义意义明确的组件。本地更改不影响全局系统，若一个组件的外部 API(application programming interface，应用程序编程接口)没有变化，那么这个组件内部的变化不应该影响组件以外的操作。必须认真设计组建的外部接口，要使接口尽量通用，而不能只局限于一种使用环境。最后，组件内部实现必须便于维护，允许有添加或修改功能。

(3) 可重用性。为了尽量挖掘软件资产的好处，企业希望创建一系列有用的构件，并不断重用它们。重用有两个明显的优势：能共享不同项目的代码库的通用功能，以降低开发和维护成本；能在多个应用程序间实时地共享数据，以减少内容冗余。

(4) 将功能与技术分开。企业系统架构必须将企业组织与技术分开。业务应用程序的周期长，而底层技术的更新周期短，所以不能绑定在一起。如果企业系统架构的实际周期是技术更新周期的两倍或者三倍，则不仅要考虑技术的变化，还要考虑安装技术的实际使用周期。企业系统架构必须能承受异质性和技术基础结构的更改。另外，业务功能的开发必须与底层技术分开，或者说，企业系统架构不能依赖于特定的产品，并避免供应商垄断。

2) 物流管理信息系统底层技术架构的分类

(1) C/S(client/server)结构。即客户/服务器结构，是局域网中运行数据库应用程序常采用的形式。三层 C/S 结构分为三部分：客户端、中间层和数据库服务器。三层结构的 C/S 模式如图 8.1 所示。

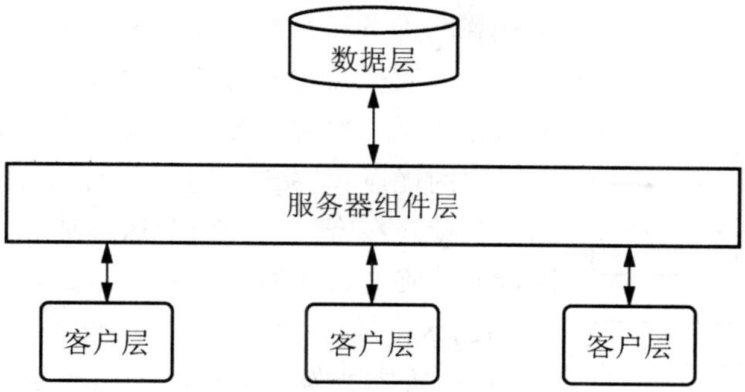

图 8.1　三层 C/S 模式

客户层为第一层。是用户与系统间交互信息的窗口，为以后的处理收集数据，向第二层的服务器组件层请示调用核心服务处理，并输出结果。

服务器组件为中间层。这些组件由中间层管理，实现核心业务逻辑服务，包括了系统中核心的和易变的业务逻辑(算法、流程、模式等)，并将这些服务按名字广播，管理并接受客户的输入，处理后返回结果。

数据层构成模型的第三层，即关系数据库(DBMS)，负责管理应用系统的数据资源，对数据库的读写和维护，完成数据操作，如数据的更新和检索。

三层 C/S 结构的优点：其一，可重用性好。中间层作为一个相对独立的组件，它的使用不局限于某一个系统，还可以在其他系统中使用；其二，可维护性好。由于应用逻辑被封装到中间层，因此，当应用逻辑发生变化时，仅需修改中间层的程序，客户端的应用程序不必更新，系统维护的代价大大降低。

(2) B/S(browser/server)结构。B/S 三层体系结构采用三层浏览器/服务器结构，在数据管理层(server)和用户界面层(client)之间增加了中间件(middleware)层结构，使整个体系结构成为三层。中间件提供了以下主要功能：负责客户机与服务器、服务器与服务器间的连接和通信；实现应用与数据库的高效连接；提供一个三层结构应用的开发、运行、部署和管理的平台。这种三层结构在层与层之间相互独立，任何一层的改变不会影响其他层的功能。三层结构的 B/S 模式如图 8.2 所示。

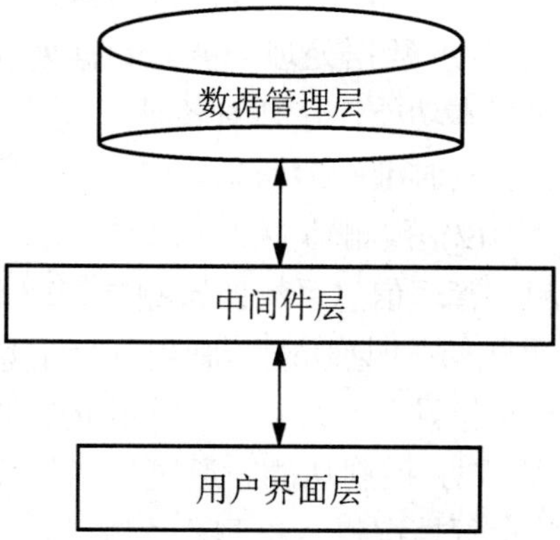

图 8.2　B/S 三层模式

在这种结构下，用户工作界面是通过互联网浏览器来实现，极少部分事务逻辑在前端(browser)实现，但是主要事务逻辑在服务器端(server)实现，形成所谓的三层结构。这就大大简化了客户端计算机载荷，减轻了系统维护与升级的成本和工作量，降低了用户的总体成本(TCO)。

以目前的技术看，局域网建立 B/S 结构的网络应用，并通过 Internet/Intranet 模式管理和应用数据库，相对易于把握，成本也较低。它是一次性到位的开发，能实现不同的人员，从不同的地点，以不同的接入方式(如 LAN、WAN、Internet/Intranet 等)访问和操作共同的数据库；它能有效地保护数据平台和管理访问权限，服务器数据库也很安全。特别是在 Java 这样的跨平台语言出现之后，B/S 架构管理软件更加方便、快捷、高效。

(3) C/S 与 B/S 混合结构。C/S 结构与 B/S 结构都存在不可避免的局限，很多软件供应商注意到了软件架构的争论，人们不禁要问：是否有可能将两者的优势融合呢？答案是肯定的。智能客户端恰好能克服它们存在的问题，将 C/S 应用程序的优点和 B/S 应用程序的部署和可管理性优点结合起来，使之在资源的利用上达到某种平衡，从而提高用户满意度，降低总体拥有成本。

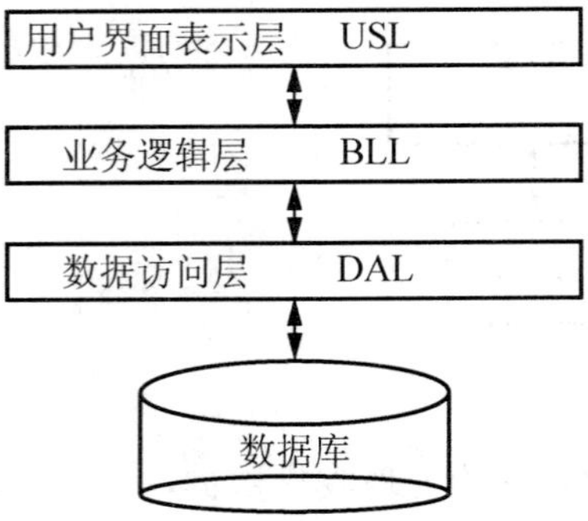

图 8.3　Net 的三层架构图

(4) Net 三层架构。Net 的三层架构为数据访问层(DAL)、业务逻辑层(BLL)、用户界面表示层(USL)，如图 8.3 所示。

各层的作用包括以下内容。

① 数据访问层是对原始数据(数据库或者文本文件等存放数据的形式)的操作层，而不是指原始数据，也就是说，是对数据的操作，而不是数据库，具体作用是为业务逻辑层或用户界面表示层提供数据服务。

② 业务逻辑层主要是针对具体问题的操作，也可以理解成对数据访问层的操作，对数据业务逻辑进行处理，如果说数据访问层是积木，那业务逻辑层就是对这些积木的搭建。

③ 用户界面主要表示成 Web 方式，也可以表示成 WinForm 方式，其中 Web 方式也可以表现成扩展名为.aspx 的文件，如果业务逻辑层相当强大和完善，

无论用户界面表示层如何定义和更改，业务逻辑层都能完善地提供服务。

6. 物流管理信息系统的功能

(1) 数据处理功能。数据处理是管理活动的基本内容，也是物流信息系统的首要任务和基本功能，包括对各种形式的数据进行收集、传输、加工、存储、维护，以便向管理者提供及时准确的信息。

(2) 预测功能。预测是运用一定的数学方法和预测模型，利用历史数据对未来进行预测。管理信息系统的预测是管理计划和管理决策工作的前提。

(3) 计划功能。利用管理信息系统的数据，对各种具体工作进行合理的计划和安排，它是指导各管理层高效工作的前提和依据。

(4) 控制功能。通过信息的反馈可以对整个企业生产经营活动的各个部门、各个环节的运行情况进行检测、协调、控制，保证系统的正常运行。

(5) 辅助决策和决策优化功能。物流信息系统不仅能为管理者提供相关的决策信息，从而达到辅助决策的目的，而且可以利用各种半结构化或者非结构化的决策模型及相关技术进行决策优化，为各级管理层提供各种最优解，以便合理利用企业资源，提高企业的经济效益。

7. 典型的物流管理信息系统

1) 运输管理信息系统

运输管理信息系统就是在物流业务活动中，凡是有关运输方面的物流信息，都归类为运输信息系统工程，由主管运输业务的部门进行管理。运输信息系统能够协调管理人员进行资源分配、作用分配、路线优化等操作，同时运输系统与 GPS/GIS 等系统进行无缝连接，再充分利用条形码系统来实现自动配载、跟踪等业务。

2) 仓储管理信息系统

仓储管理信息系统是仓储管理信息化的具体形式，它在我国的应用还处于起步阶段。从应用角度看，国内企业应用的仓储信息系统主要包括以下三类。

第一类是基于典型的配送中心业务的应用系统，在销售物流中如连锁超市的配送中心，在供应物流中如生产企业的零配件配送中心，都能见到这样的案例。北京医药股份有限公司的现代物流中心就是这样的一个典型。该系统的目标，一是落实国家有关医药物流的管理和控制标准 GSP 等；二是优化流程，提高效率。系统功能包括进货管理、库存管理、订单管理、拣选、复核、配送、RF 终端管理、商品与货位基本管理信息等功能模块；通过网络化和数字化方式，提高库内作业控制水平和任务编排。该系统把配送时间缩短了 50%，订单处理能力提高了一倍以上，还取得了显著的社会效益，成为医药物流的一个样板。此类系统多用于制造业或分销业的供应链管理中，也是库存信息系统中最常见的一类。

第二类是以仓储作业技术的整合为主要目标的系统，解决各种自动化设备的信息系统之间整合与优化的问题。武钢第二热轧厂的生产物流信息系统即属于此类，该系统主要解决原材料库(钢坯)、半成品库(粗轧中厚板)与成品库(精轧薄板)之间的协调运行问题，否则将不能保持连续作业，不仅放空生产力，而且还会浪费能源。此类系统设计的流程相对规范、专业化，多出现在大型 ERP 系统之中，是一个重要组成部分。

第三类是以仓储业的经营决策为重点的应用系统，其鲜明的特点是具有非常灵活的计费系统、准确及时的核算系统和功能完善的客户管理系统，为仓储业经营提供决策支持信息。华润物流有限公司的润发仓库管理系统就是这样的一个案例。此类系统多用于一些提供公共仓储服务的企业中，其流程管理、仓储作业的技术共性多、特性少，所以要求不高，适合对多数客户提供通用的服务。

8.5.2　物流中心与信息处理中心一体化

1. 物流中心的概述

国家标准《物流术语(GB/T 18354—2006)》对物流中心做了以下定义：物流中心是从事物流活动的场所或组织。应基本符合下列要求：主要面向社会提供公共物流服务；物流功能健全；集聚辐射范围大；存储、吞吐能力强；对下游配送中心客户提供物流服务。

1) 典型物流中心

总结现有的物流设施，典型的物流中心主要有以下几类。

(1) 集货中心。是将分散生产的零件、生产品、物品集中成大批量货物的物流据点。这样的物流中心通常多分布在小企业群、农业区、果业区、牧业区等地域。集货中心的主要功能是有以下几个。

① 集中货物，将分散的产品、物品集中成批量货物。

② 初级加工，进行分拣、分级、除杂、剪裁、冷藏、冷冻等作业。

③ 运输包装，包装适应大批量、高速度、高效率、低成本的运输要求。

④ 集装作业，采用托盘系列、集装箱等进行集装作业，提高物流过程的连贯性。

⑤ 货物仓储，进行季节性存储保管作业等。

(2) 送货中心。是将大批量运抵的货物换装成小批量货物，并送到用户手中的物流据点。送货中心运进的多是集装的、散装的、大批量的、大型包装的货物，运出的是经分装加工后的小包装的货物。此类物流中心多分布在产品使用地、消费地或车站、码头、机场所在地。其主要功能有以下三个：①分装货物，大包装货物换装成小包装货物；②分送货物，送货至零售商、用户；③货物仓储等。

(3) 转运中心。是实现不同运输方式或同种运输方式联合(接力)运输的物流设施，通常称为多式联运站、集装箱中转站、货运中转站等。转运中心多分布在综合运输网的节点处、枢纽站等地域。这类物流中心的主要功能有以下三个。

① 货物中转，在不同运输设备间进行货物装卸中转。

② 货物集散与配载，集零为整、化整为零，针对不同目的进行配载。

③ 货物仓储及其他服务等。

(4) 加工中心。将运抵的货物经过流通加工后运送到用户或使用地点，这类物流据点侧重于对原料、材料、产品等的流通加工需要，配有专用设备和生产设施。物流过程的加工特点是将加工对象的仓储、加工、运输、配送等环节形成连贯的一体化作业，这类物流中心多分布在原料、产品产地或消费地，经过流通加工后的货物再通过专用车辆、专用设备(装置)及相应的专用设施进行作业，如冷藏车、冷藏仓库、煤浆输送管道、煤浆加压设施、水泥散装车、预制现场等，可以提高物流质量、效率并降低物流成本。

(5) 配送中心。是将取货、集货、包装、仓库、装卸、分货、配货、加工、信息服务、送货等多种服务功能融为一体的物流据点，也称为配送中心(城市集配中心)。配送中心是物流功能较为完善的一类物流中心，多分布于城市边缘且交通方便的地带。

(6) 物资中心。是依托于各类物资、商品交易市场，进行集货、储存、包装、装卸、配货、送货、信息咨询、货运代理等服务的物资商品集散场所。一些集团企业的物流中心，就是依托于各类物资交易市场而形成的。全国一些有影响的小商品市场、时装市场、布匹市场等也初步形成了为用户提供代购、代储、代销、代运及其他一条龙相关服务的场所和组织，有的已经成为全国性的针对小商品、布匹、时装等的专业性物流中心。目前，此类物流中心的电子信息技术应用水平还很低。

众多不同类型的物流中心说明，社会经济背景不同，经济地理、交通区位的特征也不同。物流对象及其性质也不同，所形成的物流中心模式也不同；但是不同类型的物流中心应当充分履行其在物流系统化中的功能，既要满足各层次物流的需要，又要避免物流设施重复建设的浪费。

对第三方物流经营者而言，以货运枢纽站场、货运站为依托，建立区域物流中心、城市集配中心，是借助原货运业优势展开延伸服务的基本方式。将原单一功能的集货、送货、中转、贸易中心因地制宜地加以完善，使其成为具有衔接干线运输，能进行城市、厂区配送作业等多功能的物流中心，也是较有利的选择。

2) 物流中心的功能

物流中心的主要功能是大规模集结、吞吐货物，因此必须具备运输、储存、保管、分拣、装卸、搬运、配载、包装、加工、单证处理、信息传递、结算等主要功能，以及贸易、展示、货运代理、报关检验、物流方案设计等一系列延伸功能。

(1) 运输功能。物流中心需要自己拥有或租赁一定规模的运输工具，具有竞争优势的物流中心不只是一个点，而是一个覆盖全国的网络。因此，物流中心首先应该负责为客户选择满足客户需要的运输方式，然后具体组织网络内部的运输作业，在规定的时间内将客户的商品运抵目的地。除了在交货点交货需要客户配合外，整个运输过程，包括最后的市内配送都应由物流中心负责组织，以尽可能方便客户。现代的运输需求就是这样。

(2) 储存功能。物流中心需要有仓储设施，但客户需要的不是在物流中心储存商品，而是要通过仓储环节保证市场分销活动的开展，同时尽可能降低库存占压的资金，减少储存成本。因此，公共型物流中心需要配备高效率的分拣、传送、储存、拣选设备。

(3) 装卸搬运功能。这是为了加快商品在物流中心的流通速度而必须具备的功能。公共型的物流中心应该配备专业化的装载、卸载、提升、运送、码垛等装卸搬运机械，以提高装卸搬运作业效率，减少作业对商品造成的损毁。

(4) 包装功能。物流中心包装作业的目的不是要改变商品的销售包装，而在于通过对销售包装进行组合、拼配、加固，形成适于物流和配送的组合包装单元。

(5) 流通加工功能。主要目的是方便生产或销售，公共型物流中心常常与固定的制造商或分销商进行长期合作，为制造商或分销商完成一定的加工作业。物流中心必须具备的基本加工职能有贴标签、制作并粘贴条形码等。

(6) 物流信息处理功能。由于物流中心现在已经离不开计算机，因此将在各个物流环节的各种物流作业中产生的物流信息进行实时采集、分析、传递，并向货主提供各种作业明细信息及咨询信息，这对现代物流中心而言是相当重要的。

从一些发达国家的物流中心的具体实例来看，物流中心还具有以下一些增值性功能。

(1) 结算功能。物流中心的结算功能是物流中心对物流功能的一种延伸。物流中心的结算不仅仅只是物流费用的结算，在从事代理、配送的情况下，物流中心还要替货主向收货人结算货款等。

(2) 需求预测功能。自用型物流中心经常负责根据物流中心商品的进货、出货信息来预测未来一段时间内的商品进出库量，进而预测市场对商品的需求。

(3) 物流系统设计咨询功能。公共型物流中心要充当货主的物流专家，因而必须为货主设计物流系统，代替货主选择和评价运输商、仓储商及其他物流服务供应商。国内有些专业物流公司正在进行这项尝试，这是一项增加价值、增加公共物流中心的竞争力的服务。

(4) 物流教育与培训功能。物流中心的运作需要货主的支持与理解，通过向货主提供物流培训服务，可以培养货主与物流中心经营管理者的认同感，可以提高货主的物流管理水平，可以将物流中心经管理者的要求传达给货主，也便于确立物流作业标准。

2. 现代物流中心应同时也是信息处理中心

现代物流中心是替不同的企业做不同业务范围的物流管理、配送工作，是一个多元化和社会化的大系统，在管理上难度很大，其业务的特点包括以下内容。

(1) 它是介于供应商与用户之间，既要为供应商提供物流服务，同时也扮演从用户到供应商之间的信息传递中心角色。

(2) 现代物流中心不仅提供本国范围的物流服务，同时也提供国际物流服务，这就要求现代物流中心也必须在巨大的时空内提供服务，解决这一问题只能依赖现代物流中心的信息处理系统。

(3) 现代物流中心要面对大量的供应商和用户，处理的产品品种众多，数量不一，要提供完善的物流服务，必须采用信息化管理。

除了以上几个业务特点体现了信息处理对现代物流中心的重要性外，从现代物流中心的基本功能上更能进一步地说明现代物流中心对信息处理的依赖性。一是物流中心的运输功能，现代物流中心提供的覆盖全国，甚至全球的服务网络，在全国或全球范围内将会建立无数个服务网点，物流中心要有效地对这些服务网点进行指挥和控制，只有通过信息化管理才能达到，在运输的时间、路线和方式上满足客户的要求；二是现代物流中心的存储、装卸和搬运功能，物流中心通过建立仓储系统以保证市场分销活动的顺利进行，在仓储系统中，要配备高效率的分拣、传送、储存等设备，这就要求产品管理信息化(编码和建立数据库)，所用设备必须具有信息处理功能，同时还要有先进的管理信息系统，包括信息的生成、加工及处理，利用快速、准确的信息流来指挥仓储系统的各种活动；三是现代物流中心的结算功能，现代物流中心除了自身提供服务的财务结算外，同时还要替货主向收货人进行货款结算，由于现代物流中心整个系统投入巨大，只有当经营规模达到盈亏平衡点之上时才有获利的可能，因此现时有的欧美大型物流中心经营的产品可达数十万种，如此庞大的品种数目加之每天不断地进库与出库，物流中心每天要完成这样大量的财务结算，唯一的可能就是借用计算机信息处理系统。

再者，电子商务时代的来临将使传统的物流与商流、信息流重新整合。传统的物流是与商流、信息流相分离的，即三流分离，商流解决的是商品价值与使用价值的实现，即所有权的转移；物流解决的是商品生产地与销售地的时空位移；信息流解决的是商流与物流之间的信息传递，三者之间纵横交错、相互交织，由于三流之间运作的相对独立性，导致传统物流、商流和信息流的运作效率较低，成本居高不下，浪费惊人，无法满足现代社会人们对快速、准确、及时的物流服务的要求。因此，现代物流已趋向于同商流和信息流一体化的趋势，通过构建现代物流中心同时也是信息处理中心这一全新的现代物流体系，使商流、物流和信息流在物流信息系统的支持下同一时间发生流动，从而完成提供准确和及时的物流服务之目的。

3. 物流中心信息化的影响

电子信息技术改造了传统的流通环境、经营手段、经营方式和经营服务等内容，电子信息网络支持遍布从市区、市郊至全国、全世界的连锁店，以实现规模化、自动化、信息化。物流中心之所以能正常运作并迅速发展，与信息网络技术的成熟应用，实现自动化货仓、电子订货(补货)、EDI、MIS、在线配送等无线交易分不开的。以计算机和通信技术为基础的管理信息系统是企业管理现代化的重要标志也是现代物流的重要特点，它对物流中心有下述几方面的深远影响。

1) 管理方法科学化

建立企业 MIS 之后，可以充分发挥计算机运算速度快、数据存储容量大、通信设备信息传送速度快等优点。这样，一方面可以利用数学模型对企业的管理活动进行模拟，或采用各种计算的方法进行定量分析，以提高管理决策的准确性和科学性，使管理工作更加精确有效；另一方面，可以对过去的大量数据进行分析、总结，找出规律，用来预测未来，使管理工作由粗变细，由事后管理向实时管理方向发展，做到事前有预测，使管理工作由被动状态逐渐变为主动。

2) 加强企业管理的基础工作

企业 MIS 是对企业内外的大量数据进行收集、加工处理，为企业领导提供有用信息的系统。它要求输入系统的数据准确、完整，以反映客观真实情况；系统的处理应科学严密，这样，输出的信息对管理才有指导意义。如果一个企业管理混乱，不科学，原始数据不全、不准，则输出信息也是毫无价值的。因此，建立企业 MIS，必然会促进企业加强管理的基础工作，从根本上改变企业决策数据支持的被动局面。

3) 管理体制合理化

信息是企业管理的资源，是各级管理人员决策的重要依据。企业管理的过程实际上是对信息的处理过程。现行的管理体系对信息的处理仍是传统的人工分散处理，不仅中间层次多，也不便于横向联系，信息不能综合利用。MIS 能使信息由分散处理转变为分布处理和集中控制相结合，从而适应市场经济体制下的管理需求，充分发挥信息综合利用的作用，同时还能提高信息的质量(及时、准确)，大大增加信息的处理量，以满足企业各级管理人员决策所需的信息。特别对于未来管理局部利益与整体利益可能相背离的特点，加大信息收集传递的广度、深度与速度更是现代管理所必需的。

4) 提高管理人员的素质和管理水平

开发 MIS 是对企业人、财、物等资源和商品的购、销、调、存环节在信息处理、工作方式、管理机制、工作习惯等方面的变革。因此，必须促进管理人员思想观念的改变，管理业务水平的提高，才能适应这一变革。开发 MIS 期间，管理人员可从中学习、掌握信息技术。MIS 建成后，根据分析手段和方法对企业的管理活动进行分析，制定改进和提高管理工作效率的措施，即从事信息分析、判断和决策等真正的管理信息分析，充分发挥信息在管理中的作用。

5) 提高企业的经济效益和社会效益

MIS 使企业管理规范化、科学化、高速化，资源利用合理化。从国外的经验来看，它给企业带来的直接经济效益是显著的。由于 MIS 准确、及时提供信息，加强了信息反馈，企业各部门据此合理地组织商品流通，减少库存积压，从而加快资金周转；MIS 对企业内部的资金统一管理，及时掌握、调配使用，提高了资金利用率。

信息技术的广泛运用，市场销售动态信息能够及时、准确地传递及反馈到生产厂家，使经营者做出迅速反应，使产、供、销之间信息交流的时间差、地区差、空间差可以缩小到最低程度，从而使生产和流通中的库存规模大大减少，库存成本大大降低，企业运作效率大大提高。

4. 物流信息化建设的企业案例

1) 海尔集团实施物流信息化建设的做法

(1) 选择成熟的信息化软件。海尔公司于 2000 年 3 月开始与 SAP 公司合作，首先进行企业自身的 ERP 改造，随后便着手搭建 BBP 采购平台经过走引进和开发相结合的路子，最终形成了适合海尔物流的 ERP 系统模式。成熟的软件让海尔物流避免了很多企业按照现状开发定置的系统，只是将原有流程电子化的弊端，使信息系统成为改进和优化业务流程的重要手段。

(2) 建立 B2C 的电子物流模式。B2C(business-to-consumer)模式，即消费者通过网络在网上购物、支付。由于这种模式节省了客户和企业的时间和空间，大大提高了交易效率，同时还为企业争取了更多顾客，降低了交易成本。海尔实行电子信息化的物流模式主要体现在以下几个方面。

① 建立网上订单管理平台。全部采购订单均由网上发出，供货商在网上查询库存，根据订单和库存情况及时补货。

② 建立网上支付系统。目前网上支付已达到总支付额的20%，支付准确率和及时率达100%，并节约近1 000万元的差旅费。

③ 建立网上招标竞价平台。供应商与海尔一道共同面对终端消费者，以最快的速度、最好的质量、最低的价格供应原材料，提高了产品的竞争力。

2) 海尔集团实施物流信息化建设带来的成效

在企业内部实行全员参与、齐心协力，在实施ERP信息系统时，海尔物流开展了全员培训，并对相关操作人员进行了严格的技能考试，考试通过后才能获得上岗证书。物流信息中心也开通了内部培训的网站，详细介绍系统的基础知识，进行业务操作指导及对操作疑难问题的解答等，从而保证了信息系统的使用效果。

习　　题

1. 选择题

(1) 内部信息资源是指物流企业内部经营管理和各个环节产生的信息资源，如物流计划信息、物流财务信息、(　　)、物流仓储信息、物流配送信息等。

A．物流市场信息　　B．物流微观信息

C．物流宏观经济信息　　D．物流运输信息

(2) 按照在物流活动中的不同作用构建物流信息管理系统模式可分为订货信息系统、库存信息系统、生产信息系统、(　　)。

A．发货信息系统　　B．出库信息系统

C．退货信息系统　　D．运输信息系统

(3) 物流管理信息系统的功能包括数据处理功能、计划功能、(　　)。

A．协调功能　　B．预测功能　　C．控制功能　　D．管理功能

(4) 物流中心的功能包括(　　)、储存功能、装卸搬运功能、包装功能、物流信息处理功能。

A．运输功能　　B．保管功能　　C．回收功能　　D．流通加工功能

(5) Net的三层架构为(　　)、业务逻辑层、用户界面表示层。

A．业务流程层　　B．数据访问层　　C．项目开发层　　D．售后服务层

2. 简答题

(1) 简述物流信息化的内涵。

(2) 简述物流企业经营服务单一的主要原因。

(3) 根据现代物流中心的特点，简述现代物流中心应同时也是信息处理中心。

3. 判断题

(1) 物流信息化的根本动力就是增强企业核心竞争力，提高企业的经济效益。 ( )

(2) 物流管理信息系统的技术架构是中层架构，必须以信息资源规划、物流企业建模为依据。 ( )

(3) 辅助决策和决策优化功能属于基于典型的配送中心业务的应用系统。 ( )

(4) 物流管道缩短的直接结果是提高物流系统的快速反应能力。 ( )

(5) 信息化建设的最直接体现就是企业效益的提高。 ( )

4. 思考题

谈谈你对海尔公司的“一流三网”模式的理解。

案例分析

沃尔玛：RFID 的威力

2002 年，就任沃尔玛 CIO 刚满一年的琳达·迪尔曼(Linda Dillman)做了一个重大决定：她着手在这个价值 2.7 万亿美元的零售企业的庞大供应链内部普及 RFID。

使用 RFID 技术之后，这家总部位于美国阿肯色州的全球最大零售企业，可以通过网络追踪商品库存——从中国的供应商一直到遍布世界各地的超市货架。这次技术革新是自山姆·沃尔顿 1984 年发射商业卫星跟踪货物以来最大的一次技术变革。

RFID 是一种具备无线通信能力的小型芯片。RFID 犹如一个微型无线电发射器，它不用电池，能量来自读卡器的电磁场。它传递信息的速度是条形码所不可比拟的：每个读卡器能在 1/4 秒内读出 200 个标签。

由于体积小、成本低，RFID 可以做成薄如纸的标签，直接贴在包装上，或者成为微粒埋入商品内部，从而替代传统的条形码。随着技术的发展，RFID 功能越来越强，价格却越来越便宜。今天美国市场 RFID 芯片的价格为数美分至数十美分，将来随着普及和量产，成本几乎可以忽略不计。

得力于沃尔玛的推崇，全球信息化产业将目光锁定 RFID。以日立、飞利浦、德州仪器等为代表的芯片商，不断推出新型 RFID 产品：微软、IBM 和 Sun 等软件巨头，针对 RFID 所产生的庞大数据流量，提出解决方案；沃尔玛、塔斯科、麦德龙等零售业巨头为 RFID 提供应用环境。

种种迹象表明，RFID 的产业链正在悄悄形成，并快速进入主流。不久前，华尔街分析师宣称，RFID 的总体市场将在未来五年内达到数百亿美元。有统计数据表明，全球年销售额 50 亿美元以上的大企业中，有 70%的企业表示已制订出 RFID 计划，并将于未来的 18 个月内实施；而 25%的企业表示今年将投资 50 万～100 万美元普及 RFID 技术。

有专业人士认为，要想提高物流供应链管理的效益，就必须使供应链上的成员及时获得其他成员和各业务环节上的运行信息，而信息的共享不足就会发生供应链的断裂和效益的低下。

先进的射频技术可以加强这些环节的自动化程度，提高业务运行的自动化程度，大幅度降低差错率，提高供应链的透明度和管理效率。RFID 系统可以实现从商品的设计、原材料的采购、半成品与产成品的生产、运输、仓储、配送，一直到销售甚至退货处理和售后服务等所有供应链上的环节进行实时监控。

讨论题

(1) 简述在此案例中你得到哪些启示。

(2) RFID 技术比条形码技术的优势有哪些？

(3) 通过案例分析，谈谈你对 RFID 技术在物流中应用的看法。

第9章 绿色与低碳现代物流

【本章教学要点】

知识要点	掌握程度	相关知识
绿色与低碳现代物流概述	掌握	绿色与低碳现代物流的概念、目标、特征
绿色与低碳现代物流关系辨析	了解	绿色物流的影响因素及改进方法，绿色与低碳现代物流的辩证关系，绿色供应链的概念与特点
物流过程中的碳排放分析	了解	物流过程中的碳排放现象及经济评价体系
绿色与低碳现代物流发展趋势	了解	国际关注的绿色低碳物流链条，绿色低碳物流利润空间挖掘

导入案例

中远物流探索绿色物流

近年来，中远物流在绿色物流上的探索实践为业界所共睹。一方面，作为领军企业，在低碳物流领域方面做出表率是其职责所在；另一方面，在实行国际化商业模式的进程中，国际知名企业对环保的要求更是推动着中远物流在绿色物流方面不敢有丝毫的懈怠。

例如，一个化工企业客户明确提出，运输车辆过了五年使用期必须更换，以满足碳排放最低的要求；再如和 IBM 联手，提出一些网络规划的特殊技能和优化方案，以减少不必要的行驶里程，并达到减少燃油使用和降低碳排放的目的。可以说，全球知名的五百强企业，如壳牌、拜耳及陶氏等化工企业，无论是其海外项目还是国内项目都对环境保护有着明确的要求，不仅要求物流企业对此做出承诺，而且还会派出专门的团队参与共同讨论环境保护问题及可采取的相关措施。如今，中远物流在发展低碳物流及环境保护方面所采取的相关措施包括高标准建设仓储设施。例如，中远物流在新建仓储设施的废水、污水处理等方面，按照国家相关的要求和标准进行了相应的投入。在化工物流业务中，中远物流在员工安全、道路运输、应急求援，以及防止污水和有毒废气的泄漏等方面进行投入，购置了相应的装备，同时专业团队也按照国际标准进行了装备配备和日常演练等。“一些国外企业也会考虑中国物流企业的实际，在服务费率方面做出一定的成本考量。”叶伟龙告诉记者，公司在绿色物流领域目前以投入为主，还难以见到相应的收益和产出。

讨论题

(1) 中远物流都采取了哪些措施来营造绿色物流？

(2) 还可以采取哪些措施来确保现代物流的绿色低碳环保？

【内容摘要】

绿色与低碳现代物流是建立在可持续发展理论、生态经济学、生态伦理学与循环经济理论基础上的。本章主要介绍了绿色与低碳现代物流的概念、目标、特征，绿色物流的影响因素及改进方法，绿色与低碳现代物流的辩证关系，以及绿色供应链(green supply costing)的概念与特点，物流过程中的碳排放现象及经济评价体系，国际关注的绿色低碳物流链条，以及绿色低碳物流利润空间的挖掘。还讨论了绿色与低碳现代物流的发展能够在物流能力满足社会经济发展适度增长要求的同时又能缓解能源供给压力，有效降低碳强度来实现现代物流领域的能源使用效率的供应链物流。

9.1 绿色与低碳现代物流概述

作为十大行业振兴计划之一的物流业，绿色与低碳现代物流显然已经成为这个领域的热点词汇，这是可持续发展的一个必由之路。

在供应链计划、采购、制造、交付和回收的五个基本流程中，穿插着搬运、运输、包装、仓储、配送等传统物流环节。

物流是以满足客户要求为目的，将产品、服务和相关信息，从起始点到消费点的正向和逆向的流动和储存，进行有效率和有效益的计划执行和控制的供应链过程。而供应链则是物流在管理深度和业务环节的广度方面的扩展。在物流环节中，我们关注的是如何将绿色、低碳、环保的理念和技术融入其中。因此不得不引入最小消耗、最低碳排放等管理理念。而所谓碳排放，是关于温室气体排放的一个总称或简称。温室气体中最主要的气体是二氧化碳，因此用碳(carbon)一词作为代表。

同时，在进入21世纪的今天，我们不能忽略日新月异的信息技术在物流中的改革角色，这也就是现代物流最不同于以往的关键问题。

9.1.1 绿色物流与低碳物流的概念

相比于低碳物流，绿色物流出现时间更早，它的起源可以追溯到绿色革命的兴起。绿色革命指的是人类适应环境与环境协同发展、和谐共进所创造的一切文化和活动。日本在1996年就制定了《流通业务城市街道整备法》，来增强城市物流的绿色化功能。20世纪80年代欧洲开始探索一种新的联盟型或合作式的物流新体系——综合物流管理，来通过合作形式实现原来不可能达到的物流效率进而减少无序物流对环境的影响。

说到低碳物流，不得不提低碳经济的发展，它不仅是新的竞争源也是被大众提及最多的关乎绿色健康的话题。低碳的起源，归结于低碳经济和哥本哈根环境大会对绿色环保问题的倡导。在物流产业中，亟待解决的高空驶率、重复运输、运输方式衔接摩擦过大等问题，也是低碳物流中的关键点，而碳关税也卡在外贸物流的咽喉处。目前，我国是“世界工厂”，又是出口大国，在欧盟、美国对我国食品、轮胎等行业发出报警的时候，选择高端的低碳物流在某种程度上说是一种趋势。

1. 绿色物流与低碳物流的概念

现在我们来界定一下绿色物流与低碳物流的概念。

绿色物流是建立在可持续发展理论、生态经济学、生态伦理学与循环经济理论基础上，包括一切以降低物流过程中的生态环境影响为目的的手段、方法、过程。

低碳物流是顺应低碳经济时代要求，通过物流规划与物流政策、物流合理化与标准化、物流信息化与低碳物流技术等方式，在达到实现物流能力满足社会经济发展的适度增长要求的同时又能达到缓解能源供给压力的目的，有效降低碳强度来实现物流领域的能源使用效率。

2. 绿色物流与低碳物流的关系

接下来要明确绿色物流与低碳物流两者范畴问题的关系。

这两个概念可以有五种关系，即绿色物流包含低碳物流、低碳物流包含绿色物流、低碳物流等于绿色物流、低碳物流与绿色物流分离、低碳物流与绿色物流有重合但互补包含。

因为绿色物流与低碳物流的概念是科学严谨的，所以这五种关系只能有一种是正确的，基于之前的分析，本书认为第一种关系即绿色物流包含低碳物流是正确的。也就是说，在范畴上讲绿色物流包含低碳物流，低碳物流是绿色物流的核心内容。

9.1.2 绿色与低碳现代物流的概念及目标

对于本书而言，这一章的标题是绿色与低碳现代物流，那么我们理应重新界定一下这样一个混合的概念。

绿色与低碳现代物流是指建立在可持续发展理论、生态经济学、生态伦理学与循环经济理论基础上，顺应低碳经济时代要求，通过物流规划与物流政策、物流合理化与标准化、物流信息化与低碳物流技术等方式，应用技术创新、制度创新、产业转型、新能源开发等多种手段，和现代物流信息技术的科学方法及设备仪器，在达到实现物流能力满足社会经济发展的适度增长要求的同时又能达到缓解能源供给压力的目的，有效降低碳强度来实现现代物流领域的能源使用效率的供应链物流。

绿色与低碳现代物流的目标包括以下内容。

(1) 可持续发展。当今物流关注点为环境保护、生态平衡、绿色节能的社会效益。这无疑使物流这项公认的高耗能、高污染的经济活动博得了人们的赞许。

(2) 低耗能高效益。物流的目标是服务，快速、及时，节约，规模优化，库存调节，达到这些目标的前提是低耗能，就是这里说的低耗能高效益。

9.1.3 绿色与低碳现代物流的特征

(1) 物流过程节能化。现代物流为了适应反应快速化的要求，对物流配送的效率越来越重视，从而使用运输工具时首先考虑其速度，这就要求节能才能达到绿色与低碳的目标。

(2) 物流环节无缝化。减少物流各个环节之间的衔接摩擦，自然在有形无形中减少了碳排放，使物流更加绿色、高效。

(3) 物流配送高科技化。科学技术的发展，不仅改变了生产企业，更大程度上提高了物流服务企业的社会效益。在“油改电”、订单数字化的今天，有很多高碳物流活动被高科技代替。

(4) 物流管理绿色化。在绿色、低碳物流的理念影响下，越来越多的管理者开始看重物流管理时的环境效益，把其作为物流管理的先行条件，这无疑是物流的各个环节在绿色低碳的前提下完成了相应的指标，这样才从根本上做到了绿色、低碳。

9.2 绿色与低碳现代物流关系辨析

9.2.1 绿色物流的影响因素及改进方法

1. 绿色物流的影响因素

我们国家物流企业能耗高的一点表现就是空驶率高、重复运输、交错运输、无效运输等不合理运输现象较为普遍，各种运输方式衔接不畅，库存积压过大，仓储利用率低，物流设施重复建设现象严重。这里谈到的就是一个物流资源整合的问题，怎样整合这些资源，使资源能够合理有效地被利用，这是摆在我们面前一个急需解决的问题。

1) 企业方面的影响因素

从技术层面讲，绿色包装是有效解决包装与环境的新概念，采用绿色包装不仅对生态和人体健康无害，而且在外贸中能够享受关税和价格的优惠。针对绿色运输问题各国都在研制相应的措施，如美国、英国等国家提出的“可持续运输”、“建设安全、高效、清洁和公正的运输系统”等理念和战略措施，对我国绿色物流的发展具有重要借鉴意义。废旧物品回收是逆向物流系统的起始点，它决定着整个逆向物流体系能否盈利。企业不仅要考虑自身的物流效率，而且要与供应链上的其他环节相关联，从整个供应链的视野来组织物流，最终在整个经济社会建立起包括生产商、批发商、零售商和消费者在内的循环物流系统。物流人才的严重缺乏已经成为制约绿色物流发展的瓶颈因素，现阶段物流管理工作多由计算机和管理人员承担，缺乏既懂管理又懂技术的高素质复合型人才。同时，设施信息化有利于解决物流行业内部的无序竞争状态，从而提高企业运作效率和行业竞争力。

此外，绿色营销的“牵引”作用强化了企业发展绿色物流的动机与行为。随着绿色观念深入人心，生活方式的变化及对生活品质的追求，以绿色产品为代表的绿色营销蓬勃发展起来。由绿色营销带来的绿色效益正引导企业实施一系列绿色物流活动，如绿色运输、绿色包装等，使企业在“绿色需求”增长的趋势中不断受益。

2) 政府方面的影响因素

政府必须重视绿色物流宣传教育，形成资源配置优先用于物流绿色化的市场导向。在我国，经营者和消费者对绿色物流的认识还处于起步阶段，企业的利益短视行为往往忽视物流对环境的负面效应。同时，经营者虽重视绿色产品的推出，但却容易忽视产品与消费之间的绿色通道——绿色物流。因此，在重视物流发展的同时，必须将绿色物流提升到经济可持续发展战略重要组成部分的高度来认识，这也是现代物流发展的终极目标。

绿色物流的发展需要完善的环境监管制度和绿色法律法规。日本学者植草益认为，政府规制是指政府应依据一定的规则对构成特定经济的经济主体的活动进行限制。政府规制的目的在于政府对物流企业或制造企业的物流行为予以限制和禁止，对企业物流活动进行外部性的约束与干预。另外，与发达国家的 2%相比，我国环保投入占 GDP 比重较低，这与高速增长的经济形势很不协调。

物流标准化是构建绿色物流的关键。随着近几年物流产业的迅速发展，物流标准化建设滞后的问题越来越突出。例如，一些企业在实施 ISO 14001 系列标准方面，与国外相比还有一定的差距，物流标准化的修订跟不上行业发展的需要，相关标准化工作缺乏系统的衔接。面对世界的“绿色革命”浪潮和基于环境标准竞争而形成的绿色贸易壁垒，我国应加快在设计、包装、运输等方面与国际标准接轨，以标准化促进绿色化。

3) 环境方面的影响因素

绿色物流是企业物流流程的绿色再造，它要求企业在获取经济利益之外，还要实现节约能源、保护环境这一既具有经济属性又有社会属性的目标。现代生产消费领域中，“清洁生产——绿色流通——合理消费”已成为可持续发展的基本模式，绿色流通是可持续发展的一个重要环节。据 2006 年世界银行报告称，“如果中国物流成本与国内生产总值的比例由当前的 16.7%降低到 15%，每年将为全社会节省约 2 400 亿元的物流成本”，该目标的实现将有赖于采购、运输和包装等环节的绿色化进程，以及绿色燃料的有效利用和废旧材料的及时回收，使物流过程符合生态和经济双重利益。

绿色物流发展终归是满足社会可持续发展的重要组成部分。它强调在物流活动的全过程采取与环境和谐相处的理念和措施，减少物流活动对环境的危害，避免资源浪费，使生态系统与经济系统有机复合成为生态经济系统。随着全球经济一体化的发展，“绿色贸易壁垒”逐渐兴起，欧美等发达国家对进口产品及流通途径提出了更高的要求，使起步阶段的物流行业面对国内外困境的重重压力。此时，在保持社会物流总额快速增长(2007 年比 2006 年上升 17.1%)的同时，提高原材料利用率、减少环境污染等绿色举措有效开展，将加快绿色物流融入可持续发展的进程中。

2. 绿色物流的改进措施

1) 资源整合

促进物流合理化。对于物流企业来说，首先涉及的是车辆动力设备和二氧化碳排放问题，虽然有相关政策也一直在支持开发新能源汽车，但对于大型运输装配车辆，目前并没有特别好的选择，而且还有一个低碳车辆成本的问题。所以我们在无法改变车辆运输的问题时，我们能改变的就是车辆的使用率。在物流信息化程度不断提升、拥有一个良好的信息化平台的基础上，提高运输工具实载率，减少空驶率，避免无效运输和重复运输，促进运输合理化。同时，做好研究工作，提高需求预测的准确性，努力实现零库存。提高仓储设施利用率，优化运输路径和搬运装卸系统。

2) 组织进行共同配送

共同配送是指通过一个配送企业对多家用户进行配送，或者多个物流企业共同使用某一物流设施或设备。其实质是物流资源的共享。这是解决问题的一个较好的办法。但是不容忽视的现状是，以广西物流行业为例，其整体局面仍处在封闭、保守、单一的初级阶段。且大多数的企业经营者宁可“留一手”，也不乐意与同行互通信息、交流经验，致使信息协同程度低。行业协同有限，这也是阻碍本土物流企业成长的一大弊端。因此要想企业有一个较大的发展，就必须在思想上摆脱这种束缚，树立资源共享、合作共赢的想法，改变原有的封闭、保守观念。当然，广西的物流企业可以在友好协商的基础上尝试着实行共同配送。因为共同配送在解决我国物流配送设施利用分配制度时，除制定合理的价差空间外，还要给予一定的奖励，有效激励他们的工作。建立激励体系时，关键要考虑“度”的问题，什么形式、什么条件下给予激励。同时给予多大的奖励，必须考虑清楚，以免分销商将奖励打入流通价格，影响价格体系稳定。

3) 建立市场价格监督管理体系

建立有效的市场价格管理、监督机制，能够保证市场价格的稳定。笔者认为企业即使在好的产品、政策的条件下，缺乏科学的价格监督管理体系来支持政策、制度的有效执行，其运营质量并不会有大幅度的提升。一般来说，企业不缺少制度，而是缺少保证制度或政策有效执行的价格监督管理制度。

4) 优化产品结构和销售渠道

由于企业之间不同的行业状况，效益的差距会比较明显，这也给了企业较大的优化空间。要提高生产的运营质量，企业各部门，如销售、财务、生产等部门每个阶段可以采取例会形式对产品进行优化，综合各产品的利润高低情况及市场行情变化对各品种利润的影响，通过算大账、算系统账、算综合账，及时调整排产结构，尽量多排高附加值产品的生产。在区域上则可以由财务和销售部门在制定价格时根据各地市场行情的变化，通过效益测算，对不同区域采取制定不同定价策略。对高价区域给经销商稍高的利润空间，低价区域则制定最低销售价格，努力优化销售市场区域。使企业的运营质量达到最高。

5) 价格体系

在目前我国高速发展的市场条件下，价格体系的调整应该根据具体状况进行。也就是说，企业市场价格体系是可变动的。它随着企业战略的需要、资源状况、市场变化、竞争对手的活动、可替代产品状况等因素的改变而改变。

9.2.2 绿色与低碳现代物流的辩证关系

从现代物流方面看，准时性、高耗能性都和绿色与低碳的本意相悖，所以为了达到绿色与低碳的前提，就要对物流那些高耗能的环节进行优化，达到两者的平衡，不能顾此失彼。

“物流业是能源消耗较大的产业之一，降低物流业的能耗，能够有力地促进低碳经济发展这是必然。”国务院发展研究中心资源与环境政策研究所副所长李佐军认为。目前，我国物流业发展较为粗放，社会化、专业化水平低，物流成本较高。我国全社会物流费用支出占国内生产总值的比重接近20%，而美国、日本少于10%，中等发达国家平均约为16%。粗放和低效率的物流运作模式，造成了能耗的增加和能源的浪费。

9.2.3 绿色低碳物流与绿色供应链

1. 绿色供应链的概念

绿色供应链的概念始于20世纪90年代中期，不同于以往供应链，绿色供应链的特点在于其对于“绿色”的要求：最少环境污染原则。由于绿色产品生产的成本增加，使得产品价格随之上升，抑或产品毛利率的下降。消费者在同类型产品选择的过程中只有在与同类产品同价格下才会选择绿色产品，在失去社会效益承担社会成本的同时，这样的选择机制就给实施绿色供应链的企业增加了另一原则：成本最小/优化，效益最大化原则。

从企业角度出发，解决这一问题的途径主要有寻求政府政策优惠、加大宣传增强消费者认同及自身削减成本等方法。然而，如果要最终使得在各行业目前市场占有率都比较小(约5%)的绿色供应链产品在同类产品中获得一席之地，那么必须要在企业内部找到真正有效的解决方案。

对于一个企业来说，在顾客下达订单之后，与供应商的接触就成了整个供应链生产的源头和重中之重，它首先决定了产品的原材料成本；另一方面，对于一个非供应链源头的供应链厂商，维护与供应商的战略合作关系也是非常重要的。在绿色供应链当中，由于原材料的采购选择相对较难(符合环保要求的材料提供厂家数量有限导致市场竞争较少，难以取得市场优势)，这又给绿色供应链的供应商选择带来了更大的合作要求：加强并保持这种合作之间的信任。这也就意味着绿色供应链中供应商选择的过程中不能只看重成本的机械降低，或者说应该使得这部分成本“最优化”。

2. 绿色供应链的双重性特点

1) 它具有原有供应链的整合特点

在物质链和信息链的双向流动中，任何一个环节都是整体中不可或缺的环节，企业除了考虑自身利益外更应考虑整个供应链的战略方向。

2) 它具有绿色特点及环保特性

绿色供应链的第二个特点导致了其产品在市场上的特殊地位：由于环保要求使得有绿色供应链下的产品比同类产品的盈利空间更小，消费者在同类产品选购的时候，只有在该绿色产品的价格低于或等于同类产品的情况下才会购买这类产品。这就使得绿色供应链下生产的产品市场占有率只有5%左右。在大力推广绿色生产的前提下，我们需要具体分析绿色供应链中具体环节的成本构成特点，以此提高该类产品的竞争力。

通过对绿色供应链采购成本的具体分析，我们发现绿色供应链在进行改造的初级阶段难免会造成成本上升的局面。为解决这一问题，企业应当具体分析与供应商相关的采购成本，在具体应用时，原有的成本分析方法并不能准确地找出真正提升了成本的源头，因为绿色供应链中的许多间接费用和因环保要求所增加的成本隐藏在原本被称作为“费用”的科目里，并没有被真正地吸收到与该供应商的采购成本相关的采购成本当中来。相比之下，作业成本法具有较明显的优势，能够将成本分拆为价格抑或是其他方面的成本动因，并能够将交易成本、供应商关系维护成本及缺陷成本等未能直接分配到采购成本中的部分具体落到特定供应商，从而进行分析。

3. 绿色低碳物流与绿色供应链的关系

绿色供应链中包含绿色与低碳物流，而且由于绿色物流贯穿于绿色供应链之中，所以绿色物流的效益明显影响着供应链整体的绿色化进程。它们之间的关系如图 9.1 所示。

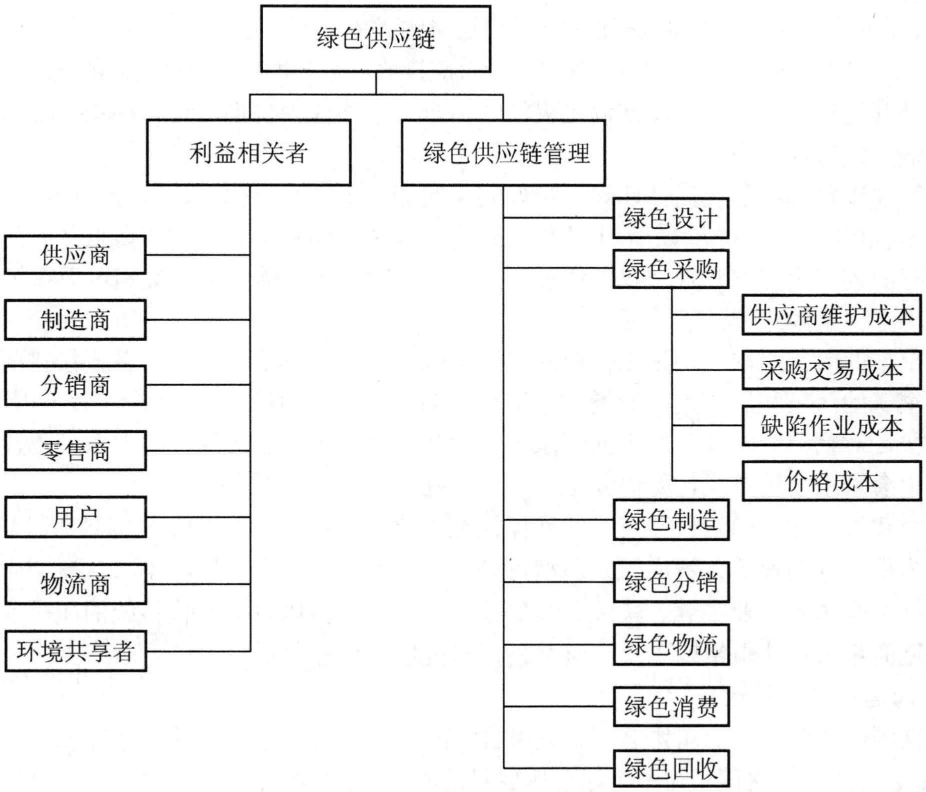

图 9.1 绿色供应链管理体系结构图

9.3 物流过程中的碳排放分析

9.3.1 物流过程中的碳排放现象

1. 交通运输中的碳排放现象及发展目标

据一项调查结果显示，交通运输业是仅次于制造业的第二大油品消费行业，油品消耗量约占全社会油品消耗总量的 33%，交通运输行业的二氧化碳排量占全球总排量近 1/5。而从运输的方式来看，二氧化碳排放比例：小轿车 52%、货运汽车 31%、海运 6%、航空 3%、铁路 3%、其他 5%。而在这些运输方式中，公路、海运和航空运输耗油量大、碳排放量大，铁路运输最小。

1) 公路中的碳排放

在欧洲地区，卡车的碳排放量为 16.2 亿吨，其中约有 1/4 是由空载卡车造成的。在中国同样如此，尽管全国只有 5.5%的机动车辆用于运输业，但它却占据了中国油耗总量的 30%以上。燃烧废气的排放成为公路运输中对环境威胁最大的碳排放方式。

公路建设目标：公路的建设要注重路旁植被绿化、边坡绿色防护等措施，在主要运输路段设置环境监测系统以对大排放车辆和高污染运输方式时时监控。城市、城间主要路段实行限行和限排标准，高速公路和国道建设脚步加快。

2) 铁路中的碳排放

在综合交通体系中，铁路具有低排放、大运量的优势。高铁采用电力驱动，人均能耗很少，只相当于航空的 1/40，汽车的 1/5，基本上没有碳排放，是一种利用清洁能源的交通方式。

但是其运输路线固定，无法满足灵活性需求，也不能很快地运达目的地，故其必须和其他运输方式协同运作。

铁路建设目标：加快高铁建设，最好同步实施桥下植被绿化、边坡绿色防护等措施，并安装噪音屏障，既有效防止水土流失，绿化美化了沿线环境，又有效降低了噪音污染；上线运行的列车全部安装真空式集便装置，实现污物、污水的集中收集和垃圾零排放。

3) 航空中的碳排放

航空中的航空煤油无疑是碳排放的主要来源，航空中燃油燃烧后气体直接排放在高空中，对空气的污染和温室效应的增加是很明显的。航空运输运量小、成本高，现代生活节奏的加快，对物流业在准时性上的要求也越来越苛刻。为了满足这样的要求，物流业在交通运输中会采用空运方式，如快件运输，碳足迹就此产生和扩大。

航空建设目标：面对日益苛刻的环保标准，节油是最有效的手段，却不是最根本的方法。更为根本性的解决方案应该是新型可替代燃料的应用。据了解，第二代航空生物燃料主要取材于麻风树、亚麻荠、藻类、盐生植物等，而且可以直接替代传统的航空煤油，不需要制造商重新设计引擎或飞机，航空公司和机场无须开发新的燃料运输系统。

4) 海运中的碳排放

根据国际油轮独立船东协会的研究报告，海运业目前每年消耗近 3 亿吨燃油，排放了超过 12 亿吨的二氧化碳，约占全球总排放量的 6%。有预测认为，到 2020 年，全球海运业将需要 4 亿吨燃油，温室气体的排放量将在目前基础上增加 75%。各种研究报告逐渐将海运业的温室气体排放问题放到聚光灯下，成为国际社会关注的焦点之一。

航运业建设目标：在此背景下，海运业、造船业面临的形势也更加严峻，各国纷纷通过技术创新，研究发展安全、环保、节能的“绿色船舶”。低速航行成为海运业实施节能减排的流行趋势，因为一般条件下，船舶航速降低 10%，船用燃料油消耗减少 25%以上。同时“万吨轮”成了航运企业的必然选择，这与船舶吨位越大，每千吨的耗油量越低有密切关系。

对此，业内有一个普遍共识，低碳物流很大程度上直指公路运输、海上运输与航空运输。一直以来，这三者被视为集中减排重点，但是也是减排的难点。

2. 仓储业的碳排放和绿色措施

仓储企业是物流过程中继续把业务综合化的物流企业，它的主要功能除了仓储之外还有一系列增值服务，如开办市场、开展加工、包装、配送、质押监管等业务。

仓储企业应该尽快引入新的管理理念，为客户量身定做业务模式、业务流程、服务标准和服务质量，裁减冗余，节约成本；科学合理地进行仓储物流园区布局，减少车辆的空载，发展多式联运服务。同时通过采取区域供冷供热系统、LED照明、智能远程控制、绿地植物选配、公共交通和内部循环交通相结合、垃圾分类收集集中处理、资源共享等方式，实现低碳园区的绿色GDP的高端产出，打造绿色物流园区。

1) 包装中的碳排放和绿色措施

包装是物流中必不可少的一个环节，在物流活动中，产品的包装涉及包装材料和包装废品的问题，这些同样涉及碳排放。

目前，德国大部分物流集团和相关服务公司均在积极开发“生态物流”，其主要参与者是汽车制造商和汽车零部件供应商。从产品始发地到终点客户的全过程，按照相关环保法律法规严格实施包装品和废品管理，主要目标任务是鼓励使用经久耐用和环保功能强的集装箱设备。要在生态和经济两者之间找到和谐平衡点谈何容易。一个是必须加大投入，保护生态环境免遭破坏，一个是必须持续发展市场经济的生产活动不断扩大，而这一切又要以牺牲生态环境为代价。为此，很多物流企业严禁使用容易造成环境污染的托盘和包装材料，促进木材、纸张和金属等包装材料循环使用和废品及时回收再生，减少二氧化碳等温室气体排放。

2) 纸质订单中的碳排放和绿色措施

订单是很多物流过程中必不可少的一项内容，制单、下单、放单等是物流人员经常接触的工作内容，纸质订单也是物流过程中对纸张最大的使用方式，同时成为企业的一项重要成本也是碳排放的一个环节。

随着信息技术的发展，越来越多的电子订单系统使得这样的环境成本可以得到根本性的解决，电子订单也使得订单能够更好地管理和更快捷地应用。

3) 拣选系统中的碳排放和绿色措施

拣选是按订单或出库单的要求，从储存场所选出物品，并放置在指定地点的作业。拣选时间越短，越能提高物流效率，同时也增加了空间利用率和货物流通率，这些效率的提高从节能方面也做到了低碳排放。而提高拣选速度，物流信息中的条码、射频、语音拣选等技术都能发挥很大的作用。

9.3.2 物流过程中的碳排放的经济评价体系

作为大量消耗能源，以噪音、废气严重污染环境的物流业，必须改变传统的发展模式，形成一种能促进经济和消费生活健康发展的系统，即走循环经济道路，向绿色物流转变。因此，运用循环经济理论对物流企业绩效分析和评价，建立一套真正科学、合理的物流企业绩效评价指标体系，已成为当前需要解决的迫切问题。

从环境角度来看，应该有一个能够从环境及经济角度来系统评价物流活动的模型，因此，特提出一种评价绿色物流的体系。对企业生产物流系统的绿色评价对指导企业的绿色生产和企业经济的可持续发展具有重要的意义。

1. 绩效评价指标体系设计的原则

(1) 系统性原则。企业的绩效应该是企业生产经营活动的各个方面的一个综合反映，因此，其绩效的评价指标应该是综合、全面地反映整个物流企业绩效。

(2) 可操作性原则。指标设计时应尽量实现与现有统计资料、财务报表兼容；同时要尽量避免产生误解和歧义，另外还应考虑指标数得当，指标间不出现交叉重复，以此来提高实际评估的可操作性。

(3) 量化原则。现代物流企业的绩效水平仅仅通过定性的评价是不足的。适当的量化分析、量化考核将起到必要的补充作用。

(4) 静态和动态相结合原则。物流企业的发展是一个长期、动态的过程，评价其绩效也应用全局的观点，考虑到其未来绩效。这就要求评价指标体系不能只是选取一些静态指标，还要选取一些能够反应企业长期发展的指标。

2. 绩效评价指标体系

评价综合性能指标见表 9-1。

表 9-1 评价综合性能指标

评价方面	评价项目	评价指标
环境因素	大气污染评价	废弃物排放量
		颗粒物排放量
		有毒气排放量
	固体废弃物评价	流通加工边角余料
		生产作业中的破损率
	噪声污染	生产中的噪声水平
	排泄物污染	生产中的排泄污染量
资源因素	人力资源评价	员工的团队精神
		员工的科学素质
		设备的综合效率
	原料、能源资源评价	材料利用率
		环保材料利用率
		原材料及能源利用率
经济性能因素	企业物流成本评价	物流成本
		信息成本
	库存管理指标	库存成本
		搬运装卸成本
		库存信息成本
		仓储利用率
	社会成本	污染治理成本
		废弃物治理成本
技术因素	物流装备先进性评价	装备自动化程度
		装备能耗
		装备使用安全程度
	物流管理先进性评价	技术创新能力
		供应链信息共享率
		技术传递率
	物流决策科学性	决策模型的科学性
		决策模型的智能性

基于绿色、低碳经济理论，对物流企业进行绩效评价的时候，应综合考虑经济效益、

运营、资源和能源利用、环境、创新 5 个方面对物流企业绩效的影响。

(1) 经济效益指标体系。经济效益是经营效果的深化，即市场效应的体现。它是企业投资者追求的目标，是债权人及社会所期望的结果，同时也是企业发展循环经济的基础。

① 净资产收益率。净资产收益率指标是衡量企业利用资产获得利润能力的指标。也是杜邦财务分析体系的核心指标。通过这一指标，可以找出物流企业中影响利润高低的因素和解决的办法。

② 销售利润增长率。销售利润增长率是评价物流企业主营业务的盈利能力发展情况的指标，体现了企业主营业务利润贡献的发展趋势及对全部利润收益的影响程度。该指标连续几期的不断提高，说明企业主营业务市场竞争力强，发展潜力大，获利水平高。

③ 成本费用利润率。成本费用问题是当前企业中存在的一个重大问题。物流企业的产生一个最根本的原因就是降低物流成本。因此物流企业在如何提高利润的决策中，重点要放在降低成本费用上。

④ 应收账款周转率。应收账款是企业资产账户中的重要科目。应收账款的长期挂账是企业坏账的根源。加强对应收账款的管理能提高企业的利润。

(2) 运营指标体系。运营绩效反映了物流企业内部运营的资源和效率。运营绩效主要是考察物流企业业务流程的运作情况，物流企业走循环经济道路，发展绿色物流，要求物流企业在产品的运输、储存、包装等方面加强资源和能源使用和环境管理的力度。所以，运营绩效是基于循环经济的物流企业绩效评价中不容忽视的一个重要方面。

① 信息水平。物流的几乎每一活动都有信息支撑，物流质量取决于信息，物流服务依靠信息。提高物流信息水平，提供迅速、准确、及时、全面的物流信息是现代物流企业获得竞争优势的必要条件：物流企业提高其循环经济水平也需要信息水平的支持。信息水平主要包括硬件的配备水平、软件先进程度、信息活动主体的水平和信息共享率等指标。

② 及时交货率。时间的准确性对于物流来说，是衡量其质量的重要方面。如何根据客户的需要及时供货，直接影响到物流企业的市场份额和客户的满意度，反映了物流企业的可信赖程度。如果物流企业不能及时供货，一方面可能使企业失去这笔交易，更重要的是很可能使企业的声誉受到影响，而这将使企业以后的交易受挫。

③ 准时交货率。物流企业交付的商品是否与客户指定的商品一致是衡量物流质量的一个重要方面，如何根据客户的要求准确供货，直接影响到物流企业的市场份额和客户的满意度。反映了物流企业的可信赖程度。

④ 货损货差赔偿费率。保持商品的完好对于客户来说是很重要的。货损货差赔偿费率是用来衡量商品的破损给公司带来的损失。

⑤ 车船装载效率。是衡量车船等运输工具的容积和载重是否充分合理利用的一项经济指标。提高车船装载效率，能以较少的车船，装载更多的货物，给交通部门甚至整个社会带来了经济效益和环境效益。

(3) 资源和能源利用指标体系。循环经济就是提高资源利用率，尽可能地减少进入生产、消费过程的资源总量，对资源进行重复使用或多次使用，以节约资源。对已经达到生命终点的产品实现再生，使其变废为宝。在保证经济增长的同时，实现资源节约最大化和污染排放最小化。因此，物流企业的资源和能源利用情况是反映物流企业循环经济水平的一个重要方面。

① 能源消耗率。是指一定时期内物流企业在运营过程中的总能源消耗额占该时期总收

入的百分比：物流企业的主要功能是运输、储存、包装、流通加工等，这几个方面需要耗费大量的能源。因此，从物流企业的角度讲，物流过程中降低能源消耗率是其实现循环经济减量化原则的一个重要方面。

② 资源消耗率。资源(仅指物质资源，不包括人力资源和无形资源等)消耗率反映了物流企业经营过程中的资源消耗程度。任何企业在经营过程都必然要消耗资源，物流企业也不例外，因此，减少物流过程中的资源使用量也是其实现循环经济减量化原则的一个重要方面。

③ 绿色包装使用率。包装是物流企业的主要功能之一。绿色包装具有再利用、再循环两大特点。因此，绿色包装的使用是其实现循环经济减量化、再利用原则的一个重要方面。

④ 退货利用率。物流企业由于不能及时交货、准确交货及发生货损货差时，就可能发生退货。退回的货物对物流企业本身没有什么用处，但退回的货物本身是有价值的，物流企业如果不能对退货再利用，就浪费了资源。因此，退货利用是实现循环经济再利用原则的一个重要方面。

(4) 环境指标体系。企业在赚取利润的同时必须主动承担环境、社会和利益相关者责任，其中改善生态环境和减少污染等是目前任何一家企业都不能忽视的问题，避免和减少废弃物，控制污染和环境保护是循环经济的根本目标。因此，环境指标体系在基于循环经济的物流企业绩效评价中是非常重要一个方面。

① 环保投资率。物流企业要提高循环经济水平、降低环境污染，就必须注重企业内部的环境基础设施、环保技术、环保设备等的投资。企业的环境基础设施、环保技术、环保设备水平，决定着其降低环境污染的能力。

② 清洁燃料使用率。物流过程中：由于使用非清洁燃料，运输工具排放的尾气造成了严重的环境污染。根据循环经济的要求，为了保护环境，应该推广清洁燃料的使用。

③ 废弃物处理率。是指物流企业在一定时期内经过环保处理设施处理的各种废弃物与实际产生的废弃物之间的比率，反映了物流企业对废弃物的处理重视程度。

④ 社会美誉度。是指社会、政府等对物流企业在运作过程中对环保方面所做出贡献的认同程度。

(5) 创新指标体系。在竞争越来越激烈的全球性经济环境中，对物流企业创新能力评价显得越来越重要，以往的绩效评价中很少注意这一方面：创新能力是物流企业核心竞争力的具体表现之一，亦是物流企业长盛不衰、长足进步的根本保证。

① 新服务收入率。是指物流企业在一定时期内由于提供新型服务所获得的收入占总收入的百分比。该指标反映的是物流企业的服务研发能力和对新服务的综合营销能力。

② 雇员培训总人时增长率。是指一定时期内物流企业雇员接受各种内外培训的总人时数与上一评价期相比的增长率。定期培训不但可以提高职员迅速捕捉市场信息及提取有用信息的能力，而且还利于职员之间的交流，建立亲密和谐的工作氛围。雇员培训总时数增长率指标可在一定程度上反映物流企业对经常性员工培训工作的重视程度和物流企业关键性改革措施是否最终成功。

③ 绿色技术创新投入强度。该指标反映了物流企业能否在将来的一段时期内不断采用绿色技术进行创新。物流企业走循环经济道路，发展绿色物流，离不开绿色技术的支撑。绿色技术创新投入强度越大，说明物流企业对绿色技术的重视程度越高，其走循环经济道路，发展绿色物流的能力就越强。

以上指标体系，是对循环经济的物流企业的发展提出的，它既考虑全面系统性，又考虑简明扼要和可操作性。不同性质和功能的物流企业在进行绩效评价时还可增加一些辅助性指标。

9.4 绿色与低碳现代物流的发展趋势

9.4.1 国际关注的绿色低碳物流链条

1. 欧洲物流的“绿色变革”

欧洲物流企业高度重视环境保护和生态平衡，尽力降低二氧化碳排放量和实施具有环保功能的物流解决方案。欧盟15国交通运输所排放的废气相当于欧洲地区温室气体排放总量的21%，其中还不包括国际航空和海运。而这些国家公路交通废气排放量相当于交通运输排放总量的93%。欧盟组织所制定的可持续发展战略明确要求，从1990年起到2020年年底交通运输废气排放量必须减少20%。物流企业也制定了有关降低二氧化碳等废气排放量的应对措施和保护生态平衡的解决方案。

2. 德国循环使用包装品和废品

目前，德国大部分物流集团和相关服务公司均在积极开发“生态物流”，其主要参与者是汽车制造商和汽车零部件供应商。从产品始发地到终点客户的全过程，按照相关环保法律法规严格实施包装品和废品管理，主要目标任务是鼓励使用经久耐用和环保功能强的集装箱设备。要在生态和经济两者之间找到和谐平衡点谈何容易。一个是必须加大投入保护生态环境免遭破坏，一个是必须持续发展市场经济的生产活动不断扩大，而这一切又要以牺牲生态环境为代价。为此，很多物流企业严禁使用容易造成环境污染的托盘和包装材料，促进木材、纸张和金属等包装材料循环使用和废品及时回收再生，减少二氧化碳等温室气体排放。

3. 坚持保护生态

欧洲物流企业积极提倡二氧化碳减排的交通运输模式。例如，世界著名物流集团TNT于2008年初在荷兰发起“行星与我规划”，其中包括不断扩大使用电动车辆，减少内燃机车辆，计划到2025年减少一半二氧化碳废气排放量，进一步扩大二氧化碳温室气体排放量透明度，主动要求政府、环保团体和社会公众密切监督。同时，欧洲各国政府要求进一步提高物流效率，以减少环境污染的风险。公路和铁路一体化并用而不是各自为政，要通过信息技术等手段，全面实施环保的一体化公路和铁路经营理念，所有的集装箱和托盘等货运设备全部通用于公路和铁路，使短途和远程等交通运输物流服务效率比原来提高了50%。

9.4.2 绿色低碳物流利润空间挖掘

1. 微观层面

(1) 建立综合运输体系，发挥多式联运优势，降低能耗。相对于单一运输方式，综合运输体系是把公路、铁路、水路、航空等各种运输方式有机联系在一起，并交织成一个安全、节约、高效和环保的完整便捷系统。通过多种运输方式的分工协作，形成效率更高、效益更好的，运输能力及各种运输方式能够各尽其长的运输系统。建立综合运输体系，加强各种运输方式的有效衔接和配套，使铁路、港口码头、机场及公路实现“无缝对接”，以充分发挥多式联运优势，从而降低能耗。改善能源结构，顺着能源多元化、清洁化发展，最大限度地降低能耗。

(2) 提高物流业信息化、自动化程度。提高物流业的信息化水平，目前要改变这一现状，需要物流企业运用现代信息技术，如条形码、智能标签、商品辨识系统、物流管理信息系统、物流信息跟踪系统等，在运输、仓储、包装等物流环节及物流运作模式方面优化物流管理。提高物流业自动化水平，加强运输、仓储、搬运中的机械化、自动化水平。物流自动化是指在一定的时间和空间里，将输送工具、工业机器人、仓储设施、通信联系等高性能有关设备，利用计算机网络控制系统相互制约，构成有机的具有特定功能的整体系统。系统由无人引导小车、高速堆垛机、工业机器人、输送机械系统、计算机仿真联调中心监控系统组成。

主要措施：引进激光引导无人小车；建设高性能立体仓库，即通过计算机系统的统一管理，利用条形码自动识别技术，系统根据事先输入计算机的不同货物代码就可以利用高速升降机准确迅速地从立体仓库中定位存取货物。使用工业机器人把输送线上流向终端的物件，整齐地码放，以便完成货物的进出、分拣等工作，整个过程顺序流畅、完全自动化。物流自动化由于采取了计算机控制管理，各受控设备完全自动地完成顺序作业。使物料周转管理、作业周期缩短，仓库吞吐量相应提高，适应现代化生产需要，它提高自动化作业程度和作业效率，节省劳动力，提高了生产率。物流自动化建设必然带来物流成本的节约、物流管理效率和水平的全面提高，从而促进物流业的节能减排。

积极建设物流信息网络，如加大投资在物流信息服务、订单管理、库存成管理、物流成本控制等物流管理软件的开发。

(3) 推进物流业标准化建设，提高物流运营效率，减少污染。物流是一项跨行业、跨地区，甚至跨国界的系统工程。只有在规范的市场秩序、完善的物流管理及技术标准引导下，才有可能提高物流企业的运营效率。物流标准化已成为实现物流管理现代化的重要手段，保证物流产品质量的体系保证，提高物流效益的有效措施及进军国际物流市场的通行证。我国物流业的标准化工作相对滞后，影响了物流运营效率，增大了污染物排放量。要提高物流运营效率、减少碳污染，必须推进物流标准化建设，而它需要政府部门、行业协会、物流企业及相关企业的共同努力。在充分借鉴、采用国外先进物流标准的基础上，逐步形成供应链内部、行业内部、全国及与国际接轨的物流标准化体系。

(4) 提升科技实力，依靠科技推动清洁能源的研发，提高能源利用率。面对日益增长的能源需求、国际石油价格高涨的外部环境，物流业的发展将受到能源和环境的双重制约。因此，依靠科技进步，积极发展核电、风电、水电等清洁优质能源和节能技术，通过优化能源结构来解决能源与环境问题已经刻不容缓。从资源禀赋来看，我国水力等资源蕴藏丰富，为推进能源研发和科技进步提供了自然条件。目前需要政府和物流企业把发展清洁能源和环境保护作为新的增长点来考虑，增加低碳新能源的科研投入。此外还要加强与世界各国的技术交流与合作，建立能源合作长效机制，充分利用国内外两种资源，优化能源结构，协同促进能源清洁生产和循环利用，以有效保护生态环境。

(5) 将企业经营战略与环境保护结合。物流企业应当从保护环境的角度制定经营管理战略，这对于推进绿色物流，具有非常重要的作用。

① 选择绿色运输策略。通过有效利用车辆，降低车辆运行、提高配送效率，如合理规

划网点及配送中心、优化配送路线、提倡共同配送、提高往返载货率等；改变运输方式，由公路运输转向铁路运输或海上运输；使用绿色运输工具，降低废气排放量等。

② 提倡绿色包装。采用可降解的包装材料，设计简易包装，减少一次性包装，提高包装废弃物的回收再生利用率，加强绿色包装宣传等。

③ 开展绿色流通加工。由分散加工转向专业集中加工，以规模作业方式提高资源利用率，减少环境污染；集中处理流通加工中产生的边角废料，减少废弃物污染。

④ 实施绿色营销战略。在进行物流营销时，承诺降低客户的碳排放指标。

(6) 建立废弃物循环物流。大量生产、大量流通、大量消费的结果必然导致大量的废弃物，废弃物处理困难，会引发社会资源的枯竭及自然环境的恶化。21 世纪的物流必须从系统构筑的角度，建立废弃物的回收再利用系统。企业不仅仅要考虑自身的物流效率，还必须与供应链上的其他关联者协同起来，从整个供应链的视野来组织物流，最终在整个经济社会建立起包括生产商、批发商、零售商和消费者在内的循环物流系统。这是 21 世纪的绿色物流亟待解决的重大问题。

2. *宏观层面*

政府应当大力倡导绿色物流，鼓励、引导工商企业集中于主业，将非主业的自身物流业务交给专门做物流的企业去做，工商企业将不再需要自己投资建设仓库等流通设施，从而达到减少非生产性投资，降低成本，减少重置投资建设，以及消除多余物流活动等目的，政府要引导物流企业增强绿色物流意识，围绕绿色环保和可持续发展来发展绿色产业。

(1) 制定绿色物流法规、政策。在我国，关于绿色物流的法律法规还很不健全，企业目光只是盯着常规物流这一块，缺乏有效的激励机制来驱使企业实施绿色物流。为此，政府要从建设资源节约型、环境友好型社会的理念出发，严格实施《环境保护法》、《固体废物污染环境防治法》，以及噪音污染防治条例等现有法律法规，并加强绿色物流相关法规的制定，如通过立法控制物流污染发生源、限制交通量、控制交通流。

① 控制污染源。主要是对物流过程中产生环境问题的来源进行管理。物流活动的污染源主要是运输工具的废气排放污染空气、流通加工的废水排放污染水质、一次性包装的丢弃污染环境等。可以采取以下措施对发生源进行控制：制定相应的环境法规，对废气排放量及车种进行限制；采取措施促进使用符合限制条件的车辆；普及使用低公害车辆；对车辆产生的噪音进行限制。我国自 20 世纪 90 年代末开始不断强化对污染源的控制。例如，北京市为治理大气污染发布两阶段治理目标，不仅对新生产的车辆制定了严格的排污标准，而且对在用车辆进行治理改造，在鼓励提高更新车辆的同时，采取限制行驶路线、增加车辆检测频次、按排污量收取排污费等措施，经过治理的车辆，污染物排放量大为降低。

制定和颁布这些环保政策或法规，有助于约束企业的行为，同时又给企业提供发展机会，以供物流企业明确方向，推动绿色物流顺利发展。

② 限制交通量。发挥政府的指导作用，推动企业从自用车运输向营业用货车运输转化；促进企业选择合理的运输方式，发展共同配送；政府统筹物流中心的建设；建设现代化的物流管理信息网络等，从而最终实现物流效益化，特别是要提高中小企业的物流效率。

③ 控制交通流。政府投入相应的资金，建立都市中心部环状道路，制定有关道路停车管理规定；采取措施实现交通管制系统的现代化；开展道路与铁路的立体交叉发展。以减少交通堵塞，提高配送的效率，达到环保的目的。

(2) 健全环境监管制度。环境保护人人有责。从物流角度来讲主要责任主体有 3 个：

第一，环境治理的责任主体是企业及所有排污单位；第二，环境管理的责任主体是政府；第三，环境监督的责任主体是全体社会成员。

对治理主体来说，目前主要是要解决物流企业环境成本和效益的外部性问题。企业作为治理主体，缺乏内在的治理污染动力，主要原因是其环境成本可以外部化，让整个社会来承担环境成本。要解决这个问题，首要的是制定一套完整的经济政策，形成经济的激励和约束机制。一是要做到排污有成本；二是要做到治污有效益。在政策、机制和体制上要鼓励企业治理污染，要建立环境补偿机制。

对管理主体来说，政府有责任和义务制定一整套的环境监管制度。在绿色物流这方面，这套管理制度应包括针对物流活动的各种规范和考核制度。要从法律法规的角度，尽可能明确环境监管、环境审批、环境处罚等的程序和细则，做到有法可依，依法行政。同时，要建立针对政府及其管理部门的考核评价体系，把环境保护工作纳入到党政领导干部的政绩考核中。要增加违法成本，利用市场机制调动企业的守法积极性。

对监督主体来说，人的生命和健康安全权益是基本人权；环境保护事关老百姓的生命健康安全，物流活动更是时时刻刻发生在老百姓的身边。广大人民群众监督环境保护工作，这是他们的一种权利，也是维护他们自身利益的需要，具有内在积极性。加强环境监管中的公众参与权，保障公民环境权益的实现。

(3) 建立绿色物流评价体系。物流系统的绿色评价，指把物流系统看作一个整体，将物流系统的环境影响评价适用标准框架，作为衡量物流系统与环境的友好程度的重要标志，主要包括环境影响评价与资源消耗评价。

9.4.3 发展绿色与低碳现代物流的企业案例

与某些先行国家相比，中国在电动汽车发展的资金投入上起步较晚，不过，目前的政策框架已经初步形成，但是仍然面临着某些关键的政策尚未出台、对电动汽车的税费优惠政策、电动汽车产业标准有待完善等一系列不足。

进入九月后，在上海的马路上，开始穿梭着几辆由锂电池驱动的快递车，它们属于四大国际快递巨头之一的TNT。这几辆纯电动快递车，是充分考虑了快递服务行业的独特操作需求而设计的，并且装有高科技监控系统以记录耗电数据，以便为不断优化递送路线提供数据支持。

目前，TNT先期共启用了5辆纯电动快递车在上海运行，这些车辆仅需两个半小时即可完成充电，可以在市区行驶120千米以上，而在短程运输快速充电模式下，则仅需不到一个小时即可完成充电。

这也是中国首批零碳排放快递车队，而花费大笔资金启用这批纯电动车队的TNT，也一直在碳减排方面做着各种尝试。不过，作为碳排放大户的物流业来说，减排的道路还很漫长。

1. 减排目标

据了解，最初启用的这5辆纯电动物流车，是由国内的汽车生产商东风汽车公司为TNT量身打造的。在启用之前，这5辆电动车组成的快递车队在上海已经进行了3个月的试运行。

当然，中国并不是TNT启用纯电动车的首发地。事实上早在五年前，TNT就通过发起一项名为“清洁驾驶”的活动，开始推进运营车辆的碳减排。

2007年，TNT在英国、荷兰投资了100多辆纯电动或混合电动快递车辆，按各地区特点研究不同的车辆燃料使用。2008年4月，TNT又在澳大利亚投入了10辆全新的Hino混合燃料快递车，与传统的柴油车相比较，这种车减少了14%的碳排放及低于50%的氧化亚氮的排放。

“最近，TNT在法国也开始试运营电动车，我们希望能够进一步增加电动汽车的数量，从而推动全球电动汽车在递送行业的使用，最终希望可以将所有快递车更换成电动汽车，实现真正意义的零碳排放目标。”TNT集团全球电动车项目总监鲁本•凡登(Ruben van Doorn)告诉《第一财经日报》记者，“不过，这将是比较长远的目标，目前(使用电动车作为快递用车)还处在比较初级的阶段，还需要吸取世界各地运营的经验。”

目前，将纯电动车用作日常运营在快递行业中还鲜有效仿者，而TNT在碳减排方面也的确是做得比较深入的物流公司。

据世界资源学院的统计，交通运输行业的二氧化碳排量占全球总排量近1/5。而从运输的方式来看，公路运输所产生的二氧化碳绝对值最大，海运运输和空运次之，铁路运输最小。根据另一大国际物流巨头DHL的统计，在欧洲地区，卡车的碳排放量为16.2亿吨，其中约有1/4是由空载卡车造成的。虽然卡车在DHL车队中仅占20%，但其碳排放却占集团道路排放总量的80%。而在中国同样如此。尽管全国只有5.5%的机动车辆用于运输业，但它却占据了中国油耗总量的30%以上。

事实上，在TNT的全球各地公司中，已经将减排理念贯彻到了公司日常运营的各个方面。例如，使用油耗比较低的飞机，并且优化飞行航线以减少碳排放。

此外，自2007年起，TNT在中国已经开始着手二氧化碳排放的计量工作，测算每家分公司的月度碳排放量后向员工公开，让员工及时了解公司的碳排放现状。而如果TNT的员工做了一些节能减排的事情，还可以得到公司颁发的徽章，以表彰其减排行动，同时影响更多的人参与绿色减排。同时，公司也引入激励机制，奖励驾驶二氧化碳排放低于120克/千米私车的员工。据估计，一名司机的高效驾驶可减少约15%～20%的碳排放。

2. 东风角色

当然，TNT为了减少碳排放做出的实践，也需要付出先期高成本的代价。

东风汽车公司的上市公司东风股份的总经理卢锋坦陈，由于电池的费用比较高，而电池的采购成本又占到整车成本的一半，因此电动汽车的价格要比一般的车高出3～5倍。“当然，我相信锂电池如果大规模量产的话，还有很大的降价空间。”

不过，既然认定了新能源汽车是未来的方向，东风汽车公司还是确定了要大力发展新能源汽车的战略。目前该公司生产的零排放纯电动车辆还是小批量，都是搭载在主要的生产线上生产的。但是今年东风汽车公司已经投资进行了电动客车的新能源技术研发工作，专门为新能源汽车、商用车打造单独的生产线。当然，新技术真正进入商业运营后还需要客户的认同，不仅要有创新型的企业，还要有创新型和有社会责任的客户支持。

因此，与TNT等物流、公交企业合作，按照客户的需求共同制造和改进，成了东风汽车公司目前选择的模式之一。东风汽车公司还曾向TNT提供了两辆纯电力轻卡在武汉试运行，在试运行的过程中也不断听取客户的意见并进行汽车的改进。此次在上海启用的这款纯电动车，就是双方合作经过多轮实验和试制并改进后的第三代。根据双方的计划，后续还会推出更新的、技术集成程度更高的纯电动车。

东风汽车公司还在寻找更多像 TNT 这样的客户进行合作，并探索在公交车等城市其他专用车市场的潜在空间。

3. 政府支持

2010 年 2 月，联邦快递宣布在香港投放首批商用柴油电动混合动力货车。两辆联邦快递混合动力货车由日野汽车生产并由皇冠汽车代理，相比起联邦快递之前采用的柴油车辆，可以降低碳排放 30%。

目前，联邦快递在全球营运着 329 辆柴油电动混合动力车和电动车及 2 100 项代用燃油车辆及装置。自 2004 年推出以来，联邦快递的混合动力车队行驶超过 500 万里(1 里＝500 米)，节省了 150 000 加仑燃料并减少了 1 521 吨的二氧化碳排放。

DHL 更在全球有 2 700 辆车运用了混合电力、电力、空气动力部件或替代燃料技术，在德国和英国配有电动车，并计划近期内继续向西班牙、荷兰和美国市场投放。

而在亚太地区，目前 DHL 还没有投放电动车，但在新加坡和泰国已经有电动叉车在运营(新加坡现有 3 辆电动叉车；泰国有 4 辆，每辆的载重量都达两吨)。中国现有 3 辆电动自行车，主要用于一些运输量小的特殊路段。

在《低碳技术市场化之路：电动汽车》报告中也显示，在电动汽车发展初期，通过政府补贴等形式刺激电动汽车初期需求、增加电动汽车销量、迅速形成生产规模对行业发展至关重要。而与某些先行国家相比，中国在电动汽车发展的资金投入上起步较晚，不过，目前的政策框架已经初步形成，但是仍然面临着某些关键的政策尚未出台、对电动汽车的税费优惠政策、电动汽车产业标准有待完善等一系列不足，需要在未来逐步完善。

习　题

1. 选择题

(1) (　　)是物流在管理深度和业务环节的广度方面的扩展。

A．供应链　　B．生产加工　　C．仓储　　D．运输

(2) 绿色物流是建立在可持续发展理论、(　　)与循环经济理论基础上的。

A．生态学　　B．生态经济学　　C．生态伦理学　　D．生态理论学

(3) 现代物流的特征有(　　)。

A．物流组织化　　B．物流信息化

C．物流服务系列化　　D．物流目标系统化

(4) 物流功能集成化包括(　　)。

A．物流组织的集成　　B．物流功能的集成

C．物流渠道间的集成　　D．物流环节的集成

2. 简答题

(1) 什么是绿色低碳现代物流？其特征是什么？

(2) 绿色与低碳现代物流的关系辨析。

(3) 绿色供应链的概念是什么？

(4) 绿色与低碳现代物流的目标是什么？

(5) 航空中碳排放的主要来源是什么？

3. 判断题

(1) 低碳物流是建立在可持续发展理论、生态经济学、生态伦理学与循环经济理论基础上，包括一切以降低物流过程中的生态环境影响为目的的手段、方法、过程。（　）

(2) 绿色物流包含低碳物流、低碳物流包含绿色物流、低碳物流等于绿色物流、低碳物流与绿色物流分离、低碳物流与绿色物流有重合但互补包含。（　）

(3) 绿色物流发展终归是满足社会可持续发展的重要组成部分。（　）

(4) 物流业是能源消耗较大的产业之一，降低物流业的能耗，能够有力地促进低碳经济发展这是必然。（　）

(5) 燃烧废气的排放成为铁路运输中对环境威胁最大的碳排放方式。（　）

4. 思考题

(1) 试分析一下绿色与低碳现代物流的发展趋势是什么？

(2) 如何将绿色与低碳现代物流应用于各个领域？

案例分析

遂宁建西部绿色低碳物流

遂宁城区南郊的18.66平方千米的土地正在悄无声息地创造着一段历史：两年间，一片荒芜的丘壑之地变成了每天产生数千万交易额的新兴产业园区，成为快速崛起在国家规划的九大物流区域、十大物流通道中的西南物流区域性物流节点、成渝经济区黄金中枢的产业园区。

作为一个不冒烟的产业平台，中国西部现代物流港正在用自己的大胆实践为船山区探索出一种新型发展模式，而最重要的是这种模式是绿色低碳的，是具备推广发展意义的。

面对西部大开发深入推进的历史机遇，选择最适合遂宁发展方向的产业，构筑绿色低碳的经济平台在新形势下显得至关重要。而打造以现代物流和光电产业为主导的现代产业，正是遂宁市委、市政府在深入学习领会科学发展观内涵实质的基础上提出的绿色经济发展战略。

按照省委、省政府和遂宁市委、市政府提出的发展“一枢纽、三中心、四基地”总体要求，物流港充分发挥交通、区位、市场和经济流向等诸多优势，大力发展绿色物流平台，倾力打造低碳经济引擎，着力建设成为贯通南北、连接东西、通江达海的西部现代物流产业高地。

厚重的发展底蕴极大地提升了园区的竞争力和产业驱动力，助推了中国西部现代物流港快速步入现代物流园区发展的健康轨道。“通过近两年的发展来看，物流产业不仅能耗低，而且产业带动性强，区域辐射性广，所以，建立中国西部现代物流港这个决策首先就是绿色的。”作为一直坚守在中国西部物流港建设第一线的相关负责人周汉知告诉记者。

中国西部现代物流港始终相信：绿色，产业发展的客观要求；低碳，经济发展的必然趋势。围绕这一主题，他们在园区建设之初就举办了中国西部现代物流港合作论坛，力邀清华大学、西南交通大学、同济大学等院校合作，精心完成18.66平方千米的园区规划。

通过近三年的快速建设，占地18.66平方千米的中国西部现代物流港基础设施建设投入已达23.6亿元，引进了3家上市企业(中石油、安东石油、华润)、3家大集团(湖北天润、美福地、建国集团)、18家物流平台开发企业、58家第三方物流企业，投资总额达62亿元。全面开建的重点项目10个，到位资金7.65亿元。其中西部华源、东正现代物流基地等项目一期已正式投入运营，并与全国近5 000家物流企业、15个园区建立了友好合作关系，形成了大流通的良好局面。

"相对于电子生产企业和物流企业等，信息化企业肯定是更加绿色、低碳的。而我们的战略目标就是通过构建物流大超市、大平台在园区形成一个信息化服务中心。"据了解，中国西部现代物流港的公共信息平台已启动建设，其建设的核心目标就是园区的所有企业都可以在这个平台上完成软件下载和交易服务，此后，这里无疑将是物流园区的电子心脏，信息流、资金流的平台。

如今，中国西部现代物流港正以绿色物流高度集群发展为重点，以最低的环境代价、最节约的资源方式，将园区建成发展现代物流的"航母"，推动遂宁、成渝经济区乃至西部的产业结构优化升级。展望未来，一幅以物流为轴的绿色低碳经济发展蓝图正徐徐展开。

讨论题

(1) 谈谈遂宁建西部绿色低碳物流带来的启示。

(2) 发展绿色与低碳物流的优势是什么？

第10章　物联网时代的智能物流

【本章教学要点】

知识要点	掌握程度	相关知识
物联网	了解	概念、发展现状及其应用
智能物流	重点掌握	概念及特点
智能物流系统	掌握	概念、特征及逻辑框架
智能物流对信息化的影响	重点掌握	几方面的影响
智能交通系统	掌握	概念、应用领域与现状

导入案例

耐克的绝密仓库

雄心万丈的本土体育用品品牌李宁、安踏一直梦想着在中国市场超越耐克，但是耐克为这项挑战赛增加了一个新标准。2011年年初，耐克中国物流中心(CLC)在江苏太仓启用，这也是其全球第七个、第二大物流中心。这个巨型方盒的面积达20万平方米，拥有超过10万个货品托盘，年吞吐能力超过2.4亿个件次，同时可满足79个集装箱货车装卸货。更重要的是，耐克将借此缩短15%的交货时间——一件货品从门店下单到发货将只需要数小时。

这里就像是一个巨型的中央处理器。所有商品分拣和管理的基础都依赖于强大的数字化采集和处理能力。所有货品都嵌入了电子标签，并逐一扫描，工人根据电子显示屏上的信息来分拣配送货品，其信息通过专门数据端口与耐克全球连接，每天都会有完整的共享数据反馈给相关部门。海量信息如此之多，以至于计算机所需要的编码数量几乎与全球最大的购物网站亚马逊一样多——这里是物流专家把对数字和技术的热爱转化为成果的乐园。

总长达9千米的传送带、顺序拣货机、无线射频扫描仪、自动化仓库管理系统等在内的诸多物流技术与装备，让这座仓库在分配效率、吞吐力、弹性力三项指标上均达到了全球最高水准。

作业过程中，最关键的要素是精确。以服装分拣为例，当3楼仓储区的整箱货品通过传送装置送到2楼时，操作员会通过手持扫描设备进行标签扫描。所有货品标签的贴放位置和高度都有严格规定，以提高核对效率。核对无误后，在传送带送至1楼的过程中，沿途每个数米均有扫描设备对包装箱条码进行扫描，记录下位置信息。这些信息又与分布于物流中心各功能区的自动化分拣设备相连，使产品可以快速被传送至不同的操作区。一旦分拣有误，传动带会自动将错误货品甩出，进入特殊通道交由专人处理。

当货品经过层层校验，从分拣来到打包环节时，CLC 的系统会自动打印一张货品标单，清楚地表明货品编号和件数。计算机还能估算出货物体积，并提示操作员大概选用何种型号的包装箱最为合适。

装箱操作员除了核对货品件数和编码外，另一重要工作就是要把货品发货标签贴到规定位置，便于下一个环节的机器或人工再次抽查核对。在装车发货之前，仓储管理系统再次进行信息甄别。根据订单的时间配送要求，采用不同的交通工具和多级物流网络，确保产品高效、准确、及时，以及最低成本送达。

讨论题

(1) 简述CLC配送货品的一般流程。

(2) 耐克公司是如何确保操作过程中的精确度的？

(3) 此案例对物联网时代的智能物流有哪些启示？

【内容摘要】

物联网是将射频识别、传感器、全球定位系统等信息传感设备与互联网相结合形成的网络。它是互联网接入方式和端系统的延伸，也是互联网服务的拓展。智能物流是物联网在物流领域的应用，它标志着信息化在整合中国网络和中国管控流程中进入到一个新的阶段，即进入到一个动态的、实时进行选择和控制的管理水平新阶段。本章从物联网概念讲起，由此引出物联网时代的智能物流及其在物流各个环节的技术应用，讨论了智能物流带来的好处。

10.1 物联网概述

10.1.1 物联网的概念及其本质

物联网概念最早是由麻省理工学院(MIT)的阿什顿(Ashton)教授在研究 RFID 时提出来的。提出了结合物品编码、RFID 和互联网技术的解决方案。

2005 年 11 月 17 日，在突尼斯举行的信息社会世界峰会(WSIS)上，国际电信联盟(ITU)发布《ITU 互联网报告 2005：物联网》，引用了“物联网”的概念。由此，物联网的定义和范围发生了变化，不再只是指基于 RFID 技术的物联网。

2009 年 1 月 28 日，奥巴马就任美国总统后，与美国工商业领袖举行了一次“圆桌会议”，IBM 首席执行官彭明盛首次提出“智慧地球”这一概念，建议新政府投资新一代的智慧型基础设施。当年，美国将新能源和物联网列为振兴经济的两大重点。2009 年 2 月 24 日，IBM 论坛上，IBM 大中华区首席执行官钱大群公布了名为“智慧地球”的最新策略。IBM 认为，IT 产业下一阶段的任务是把新一代信息技术充分运用在各行各业之中，具体地说，就是把感应器嵌入和装备到电网、铁路、桥梁、隧道、公路、建筑、供水系统、大坝、油气管道等各种物体中，并且被普遍连接，形成物联网。

2009 年 9 月，在北京举办的“物联网与企业环境中欧研讨会”上，欧盟信息委员会和社会媒体公司 RFID 部门负责人 Lorent Ferderix 博士给出了欧盟对物联网的定义：物联网是一个动态的全球网络基础设施，它具有基于标准和互操作通信协议的自组织能力，其中物理的和虚拟的“物”具有身份标志、物理属性、虚拟的特性和智能的接口，并与信息网络无缝整合。

目前国内对物联网也还没有一个统一的标准定义，但可以理解为，物联网是通过传感设备使物品智能化，将物与互联网整合在一起，实现物质世界和信息世界的无缝整合，从而能以更加精细和动态的方式管理生产和生活，提高生产效率和资源利用率，改善人类生活水平。物联网的用途广泛，遍及智能交通、政府工作、公共安全、环境保护、个人健康、花卉栽培、水系监测、食品溯源、敌情侦查和情报搜集等多个领域。对物联网的本质概括起来主要体现在 3 个方面。

1. 物联网的核心和基础是互联网

物联网是将射频识别、传感器、全球定位系统等信息传感设备与互联网相结合形成的网络。物联网是在互联网的基础之上，构建的一个能实现人与物、物与物的信息交换和共享，对物体的智能化识别、定位、跟踪、监控和管理的网络信息系统。整个信息系统的运行都是借助互联网的网络系统，物联网是互联网接入方式和端系统的延伸，也是互联网服务的拓展。

2. 物联网实现了物质世界和信息世界的无缝整合

我们可以把物联网理解为一个动态的全球信息基础设施，也有被称为“泛在网”和“传感网”。无论怎么称呼物联网，它的实质就是将世界上的人、物、网和社会融合为一个有机的整体，在物联网的基础上，使世界上人类的生活、生产活动、经济运作、社会活动更加智能化地运行。

3. 连接在物联网上的“物”应具有四个基本特征

连接在物联网上的“物”应具有四个基本特征：位置标志、感知能力、通信能力、可控性。

(1) 位置标志。就是能够显示“物”的基本信息和位置。连接在物联网上的“物”都会有传感器或射频标签，这些传感器都进行过编号，并且标签上都有“物”的基本信息。通过传感器或标签可以知道连接在物联网上的“物”的相关信息。

(2) 感知能力。感知能力指的是能对周围的刺激具有反应能力。“物”上的传感器或射频标签受到周围的刺激时，能够把受到的刺激通过网络传送到计算机，根据计算机的分析和指令，决定该做什么。

(3) 通信能力。通信能力就是能够将收集的信息反馈形成信息交互。传感器或射频标签能根据要求将相应的信息传输到计算机，并能存储信息，进行信息的传播。

(4) 可控性。通过传感器或射频标签的信息传输，对信息进行分析计算，得出结果，并把结果传输回去，指示“物”的运作。

支撑物联网中“物”与“物”之间自动信息交互的关键技术是 RFID 和 WSN 技术，它们将物理世界和信息世界整合为一个整体。对物联网上的人、设备、网络、信息进行处理、管理与控制时，需要功能强大的高性能计算机和安全的数据存储设备。

10.1.2 物联网的发展历程及现状

1. 物联网的发展历程

物联网的实践最早可以追溯到1990年施乐公司的网络可乐贩售机——Networked Coke Machine。

物联网的概念最早是由麻省理工学院(MIT)的 Ashton 教授在在研究 RFID 时提出来。在 2003 年，美国《技术评论》提出传感网络技术将是未来改变人们生活的十大技术之首。2005 年 11 月 17 日，在突尼斯举行的信息社会世界峰会(WSIS)上，正式提出了物联网的概念，促进了物联网概念的兴起。2008 年金融危机后，各国政府开始重视物联网，开始发展物联网和其相关技术，让其成为促进科技发展和推动经济发展的重大力量，把本国的经济发展拉回正轨。当今的经济形势为物联网产业的发展奠定了基础。

2. 我国物联网发展现状

在 1999 年，中国科学院(以下简称中科院)就启动传感网的研究，分别在无线智能传感网络通信技术、传感器终端机、微型传感器、移动基站等方面取得重大进展。

2008 年 11 月在北京大学举行的第二届中国移动政务研讨会“知识社会与创新 2.0”提出移动技术、物联网技术的发展代表着新一代信息技术的形成，并带动了经济社会形态、创新形态的变革，推动了面向知识社会的以用户体验为核心的下一代创新(创新 2.0)形态的形成，创新与发展更加关注用户、注重以人为本。而创新 2.0 形态的形成又进一步推动新一代信息技术的健康发展。2009 年 8 月温家宝总理在视察中科院无锡物联网产业研究所时，对于物联网应用也提出了一些看法和要求。自温总理提出“感知中国”以来，物联网被正式列为国家五大新兴战略性产业之一，写入政府工作报告，物联网在中国受到了全社会极大的关注。截至 2010 年，发展改革委、工信部等部委正在会同有关部门，在新一代信息技术方面开展研究，以形成支持新一代信息技术的一些新政策措施，从而推动我国经济的发展。

10.1.3 物联网的应用

邬贺铨院士指出，物联网是互联网的应用拓展，与其说物联网是网络，不如说物联网是业务和应用。EPoSS(欧洲智能系统集成技术平台)在 *Internet of Things in 2020* 报告中分析预测，未来物联网的发展将经历四个阶段，2010 年之前 RFID 被广泛应用于物流、零售和制药领域，2010—2015 年物体互联，2015—2020 年物体进入半智能化，2020 年之后物体进入全智能化。物联网是继计算机、互联网和移动通信之后的又一次信息产业的革命性发展。目前物联网被正式列为国家重点发展的战略性新兴产业之一。物联网产业具有产业链长、涉及多个产业群的特点，其应用范围几乎覆盖了各行各业。

物联网在现代物流中具有爆发力强、关联度大、渗透性高、应用范围广的特点。

1. 物联网在车辆跟踪中的应用

1) 通行 GPS

对公司所属的车辆实时监控，在任意时刻通过发出指令查询车辆所在的地理位置(经度、纬度、速度等信息)并在电子地图上直观地显示出来；通过 GPS 的话音功能与司机进行通话或使用本系统安装在运输工具上的移动设备的汉字液晶显示终端进行汉字消息收发对话；调度人员能在任意时刻通过调度中心发出文字调度指令，并得到确认信息；可以及时了解车辆的各类信息，规划车辆的运行路线、运行区域等，公司的客户可以使用公司给他的权限登录网站，直接在网上查询、监控他的货物运送情况，以充分满足客户日益增长的服务需求。

2) RFID 技术

在物流运输行业，交通安全和准确的 ETA(预计到达时间)通常是取得成功的关键性因素。针对车辆的跟踪可采用 RFID 和最新通信技术，让您时刻跟踪您的车队。同时，可以利用 RFID 和生物识别技术，向每位司机发放一个 RFID 驾照，这个驾照里包含司机的指纹数据和个人信息。

2. 物联网在货物识别中的应用

1) 条码

对整箱进货的商品，其包装箱上有条形码，放在输送带上经过固定式条形码扫描器的自动识别，可接受指令传送到存放位置附近。

2) RFID 技术

在数据采集、数据传递方面，具有独到的优势。采用 RFID 作为信息传递的载体，可以有效避免人工输入可能出现的失误，大大提高入库、出库、验货、盘点、补货等工作的效率。对整个托盘进货的商品，叉车驾驶员用手持式条形码扫描器扫描外包装箱上的条形码标签，利用计算机与射频数据通信系统，可将存放指令下载到叉车的终端机上。

3. 物联网在货主对货物进行跟踪中的应用

1) GPS 跟踪

当货主交付货物后，物流公司将提货单和密码交给货主，同时将货单输入到网上 GPS 物流平台中；当货物装到运输车辆后，将代表该车辆的 SIM 卡号与货单联系起来。这样，货主和物流公司都可以随时随地通过网络按货单号和密码查询货物当前的运输地理位置。

2) RFID 技术

物上贴上 RFID 射频标签，通过 RFID 读卡器采集信息，安装在运输交换站或运输装置中的移动物流服务器上，结合卫星定位系统和 RFID 技术为货物定位，把货物位置信息传给货主。

4. 物联网在园区车辆认证中的应用

RFID 园区车辆管理：配备了 RFID 标签许可牌照的运输车辆，它们能发射无线电波来标示各自的身份，在车辆进入物流园区或即将进入物流园区时，由园区持有的射频卡产生信息感应，并采集车辆信息送至园区信息处理中心；对车辆在园区内的活动进行管理。大大缩减传统的车辆进出园区人工统计、园区车辆调度等时间。

5. 物联网在物流安全领域的应用

物联网借助互联网、RFID 等无线数据通信等技术，实现了单个商品的识别与跟踪。基于这些特性，将其应用到物流的各个环节，保证商品的生产、运输、仓储、销售及消费全过程的安全和时效，将具有广阔的发展前景。

1) 物流生产和运输领域

基于物联网的支持，电子标签承载的信息就可以实时获取，从而清楚地了解到产品的具体位置，进行自动跟踪。对制造商而言，原材料供应管理和产品销售管理是其管理的核心，物联网的应用使得产品的动态跟踪运送和信息的获取更加方便，对不合格的产品及时召回，降低产品退货率，提高了自己的服务水平，同时也提高了消费者对产品的信赖度。另外，制造商与消费者信息交流的增进使其对市场需求做出更快的响应，市场信息的捕捉方就夺得了先机，从而有计划地组织生产，调配内部员工和生产资料，降低甚至避免因“牛鞭效应”带来的投资风险。对运输商而言，电子产品代码(electronic product code，EPC)可以自动获取数据，进行货物分类，降低取货、送货成本。并且，EPC 电子标签中编码的唯一性和仿造的难度可以用来鉴别货物真伪。由于其读取范围较广，则可实现自动通关和运输路线的追踪，从而保证了产品在运输途中的安全。即使在运输途中出现问题，也可以准确定位，做出及时的补救，使损失尽可能降到最低。这就大大提高了运输商送货的可靠性和效率，提高了服务质量。此外，运输商通过 EPC 可以提供新的信息增值服务，从而提高收益率，维护其资产安全。

2) 物流仓储领域

出入库产品信息的采集因为物联网技术的运用，而变得快捷、准确。电子标签的读写优势，使得它能够将产品数据嵌入相应的数据库，经过数据处理，实现对产品的拣选、分类堆码和管理。若仓储空间设置相应的货物进出自动扫描纪录，就可以防止货物的盗窃或因操作人员疏忽引起的物品流失，从而提高库存的安全管理水平。现今，它已经广泛用于货物和库存的盘点及自动存取货物等方面。

3) 销售管理领域

物联网系统具有快速的信息传递能力，能够及时获取缺货信息，并将其传递到卖场的仓库管理系统，经信息汇总传递给上一级分销商或制造商，及时准确的信息传递，有利于上游供应商合理安排生产计划，降低运营风险。在货物调配环节，利用 RFID 技术大大提高了货物拣选、配送及分发的速度，在此过程中可以实时监督货物流向，保障其准时准点到达，实现了销售环节的畅通。

对零售商而言，实施 EPC 保证了合理的货物仓储数量，从而提高订单供货率，降低脱销的可能性和库存积压的风险。由于自动结算速度的大幅度提高，卖场就可以降低最小安全存货量，增加流动资金。由于可以实现单品识别，每个产品都具有特殊代表性，它们在货架上的具体位置、所处状态，可通过信息阅读随时传递至互联网，在信息处理之后反馈给管理人员，可以有效地防盗，从而避免了销售损失。

4) 商品消费领域

物联网的出现使得个性化购买、排队等候时间缩短变为现实。消费者随时掌握所购买产品及其厂商的相关信息，对有质量问题的产品进行责任追溯。事实上，由于产品在生产之初直至消费者手中都经过实时的质量和数量追踪并依据情况做出补救，到消费者手中的残次产品几乎为零。这样，既保证消费者购买到满意商品，对其人身和消费者信心不造成任何伤害，又可以防止残次产品因不及时或有效处理而对周围环境带来威胁。特别是有毒有害的危险品，随意丢弃将可能造成严重的环境污染，酿成巨大的损失。

10.2　物联网时代的智能物流概述

10.2.1　智能物流的概念

我们首先谈谈“智能”两个字。智能是一个逐渐深化的过程，早期我们把自动化等同于智能，当企业高度自动化以后，就认为智能程度很高。后来有了一些变化，如一些新产品，像傻瓜相机、智能洗衣机等，我们说这些产品是智能的，因为它们能现场获取信息并做出判断和选择。通过现场判断选择，实现对人的替代作用，这样叫智能，而不是一切按照流程办。所以智能进了一步，即采取信息化的措施，在自动化上加了信息化，代替人的选择。今天在互联网，或者物联网时代的智能，又要前进一步，像傻瓜相机自动采集信息做判断，然后选择方案的模式，已经远远不够，还要连接到网络，随时把采集的信息通过网络传输到数据中心，或者指挥本部，由数据中心做出判断和控制，进行实时调整。所以今天再讲到智能，实际上是指一个动态的控制反应过程，是不断在调整的。这个调整是根据实时采集信息做出判断和控制，要动起来，要有联网，要在线运行。总结起来主要是 3 个特征，即自动化、信息化和网络化，这样才能体现这个时代的“智能”。

2010 年，发展改革委委托中国工程院做了一个关于物联网发展战略规划的课题，课题列举了物联网在 10 个重点领域的应用，物流是其中之一。随后，物联网迅速在物流界“热”了起来。在物流领域，物联网只是一种技术手段，实现智能化的物流才是目标。在如今的物联网时代，智能除了获取信息外，还要将采集的信息通过网络传输到数据中心，由数据中心做出判断和控制，进行实时调整。所以智能实际上是一个动态的控制反应过程，是不断调整的。这个调整是根据实时采集的信息做出的判断和控制，要动起来，要有联网，要在线运行。由此可见，自动化、信息化、网络化是能够体现这个时代智能的主要特征。

智能物流是物联网在物流领域的应用，在物联网广泛应用的基础上，运用射频识别、传感网、全球定位系统等信息传感设备，实现物流作业过程中的大量运筹与决策的空运智能化，以物流管理为核心，实现物流过程中运输、存储、包装、装卸等环节的一体化和物流系统的层次化。智能物流的发展会更加突出“以顾客为中心”的理念。智能物流标志着信息化在整合中国网络和中国管控流程中进入到一个新的阶段，即进入到一个动态的、实时进行选择和控制的管理水平新阶段。智能物流的发展将会促进区域经济的发展和世界物流资源优化配置，实现物流高科技技术信息化。

物流企业一方面可以通过对物流资源进行信息化优化调度和有效配置，来降低物流成本；另一方面，在物流过程中通过加强管理和提高物流效率，可以改进物流服务质量。然而，随着物流快速发展使得物流过程越来越复杂，物流资源优化配置和管理的难度也随之提高，物资在流通过程中各个环节的联合调度和管理更加重要也更加复杂，而我国传统物流企业的信息化管理程度还比较低，无法实现物流组织效率和管理方法的提升，阻碍了物流的发展。要实现物流行业长远发展，就要实现从物流企业到整个物流网络的信息化、智能化，因此，发展智能物流成为必然。

智能物流标志着信息化在整合网络和管控流程中进入到一个新的阶段，即进入到一个动态的，实时进行选择和控制的管理水平。这个水平不一定是目前马上都需要，所以一定要根据自身的实际水平和客户需求来确定信息化的定位，但这肯定是未来发展的方向。

10.2.2 智能物流的特点

1. 智能化

智能化是物流发展的必然趋势，是智能物流的典型特征，它贯穿于物流活动的全过程，随着人工智能技术、自动化技术、信息技术的发展，其智能化的程度将不断提高。它不仅限于库存水平的确定、运输道路的选择、自动跟踪的控制、自动分拣的运行、物流配送中心的管理等问题，随着时代的发展，也将不断地被赋予新的内容。

2. 柔性化

柔性化是为实现“以顾客为中心”理念而在生产领域提出的，即真正地根据消费者需求的变化来灵活调节生产工艺。物流的发展也是如此，必须按照客户的需要提供高度可靠的、特殊的、额外的服务，“以顾客为中心”服务的内容将不断增多，服务的重要性也将越来越大，如果没有智能物流系统柔性化的存在是不可能达到的。

3. 一体化

智能物流活动既包括企业内部生产过程中的全部物流活动，也包括企业与企业、企业与个人之间的全部物流活动等。智能物流的一体化是指智能物流活动的整体化和系统化，它是以智能物流管理为核心，将物流过程中运输、存储、包装、装卸等诸环节集合成一体化系统，以最低的成本向客户提供最满意的物流服务。

4. 社会化

随着物流设施的国际化、物流技术的全球化和物流服务的全面化，物流活动并不仅仅局限于一个企业、一个地区或一个国家。为实现货物在国际间的流动和交换，以促进区域经济的发展和世界资源优化配置，一个社会化的智能物流体系正在逐渐形成。构建智能物流体系对于降低商品流通成本将起到决定性的作用，并成为智能型社会发展的基础。

10.2.3 物联网时代智能物流的实现与影响

1. 智能物流的实现

1) 智能交通运输系统

智能交通运输系统通过技术平台可向物流企业管理提供的服务主要集中在物流配送管

理和车货动态控制两方面，如提供当前道路交通信息、线路诱导信息，为物流企业的优化运输方案制定提供决策依据；通过对车辆位置状态的实时跟踪，可向物流企业，甚至客户提供车辆预计到达时间，为物流中心的配送计划、仓库存货战略的确定提供依据。在现代物流发展过程中，主要可在以下五个方面利用智能运输技术：移动信息技术、车辆定位技术、车辆识别技术、车辆控制技术、通信与网络技术。

(1) 移动信息技术。为了将移动的车辆信息纳入物流运转的信息链中，则需要使用移动信息系统。该系统和物流企业的信息中心构成统一的整体。确定的合同数据、运输路线数据、车辆数据和行驶数据都需要进行收集、存储、交换和处理。将货运车辆纳入信息链所采用的主要手段是在车辆上配置(便携式)计算机或专门开发的信息处理和无线发射与接收装置。物流业中使用移动定位与短信息量是非常大的，其中用户主要是跨国物流企业和大型的物流企业，随着技术的更新及信息费用的下降，许多中小物流企业对移动信息技术也越来越感兴趣。

(2) 车辆定位技术。车辆的实时定位，有助于物流控制中心在任意时刻查询车辆的地理位置并在电子地图上直观地显现出来。动态掌握车辆所在位置可帮助物流企业优化车辆配载和调度。另外，车辆定位技术也是搜寻被盗车辆的一个辅助手段，这对运输贵重货物具有特别重要的意义。GPS 技术是车辆定位最常见的解决方案。对于网络 GPS 的用户，还可使用 GSM(group special mobile)的话音功能与司机进行通话或使用安装在运输工具上的汉字液晶显示屏，进行汉字消息收发。

(3) 车辆识别技术。借助电子识别系统，使运输中的货物可通过一个号码和特别的信息加以区别，方便运输途中时间及地点的跟踪与监控。还可以与其他系统衔接，用于控制物流中的运输、转运、代销和存储过程。射频识别技术是从 20 世纪 80 年代走向成熟的一项自动识别技术。它利用射频方式进行非接触式双向通道交换数据以达到识别目的，和传统的磁卡、IC 卡相比，射频卡最大的优点就在于非接触，因此完成识别工作时无须人工干预，适合于实现系统的自动化且不易损坏，可识别高速运动物体并可同时识别多个射频卡，操作快捷方便。

(4) 车辆控制技术。车辆控制系统是现代物流系统中货运车辆运营管理的重要组成部分。车辆控制技术提供支撑物流系统在运输环节对供应链进行全过程管理的功能。它包含了运营货运车队管理、货物运输管理、货运车辆电子通关、运营货运车辆运政管理、动态承重、车载安全监控、车辆车载安全保障、货车车辆维护、危险货物运输管理等多方面的功能。这些功能可以简化，如注册情况、车辆技术性能、尺寸等检查的手续，优化提供货物配送、回程载货信息，提高集散作业的可靠性及效率，极大地提高运输生产效率、减少延误。

(5) 通信与网络技术。在现代运输网络中，数据越来越多地需要远程输送与交换。采用标准化电子数据交换信息网，可使数据具有较好的兼容性与适用性，有利于加速信息流程，降低手工输入错误率，减少纸张需求及使数据易于检验等。远程数据通信可利用专门的数据交换网(如 X.25)，也可借用互联网。由于互联网具有低通信成本、高联通率的优点，近年来越来越多的货运企业把互联网作为数据交换平台，进行数据通信。基于网络的及时、准确的信息传递保证了物流系统高度集约化管理的信息需求，保证了物流网络各节点和总部之间及各节点之间的信息充分共享。

2) 智能仓储系统

近年来物流行业兴起中心仓储业务，物流中心的仓储系统一般包括收货、存货、取货、配货、发货等环节。物流中心仓储的目的就是实现有效的物流管理，整合资金流、物流、信息流，使之能够达到最佳的组合，起到最大的经济效益。

信息化处理发生在物流存储这方面的一切信息，像货物的出入库及在库管理操作，以及仓储存储空间的划分和分配，物流仓储系统的很多环节都选择使用自动识别技术来完成管理工作，具体有以下几个环节。

(1) 入库流程。具体包括以下内容。

① 到货后入库前：货物到库后，操作人员在管理终端根据送货单据号查询到货物品的相关信息(如品名、数量、供应商代码等)，然后扫描到库货物上的编码，同时检验货物包装有无破损，系统随后检查送货单据的项目是否与实际到货相符。如果有不符合送货单据上的数据，系统将直接警告，仓库操作人员将拒绝收货；如果与入库单据相符，系统即给出相应的信息。同时需要将验收后的相关信息由RFID读写设备自动识别传送给WCS系统，并在SCM管理系统中完成入库确认，同时打印入库单据。

② 货物入库后：入库的货物堆放由工作人员根据仓库库位放置情况来决定，堆放类型可以按点堆放、按批次堆放、按分类堆放、按不同的厂商堆放、按配套堆放等。操作人员持终端机，通过扫描货物标签、仓位标签，记录位置(与货物信息关联)，确认入库后，将需要的库存信息同步到WCS及SCM管理系统中。

(2) 出库流程。具体包括以下内容。

① 货物出库前：采用RFID系统后，操作人员在RFID系统中根据出库凭证输入相关信息，系统查询货品是否符合出库凭证，符合要求的生成拣选单，包含领料单号、拣选仓位、代码、箱号、目的地、整包装数量，仓位的拣选按照预先设定的规则自动指示生成图形界面提示，允许操作人员在系统中手工指定。

② 出库拣选：出库拣选的步骤，可以参照RFID系统的流程，这里要值得注意的是，不同的货物，可能单独包装，也可能按产品分类包装，或者是几个产品并盘。前者不需要拆箱或者分拣，直接发货出库即可；后面两种情况就要拆零和分拣后再发货出库。拆零和分拣无法彻底避免，这就要求RFID系统能够有效地控制被拆零和分拣的各个拆零单位的流向等信息(包括授权人员、操作人员、时间、原因等)。

③ 出库确认：运输车辆到库提货时，操作人员进行出库检验，确认拣选货物与领料单或送货通知单是否一致，完成出库的确认工作；这里要求最后将需要的货物出库信息同步到WCS系统中，并在SCM系统中完成出库确认，并且打印出库单。

(3) 移库移仓流程。当一批货物出库配送工作完成接近尾声，库存不多时，又或收到下一批大宗货物入库通知时，需要进行移库移仓，腾出库位迎接新的货物到来。

实际执行移库移仓，确认移库移仓操作的正确性也可参照RFID系统中的相关流程，需要RFID系统做到的就是能保存每次移库移仓的数据，并且要求能方便调用这些数据。

(4) 盘点流程。仓库盘点是按照常规的要求进行周期性的仓库获取清点工作，以便及时掌握库存货物的现状，所以盘点时，可以参照RFID系统的流程操作，要求能根据操作人员的指令，生成各种不同的盘点结果报表，有盘盈盘亏、库存、仓位报表等。

另外还有针对每个工程项目的盘点，要求及时上报每批工程货物的进、出、库存、积压时间等信息。

2. 智能物流对物流信息化的影响

1) 开放性

过去建立信息系统就是把自己的流程和资源管好。现在必须要有社会信息、外部信息的交换共享，同时还要有自身信息向社会发布的机会。道路的情况、交通拥挤的情况、天气的情况等，对于自身进一步提高考核指标非常重要，从 80%到 90%，从 90%到 95%，没有外部系统的沟通是不可能做到的。所以在进一步提高时，就要掌握更多的资源。因此，一定要建立开放性的平台，这种开放性是提高运营水平的一个必然的趋势。

在这个开放的过程中会有一些热门技术，如定位技术、传感器技术等成为实现开放性的技术手段。同时，我们要认识到制约开放的主要问题——安全性。在未来的发展中，系统的开放性和安全性会有矛盾。要解决安全的问题，一要靠技术，二要靠流程，三要靠法律，四要靠内部管理。安全的问题也在不断变化，包括对安全问题的认识、理念、承受程度都在变化。这种变化使开放和安全之间的平衡状态不断调整，这会促进自身系统逐渐开放。

2) 动态化

适应快速变化的外部环境，提升精细化管理要求，这是目前企业发展的重要需求。要使管理系统适应外部快速发展的复杂环境，动态化一定会提到日程上来。当需要系统动态化的时候，定位信息将成为基础，采集的信息里有两个基本要素，一个是时间和空间；一个是识别信息，是车，是人，还是货。识别信息加上时空信息混合在一起就叫做定位信息，这将成为物流动态管理的信息源，从而可以形成动态信息的公共服务，现在已经出现了非常多这样的位置服务公共信息平台。

再者，就是运输网络的监管动态化和服务社会化将决定物流管理动态化的进程。要解决动态化，建议先从交通运输的动态管理用起，首先对车辆和集装箱等这些运动中的设备和人进行监管。从这里开始做起，能够建立动态管理的公共服务，并且把这种服务释放到社会上去，很多物流公司就可以用来监管动态的货物运输。

3) 集中性

现在各大企业都在加强信息化建设，其中一个重要的特征就是集中管理。因为信息化应用于网络资源的整合，应用于流程的管理，这个趋势越来越明显，效率非常高。这种集中管理有利于提高信息的处理能力和服务能力，信息如果不集中是无法加工和提升的。同时，信息加工服务的人才是稀缺的，只有集中起来才能够投资建设数据中心。信息管理的集中化是近期非常重要的特征。同时，我们会看到促进信息服务外包的技术、云计算的服务等也在迅速变化，加上技术人才需求上升，这些都是我们近期看到集中性带来的变化。

4) 关键技术

从技术角度来看，要关注几项技术。一是采集信息技术、传感器或者叫识别技术。二是移动通信技术，包括 3G 网，甚至 4G 网，总之是属于移动的无线通信技术，将会得到快速发展。三是智能终端，与其他行业的信息化相比，物流信息化中特有的两个装备，一种是机载终端，另一种是手持终端，起着移动信息平台的作用。研究这两个智能终端的差异性，将反映物联网时代物品和人的管理方式。四是位置服务，基于位置的服务现在非常流行，其中发展最快的是通过智能手机对人的服务。目前，机载终端应用得还比较少，但发展速度非常快，而且已经得到很多风险投资人的关注。最后是商业智能技术，一旦管理转移到依赖于信息加工、信息处理，即利用商业智能技术进行加工和处理信息，实现决策、实现增值，这方面的技术将会热门起来。

5) 数据中心

数据中心常常是被忽视的领域，但是在物联网推进过程中，遇到的各种困难可能没有统一的答案，只有一个个案例出现，这些案例体现的是数据中心经济实体的成功。我们看到现在最成功的案例、发展最快的实体，恰恰都是数据中心类型的。例如，国内的阿里巴巴，阿里巴巴认为自己就是数据公司，其他都不做。国外有谷歌公司、苹果公司，都是发展非常快的，对世界冲击非常大，实际上都是数据公司。他们解决了实践中碰到的标准问题、流程问题、人才问题、体制问题，这些问题是自己解决的。解决的标准就是他们成功了。想要等这些问题都解决后再去推行物联网是不可行的，要鼓励产生这样的数据中心。所以，如何解决数据中心的发展，可能是我们下一步信息化，或者物联网时代急需解决的课题。在此之前，人们对它的研究较少，特别是目前在体制上，很不适合数据中心的诞生，因为它是跨部门、跨行业的。按照传统的分类去管理的话，数据中心将无法诞生。所以现在需要有一种体制去鼓励这种新型的经济实体的发展。

另外公共信息平台的建设也是一个数据中心的问题，物流信息化长时间受制于公共信息平台建设，实际上看来，不是因为标准问题、资金问题、商业模式问题，而是许多平台建设脱离了数据中心发展成长的轨道。经常是设计一个公共平台，论证以后，却让另外一些人来运营，而运营的这些人根本不懂这些事情，不是他自己的方案和想法。现在出现了一个很好的苗头，已经出现了向数据中心转化的经济实体。我们看到有两类，一类是公共平台类的，做得比较成功，一类是原来就是实体。例如，北京的物美集团(以下简称物美)就在朝着一个数据中心的模式去转化，销售方案是基于数据积累制定的，有了销售方案以后制定采购方案，也是基于数据的，有了物流配送方案后变成每个作业单，也是数据的，整个流程是数据推动，形成一系列数据的单证。

10.2.4 物联网时代的智能物流系统

1. 智能物流系统的概念

物联网(internet of things)是以电子产品代码和基于射频技术的电子标签为核心，建立在计算机互联网基础上的实物互联网络，其宗旨是实现全球物品信息的实时共享和互通。物联网技术的发展给智能物流赋予了新的内涵，使智能物流系统(intelligent logistics system，ILS)的信息采集和共享更为方便和快捷。

智能物流系统是以物联网广泛应用为基础，利用先进的信息采集、信息传递、信息处理和信息管理技术，通过信息集成、技术集成和物流业务管理系统的集成，实现物流全过程优化及资源优化，完成包括运输、仓储、配送、包装、装卸等多项物流活动，并使各项物流活动优化、高效运行，为供方提供最大化利润，为需方提供最佳服务，同时消耗最少的自然资源和社会资源，最大限度地保护好生态环境的整体智能社会物流管理体系。

2. 智能物流系统的特征

智能物流系统的特征主要包括以下内容。

1) 信息化

物流信息化表现在物流商品本身的信息化，物流信息收集的数据库化和代码化，物流信息处理的电子化，物流信息传递的网络化、标准化和实时化，以及物流信息存储的数字化等方面。物流领域中应用的任何先进技术设备都是依靠物流信息这个纽带来进行相互协作，进而实现各种物流业务。

2) 物流自动化

物流自动化是指物流作业过程中的设备和设施自动化，包括运输、包装、分拣、识别等作业过程的自动化，其基础是物流信息化，核心是机电一体化。物流自动化借助于自动识别系统、自动检测系统、自动分拣系统、自动存取系统、货物自动跟踪系统及信息引导系统等技术来实现对物流信息的实时采集和追踪，进而提高整个物流系统的管理和监控水平，扩大物流作业能力，提高物流生产效率和减少物流作业的差错等。

3) 物流集成化

ILS 的集成化主要体现在技术的集成、物流环节的集成和物流管理系统的集成 3 个方面。通过技术集成将先进的信息技术、智能技术和物流管理技术等集成在一起；通过依托信息共享和集成，将物流管理过程中的运输、存储、包装、装卸、配送等诸环节集合成一体化系统；通过将物流的各种业务系统，如运输管理系统、仓储管理系统、物流配送系统等集成在一起，构建一体化的集成管理系统。ILS 的集成化能有效实现物流各环节的信息共享和物流资源的整合，有效缩短交货期，降低成本，提高企业乃至整个供应链的竞争能力。

4) 物流网络化

物流网络化包括物流设施、业务网络化和物流信息网络化两方面的内容，物流信息网络化是根据物流设施、业务网络的发展需要利用计算机通信网络和物联网建立起来的物流信息网。现代物流网络化强调的是物流信息的网络化，其基础是物流信息化。一方面，现代物流配送系统通过计算机网络通信、物联网、EOS(电子订货系统)、EDI 等技术把物流配送中心与其上游的供应商和下游的顾客之间建立起了有机的联系，保证了物流信息的畅通；另一方面，企业内部各部门通过局域网完成其组织的网络化以实现公司内部的信息交换。

3. 智能物流系统的逻辑框架

智能物流系统的目标是综合运用现代物流技术、信息技术、自动化技术、系统集成技术，特别是人工智能技术，更好地解决物流问题，提高物流服务水平和物流效率。为了构建一个集物流作业管理和物流智能决策于一体的综合性智能决策服务体系，智能物流系统应包括多个智能子系统。一般来说，一个智能物流系统应包括 9 个子系统：智能物流信息子系统、智能运输子系统、智能产品可追溯(intelligent product tracing)子系统、智能仓储管理(intelligent warehousing management)子系统、智能物流配送(intelligent logistics distribution)子系统、智能流通加工(intelligent distribution processing)子系统、智能包装(intelligent packing)子系统、智能装卸搬运(intelligent loading and unloading)子系统、智能决策支持(intelligent decision-making support)子系统等。智能物流系统的组成和所需应用的主要技术如图 10.1 所示。

1) 智能物流信息子系统

物流信息子系统的任务包括信息采集、信息发布、电子商务和物流信息管理等方面。其中，信息采集主要依靠射频识别技术、条码技术及其他先进的信息采集技术获得产品信息及物流各作业环节中的信息，如数据、图像、文件及语音等信息；信息发布主要是通过计算机网络对外对内提供物流信息服务；电子商务主要提供网上报价、网上下单、网上交易、网上配载、网上信息外包和网上项目招标等多方面服务；物流信息管理平台主要完成订购计划、配送计划、运载工具的实时监控等任务。根据智能物流信息子系统的功能要求，系统应包括信息采集模块、信息发布平台、电子商务平台和物流信息管理平台等部分。

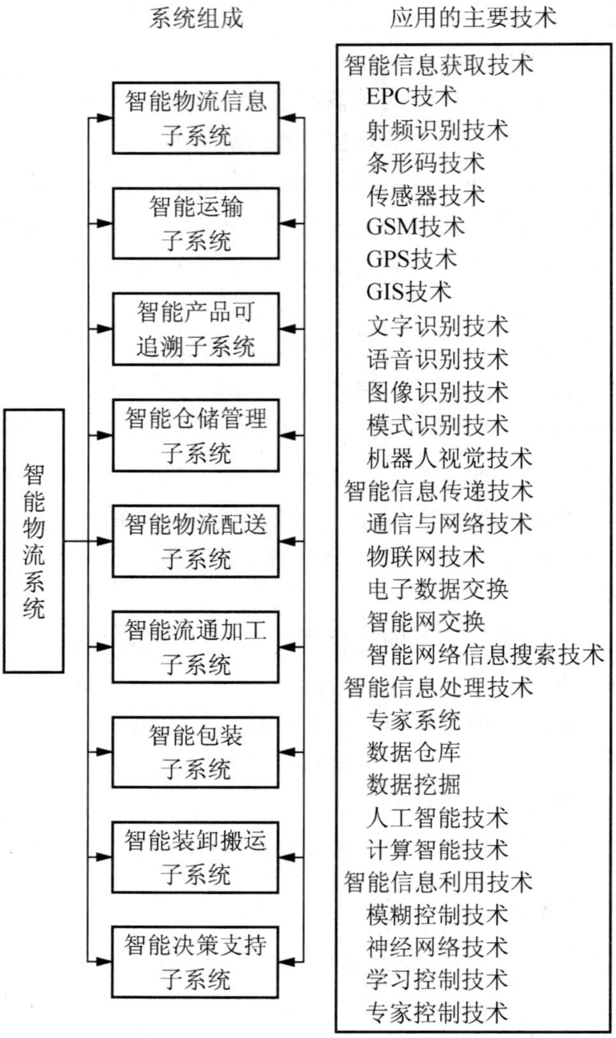

图 10.1　智能物流系统的组成和所需应用的主要技术

2) 智能运输子系统

物流运输是改变物品空间状态的主要手段，主要任务是将物品在物流节点间进行长距离的空间移动，从而为物流创造场所效用，通常有铁路运输、公路运输、航空运输、水路运输和管道运输等 5 种运输服务方式。智能运输子系统的目标是降低货物运输成本，缩短货物送达时间。其核心是集成各种运输方式，应用移动信息技术、车辆定位技术、车辆识别技术及通信与网络技术等高新技术，建立一个高效运输系统。根据智能运输子系统的功能要求，系统可划分为以下几个模块：先进的交通信息服务子系统，先进的交通管理子系统、先进的车辆控制子系统、营运货车管理子系统、电子收费子系统、紧急救援子系统等。

3) 智能产品可追溯子系统

智能产品可追溯子系统是保障产品质量安全的有效手段。其功能是利用各种智能信息技术对产品供应链的生产、收购、运输、存储、销售和配送等各个环节的信息进行采集、存储和处理，对产品从生产到消费的全过程进行监控，从源头开始对供应链各个节点的信息进行控制，为供应链各环节信息的溯源提供服务。为实现系统功能，系统应包括以下几个模块：信息采集模块、信息检测模块、追溯信息存储模块、任务管理模块和追溯信息输出模块。其中，信息采集模块用于检测供应链各环节的追溯信息，保证信息的及时性和准确性；信息检测模块实现对追溯信息的整理和过滤；任务管理模块主要根据信息检测模块提供的追溯信息，依照追溯目标要求做出相应的行为决策和智能化处理，实现自主诊断；追溯信息输出模块则根据自主诊断结果，对供应链各环节的管理进行调整，并根据需求提供相应的溯源信息。

4) 智能仓储管理子系统

仓储服务在物流系统中对产品的生产和消费起着调节、平衡的作用。智能仓储管理子系统通过现代化的技术手段和库存理论来实现合理的仓储服务，以解决生产和消费节奏不一致、资源浪费等问题，保证物流活动的连续性和及时性。在物联网背景下，智能仓储管理系统应具有以下功能：自动精确地获得产品信息和仓储信息；自动形成并打印入库清单和出库清单；动态分配货位，实现随机存储；产品库存数量、库存位置、库存时间和货位信息查询、随机抽查盘点和综合盘点；汇总和统计各类库存信息，输出各类统计报表。根据系统功能要求，系统可划分为以下几个模块：信息采集系统、PML(physical markup language，物理标识语言)服务器、产品命名服务器(ONS)、仓储管理功能模块和本地数据中心等组成。其中，仓储管理功能模块又包括入库管理、出库管理、库存控制、货位管理和查询统计等模块。

5) 智能物流配送子系统

物流配送是按照用户的订货要求和时间计划，在物流节点进行理货、配货工作，并将配备好的货物送交收货人的物流服务活动。它可以看作是运输服务的延伸，但又和运输服务不同，它是短距离、小批量、多品种、高频率的货物运输服务，是物流活动的最末端。通常有定时配送、定量配送、定时定量配送、定时定线配送、及时应急配送、共同配送和加工配送等多种配送服务方式。智能物流配送是指采用网络化的信息技术、智能化的作业设备及现代化的管理手段，按客户要求，进行一系列自动的分拣、配货等工作，高效地将货物输送给客户的过程。根据物流配送系统的功能要求，系统可划分为以下几个模块：货物信息自动识别系统；基于 GSM/GPS 技术的运载工具调度监控系统；基于 GIS 技术的物流网络和配送优化模型与系统；基于 WebGIS 的货物实时信息查询与发布系统等。

6) 智能流通加工子系统

流通加工服务是在物品流通过程中，为了有效地利用资源，方便用户，提高物流效率和促进销售，对某些原材料或制成品进行辅助性的加工生产服务，其主要作用是直接为流通，特别是销售服务，同时也能为提高物品的附加价值和物流操作的便利性服务。通常包括零部件的组合、形体上的分割、各种标志的制作与标示、物品的定量化组合包装等服务。

7) 智能包装子系统

包装服务是物品在装卸搬运、运输、配送及仓储等服务活动过程中，为保持一定的价值及状态而采用合适的材料或容器来保护物品所进行的工作总称。通常包括商业包装服务(销售包装、小包装)和工业包装服务(运输包装、大包装)两种。智能包装是指以反映包装内容物及其内在品质和运输、销售过程信息为主的包装过程。它包括在其包装上加贴标签，如条形码、电子标签等；在仓储、运输、销售期间，利用化学、微生物和动力学的方法，记录包装商品在生命周期内商品质量的改变；利用化学、微生物、动力学和电子技术等收集、管理被包装物的生产信息和销售分布信息，从而使用户能够掌握商品的使用性能及其流向，最终完成对运输包装系统的优化管理。

8) 智能装卸搬运子系统

装卸搬运服务是指在同一地域范围内进行的、以改变物品的存放状态和空间位置为主要内容和目的的活动，是一种立体的、动态的过程，具体包括装上、卸下、移送、拣选、分类、堆垛、入库、出库等服务。根据系统功能要求，智能装卸搬运子系统主要由输送机、智能穿梭车、控制系统、通信系统和计算机管理监控系统等部分组成。

9) 智能决策支持子系统

决策支持子系统是帮助物流管理人员制定决策方案的有效手段。物流系统中存在着多种复杂物流问题需要进行决策，如采购决策、库存决策、配送决策、营销决策和设施选址问题等。智能决策支持子系统的任务是运用专家系统、商务智能、人工智能和计算智能等方面的理论和方法建立数学模型和求解模型，给出最佳实施方案，为物流管理人员提供决策支持。根据现有研究成果，智能决策支持系统可分为基于数据的决策支持系统、基于知识的决策支持系统和基于模型的决策支持系统三种类型。

总之，智能物流系统是现代物流沿着智能化和集成化方向发展的必然结果。ILS 通过信息集成、技术集成和物流业务管理系统的集成，能实现物流全过程优化及资源优化，为供方提供最大化利润，为需方提供最佳服务，从而有效提高企业的市场应变能力和竞争能力。因此，智能物流系统将是现代物流的未来发展方向。

10.3 物联网时代的智能物流案例分析

1. 案例背景

社会经济日益发展，目前国内汽车越来越多，汽车行业空前高速发展，但各个制造企业的信息化程度良莠不齐，有些信息化程度很高，有些仍沿用完全手工操作记录的方式。虽然大部分工业企业都建立了自己的 ERP 系统，但大都存在信息系统各自为政、信息孤岛情况严重、信息化程度严重不一致的情况。所有企业都希望能够建立识别系统使自己的管理水平得到提升，提高整个物流环节的效率，降低差错率。

2. RFID 射频系统架构及原则

RFID 汽车工业应用系统局域网的构建，是把所有智能手持终端通过 AP(access point，无线访问节点)接入局域网，连接后台数据库。前台应用了固定式和手持式 RFID 读写器、RFID 打印机(用于打印 RFID 标签)、打印机(用于打印出、入库单)、AP 连接后台数据库。

典型的 RFID 自动识别系统由以下几部分组成：标签(tag)、读写器(reader)、天线(antenna)、应用系统(application system)等，其工作原理如图 10.2 所示。

在企业车间现场建立统一中心数据库，作为物品流通的信息平台，以便于整体规范管理。在工业环节利用 RFID 技术为每个在制品零部件赋予一个识别编号(ID，即该部件在信息网络中的名字)，通过 RFID 技术，将生产状态、库存情况映射到信息网络中，登记在现场中心数据库里，再传送到信息体系(如 ERP 和 MRP 等)中。

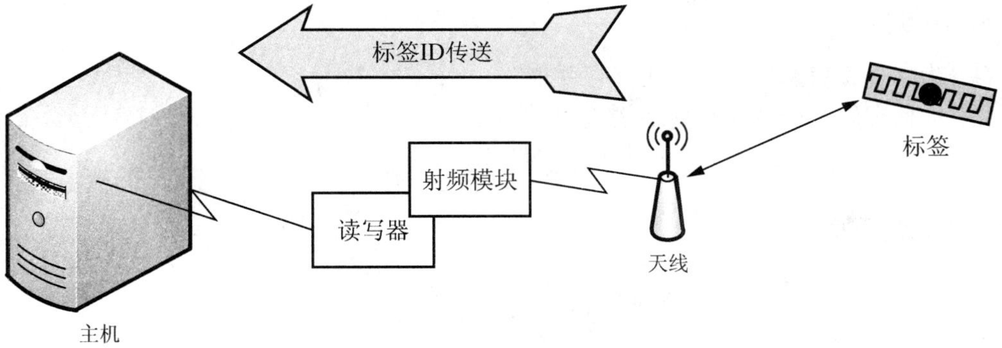

图 10.2 RFID 工作原理图

3. 系统模块

RFID 汽车工业应用系统主要包括以下几个功能模块：用户登录及信号测试(包括网络设置)、可追溯零件扫描、拼箱、读码、看板卡与拉动单关联、再包装计划下载、盘点、国产大件标准包装出库、原包装数量修改、返修零件入库、标准大件包装出库、原包装出库、返修零件出库、标准小件包装出库、原包装上线、标准包装上超市料架、计划外领料、原包装数量输入、标准包装数量修改、标准包装下线、原包装剩余数量确认、通知下载、拼箱内取原包装、密码修改、零件信息查询等。

习　题

1. 选择题

(1) 连接在物联网上的“物”应具有四个基本特征：位置标志、(　　)、通信能力、可控性。

A．感知能力　　B．识别能力　　C．数据处理能力　　D．协调能力

(2) 智能物流的特点：智能化、(　　)、一体化、社会化。

A．动态化　　B．国际化　　C．柔性化　　D．多样化

(3) (　　)应用是属于“终端”被固定在某个地理位置上的。

A．电力设备运行监控　　B．移动收费

C．火车指挥调度　　D．自动售票机管理

2. 简答题

(1) 简述智能物流的一体化定义。

(2) 智能交通运输系统应用于哪些领域？

3. 判断题

(1) 物联网在现代物流中具有爆发力强、关联度大、渗透性高、应用范围广的特点。(　　)

(2) 应答器是 RFID 系统信息控制和处理中心，阅读器是 RFID 系统的信息载体。(　　)

4. 思考题

(1) 为什么说信息化和工业化并存并重？

(2) 如何理解智能物流是现代物流的下一站？

案例分析

物联网技术在国内的应用

1. 物联网传感器产品已率先在上海浦东国际机场防入侵系统中得到应用

系统铺设了3万多个传感节点，覆盖了地面、栅栏和低空探测，可以防止人员的翻越、偷渡、恐怖袭击等攻击性入侵。并且，上海世界博览会也与无锡传感网中心签下订单，购买防入侵微纳传感网1 500万元产品。

2. ZigBee路灯控制系统点亮济南园博园

ZigBee 无线路灯照明节能环保技术的应用是济南国际园林花卉博览园中的一大亮点。园区所有的功能性照明都采用了ZigBee无线技术达成的无线路灯控制。

3. ITS

ITS是利用现代信息技术为核心，利用先进的通信、计算机、自动控制、传感器技术，实现对交通的实时控制与指挥管理。交通信息采集被认为是ITS的关键子系统，是发展ITS的基础，成为交通智能化的前提。无论是交通控制还是交通违章管理系统，都涉及交通动态信息的采集，交通动态信息采集也就成为交通智能化的首要任务。

4. 首家高铁物联网技术应用中心在苏州投用

我国首家高铁物联网技术应用中心2010年6月18日在苏州科技城投用，该中心将为高铁物联网产业发展提供科技支撑。

高铁物联网作为物联网产业中投资规模最大、市场前景最好的产业之一，正在改变人类的生产和生活方式。据中心工作人员介绍，以往购票、检票的单调方式，将在这里升级为人性化、多样化的新体验。刷卡购票、手机购票、电话购票等新技术的集成使用，让旅客可以摆脱拥挤的车站购票；与地铁类似的检票方式，则可实现持有不同票据旅客的快速通行。

清华易程公司工作人员表示，为应对中国巨大的铁路客运量，该中心研发了目前世界上最大的票务系统，每年可处理30亿人次，而目前全球在用系统的最大极限是5亿人次。

讨论题

(1) 简述在此案例中你得到哪些启示？

(2) 谈谈你对物联网传感器应用的看法。

(3) ITS的应用领域有哪些？

第 11 章　现代物流学说概览及评价

【本章教学要点】

知识要点	掌握程度	相关知识
现代物流学	了解	发展进程及特点
“黑大陆”学说	掌握	概念及内涵
物流冰山学说	掌握	概念、成立原因、成本控制攻略
第三利润源学说	掌握	含义、理论、理论渊源及理论认识
成本中心学说	掌握	概念及内涵
服务中心学说	掌握	概念及内涵
效益背反学说	掌握	概念及内容
战略学说	掌握	含义、特点
绿色物流学说	掌握	含义、目标及内容
物流外包学说	掌握	含义、目标及内容
现代物流学说的评价及关系分析	重点掌握	不同物流学说的评价及关系

导入案例

上海家化公司物流外包案例

上海惠尔物流有限公司(以下简称惠尔物流)作为专业的第三方物流供应商，为企业客户提供个性化物流解决方案。它利用遍布全国的区域分发中心(RDC)在24小时之内把客户产品送到其销售终端或客户手中(新疆、西藏除外)，受到客户的好评。公司业务范围涉及运输、仓储、拆零、分拣、包装、配送和整体物流方案设计。2005年度被中国物流与采购联合会评为AAA级物流企业、2004年度“中国物流百强企业第33强”、2004年度“中国民营物流企业前10强”。

惠尔物流同上海家化公司(以下简称上海家化)合作5年，双方成为战略合作伙伴，开创了整体物流外包的先河。从1898年清末的香港广生行到今天的现代化化妆品公司，上海家化历经数代人的努力，走过了百余年的历史。

上海家化以自行开发、生产、销售化妆品、个人护理用品、家庭保护用品及洗涤类清洁用品为主营业务，拥有六神、美加净、清妃、佰草集、家安、舒欣、梦巴黎等诸多中国驰名品牌，占有很高的市场份额，2005年主营业务收入达20亿元人民币，营销网络遍及全国，是中国最早、最大的民族化妆品企业。

惠尔物流通过分析家化的物流现状得到以下结论：①庞大的企业物流管理团队；②同营销网络相匹配的仓储运输网络；③已有的物流设施比较齐全；④物流供应商众多；⑤仓储系统比较分散；⑥物流部门同制造部门、采购部门职能不够明晰，协调管理成本高、难度大。所以导致以下结果：①市场反应过缓，影响销售工作；②运作环节多，信息沟通不畅；③总体物流运作成本较高。

针对上述情况，惠尔物流提出以下建议。

① 减少现有仓储、运输、配送等物流供应商，整合资源，降低管理成本；

② 改变现有上海家化物流配送模式，采取仓库集中管理、统一配送模式，以减少参与运作的因素和环节，降低物流成本，提高物流运作效率，减少货损、货差现象；

③ 借用有效的社会资源，与专业第三方物流公司合作整合现有的运作体系和人员，真正实现整体外包。

惠尔物流承担的业务：

① 负责每年数万吨、价值20亿元的货物运输与中转；

② 在数万平方米的仓库里面管理着四五千种产品和数万个批次的家化产品；

③ 准确地根据家化的订单及时发往全国数千个目的地。

上海家化物流的改善：

① 上海家化的库存大幅度下降，资金周转速度更快，两年降低成本25%；

② 上海家化的物流人员大幅度精简；

③ 加强了对销售和市场的规范；

④ 上海家化的市场反应也更加迅速，生产和销售的力量更加集中，市场竞争力加强。

物流供应商对企业和企业的客户的服务能力是依靠企业自身的工作表现，外包意味着双方利益是捆绑在一起的，而非独立的，良好的合作伙伴关系将使双方受益，任何一方的不良表现都将使双方受损。供需双方自我真诚的评估和定位、行为道德、相互信任和忠诚及履行承诺是建立良好的外包合作关系的关键因素。

讨论题

(1) 企业为什么要将物流整体外包？

(2) 从上海家化的物流外包案例中你能得到哪些启示？

【内容摘要】

物流学可以说是社会科学和自然科学之间的交叉学科，或是管理科学和工程技术科学之间的交叉学科，具有明显的综合性、系统性、动态性、信息化等特征。本章对物流学说进行了概述，同时阐述了现代物流七大学说："黑大陆"学说、物流冰山学说、第三利润源学说、物流成本中心学说、物流服务中心学说、效益背反学说、物流战略学说，以及新的物流的供应链管理学说、物流外包学说、绿色物流学说，并对这些物流学说做了评价，简述了它们之间的关系。

11.1 传统物流学说概览

1. 物流学说的发展

在国外，物流理论研究起始于20世纪30年代。当时经济理论界的学者差不多都是从"有利于商品销售"的愿望出发来研究物流理论的，并且从研究的内容上来看，主要是在界定和解释物流的相关概念，尚未更多地涉及其他的理论问题。到了20世纪中期，由于世界经济开始由危机阶段向复苏阶段转化，经济得以开始迅速发展，从而导致商品流通规模的不断扩大，物流的影响和作用日趋明显，其在经济发展中的地位不断提高。至此，人们对物流的认识和关切程度也日趋深入，有关物流理论研究所涉及的问题明显增多，研究的视角也不断扩大，物流理论研究逐步形成了独立运动，并产生了许多新的理论和新学说。

国内有关物流理论方面的研究是从20世纪80年代初期开始的，当时学术界的一些有识之士从不同角度开始研究和探讨物流问题，并相继引进和介绍国外物流概念和物流理论研究的动态，在此基础上一度形成了物流理论研究热潮。到80年代后期和90年代初期，伴随着我国经济改革的不断深化及"两个转变"战略措施的实施，国内有关理论研究也从物流概念的界定和物流基本知识的介绍转为开展专题性研究，其研究方向主要集中在物流行业发展问题和物资配送问题，同时不少专家学者在考察、研究国外物流经验的基础上，从管理和技术的角度阐述了物流运行原理和运行模式等，并出版了不少反映我国物流理论研究水平的专著和学术论文。

归纳近几十年来，国内外学术界在对物流理论与实践的分析和研究，我们发现尽管物流理论研究所涉及的问题复杂而繁多，研究的视角也相当广阔，但许多理论和学说已先后被人们所接受，并形成了一定的共识，从而成为现代物流业发展的重要推动力量。

2. 物流学的理论体系

物流学的理论体系如图11.1所示。

从图中可以看出物流学理论体系的核心是由基本概念组成。物流的基本概念是人类在归纳和综合几千年的社会实践基础上抽象出来的。当基本概念足够稳定，其内涵和外延能被准确地表达的时候，说明物流学科的理论体系形成时机已经成熟。有些基本概念需要经过很长一段时间才能完善，如物流、配送等。要理解物流，需借助对基本概念的理解。物流学理论体系的其他组成部分大都通过这些基本概念表现，并由此展开。

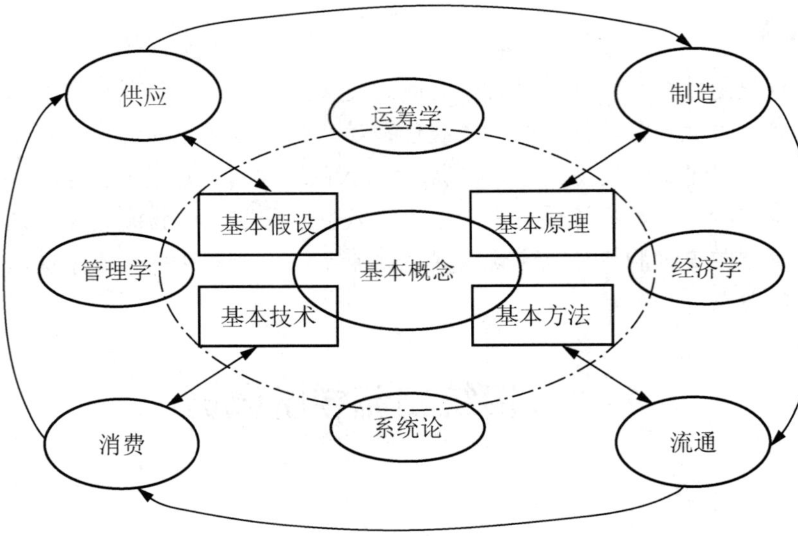

图 11.1 物流学理论体系

物流学理论体系的四大支柱，即基本假设、基本原理、基本技术和基本方法。四大支柱与物流学理论体系的核心——基本概念一起演绎出物流学理论体系的基本框架。物流学理论体系的建立，依赖于其他已经成熟的学科作为自己的理论基础，物流理论就是在这些理论的基础上发展起来的。与物流学科构成最紧密联系的理论主要包括以下内容。

(1) 系统论——系统工程、价值工程。

(2) 运筹学——概率论与数理统计、线性规划。

(3) 经济学——宏观经济学、微观经济学。

(4) 管理学——营销学、组织行为学、战略管理。

11.2 现代物流学概述

物流学是一门兼有自然科学和社会科学双重属性的综合应用型科学，具有明显的综合性、系统性、动态性、信息化等特征。

1. 综合性

从研究的对象看，现代物流学包括物、车、库、信息等。物是指流动的物的性质、规模、流量、方向、生成与分布规模、起终点及径路(流程)；车是指实现物流位移的车辆等载具或搬运工具、分拣系统的特性、能力、组织与管理方式等；库是指储存物的设备的容量、管理与控制等；信息是指物流活动全过程中所产生的各种数据、表格、文件的电子处理与传输模式、自动化与网络化的模式等。从研究的内容看，现代物流主要包含有发展战略的规划、用地的布局、设施的设计、组织模式与经营策略的制定、管理与控制、成本与效益的分析等。从涉及的学科领域看，有宏观经济学、微观经济学和技术经济学等经济学；有营销学、组织行为学、企业管理和现代管理等管理学；有交通信息工程、计算机与应用、通信工程、土木工程、汽车工程和机械工程等工科类学科；有高等数学、线性代数、概率论与数理统计、运筹学、数学规划、普通物理和普通化学等理科类学科；还有系统科学等。

2. 系统性

现代物流学是一个复杂的大系统。从原材料的采与购、生产，直至消费终点的全过程中，物资、设施与设备、信息等要在人或在人操纵的企业的组织协调下，完成物在时间、空间上的移动，以实现物的使用价值。这个集合体及其子集都有目标、层次与序列。在内部及内部与环境之间有信息、物质交换，符合系统的整体性、层次性、开放性、目的性原则。这个大系统又包含若干子系统，从过程上分为采购物流系统、生产物流系统、销售物流系统、回收物流系统；从经济活动的领域上分，有运输、仓储、包装、配送、信息等子系统。

3. 动态性

现代物流是动态的。从物流的定义上分析，无论是原美国物流管理协会、欧盟物流协会(ELA)、加拿大物流管理协会(CALM)，还是中国、日本等国家与地区的物流协会组织的物流定义，都清楚地描述了主体是从起点到终点的物的移动。因而物流活动中的主体是运动的。表现在物流的性质上，其流量、流向、流程、流动特性是实时变化的。涉及的物流活动与管理是动态的。相应研究的方法和支持物流活动的技术和手段都是变化的、不同的。

4. 信息化

现代物流是高度信息化的。早期物流的活动由于生产力水平低与信息技术原始，表现出分散、潜隐、低效等特点。现代物流能成为独立的产业，并发展成独立的学科，与高度发展生产力水平下的现代信息技术是密不可分的。现代物流信息化的动力是生产、制造、销售领域的成本降低与市场占有的需要，信息化的基础是企业的 MIS、MRP、MRPⅡ、ERP等，信息化的支持技术体系是 Internet、Intranet、e-B 等，信息化的前提是生产、组织、储运、配送等的优化，也即是物流系统优化的目标。当前一些企业在信息化的物流系统支撑下，已经演变成企业联盟。

11.3 现代物流学说

11.3.1 “黑大陆”学说

由于物流成本管理存在的问题及有效管理对企业盈利和发展的重要作用，1962 年，著名的管理学家彼得·德鲁克(Peter Drucker)在《财富》杂志上发表了题为《经济的黑色大陆》一文，他将物流比作“一块未开垦的处女地”，强调应高度重视流通及流通过程中的物流管理。德鲁克曾经讲过“流通是经济领域的黑暗大陆”。德鲁克泛指的是流通，但由于流通领域中物流活动的模糊性特别突出，它是流通领域中人们认识不清的领域，所以“黑大陆”学说主要针对物流而言。

在财务会计中把生产经营费用大致划分为生产成本、管理费用、营业费用、财务费用，然后再把营业费用按各种支付形态进行分类。这样，在利润表中所能看到的物流成本在整个销售额中只占极少的比重。因此物流的重要性当然不会被认识到，这就是物流被称为“黑大陆”的一个原因。

“黑大陆”学说主要是指尚未认识、尚未了解，在黑大陆中，如果理论研究和实践探索照亮了这块黑大陆，那么摆在人们面前的可能是一片不毛之地，也可能是一片宝藏之地。“黑大陆”学说是对 20 世纪中经济学界存在的愚昧认识的一种批驳和反对，指出在市场经济繁荣和发达的情况下，无论是科学技术还是经济发展，都没有止境。“黑大陆”学说也是对物流本身的正确评价，即这个领域未知的东西还很多，理论与实践皆不成熟。

11.3.2 物流冰山学说

物流冰山学说是1970年由“日本物流之父”早稻田大学西泽修教授提出。揭露了物流成本的隐含性。他在研究物流成本时发现，现行的财务会计制度和会计核算方法都不可能掌握物流费用的实际情况，因而人们对物流费用的了解是一片空白，甚至有很大的虚假性，他把这种情况比作“物流冰山”。冰山的特点，是大部分沉在水面之下，而露出水面的仅是冰山的一角，如图11.2所示。

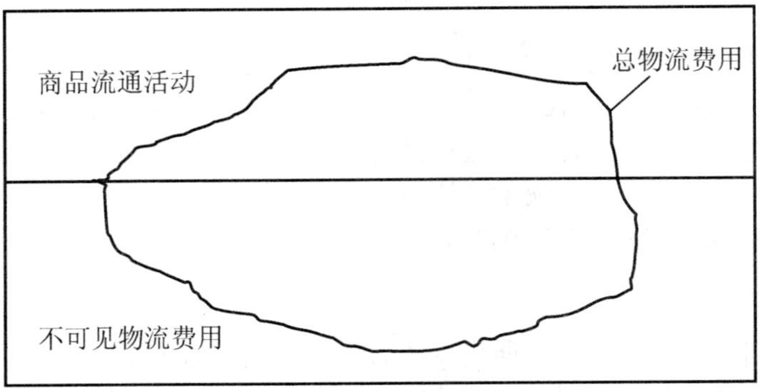

图11.2 物流冰山说

物流成本正如浮在水面上的冰山，人们所能看见的向外支付的物流费用好比冰山的一角，而大量的是人们所看不到的沉在水下的企业内部消耗的物流费用，当水下的物流内耗越深反而露出水面的冰山就越小，将各种问题掩盖起来。这种现象只有大力削减库存，才能将问题暴露并使之得到解决。

11.3.3 第三利润源学说

第三利润源学说最初是由日本早稻田大学教授西泽修提出的。1970年，西泽修教授在其著作《流通费用——不为人知的第三利润源泉》中，认为物流可以为企业提供大量直接或间接的利润，是形成企业经营利润的主要活动。非但如此，对国民经济而言，物流也是国民经济中创利的主要领域。后来第三利润源逐步在其他国家流传开。

第三利润源的提出，是对物流潜力及效益的描述，揭露了物流是降低成本的关键，是一片未开垦的处女地。

人类历史上曾经有过两大提供利润的领域，第一个利润源指资源领域，挖掘的是生产力中劳动对象的潜能，通过“降低人工和材料的成本”获得；第二个利润源指人力领域，挖掘的是生产力中劳动者的潜能，依靠科技进步提高劳动生产率，通过“扩大市场销售”获得。第三个利润源指物流领域的潜力，挖掘生产力中劳动工具的潜能，同时又挖掘劳动对象和劳动者的潜能，更具有全面性，通过“提高物流作业效率”获得。

从时间上看，三种利润源出现的时期有先后，在前两种利润源潜力越来越小，利润开拓越来越困难时，第三个利润源渐渐被人们重视。如图11.3所示。

图11.3 第三利润源学说

第三个利润源的意义：不仅仅在于它是直接谋利的手段，更在于它的战略意义，也就是经济领域中潜力将尽，第三个利润源应该是经济领域的新发现、新思路，会对今后的经济产生推动作用。第三利润源理论认为物流作为“经济领域的黑暗大陆”，虽然没有被完全照亮，但经过几十年的实践探索，物流领域绝不会是一个不毛之地，肯定是一片富饶之源。在经历了 1973 年的石油危机之后，物流第三利润源的作用已经得到证实，物流在企业管理中的地位得到巩固。

11.3.4　物流的成本中心学说

成本中心学说认为物流在整个企业经营战略中只对企业营销活动的成本发生影响，物流是企业成本的重要的产生点，因而解决物流的问题，并不主要是为要搞合理化、现代化，也不是在于支持保障其他活动，解决物流的问题主要是通过物流管理和物流的一系列活动降低成本。

成本中心指物流是企业主要成本的产生源，也指物流是降低企业成本的关注点。也称物流是“降低企业成本的宝库”。例如，基于成本中心说，在解决物流问题时，人们的改善目标是通过物流管理降低经营成本。

显然，成本中心的考虑没有将物流放在主要位置，尤其没有放在企业发展战略的主角地位，改进物流如果目标只是在于降低成本，这势必也会影响物流本身的战略发展。成本和利润是相关的，成本和企业生存也是相关的，成本中心也不是只考虑成本不顾其他，但毕竟是人们对物流主体作用和目标的认识。

11.3.5　物流的利润中心学说

与成本中心学说相对，利润中心说的含义是物流可以为企业提供大量直接和间接的利润， 是形成企业经营利润的主要活动。除此以外，对国民经济而言，物流也是主要利润源，即第三个利润源。

进入 20 世纪中期以后，由于受客观条件的限制，依靠使用廉价原材料、燃料和动力等获取高额利润的传统方式开始面临挑战，在这种情况下，人们的注意力逐步转向了流通领域，随之提出了实现物流合理化和节约流通费用的主张。这一时期的物流合理化主要是改变以往将物流作为商品蓄水池或集散地的观念，进而又提出在物流领域内采取各种措施降低物流成本是增加利润的新源泉，从而在经营管理层次上强调要发挥物流的作用，这集中反映在物流利润学说，即“物流到目前为止并没有进入管理范畴，从而成为流通过程的‘黑暗大陆’，阻碍因素很多，因此，只有驱除这些阻碍因素，才能实现成本降低，为利益增加做出贡献。”在此期间，美国著名的营销学家帕尔(Parle)曾预言：“物流是节约费用的广阔领域。”显然物流利润学说揭示了现代物流的本质，使物流能在战略和管理上统筹企业生产、经营的全过程，推动物流现代化发展。按时间顺序排列，物流的这一作用被表述为第三利润源。

11.3.6　物流的服务中心学说

服务中心学说代表了欧美等国家的一些学者的观点，这种说法认为物流活动最大的作用，并不在于为企业节约了消耗、降低了成本或增加了利润，而是在于提高企业对用户的服务水平，进而提高了企业的竞争能力。

因此，他们在使用描述物流的词汇上选择了后勤(logistics)一词，是想特别强调物流活动的服务保障职能。通过物流服务保障，企业以其整体能力来达到压缩成本和增加利润的目的。

11.3.7 效益背反学说

效益背反是指物流的若干功能要素之间存在着损益的矛盾，即某一个功能要素的优化和利益发生的同时，必然会存在另一个或另几个功能要素的利益损失，反之也如此。这是一种此涨彼消、此盈彼亏的现象，如图 11.4 所示。虽然在许多领域中这种现象都是存在着的，但物流领域中，这个问题似乎尤其严重。

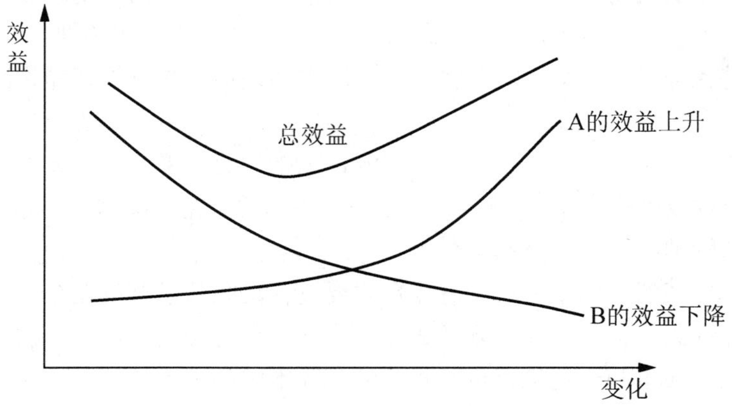

图 11.4 效益背反说

认识效益背反规律后，物流学理论研究在不断寻求解决和克服各功能要素的效益背反现象，寻求物流的整体最优。

物流的效益背反学说的内容主要包括物流成本与服务水平的效益背反和物流各功能活动的效益背反。

11.3.8 物流的战略学说

物流的战略学说是指物流管理可以对企业发展战略产生影响，而不只是一项具体的工作。这种观点是将物流放在很高的层面，指物流会影响企业总体的生存和发展，而不仅仅是在哪个环节搞得合理一些，节省了一些费用。战略说的特点是，将物流和企业/区域的生存和发展直接联系起来，对促进物流的发展有重要意义。基于战略说，企业不再追求物流的一时一事的效益，而着眼于企业经营总体，着眼于企业长远发展。战略性的物流规划、战略性的投资、战略性的技术开发是近几年国内物流现代化发展的重要原因。

11.3.9 物流的供应链管理学说

供应链管理最早的论文，是 1983 年和 1984 年发表在《哈佛商业评论》上的两篇论文(Kraljic Peter：*Purchasing must become supply management* 和 Shapiro Roy D. : *Get leverage from logistics*)。供应链管理更早的起源可追溯到迈克·波特(Mike Porter)1980 年发表的《竞争优势》一书中提出的“价值链”的概念。其后，供应链的概念、基本思想和相关理论在美国开始迅速发展。到 20 世纪 90 年代，关于供应链管理的文献大量出现，相关的学术组织也开始涌现。目前，国际上比较公认的有关供应链管理的定义为“管理从物料供应者一直到产品消费者之间的物料和产品的流动的技术。”1996 年成立于美国的供应链协会(Supply Chain Council，SCC)将供应链管理定义为“为了生产和提供最终产品，包括从供应商的供应商到顾客的顾客的一切努力”，同时进一步阐述了“供应链管理的 4 个基本流程：计划、采购、制造和配送。”日本的供应链管理研究会将其定义为“将整个供应链上各个环节的业务看作一个完整的、集成的流程，以提高产品和服务的顾客价值为目标，跨越企业边界所使用的流程整体优化的管理方法的总称。”原美国物流管理协会首次将供应链管理定义为“以提高企业个体和供应链整体的长期绩效为目标，对传统的商务活动进行总体的战略协调，对特定公司内部跨职能部门边界的运作和在供应链成员中跨公司边界的运作进行战术控制的过程。”

11.3.10 绿色物流学说

绿色物流是部分学者近几年提出的一个新课题，绿色物流从环境的角度对物流体系进行改进，形成了环境共生型的物流管理系统。这种物流管理系统建立在维护地球环境可持续发展的基础上，改变原来经济发展与物流、消费生活与物流的单向作用关系，在抑制传统直线型的物流对环境造成伤害的同时，采取与环境和谐相处的态度和全新理念，去设计和建立一个环形的、循环的物流系统，使到达传统物流末段的废旧物质能回到正常的物流过程中来。目前，对绿色物流还没有形成较为成熟的定义。有人认为“绿色物流是指以降低对环境的污染、减少资源消耗为目标，利用先进物流技术规划和实施的运输、储存、包装、装卸、流通加工等物流活动。”也有人认为“绿色物流指为了实现顾客满意，连接绿色需求主体和绿色供给主体，克服空间和时间限制的有效、快速的绿色商品和服务的绿色经济管理活动过程。绿色物流从环境的角度对物流体系进行改进，形成了环境共生型的物流管理系统。”

11.3.11 物流外包学说

随着全球经济一体化进程的加快、信息技术在物流领域的应用和发展，对一体化多渠道市场需求的增长和物流服务供应商服务能力的扩充和完善，物流业务外包服务将逐步被社会认识、了解、认可和进一步采用。

物流外包作为一个提高物资流通速度、节省物流费用和减少在途资金积压的有效手段，确实能够给供需双方带来较多的收益，尽管供需双方均有信心和诚意，但在实践的过程中，物流外包又举步维艰，常常出现中断，甚至失败。阻碍物流外包发展的因素既有体制的制约、人为的失误，也有观念的陈旧和技术的缺陷，这些因素既存在于物流供应商方面，也存在于物流需求商方面。

物流外包企业为什么要搞物流外包？它的紧迫性在哪里？物流外包与传统意义上的外委、外协有何本质区别？我们的企业离物流外包还远吗？这不仅是理论界要回答的问题，更是企业界应认真思考的问题。谈到物流外包必定涉及供应链和第三方物流的发展，涉及现代物流的发展方向，更涉及企业的核心竞争力。理论界对这一点的认识显得有些浮躁，而企业对此的认识比较滞后。目前大多数企业守候在自营物流那片天地，真正搞物流外包的不到 20%，并且不规范、不系统。尽管现在物流炒得很热，但企业对物流外包重要性的认识依然很浅。调查表明，湖南有 82%的企业对现代物流的认识模糊，大多把货物运输或货代等同于现代物流；有 54%的企业至今未有发展物流的计划或设想，更没有把重构内部供应链和发展物流外包提上议事日程，看来还需要更多的示范、引导，更多的宣传、培训和更多的市场培育。

11.4 现代物流学说的评价及关系分析

11.4.1 从物流的价值领域分析

“黑大陆”学说、物流冰山学说、物流成本中心学说和利润中心学说都是从物流的价值领域方面，分析现实经济活动中大量存在的物流浪费现象，并揭示了物流潜在的价值，从而使人们认识到在当今社会经济活动中还有一块非常肥沃的“经济领域的黑暗大陆”等待着去探索和发掘。

1. “黑大陆”学说

“黑大陆”说法主要是强调物流是尚未认识、尚未了解和开发的领域，如果理论研究和实践探索照亮了这块“黑大陆”，那么摆在人们面前的可能是一片不毛之地，也可能是一片宝藏之地。“黑大陆”说是对物流本身的正确评价，是指这个领域未知的东西还很多，理论和实践皆不成熟，尚需更多努力和探索，发掘物流领域可能还存在着的利润空间。

2. 物流冰山学说

物流冰山学说强调的是物流成本的隐含性，现行财务会计制度和会计核算方法都不能掌握物流费用的实际情况，财务报表只是把支付给外部运输、仓库企业的费用列入成本，而这只能反映物流成本的一部分犹如冰山的一角，因为物流基础设施建设费用和企业利用自己的车辆运输，利用自己的库房保管货物，由自己的工人进行包装、装卸等费用都没有列入物流费用科目内，而这一部分企业内部发生的物流费用才是真正的物流费用大头。

3. 物流的成本中心学说

物流的成本中心学说强调“黑暗大陆”或“冰山的水下部分”正是尚待开发的领域，是物流的潜力所在。这无疑激起了人们对物流成本的关注，推动了企业物流的发展。但是，成本中心学说过分地强调了物流的成本机能，认为改进物流的目标是降低成本，致使物流在企业发展战略中的主体地位没法得到认可，从而限制了物流本身的进一步发展。

4. 物流的利润中心学说

物流的利润中心学说强调从利润的角度来看待物流，物流并不是“花钱的中心”，而是“来钱的中心”。物流不是增加成本的因素而是增加利润的因素，是第三个利润源。

11.4.2 从物流的服务保障领域分析

从物流的服务保障领域分析的主要是物流的服务中心学说。

物流服务中心学说强调物流的服务保障功能，认为服务重于成本，通过服务质量的不断提高可以实现总成本的下降，并可以通过提供优质的物流服务提高顾客满意度。服务中心说代表了欧美等国家的一些学者的观点，这种说法认为物流活动最大的作用，并不在于为企业节约了消耗、降低了成本或增加了利润，而是在于提高企业对用户的服务水平，进而提高了企业的竞争能力。

11.4.3 从物流的战略高度分析

物流的战略学说和物流外包学说均是从物流的战略高度来看待物流的，都强调从全局、从长远角度来重视和规划物流。

1. 物流的战略学说

物流的战略说则强调站在战略的高度研究物流，认为对企业而言，物流不仅是一项具体的操作性任务，更应是企业发展战略的一个重要部分，为此，要求企业不应只是追求物流一时一事的效益，而是着眼于总体、着眼于长远。

2. 物流外包学说

物流外包是企业业务外包的一种主要形式，也是供应链管理环境下企业物流资源配置的一种新形式，完全不同于传统意义上的外委、外协，其目的是通过合理的资源配置，发展供应链，打造企业的核心竞争力。

企业物流外包所推崇的理念：如果我们在产业价值链的某一环节上不是世界上最好的，如果这又不是我们的核心竞争优势，如果这种活动不至于把我们同客户分开，那我们应当把它外包给世界上最好的专业企业去做。即首先确定企业的核心竞争优势，并把企业内部的技能和资源集中在那些具有核心竞争优势的活动上，然后将剩余的其他企业活动外包给最好的专业企业。从这样的理念可知，企业物流外包的目的就是以供应链为腹地，跨越企业边界合理配置资源，提高企业核心竞争力。其推动力来自竞争和供应链的发展，因为21世纪的竞争不是企业与企业之间的竞争，而是供应链与供应链之间的竞争，这就是企业物流外包的基本推动力。

企业物流外包不单是业务形式的变化，还有更深层的原因。从发展核心竞争力的角度看，企业物流外包是一个相当紧迫的问题。物流外包有利于企业集中精力发展核心业务，分担风险，加速企业重组，实现规模效益。因为第三方物流具有资源优化配置，提供灵活多样的顾客服务，为顾客创造更多的价值，发挥信息技术优势等长处。因此，物流外包相对于自营物流具有明显的比较优势。

11.4.4 从系统论的角度分析

效益背反学说、物流的供应链管理学说都是从系统论的角度来看待物流的，指出系统中物流各要素之间的损益关系及物流在供应链中的整合方式等。所以，不再重复论述物流系统学说。

1. 效益背反学说

效益背反学说强调要素之间存在着的损益的矛盾，在认识到物流系统存在着“效益背反”的规律之后，物流科学也就迈出了认识物流功能要素，寻求解决和克服物流各功能要素效益背反现象这一步。系统科学的广泛应用为此提供了新的视野，人们不仅可以将物流系统细分成运输、储存、包装、装卸搬运、流通加工、物流信息处理等功能要素来认识，而且还可以将这些功能要素的有机联系寻找出来，作为一个整体来认识，进而有效地解决“效益背反”，追求总体的效果。这种思想在不同的国家、不同的学者中有着不同的表述。例如，美国学者用“物流森林”的概念来表述物流的整体观点，指出对物流的认识不能只见树木不见森林，物流的总体效果是森林的效果，即使是和森林一样多的树木，如果各个孤立存在，那也不是物流的总体效果，这可以用一句话表述为 “物流是一片森林而非是一棵棵孤立的树木”。如图 11.5 所示。

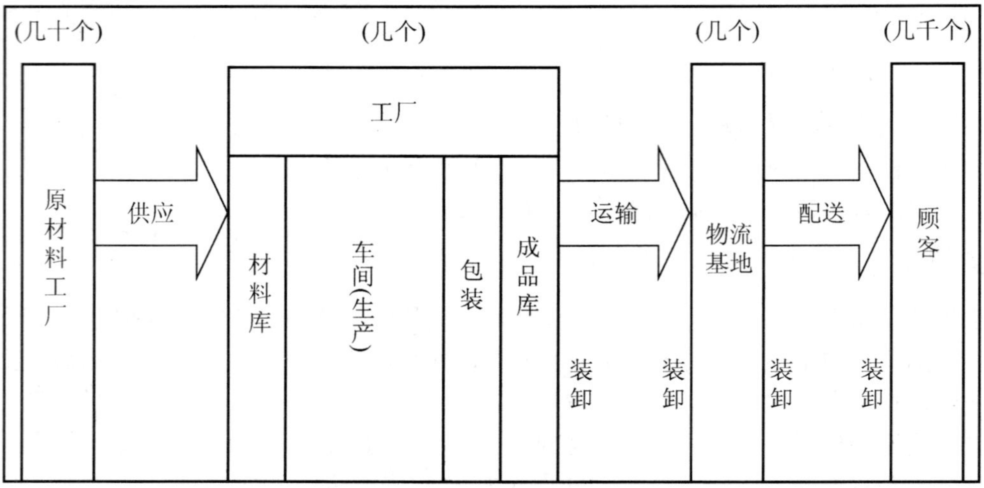

图 11.5　物流森林图

物流系统各功能要素之间是相互作用、相互制约的，它们存在着此消彼长的关系，表明解决物流问题必须运用系统科学的观点，综合权衡各功能要素的效益，最终实现物流系统的总体效益的最优，而不是某一个功能要素的优化。

认识效益背反规律后，物流学理论研究在不断寻求解决和克服各功能要素的效益背反现象，寻求物流的整体最优。

2. 物流的供应链管理学说

供应链包含着多种功能要素，供应链是由生产、流通等几个经济环节(或功能要素)集合而形成的。供应链管理的基本思想是要把由原材料零部件供应商、生产商、批发经销商、零售商、运输商等一系列企业组成的整条“供应链”看作一个集成组织，把“链”上的各个企业都看作合作伙伴，对整条“链”进行集成管理。其目的主要是通过“链”上各个企业间的合作与分工，致力于整个“链”上的商流、物流、信息流和资金流的合理化和优化，从而提高整条“链”的竞争能力。

目前，对供应链管理理论的研究呈现出多样性，有的人从管理的角度来研究和阐述供应链管理的理论；也有的人是从流通企业发展和物流运动的组织形式、组织模式等角度出发来探索供应链理论。就后者而言，当前形成了这样几种理论观点。

(1) 供应链管理是物流管理的超集。其思想的出发点是整条供应链上所有企业总成本最低，运用系统论的观点对链中的所有企业的物流活动进行管理和优化。

(2) 供应链物流。它是以用户满意度最大化为目标，以供应链一体化为基础，充分及时的信息共享，通过及时快速地响应市场需求来达到减少不必要的物流活动，降低库存从而降低成本，实现用户的价值应对。同时，提出了供应链管理架构的 3 个要点：基于原材料供应商、生产商、销售商和顾客的供应链体系；信息的及时共享；以及生产对需求的快速响应。

(3) 物流是供应链管理的一部分。CSCMP 在 1998 年、2002 年的物流管理定义中分别把“物流”定义为“供应链过程的一部分”“供应链运作的一部分”。有学者认为“在企业普遍接受供应链管理理念来组织生产和营销以后，企业的物流管理就必须置于更高层次的供应链管理的大系统当中去统筹安排。”同时还指出“物流管理与供应链管理是不同层次的企业经营管理理念。供应链管理是企业的生产和营销组织方式，而物流管理则是为企业的生产和营销提供支持服务的。企业可以有物流管理而没有供应链管理。但只要企业采取供应链管理方式来组织生产和营销，就一定要有物流管理的支持。”

(4) 物流供应链。由于来自速度、灵活性、全球性等的压力，工商企业对物流服务的要求越来越高，它们希望物流服务公司能够提供从方案规划到组织实施的一体化综合物流服务。然而，现实社会中还没有一个公司能够提供此类全球性的一体化物流服务。因此，从供应链的角度，整合社会物流资源形成集成化物流就成为解决此种物流需求的必然选择。第四方物流就是近年来物流供应链整合出现的新形式。安德森咨询公司将“第四方物流”定义为由独立于第三方物流提供者、客户、商业过程管理者、IT 服务者的供应链综合者，将其自身的资源、能力和技术同来自补充服务提供者的资源、能力和技术集合起来，并对之进行管理，从而提供一体化的供应链解决方案。物流战略联盟也是此方面的研究热点之一。“物流联盟是指在物流方面通过契约形成优势互长、要素双向或多向流动、互相信任、共担风险、共享收益的物流伙伴关系。”并认为“组建物流联盟可获得如下收益：降低成本，减少投资；获得技术和管理技术；提高为顾客服务水平；取得竞争优势；降低风险和不确定性。”供应链管理说从系统论的角度去研究物流的内在运动规律，探寻物流在生产制造供应链中的融合方式、地位和作用，同时也探寻物流自身供应链的整合模式及其运作规律，通过将整个供应链上的所有环节的市场、网络、过程和活动有效联系起来，实现顾客服务的高水平与低成本，以赢得竞争优势。

11.4.5 从可持续发展的角度分析

1. 物流的碳排放

如今，我国的碳排放量尽管从人均上看处在世界平均水平，但我国已经成为世界第一大二氧化碳排放国家。在过去各有关气候的会议中，虽然各国在气候变化和二氧化碳减排问题上，都站在自身的立场上谋求国家利益的最大化，但不能把全球的减排看作是发达国家设计的“陷阱”和“阴谋”。因为可持续发展具有共同性的特点，任何一个国家不能单独解决全球的环境问题，必须全球协调行动。为此，应转变发展理念和价值观，把发展低碳经济和构建低碳社会作为长远的发展目标。在现代经济社会中，碳排放的重要成因有两大方面：产品生产过程和物流运输活动。对于我国制造业来说，如果严格控制碳排放量，将会直接威胁上亿人的就业，给社会稳定带来隐患。因此，目前较好的做法是通过优化物流运输来减少碳排放。良好的物流控制能大大提高运输效率，除了燃料这种刚性排放外，人工效率高低、调度是否得当等都会影响碳排放。随着对物流碳排放的研究，低碳物流这个名词开始出现了。其实对于低碳物流，现在还没有特别全面、系统的定义。一般来说，可以从两个层面来理解低碳物流的含义：一是如何减少物流领域的碳排放；二是怎样通过优化的方式来运作物流系统。

2. 绿色物流学说

绿色物流学说则是从可持续发展的角度出发，认为现代物流是一个循环物流系统，它是强调降低温室气体排放量，并由正向物流和逆向物流共同组成的系统，研究现代物流必须在综合考虑物流、经济、资源、环境等因素的前提下，分析现代物流系统的运行机理、发展战略和模式。通过节约能源、降低资源消耗、减少碳排放的管理和技术措施，来实现可持续发展的绿色低碳物流理念和目标。

习　题

1. 选择题

(1) 物流学是一门兼有自然科学和社会科学双重属性的综合应用型科学，具有明显的(　　)、系统性、信息化等特征。

A．社会性　　B．动态性　　C．综合性　　D．国际性

(2) 物流学学科进一步划分为物流管理、物流工程、(　　)3 个子学科。

A．物流工程与管理　　B．物流经济

C．物流金融　　D．物流技术

(3) 物流战略的内容包括(　　)、物流战略优势和物流战略态势。

A．物流战略目标　　B．物流战略核心

C．物流战略方式　　D．物流战略方法

(4) 物流的效益背反学说的内容主要包括(　　)和物流各功能活动的效益背反。

A．物流成本与控制水平的效益背反

B．物流控制水平与服务水平的效益背反

C．物流成本与服务水平的效益背反

D．物流成本与运输水平的效益背反

2. 简答题

(1) 为什么说现代物流学是一个复杂的大系统？

(2) 简述物流管理学科的内涵。

(3) 简述“黑大陆”学说的评价。

3. 判断题

(1) 物流学可以说是社会科学和自然科学之间的交叉学科，或是管理科学和工程技术科学之间的交叉学科。　　(　　)

(2) 物流工程学科不具备自然科学与社会科学相互交叉的边缘学科的特征。　　(　　)

(3)“第三利润源”的提出，是对物流潜力及效益的描述，揭露了物流是降低成本的关键，是一片未开垦的处女地。　　(　　)

(4) 效益背反是指物流的若干功能要素之间存在着损益的矛盾，即某一个功能要素的优化和利益发生的同时，必然会存在另一个或另几个功能要素的利益损失，反之也如此。

(　　)

(5) 物流经济的主要研究对象可以概括为，同现代生产经营、科技、经济、社会等发展相适应的物流管理理论、管理方法和工具。 ( )

4. 思考题

物流成本与服务水平的效益背反的原理。

案例分析

第三利润源泉——现代物流管理模式

随着经济全球化和信息技术的迅速发展，被普遍认为企业在降低物质消耗、提高劳动生产率以外的“第三利润源泉”的现代物流业正在世界范围内广泛兴起。为了叙述方便，先解释一个关键词——供应商管理库存。供应商管理库存是指供应商等上游企业对下游客户的生产经营、库存信息、库存进行管理与控制。

目前，发达国家的行业采购与供应物流管理、供应商管理库存模式均有具有典型意义的成功案例。例如，世界物流行业排名第七位的英国天美百达公司(T&Britten)(以下简称天美百达)与 IBM 公司签订了一项为期 5 年的供应合同，为 IBM 公司提供供应商管理库存服务，包括对 IBM 的欧洲公司提供远距离配送，使 IBM 产品在远离美国本土的欧洲市场上具有市场竞争力。IBM 公司主管欧洲市场经理 Bertand Augere 在一次工作会议上说到“我们由自己掌管物流全过程，但是，我们依靠的是天美百达这样的物流商做供应商管理库存，实践证明天美百达是我们在欧洲最信得过的协助我们提高顾客服务的合作伙伴。”天美百达董事长戴维·豪斯(David Hows)说到：“我们与 IBM 这样的公司结成长期战略同盟，对于我们来说有利于稳定公司业务，对于我的顾客 IBM 公司来说，可以实现其公司最高战略目标。”

从上述案例可以看出，下游客户企业采用供应商管理库存模式，不仅可以借助供应商的库存管理模式降低库存成本，而且可以依托供应商的物流管理能力对市场做出快速反应和有效需求反应，从而使下游客户企业的产品无论在价格还是服务方面，更具有市场竞争力。

供应商管理库存模式在我国也有成功的案例。1999 年，在瑞士达沃斯召开的世界经济论坛提出了 21 世纪企业的 3 个竞争力标准：一是内部业务外部化；二是要有一个全球知名品牌；三是要有一套网上销售策略。海尔 CEO 张瑞敏作为这次会议代表，在这次会上深受启发，回国后他提出要使海尔的内部组织适应外部变化，从原本直线职能式的管理转移到市场链的管理。一方面，海尔建设了一个 1.8 万个货位的自动化立体仓库，充分采用自动化技术、机器人技术、通信传感技术和供应商管理库存信息系统，使海尔的产成品出库达到了效率化，可以支持全国 42 个物流中心的配送业务，做到物流中心城市 6～8 小时配送到位，区域配送 24 小时到位，全国主干线分拨配送平均 3.5 天。另一方面，海尔将集团内部各采购部门进行整合，先成立物流事业部，后在此基础上成立了集团内部第三方物流公司，统一负责集团的采购工作，同时采用供应商管理库存模式，由各配件供应商管理库存，仅此一项海尔每年的库存资金就减少 7 亿元，库存天数由 30 天降低到 13 天。

我国酒店业企业数量众多，三星级以上饭店、宾馆星罗棋布。目前，我国各酒店多采取按产品种类分散采购和传统供应物流模式。其中，有些国际知名品牌酒店的采购与供应物流模式仍处于 20 世纪 80 年代中期的水平。造成我国酒店业分散采购和传统供应的原因是多方面的，其中，最主要的原因是尚未找到一个好的采购与供应模式。因此，采用供应商管理库存模式，应用现代物流管理方法和作业技术进行供应物流管理，对于我国酒店业与国际惯例接轨、整体水平的提升，具有极为重要的战略意义和非常现实的操作意义。

讨论题

(1) 简述在此案例中你得到哪些启示？

(2) 谈谈你对供应链管理库存模式的理解。

(3) IBM 公司和海尔公司的案例说明了什么？

第12章　物流商业模式创新

【本章教学要点】

知识要点	掌握程度	相关知识
物流商业模式概述	掌握	模式、商业模式的定义
物流商业模式分类	掌握	物流B2B模式的创新，物流与供应链金融的创新
优秀的物流商业模式	了解	快递加盟经营模式、零售业加盟店模式、便利店连锁配送模式
创新的物流商业模式	了解	F2C、F2F、O2O等

导入案例

世界主流商业模式典范

沃尔玛模式：为顾客节省每一分钱，向顾客提供最实惠的商品。

沃尔玛所从事的传统零售业，从交易形式上看没有什么特别之处。但沃尔玛为什么能将传统的零售业做到全世界，沃尔玛家族为什么能成为世界首富。成功之道在于为顾客节省每一分钱，向顾客提供最实惠的商品。

提到沃尔玛，我们自然会想到中国的亚细亚。亚细亚也是做百货零售，基本情况与沃尔玛大同小异。亚细亚也曾在全国建立过十多家连锁店，结果形成巨额亏损而关门。

如果说沃尔玛成功的原因在于为顾客节省每一分钱，亚细亚失败的原因在于让顾客尽量多花钱。首先，亚细亚追求豪华的装修，这一点从亚细亚所投资的郑州五彩购物广场就可以看出，几乎是用五星级酒店的装修来做商场。其次是各种人员花销也是大手大脚。亚细亚每天有升旗仪式，有专业歌唱和表演队伍。最重要的是广告，亚细亚作为郑州的一个零售商场却每天在中央电视台做广告，单从商业目的来看，其中大部分是浪费。

商业本身并不创造价值，商业中的一切花费，最终都要由消费者买单。亚细亚的上述各种排场，最终都要通过商品的价格摊销。因此，亚细亚的商品价格普遍高于其他商场。同样的东西，消费者为什么要到更贵的商场去买呢？这就是亚细亚失败的根本原因。

而沃尔玛同样是一个零售企业，则处处精打细算：商场没有专门的办公室，办公室同时又是仓库，经理经常站着开会；所有的文件纸都是两面都用；通过信息技术和物流优化，尽可能降低物流成本；通过大批量采购，千方百计地压低采购成本。正因为这样，同样的东西，沃尔玛比其他商场价格要便宜；正因为东西便宜，更多的人愿意到沃尔玛去购买；正因为更多的人购买，沃尔玛就能更大批量地采购，其价格则更便宜。

讨论题

(1) 试分析亚细亚失败的原因。

(2) 什么样的模式才是成功的商业模式？

【内容摘要】

物流业作为社会经济发展的基础和动脉，是联系生产企业与消费者之间的重要环节，起着承上启下的作用。其特殊性要求物流企业把履行社会责任作为企业的主动追求，融入到商业模式中去。通过物流集成化，促进社会产业融合；物流及时化，应对公共突发性事件；服务增值化，为客户创造价值；和谐文化，履行道德责任来创新商业模式，作为提升责任竞争力、推进可持续发展的重要手段。有责任才有服务品牌，有责任才有企业竞争力，有责任才有和谐共赢。本章主要介绍了模式、商业模式的定义，物流B2B模式的创新，物流与供应链金融的创新，并总结和提出了几种优秀的新型物流商业模式，如连锁经营模式、加盟店模式、便利店配送模式，F2C、F2F、O2O等模式，为今后我国物流业的发展和物流企业服务创新提供了借鉴与参考。

12.1 物流商业模式概述

12.1.1 模式

1. 模式的概念

模式，即 pattern。其实就是解决某一类问题的方法论，即把解决某类问题的方法总结归纳到理论高度，那就是模式。

模式涉及范围很广，它标志了物件之间隐藏的规律关系，而这些物件并不必然是图像、图案，也可以是数字、抽象的关系，甚至是思维的方式。模式强调的是形式上的规律，而非实质上的规律。前人积累的经验的抽象和升华。简单地说，就是从不断重复出现的事件中发现和抽象出的规律，是解决问题的经验的总结。

每个模式都描述了一个在环境中不断出现的问题，然后描述了该问题的解决方案的核心。通过这种方式，你可以无数次地使用那些已有的解决方案，无须再重复相同的工作。

模式是一种参照性指导方略。在一个良好的指导下，有助于高效完成任务，有助于按照既定思路快速做出一个优良的设计方案，达到事半功倍的效果，而且会得到解决问题的最佳办法。

2. 模式的基本要素

设计模式使人们可以更加简单方便地复用成功的设计和体系结构。将已证实的技术表述成设计模式也会使新系统开发者更加容易理解其设计思路。一般来说，模式基本要素分为四个方面：名称、问题、解决方案和效果，如图 12.1 所示。

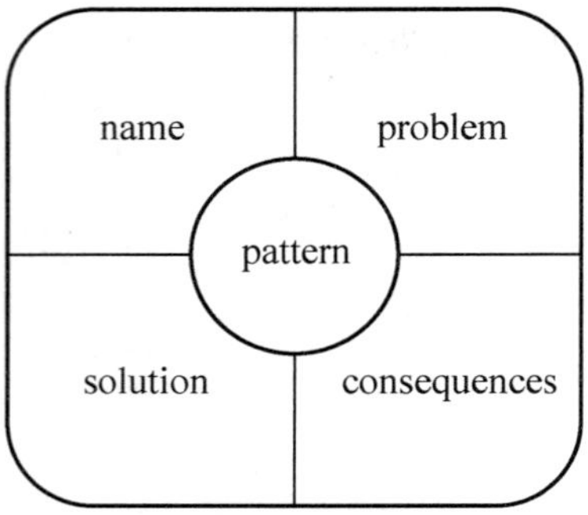

图 12.1 模式的基本要素

1) 模式名称

一个助记名，它用一两个词来描述模式的问题、解决方案和效果。命名一个新的模式增加了我们的设计词汇。设计模式允许在较高的抽象层次上进行设计。模式名称(pattern name)可以帮助我们思考，便于我们与其他人交流设计思想及设计结果。找到恰当的模式名是设计模式难点之一。

2) 问题

问题(problem)描述了应该在何时使用模式。它解释了设计问题和问题存在的前因后果，它可能描述了特定的设计问题，也可能描述了导致不灵活设计的类或对象结构。有时候，问题部分会包括使用模式必须满足的一系列先决条件。

3) 解决方案

解决方案(solution)描述了设计的组成成分，它们之间的相互关系及各自的职责和协作方式。因为模式就像一个模板，可应用于多种不同场合，所以解决方案并不描述一个特定而具体的设计或实现，而是提供设计问题的抽象描述和怎样用一个具有一般意义的元素组合(类或对象组合)来解决这个问题。

4) 效果

效果(consequences)描述了模式应用的效果及使用模式应权衡的问题。尽管我们描述设计决策时，并不总提到模式效果，但它们对于评价设计选择和理解使用模式的代价及好处具有重要意义。软件效果大多关注对时间和空间的衡量，它们也表述了语言和实现问题。因为复用是面向对象设计的要素之一，所以模式效果包括它对系统的灵活性、扩充性或可移植性的影响，显著地列出这些效果对理解和评价这些模式很有帮助。

3. 模式的重要意义

实际上，忽视模式就是轻视规律，贬低知识必定玩弄无知。有效的模式，是建立在企业对外部环境的准确把握和内部资源的优化配置上，模式的创新和发现是当今企业竞争制胜的关键，也是更加复杂的市场环境下企业应对变化的重要工具。不仅在于能够比竞争对手更快速地发现环境变化、价值流动与利润转移，而且在于能够比竞争对手更准确地识别变化和紊乱背后的稳定与秩序。

发现模式，就是在纷乱复杂的市场竞争中建立一种相对稳定的商业秩序与价值逻辑。对市场而言，变是长久的、绝对的，不变是短期的、相对的。模式思维不仅在于把握长久的变化与规律，而且在于把握短期的稳定与范式。对企业营销而言，模式的价值在于抓住变中之不变，在于把绝对的变化转变为相对的稳定；把绝对的行业颓势转变为相对的产业优势；把绝对短暂的企业生命周期转变为相对较长的生命周期；把顾客绝对的差异化、个性化需求转变为相对的标准化、大众化需求；把绝对的成本提高转变为相对更多的成本降低。显然，众多的实践才能形成理念，丰富的思想才会成就方法，事物的规律方可演绎成模式。一句话，无数的相对才构成绝对，企业不仅要把握绝对，还要把握相对，这是当今营销思想与模式创新从哲学高度给予我们的启示。

12.1.2 商业模式

1. 商业模式的概念

商业模式是一个比较新的名词。尽管它第一次出现在20世纪50年代，但直到90年代才开始被广泛使用和传播。Osterwalder等人在翻阅大量资料后给出定义：商业模式是一种包含了一系列要素及其关系的概念性工具，用以阐明某个特定实体的商业逻辑。它描述了公司所能为客户提供的价值及公司的内部结构、合作伙伴网络和关系资本(relationship capital)等用以实现(创造、推销和交付)这一价值并产生可持续盈利收入的要素。

商业模式已经成为挂在创业者和风险投资者嘴边的一个名词。有一个好的商业模式，成功就有了一半的保证。商业模式是一种包含了一系列要素及其关系的概念性工具，用以阐明某个特定商业模式。

2. 商业模式的要素

前人不断总结企业的成功模式，综合概述得出商业模式要素主要有5点，它们是目标客户的价值需求、产品或服务的价值载体、销售和沟通的价值传递、业务运作的价值创造、战略控制活动的价值保护。几乎所有企业的商业模式都是以某一两个要素为核心的各要素不同形式的组合。

(1) 价值需求是指企业的客户群，即企业提供的商品或服务的购买者和使用者群体，他们是企业利润的唯一源泉。客户群又分为主要客户群、辅助客户群和潜在客户群。好的目标客户群，一是要有清晰的界定，没有清晰界定的客户群往往是不稳定的；二是要有足够的规模，没有足够的客户群规模企业的业务规模必然受到局限；三是企业要对客户群的需求和偏好有比较深的认识和了解；四是企业在挖掘客户群时与竞争者比较而言有一定的竞争优势。

(2) 价值载体是指企业可以获取利润的、目标客户购买的产品或服务，好的产品或服务是客户价值最大化与企业价值最大化的结合点，它要求：一要针对目标客户的清晰的需求偏好；二要为目标客户创造价值；三要为企业创造价值。有些企业的产品和服务或者缺乏客户的针对性，或者根本不创造利润，就不能称之为好的价值载体。价值载体反映的是企业的产出。

(3) 价值传递是企业把产品和服务传递给目标客户的分销和传播活动，目的是便于目标客户方便地购买和了解公司的产品或服务。没有价值传递活动，价值创造活动所创造的价值——产品和服务就会“锁在深闺人未识”，不可能为客户和企业创造价值。

(4) 价值创造是指企业生产、供应满足目标客户需要的产品或服务的一系列业务活动及其成本结构。企业发现、界定目标客户，为目标客户生产产品或服务，需要实施一系列业务活动，通过这些活动，企业和客户双方的需要才能得到满足。价值创造反映的是企业的主要投入。北大光华管理学院的韩煦认为，很多中国企业还在沿用压低成本及牺牲其他企业利益攫取更大市场份额的传统方式搞经营。“我并不是说你不能这样做，但关键是当你获得了巨大的市场份额后，你就应该开始培育市场，创造价值……否则，这种企业的成长就是以破坏整个行业环境为代价的。”

(5) 价值保护是指企业为防止竞争者掠夺本企业的目标客户，保护利润不流失而采取的战略控制手段。比较有效的价值保护主要有建立行业标准、控制价值链、领导地位、独特的企业文化、良好的客户关系、品牌、版权、专利等。

除了以上要素，在物流企业的商业模式当中，企业既要有基础的物流服务，这种基础的物流服务能力就是靠规模和成本去战胜对手；同时更重要的还必须有增值服务能力，这种增值服务能力是靠创新和理念去超越竞争对手。

12.2 物流商业模式分类

12.2.1 物流 B2B 的创新

1. 传统的 B2B 的发展

1) B2B 电子商务的概念

企业间的电子商务是指商业机构(或企业、公司)使用互联网或各种商务网络向供应商(或企业、公司)订货和付款。B2B 是电子商务中发展最快的一种形式，已经有了多年的历史，特别是通过增值网络(value added network，VAN)上运行的电子数据交换，使企业的电子商务得到了迅速扩大和推广。公司之间可能使用网络进行订货和接受订货、合同和付款。它还包括企业与其供应商之间采购事务的协调；物料计划人员与仓储、运输公司之间的业务协调；销售机构与其生产批发商、零售商之间的协调。

B2B 是互联网爆炸式发展的直接产物，是网络技术应用的全新发展方向。互联网本身具有开放性、全球性、低成本、高效率的特点，也成为电子商务 B2B 的内在特征，并使得电子商务大大超越了作为一种新的贸易形式所具有的价值，它不仅会改变企业本身的生产，而且将影响到整个社会的经济运行结构。

2) B2B 电子商务的特点

(1) 商务流程的电子化和数字化。电子商务 B2B 能够将传统的商务流程电子化和数字化，其一方面将原来实物的传递用电子信息代替，这样能够大量减少人力和和物力，使得成本能够大幅度地降低。另一方面电子商务 B2B 能够突破时间和空间的限制，使得商务活动可以在任何时间、任何地点进行，从而大大提高效率。

(2) 商务环境的开放性和全球性。在电子商务环境下，人们不再受时间、地域和其他因素限制，客户能以非常简洁的方式完成过去繁杂的商务活动。

(3) 较低的进入门槛。电子商务 B2B 使企业以较低的成本进入全球电子化市场，使得中小企业有可能拥有和大企业一样的信息资源，提高了中小企业的竞争能力。

(4) 广泛的交易对象。企业间电子商务活动的交易对象可以是任何一种商品，而由于受到消费者的消费习惯限制，网上销售产品一般都集中在图书等标准化商品或者信息技术相关的商品。

(5) 新的流通模式。电子商务 B2B 重新定义了传统的流通模式，减少了中间环节，使得生产者和消费者的直接交易成为可能，从而在一定程度上改变了整个社会经济运行的方式。

3) 国内外 B2B 的发展

(1) 国内 B2B 整体发展状况。电子商务 B2B 在全球以年 87%的速度增长，而我国的 B2B 增长则达到年 212%，势头可谓强劲。可惜的是，电子商务的全过程的实现，我国与国外的差距颇大，主要在于我国网站本身指标，配送支付服务，售前、售中和售后服务等都不是十分乐观，一些从事 B2B 的电子商务企业和市场并不成熟。

(2) 大中型企业 B2B 电子商务应用现状。大中型企业开展电子商务的比例并不均衡，目前大型企业开展电子商务的比例相对要高。但是由于大型企业的电子商务发展较早，加上中国电子商务实施环境日趋成熟，许多中小企业网络竞争意识逐步形成，在未来，会有更多的中小企业加入电子商务 B2B 队伍之中。

(3) 垂直 B2B 商务门户网站应用现状。垂直门户或行业门户 B2B 网站其实可以理解为综合性 B2B 网站的一个特例，也就是定位于某个行业内企业间电子商务的网站，与综合性的 B2B 网站相比，其特点是专业性强，并通过拥有该行业资源的背景，更容易集中行业资源，吸引行业生态系统内多数成员的参与，同时也容易引起国际采购商和大宗买主的关注。因此，近一个世纪以来，垂直 B2B 网站成为了企业间电子商务中备受推崇的发展模式。

(4) 国外 B2B 的发展。据统计，到 2005 年年底全球电子商务交易金额已经达到了 4.9 万亿美金。美国著名的高科技市场研究机构 Forrester Research 报告称，全球电子商务交易额连年攀升。截至 2009 年年底，全球电子商务交易额则达到 161 357 亿美元，同比增长 25%，2010 年，全球电子商务交易额达到 194 697 亿美元，同比增长 20.7%。而由于亚太地区的经济高速增长，以及各国政府对信息化及电子商务市场的重视，全球的经济环境好转，未来几年全球电子商务市场将迎来高速发展局势。图 12.2 所示的是 2001—2010 年全球电子商务交易规模与增长率。

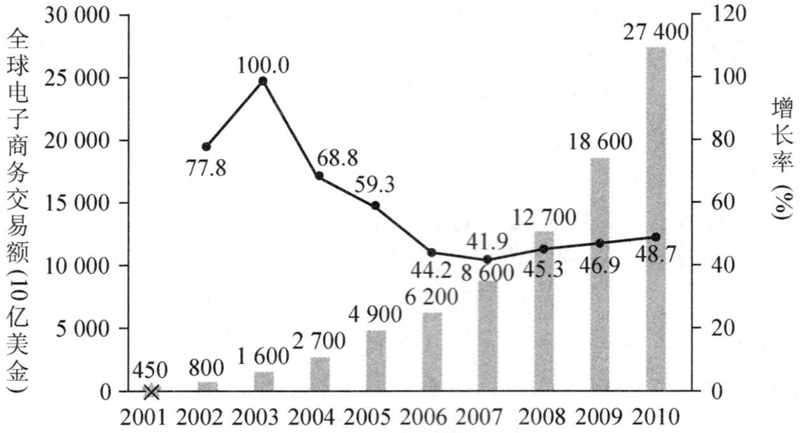

图 12.2　2001—2010 年全球电子商务交易规模与增长率

2. 物流 B2B

物流 B2B 是一个产业，而不是虚的，可以有融资基础，可以让企业做得更大更强。

第六方物流是物流 B2B 的重要创新模式之一，第六方物流是通过电子商务把第三方物流联系起来，进行交易和资源整合，即第六方物流＝第三方物流＋第三方物流。

第六方物流的服务对象既包括供应链上下游企业，又联系到了产业链的所有企业，除此之外还涉及了链上的所有用户。第六方物流就是利用电子网络技术，为所有企业及用户提供服务。在整个供应链环节下，第六方物流充当第三方物流的角色，为上下游企业提供搬运、仓储、加工、运输、配送、装卸等基本服务，同时也会提供增值服务，为企业重新设计物流操作流程、生产计划、运输计划、资源计划，更重要的是能为所有企业管理物流、资金流、信息流，使得整个供应链效率最大化。而在产业链中，第六方物流收集开发商、制造商的产品、技术、信息、资金于运营商，使得运营商更好地为用户服务。在供应链和产业链中，第六方物流最终达到的效果是产生价值链。图 12.3 所示为第六方物流的网络框架。

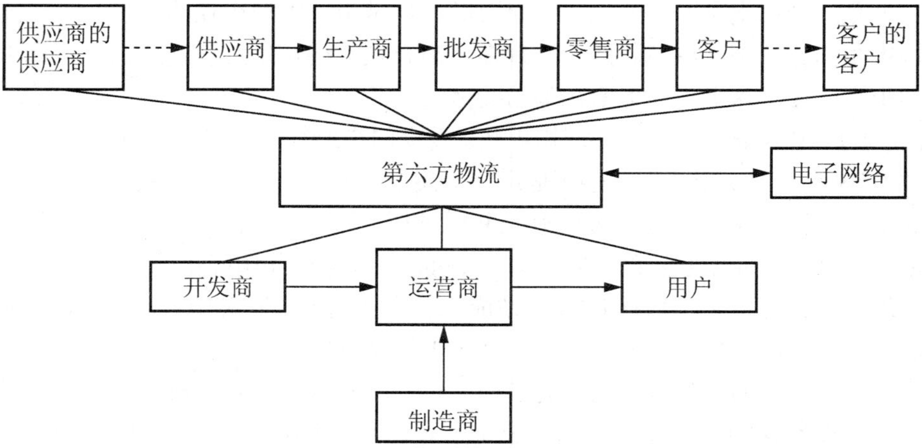

图 12.3　第六方物流网络框架

3. 物流 B2B 的应用——中国国际海运网案例

1) 中国国际海运网概述

海运是国际化的，海运物流在国际贸易中占有至关重要的位置，全球 90%以上的贸易由海洋运输实现，60%的行业与海运物流业息息相关。

2010年中国的物流总费用占GDP的18%，而欧美等国的比例是9%～10%。企业无须再极力标榜物流的数字，因为物流是一种消耗，是一种成本， 数字越高说明越不发达。在中国存在着9%～10%的降低成本的空间。假如要降低这个成本，需要用10年的时间。这10年时间足可以让一个产业做大做强，存在着10万亿人民币的发展空间。中国国际海运网通过建立中国港电子商务中心打造中国港航物流软实力，有利于沿海与内地、港口与城市协同发展，提高效率，降低污染，节能环保，同时其可以衍生高附加值的产业。发展中的新兴港口如果与其他港口比吞吐量、深水化，中国国际海运网CEO康树春认为已经毫无价值，而且也没有必要去比较。

从另一个角度去考虑，如果谁领先一步，他有可能成为新的领头羊。原来所谓的港航是产生需求，需求产生贸易，贸易产生服务，发展到一定程度，不是贸易来推进航运物流，应该说是航运来刺激经济的成长，是以运输为核心的经济来刺激经济的发展。电子商务开创第六方物流，蓝色经济成为经济发展的引擎，刺激世界、民族、经济的发展。中国国际海运网在打造中国电子商务中心平台，在网上开创第六方物流服务，在航运业提供了第六方物流服务模式——金牌订舱。

2) 金牌订舱的八大功能

(1) 为船公司提供在线集中货源采购。金牌订舱是三点形成一线形成的物流供应链服务系统。前端是巨大的市场客户，中间是金牌订舱的服务平台，这个平台是中国国际海运网和来自全国各地和世界各地的物流加盟公司组成，即中国国际海运网提供在线操作平台和操作规则，具体货运服务由加盟的物流公司完成。金牌订舱三点一线最后一端是船东公司。金牌订舱在全国口岸城市和内地城市集中揽集到的大量货物，最终交给船公司，以最高的效率，最低的成本完成整个国际海运的全程操作。目前，金牌订舱已在全国30个大中口岸开展服务，150家有实力的物流公司加盟金牌订舱。2008年在线集中采购的能力达到200万TEU(国际标准箱单位)。

(2) 为港口开拓内地货源通道。在中国，80%的出口货物在沿海十大口岸装船，80%的货源来自非港口城市的内地。沿海港口如何提高自身的竞争力，揽集到更多货源？港口必须进行服务模式创新。金牌订舱在国内首先提出建立无水虚拟港的概念，即把海港的服务，通过在线电子商务虚拟延伸到内地经济发达的城市，出口公司可以在工厂装箱，在本地报关，装箱后即可拿到提单快速到银行结汇，缩短了出口货物的流程和周期。后面的运输由中国国际海运网与港口和物流公司按照协议完成。这样可以为出口公司降低25%的物流成本，大大提高了出口公司对港口服务的依赖程度，也为港口揽集到更多的货源。

(3) 为物流公司提供未来发展的三维空间。目前，中国正规注册的货代公司有两万多家，无船承运人有两千多家，但各类注册和非注册、大大小小的货运物流公司有70多万家，经营模式单一，市场规则混乱，经济效益低下。金牌订舱通过资源整合，重新建立物流市场规则，为物流公司在市场、服务和经济收益3个方面提供发展空间，货代企业可以从事更多高附加值的工作，并且开始由蓝领向白领转变。

(4) 为货运保险提供增值服务。中国进出口贸易额是2.56万亿美元，那就是说存在2.56万亿美元×110%的国际货运保险市场。2005年后，国外保险金融业正式进入中国市场，中国保险市场竞争十分惨烈。中国保险公司以人海战术进行保险经营已经产生经济负面和社会负面影响。金牌订舱将航运市场的信息流提炼成业务流，并对业务流进一步细化，为相关行业提供增值服务。货物装船，就需要保险。与保险公司合作，为外贸公司提供在线保险服务，降低了外贸公司保险的人力、物力和财力等综合成本 20%～30%，同时也为保险公司提供巨大的保险客户资源。目前，与中国人民保险公司合作，取得很好的业绩。

(5) 为银行提供巨大的资金流和信用服务。在金融危机到来之前，金融和信用已经是中国的银行和中国的服务业最大体系性的危机。企业和企业没有信用体系，企业和银行没有信用体系，严重制约了经贸的发展。金牌订舱通过业务流启动资金流，400 万集装箱可以为银行带来 40 亿美元的海运费和 400 亿美金的国际业务结算的资金流，并以此建立客户与客户、客户与银行的三方信用体系。目前已经与华夏银行合作，开通在线支付服务。

(6) 建立中国与世界经贸和世界航运互动的桥梁。中国 2000 年加入 WTO，但中国的国际化程度还有待于进一步提高，中国需要与更多国家建立方便的沟通机制，国外的企业也需要通过一个平台更多地了解中国，来投资经营。金牌订舱打造虚拟国际商桥的模式，将港口、海运、物流及各类软硬件服务，虚拟嫁接到网上平台，可以让本国的企业在网上虚拟操作在国外的各项服务。

(7) 打通一站式服务。与海关、商检、国际贸易建立接口，实现一站式服务。

(8) 利用信息技术，为行业提供全功能的高效服务。例如，通过手机建立移动网络服务。中国有 6 亿手机用户，是世界第一大市场。手机将是海运网最多的浏览工具。卫星定位系统通过卫星定位，时刻进行货物跟踪，提高货运送达准确度和安全度；各类管理软件，在线直接应用。

12.2.2 物流与供应链金融的创新

1. 传统的物流与供应链金融

1) 物流金融的定义

物流金融的概念最早是由浙江大学经济学院的邹小芃、唐元琦(2004)定义为“面向物流业的运营过程，通过应用和开发各种金融产品，有效地组织和调剂物流领域中货币资金的运动”。并解释，“这些资金运动包括发生在物流过程中的各种存款、贷款、投资、信托、租赁抵押、贴现、保险、有价证券发行与交易及金融机构所办理的各类涉及物流业的中间业务等”。从此，物流金融这一概念有了明确的内涵和外延，使得物流金融被正式确立为一个新的研究平台。这一定义方式也得到了学术界的广泛接受，在现有学术文章中基本都是引用这一定义的。

2) 供应链金融的定义

供应链金融这个概念进入银行家的视野之后，便产生了强烈的反应，金融融入到供应链之后，便产生了新的融资模式——供应链金融。简单地说，供应链金融就是在供应链中找出一个大的核心企业，银行以核心企业为出发点，将核心企业和上下游企业联系在一起，提供能够灵活运用的金融产品和服务的一种融资模式。在供应链金融模式下，处在供应链上的企业一旦获得银行的支持，资金注入配套企业就等于进入了供应链，就可以激活整个链条的运转，同时银行信用的支持还可为中小企业赢得更多商机。

也有学者定义为，供应链金融指给予企业商品交易项下应收应付、预收预付和存货融资而衍生出来的组合融资，是以核心企业为切入点，通过对信息流、物流、资金流的有效控制或对有实力关联方的责任捆绑，针对核心企业上下游长期合作的供应商、经销商提供的融资服务，其目标客户群主要为处于供应链上下游的中小企业。

3) 从物流金融到供应链金融

供应链是一个以某一核心企业为轴心，以信息网络体系为支撑，包括供应商、生产商、销售商和终端用户的网络体系。从物流的视角看，供应链本身就是一个物资上下游周转的必然的联系过程。随着全球一体化和经济一体化的发展，在我国企业参与了更多跨国公司的竞争以后，供应链的内涵就显得更为重要了，在供应链上下游企业分工与协作的过程中，最终体现的是这个供应链的整体竞争力。消费者及供应链所服务的每个客户，对流转的效用有非常高的要求，供应链全过程体现的是低库存率、高周转率、准时交货率及对客户需求和订单的快速反应。

4) 供应链金融的优势

供应链金融有助于解决中小企业融资难的问题。在传统的贸易融资中，金融机构只针对单一企业进行信用风险评估并据此做出是否授信的决策，而在供应链金融模式下，银行可以适当降低贷款准入门槛，其更加关注的是申贷企业的真实贸易背景及企业的历史信誉状况，通过资金的封闭式运作，确保每笔真实业务发生后的资金回笼来控制贷款风险。这样，一些因财务指标不达标而难以融资的中小企业，就可以凭借交易真实的单笔业务来获得贷款，从而满足其资金需求。开展供应链金融还可以增强中小商业银行的竞争能力，提高中小商业银行的收益。第一，商业银行为供应链中的中小企业融资可以带来其表内业务或表外业务的收益，另外，商业银行还可以利用自己的专业技能向中小企业提供相关的财务顾问和信息咨询等中间业务。第二，尽管商业银行不是为核心企业提供融资，但是核心企业的信用介入及核心企业与商业银行之间的战略伙伴关系都可能给银行带来潜在的收益。例如，一些信用捆绑技术为了控制信贷资金从分销商到核心企业的流动，要求核心企业必须在主办银行开立结算账户，这将可能为银行带来很大的存款收益。

5) 传统融资方式

传统融资方式包括以下内容。

(1) 质押融资。质押是指债权人与债务人或与债务人提供的第三人以协商订立书面合同的方式，转移债务人或其提供的第三人的动产或权利的占有，担保债权人的债权优先受偿的法律行为。在质押关系中提供动产或权利的债务人或第三人为出质人，债权人为质权人，转移的动产或权利为质物。从法律上讲，质押是介于抵押与留置之间。抵押担保方式中不转移债务人财产物理占有，一般用于抵押的财产多数为不动产，在债务人不能偿债时，抵押权人对抵押物可以被授予货物的所有权。在留置担保方式中，留置权人只能扣留标的物，无出售权。

① 仓单质押。是指货主(企业)把货物存储在物流公司仓库中，而且必须是市场畅销、价格波动小、处于正常贸易流转状态并符合银行对质押品要求的货物；然后凭物流公司开具的货物存储凭证向银行申请贷款，银行根据货物的价格向货主(企业)提供一定比例的贷款，同时由物流公司代理监管货物。物流公司作为第三方担保人，既解决了很多中小企业的融资难、担保难问题，又保证了银行资金的安全，减少了金融风险。这种通过仓单质押方式向银行融资而形成的资金中心，又被称作物流银行。

仓单质押贷款是制造企业把商品存储在物流企业的仓库中，物流企业向银行开具仓单，银行再根据仓单向制造企业提供一定比例的贷款，物流企业代为监管商品。这也是目前我国物流业开展的主要金融业务。开展仓单质押业务，既可解决货主企业流动资金紧张的困难，也能确保银行放贷安全，又能拓展仓库服务功能，增加货源，提高效益，可谓一举多得。作为传统储运向现代物流发展的一个延伸业务，仓单质押业务在得到越来越多企业认可的同时，也被看成了一种金融产品。实践证明，仓单质押业务比较适合目前我国物资流通企业融资难、银行放贷难的市场现状，能较好地解决银行和企业之间的矛盾。它以仓储企业作为第三方担保人，能有效规避金融风险，在相当长一段时间里，解决我国信用体系不健全的问题。

② 存货质押(静态与动态)。存货质押贷款是指借款人以银行能够接受的存货质押或与符合银行要求的仓储单位签订三方合作协议，仓储单位接受该银行委托对货物进行有效看管，办理的短期流动资金贷款业务。并将货物仓单交付该银行，而发放的贷款。

(2) 订单融资。订单融资业务是指金融机构企业所签订的以有效销售订单为依据，实行“一单一贷、汇款结算”的风险控制办法，发放针对该订单的全封闭式贷款业务。发展订单融资业务在供应链竞争的时代主要具有两点优势：有效解决供应链上中小企业融资困难的问题；银行与物流企业合作创新能有效降低订单融资业务的风险，从而使业务可行。订单融资业务基本特征：在银行和物流企业合作开展的订单融资业务创新中，中小企业必须持合法有效的、已收取一定比例预付款的销售订单向银行申请销售订单封闭贷款，然后由银行、物流企业和借款企业三方签订融资合约，合约签订后，银行会要求借款人在贷款银行开立结算账户，并要求合作的物流企业对相应的物流和资金流进行监控，使销售汇款作为还款来源实时结算，保证贷款资金在该账户内封闭运行。图 12.4 所示的是订单资金业务控制图。

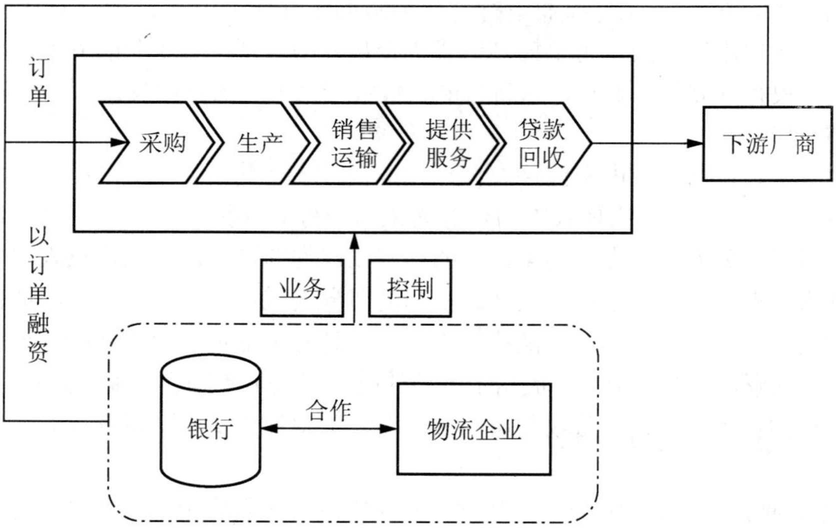

图 12.4　订单融资业务控制

2. 物流与供应链金融创新的相关内容

1) 物流企业的创新

(1) 物流企业必须要走合作或兼并的道路。通过充分实现类似商业银行的“联行代理制”或者扩大“加盟连锁制”运作，加强现有物流企业的联合。必要时，进行企业之间并购，通过投资参股、企业并购、产权置换、借壳上市等多种资本市场的助推力，加速物流企业规模、实力和业务的扩张，此外，还要加强与商业银行、保险公司、资产评估机构及信用评级机构的合作。

(2) 要建立物流“大区域”的概念，以贸易中心来设区，进行物流基础设施的整合，对物流中心、仓库、码头、堆场及集装箱站等物流基础设施进行投资。联合主要生产商、经销商的仓库及开展期货交易的商品的交割仓库，构建多个物流中心。甚至还可以建立物流系统内的存货“通存通兑”。

(3) 创新发展的同时必须严格把握物流金融的风险。要重点控制客户资信风险、仓单提单权利瑕疵风险、抵押品品质风险，同时加强物流企业的内控制度建设。必须重视存货质押的回购机制建设，防止“假买卖，真质押”，在银行信贷中曾经经常出现个别企业将卖不出去的产品，甚至无法盘活的在建工程抵押给银行进行“套现”，最终将“烂摊子”甩给银行来收拾残局，物流企业必须要防范商业银行的创新资金运用风险。

2) 商业银行的创新

针对物流金融这一新业务，银行必须主动接近物流企业，必要时完全可以实现“走出去”的战略。例如，在物流企业的分支机构内部直接设立营业终端或实行“装机派人”，以实现与物流企业的业务和信息的紧密结合。为了控制银行的授信风险，必须实行“总对总”的物流金融银企战略联盟。例如，广东发展银行对于物流企业配送的生产企业的一个(或多个)品牌产品在全国范围内的经销给予金融支持，改变了以往单个经销商达不到银行授信条件而无法获得银行支持的局面。推出物流授信金融业务“信用卡”，给予循环信用额度，合理规划与物流企业之间的法律关系，力争规避物流金融业务的转授权触及法律底线。加强现有的银行结算业务，结合物流金融，灵活搭配银行的各类贸易结算融资服务和产品。针对我国已经开展期货交易的商品品种，要大胆创新，探索现货商品与期货套期保值仓位的一并转移和质押，这不仅防范了担保品价格波动的风险，更重要的意义是扩大了物流金融存货融资的品种覆盖范围，从而将物流金融业务进一步做大做强。

3) 监管保险的创新

当前，随着物流金融的发展和深入，物流业的投资风险、物流方案风险、金融服务风险和商品特性风险都在全面释放，而保险公司推出的传统的车险、货险早已不能适应物流企业的实际运作需求。保险机构必须与时俱进，加强险种创新，推出针对物流企业的一揽子物流保险服务或者集约化的保险产品，以充分化解物流企业的投资风险及经营风险。对于保险机构而言，这其实是一个难得的市场机遇。金融业在我国面临的管制还是比较多，这就导致物流金融行业或企业在发展过程中稍有不慎就会触及监管法律法规的底线。因此，我国金融监管当局还必须尽快弥补物流金融业务规制上的空白，提前加以正确引导。今后，在风险可控的前提下，适时适度地赋予相关市场主体相应的业务操作和创新的法律空间。

在我国物流金融业务的实践中，围绕着银行、物流企业、借方企业三方主体，商业模式正在不断地发生演化。具体表现在，发放贷款方由单纯的商业银行向银行、担保机构、保险机构等联合体方向发展，物流企业由单纯的拥有仓库资产的企业向第三方物流企业、中介管理公司、特许连锁经营方向发展，借方企业则由流通企业向流通、生产企业的更广范畴发展。由于掌握着大量的历史和实时的物流信息，物流企业参与质押融资业务后，成为联结中小企业与金融机构的综合性服务平台。现实中，金融机构与物流企业的合作关系在不断加强和深化，有物流企业参与的、新型的中小企业投资机构和信用担保及服务体系正在建立。

4) 物流金融业务创新的典型模式分析

结合国内外的法律研究和我国的具体实践，在我国现阶段，物流金融业务模式主要分为两类：基于权利质押的物流金融业务模式和基于动产质押的物流金融业务模式。

(1) 基于权利质押的物流金融业务模式，现实中也常常称为仓单质押融资，是指借方企业以物流企业(中介方)开出的仓单作为质押物向银行申请贷款的信贷业务，是物流企业参与下的权利质押业务。这里，仓单是保管人(物流企业)在与存货人(借方企业)签订仓储保管合同的基础上，对存货人所交付的仓储物进行验收之后出具的物权凭证。从业务发展的需要看，仓单应该是一种可流通的、可背书转让的有价证券。但是，在我国现实法律中，关于仓单的规定还存在着很多空白，在合同法中没有明确地规定仓单的法律地位，在我国(期货市场以外)真正的仓单流通管理体制还没有建立起来。例如，仓单内容是否是绝对必要记载事项，即缺少其中的任何一项是否使仓单无效，在法律上没有明确规定；由于仓储业服务不统一，仓单缺乏统一的格式，不同物流企业有不同的做法；提取货物时，是否必须是存货人、如何识别仓单的合法持有者，各物流企业有自己的规定；在实际操作中间，存货人可能需要将若干仓单合并，或者需要将仓单分割使用，这些方面都没有明确的法律条文或者依据。

(2) 基于动产质押的物流金融业务模式，现实中也常常称为存货质押融资，是指借方企业将其拥有的动产作为担保，向资金提供方如银行出质，同时，将质物转交给具有合法保管动产资格的物流企业(中介方)进行保管，以获得贷款的业务活动。存货质押融资业务是物流企业参与下的动产质押业务。在我国现实实践中，此类业务已经覆盖有色金属、钢材、建材、石油、家电等十几个行业。粮油、棉花、有色金属、钢材、纸浆、玻璃、汽车、橡胶、化肥、原油等，因价值稳定及市场流通性好，而纳入质押的范围。动产质押品种的选择，在一定程度上反映出商业银行对风险规避的考虑。另外，一些商业银行和物流企业在实践中逐步摸索出了“总量控制”和“不断追加部分保证金——赎出部分质押物”等操作方式，在确保信贷安全的前提下，增强了质押商品的流动性。

12.3 优秀的物流商业模式

12.3.1 快递加盟经营模式

近几年，我国电子商务特别是网络购物的发展，极大地带动了我国第三方物流的发展，尤其是民营快递；而以“四通一达”为代表的民营快递公司的蓬勃发展，支撑了我国电子商务的高速发展。

民营快递企业大大降低了我国电商企业的物流成本。以加盟模式为主的民营快递业实现了全国低成本布局，支撑了电商企业迅速打开全国市场。

“四通一达”是申通快递、圆通速递、中通速递、汇通快运、韵达快运 5 家民营快递公司的合称。这 5 家公司均由桐庐人创立，且创始人都来自该县钟山乡几个相邻的村庄。而且，这 5 家公司的工作人员中桐庐人均占多数，目前总的从业人员是 21.6 万，年销售额近 300 亿元，占据了中国快递市场总收入的半壁江山。

以申通快递为代表的快递企业有着浓厚的地域文化特性，这种方式在企业发展初期十分简单而有效，在形成企业凝聚力上优势也十分突出。而当时没有这种文化背景的快递企业，到现在很多都已经花谢凋零了。

从 20 世纪 90 年代开始，申通快递、圆通速递等民营快递企业，都是通过这种加盟的方式迅速扩张的。如今，它们的网络已经遍布全国，每天有过百万票的业务量，年营业额达数十亿。

申通快递业务覆盖长三角地区并扩展全国，桐庐的快递从业者也从夏塘村和陈德军所在的子胥村，扩展到了钟山乡，乃至桐庐的所有辖区。

近段时间，圆通速递、韵达快运、汇通快运、中通速递等国内规模较大的加盟制民营快递公司，都在不约而同地对加盟制进行转型升级，核心是增大直营、参股和控股的力度，加大总部对网点的管控和利益统筹，其中几家快递公司推行“三三制”的产权结构整合，目标是将 1/3 的加盟商进行股份制改制，1/3 的加盟商保留，1/3 的加盟商改制成为代理，这样细化了市场，提升了服务，收效明显。

这种以加盟模式为主的快递经营模式，使民营快递企业迅速扩张，市场份额不断扩大，与国营邮政 EMS 形成了强有力的竞争。但是，这种发展模式也带来了很多问题，服务质量的问题，送达时间问题，加盟店侵吞代收货款问题，等等。顺丰快递则认识到了这种模式不利于快递业可持续、健康发展，已经进行了战略推进模式转移，发展自己的连锁快递网络，在服务质量、送达时间、风险控制等方面获得了成功。

12.3.2 零售业加盟店模式

加盟店可以说是零售业最早的差别化、个性化的基础。我国在实行计划经济体制的时候，对商品实行了分类管理，即按行业来管理商品和商店，加盟店就成了划分零售行业业种店的代表。

加盟店是指那些专门经营销售特定商品的商店，这些商品具有极强的关联度，或者是同一个品牌的商品，或者是一个系列专门的商品，加盟店一般非常讲究店面装饰，给人以精品的感觉。例如，出售具有传统特色的商品，店堂布置突出古典美；出售流行、新潮品，店堂装饰突出现代感。同时，加盟店提供比其他商店更多的服务，诸如消费咨询和建议等。

改革开放以来，加盟店在我国零售业的现代化进程中，正突破归属某一行业的业种店范围，向业态店发展，并呈现出这样几个分流特征。

一是向超级市场和便民店分流发展。如菜市场、粮店、杂货店、煤炭商店等分别归入超级市场或便民店。这种发展改变了这些专业商店的性质，使之成为以食品为主的综合经营的商店的一部分。

二是向规模化大店发展。这些加盟店通过改建、扩建、再建，成为与百货公司相匹配的商厦。经营内容除保持一定的专业特色外，更具有百货公司的特点，如上海南京路和北京西单、王府井的许多专业商店就已改造成这样的商厦。

三是通过对一类或一种商品进行升级换代，通过挖掘、发扬和创新传统经营特色和服务特色，提高商品适合消费者特定需求的专有程度，并引入连锁经营机制，广开加盟店，形成加盟店、加盟店规模经营的态势。可以说，第三种发展模式代表了我国加盟店发展的基本方向，极具发展潜力。

许多世界著名运动品牌的商品和快餐餐饮业，都是采用特许加盟经营模式。他们或自建物流系统，或把采购、仓储、配送等业务外包给具有战略合作伙伴关系的专业化第三方物流公司。耐克、阿迪达斯、麦当劳、肯德基基本上都是这样，而且，麦当劳、肯德基还有专门为自己服务的种植、养殖基地，进行原材料的采购与供应，有与之结成战略合作伙伴关系的专业物流公司负责到每一家连锁门店的配送服务。

12.3.3 便利店连锁配送模式

众所周知，完善高效的配送体系是零售业实现连锁经营的基础条件。

便利店一般开设在居民区内，大多数的客户都在距其连锁店附近居住或工作，这对订购商品的客户提供了取货和送货的方便，能够充分体现出网络购物方便和快捷的特点。便利店模式大体可分为两种，一是提供虚拟网络商家消费者到店付款、取货的便利店。便利店与网站业者相互合作、各司其职，消费者在网站上点选欲购买之项目，并输入相关个人资料，下单、付款(亦可货到付款)等，最后一个步骤则进入选择取货地点，这个部分会连接到便利店所提供的网站地图(web map)上，让消费者可以自行选择距离自己最近的便利商店，而消费者只要在指定日期内到指定的便利店取货即可。二是便利商店自营电子商务，以日本 7-11 集团为例，从 2000 年 10 月起，7-11 集团在其 8 372 家连锁店陆续装置了高速终端机，消费者在便利商店内的线上购物终端机上确认其购买的商品及服务之后，便可以领到一张收据，然后，凭此收据到收款机前付款(或电子转账)，商店会将此购物的信息利用网络传到相关的厂商，几天后，消费者就可以至便利商店取货或是要求厂商将货品运送到家中。

7-11 集团认识到，连锁经营的目的在于提高物流效率，谋求规模效益。而物流效率的提高有赖于商品从生产到销售的全过程中所涉及的生产商、批发商、配送中心、连锁店总部、加盟店和消费者的整体协调与配合，因而必须综合考虑包括生产厂家、批发商、配送中心、连锁店总部、加盟店、消费者在内的总体结构，采取整体化发展战略。

地区集中建店是在一个地区内集中性地增加连锁店的数量，并逐渐扩大建店的地区。集中建店的优点是向一个地区内的商店集中配送，能够提高配送的效率；二是地区内连锁店数量的增加，能缩短配送的距离和时间；三是能提高在建店地区的知名度，有效地开展广告宣传，并加强总部对加盟店的指导。

根据业务经营及发展的需要，7-11 集团建立了一套高效完善的综合信息网络，通过该信息网络实现了连锁经营的整体系统化。综合信息网络业务经营中的具体作用有以下几点。

(1) 搜集商品销售信息，预测订货，定期发布订货数据。

(2) 总部通过 POS 系统分析 6 000 多个连锁店的订货信息，将其自动发报给生产厂商和批发商；分析不同商店的销售数据信息，自动提供给各个商店；同时还要分析企业总的经营管理信息。

(3) 生产厂家根据接受的商品上市指示单，开始制造订货，批发商筹集订货商品。

(4) 配送中心接受来自连锁店总部的 POS 系统和生产厂家、批发商传来的商品明细表，具体内容包括不同生产厂家、不同商品种类交货明细表；不同商品种类、不同商品的上市明细表(包括分货的数据)；不同商品种类、不同配送路线的交货传票等。配送中心根据这些指示单，对各连锁店进行配送。

信息网络在销售、订货、进货、商品检验、会计核算等方面充分利用，从接受订货到数据处理，从传票发行到货款结算及赊销管理等，均采用信息网络自动处理，实现了业务处理的自动化，提高了工作效率。

汇总配送是 7-11 集团独具特色的配送体制。日本的流通实行的是通过由生产厂家指定批发商进货的“特约批发制度”，同样的商品因厂家不同，特约批发商也不同。所以，若配齐许多厂家的商品就要由各个不同的配送渠道和配送车辆进行配送交货，从而增加配送车辆。为解决这一问题，7-11 集团采取了汇总配送的方法，即将过去由各个批发商负责的某种商品的大配送地区分割为各个批发商的配送区域，把过去由其他批发商经营的生产厂家的商品也汇总其中，某一批发商负责对所在地区内所有商店的配送，从而增加了对每一商店的配送数量，减少了商店的接货次数，提高了运输效率。由于配送地区缩小，也能缩短配送距离和配送时间。

建立共同配送中心是生产商和批发商共同投资建立配送中心，共同使用和参与经营。生产厂家和批发商将配送业务和管理权委托给共同配送中心。7-11 集团和共同参与经营的厂家和批发商密切协作，在充分协商并征得同意后，以地区集中建店和信息网络为基础，创建自己独立的系统。此外 7-11 公司还提供联机接受订货系统和自动分货系统，协助配送中心实现系统化和高效化。

12.3.4 电子商务与物流新模式

1. F2C

1) F2C 的起源

F2C(factory to customer，工厂到客户)，即摩托车制造厂对摩托车及衍生文化用品消费者的电子商务。

F2C 是一种先进的商业模式。传统的商品流通路径：工厂—品牌公司—总代理—经销商—卖场—消费者，由于环节太多层层加价，产品到达消费者手里往往价格居高不下。F2C 模式是品牌公司把设计好的产品交由工厂代工后直接通过终端送达消费者，流通路径最短，这样可确保产品低价，同时质量服务都有保证。采用这个模式的成功典范有宜家、迪卡侬、乐豪斯、ZARA、H&M 等。它们为消费者提供了最具性价比的产品，为消费者带来了价值最大化。

F2C 是鑫源公司在摩托车行业首创的一种全新的现代商业模式。这种模式通过利用电子数据交换、电子邮件、电子资金转账(EFT)及互联网的主要技术在摩托车制造厂和越野摩托车及其衍生文化用品的消费者间进行简单、快捷、低成本的电子通信方式，买卖双方不谋面地进行业务信息的交换和各种商贸活动。

鑫源公司通过上述先进技术实现低成本的客户需求聚焦，以有效支持决策，持续改善产品和服务质量、提高服务传递速度。越野摩托车及其衍生文化用品的消费者利用其专业性，通过和厂商的直接交流，减少中间环节带来的信息不对称及不必要的成本，寻找到满意产品，带来美好体验。

2) F2C 的优势

F2C 模式是直接把出自加工厂的产品送到消费者手中。可以理解为工厂借助于网络这一平台进行产品的直销，是对“B2C”模式的提升。相较于传统的销售渠道，“F2C”模式减少了代理商、经销商、零售商等一系列中间环节，没有高昂的店铺租金，使出厂的产品直面消费者。这种模式使运营及推广的成本大大降低，最终体现在产品的价格大大降低，仅为传统渠道销售的 50%左右。

在 F2C 平台的销售方是厂家，消费者直接和厂家进行交易，厂家直销的厂家身份便很好地保证了信誉、产品质量和售后的问题，因为厂家作为一个大规模的品牌商，不会为一笔零售交易欺骗消费者，所销售的产品不存在水货和翻新机，以及克隆机，并且在价格上还具有一定的吸引力。而我们的消费者对这样的模式平台也同样有着一种高度的信赖感，F2C 电子商务模式确实给消费者带来了极大的便利与购物保证，所以也就不用奇怪为何 F2C 如此火热，相信一种能够被消费者认可的模式会继而被其他更多行业的应用。

F2C 最大的优势就是以强有力的线下产业支撑、有效的全程监控、快速的市场反应，B2C 电子商务平台在这一点是无法抗衡的。大众普遍认为在网络购物过程中，消费者往往担心的问题就是产品质量不能得到保障。由于很多 B2C 进货渠道、产品供应链参差不齐，生产厂家资质良莠不齐，很多消费者被图片上光鲜亮丽的商品迷惑，在收货后才发现质量过于浮夸，甚至是十足伪劣产品，就连阿里巴巴、当当网、京东商城等都难以脱离经销商的牵绊，因此 F2C 模式有望改变这种现状。物联网让每个人都可以成为手机购物的参销商、购物商，真正实现随时可买、随时可卖的商业模式。

2. F2F

F2F 是新概念营销模式的一种，是一种厂家(factory)到家庭或者个体(family)的直销模式，但是和直销又有所不同，直销仅是传销基于《中华人民共和国宪法》的一个变种。F2F 模式中，厂家和商家共同充当了一个 F(factory)。

1) F2F 的起源

鉴于网络 B2B 和 B2C 模式，现在 F2F 营运而生，并且同前者一样，介于网络风靡市场。F2F 的出现，不仅改变了市场的运作模式，而且也具有划时代的意义。factory 到 family 这样一个团体到个体，中间当然还得有一个中介，那就是 business，然而在 F2F 这个模式中，并不真正的存在 B，只是 B 和 F 已经容为了一个个体，它们互相依赖，并且互为充要条件，所以就干脆共同充当了 F，他是介于工厂到家庭和 B2C 的一个产物，与传统的营销，和直销有着千丝万缕的关系。并且随着时代发展也越发凸显它存在的价值。

2) F2F 的运作模式

工厂到家庭或者个体必须经过一个销售途径，这个途径就是所谓的 B，这个运作中 B 始终是 F 的一个载体，B 同样也充当着 F 的资源，B 和 F 在法律上有着受保护的合作关系，就类似代理直销和直销之间，这样的关系中间免去了不少的资源损耗，所以产生了更大的获利空间，这也是为什么 F2F 得以存在的原因之一。B 为 F 提供生产方案或是计划，F 便依照执行，最终生产成品，而 B 也从中以更低的价格得到了 F 所产生的资源，在工厂，到家庭或个体的过程中，商家的利益空间是最大的，在同传统的各种营销模式相比，F2F 更凸显了它的价值和优势。

F2F 中的工厂到商家，其实是传统的合作关系，只是换汤不换药而已，商家提供需求，或者是厂家寻求有实力的商家，两者达成合作关系，后面同直销又类似了。

商家同个体或者家庭之间，又是有同传统有所区别的利益关系，这样的 F2F 模式同传统 B2C 模式相比，更多人会选择前者，因为前者的 B 同 F 是一个更亲密的关系，它们中间存在的利益空间更大，所以 B 到 F 自然也会存在更大的谈判空间，导致选择前者模式的家庭或者个体会以更低的成本或者更少的资源获得产品。

F2F 虽说不能取代 B2C 和 B2B，至少它能在未来发挥更重要的作用，并且是未来的一种主流经商模式，很多专家都对此很关注。国内成功案例不少，对于未来的发展更多的是看国家政策，2008 年的金融危机导致很多公司倒闭，然后以 F2F 模式运营的公司却可以在那样的大风浪中生存，不得不说 F2F 的确有着至关重要的作用。

3. B2S

B2S(business to share，商家到社区)，是指分享式商务，或体验式商务。

B2S 平台即通过互联网为消费者提供一个全新的购物模式——分享式购物或叫体验式购物，是指有共同兴趣爱好的一群人，通过 B2S 平台，选择自己喜欢的商品，每个人通过网上支付很少的一笔费用(如 1 元钱)，大家累积起来的钱刚好能支付这个商品价钱，从这些人中挑选一个幸运者，由幸运者拥有并体验这款最新商品。由于这种模式聚集了一大批有共同兴趣的人，人人出一点力，幸运轮流转，每个人都有机会受益。

让一部分人提前享受心爱的商品，特别对于在校生或初涉工作的上班族，这种模式可以让那些暂时买不起或暂时没有做这个购买计划的，通过小钱累积，实现梦想。但是在 B2S 上出售的商品特征也非常明显，仅局限于一些特殊商品，如受关注度高的最新数码类产品、不易购买到的明星签名类物品、喜欢但不想自己掏钱购买的商品等。这些商品对购买者来说可能暂时价钱比较高、未来降价幅度大、关注度高、希望尽快获得，消费者认定某一品牌某一型号而不需要现场体验就希望拥有的。

同时对于新产品发布，也具有非常明显的推广效果。B2S 模式能有效降低对新用户的接触成本，而且广泛的曝光，对于提升产品的知名度也有很大的促进作用。

B2S 就是传统的商业渠道或厂家、商场与学生的一场相联系的企业对学生的电子商务模式。

此模式将 B2C 市场进一步细分，专做企业和学生(大学生是主体)的生意，是电子是商务专业化的另一途径。

B2S 而且是另外一种比较盛行的网络商业模式的代称，就是网络代理或者说网络代销，不仅是 B2S 中 business 和 sales 的解释，即构建企业和营销员的平台的解释还是商家对信息店铺的解释，其实都是网络代理和代销的另一种表达，而网络代理或者代销，都是构建企业厂家和网络上的批发商或终端销售者的一种方式，同时网络代理的厂家提供货物和商品的信息给网络代理，但代理仅仅展示的是商品的信息，而不占有实物商品。但这也是电子商务发展的一个趋势，达到买卖的双赢。

4. O2O

在电子商务的发展过程中，一个个新兴的模式进入了消费者的眼帘，O2O(Online 2 Offline)就是其中之一。从字面上来看，O2O 即从线上到线下，这一模式的核心就是把线上的消费者带到现实的商店中去——在线支付购买线下的商品和服务，再到线下去享受服务。

对一般消费者来说，电子商务就等于网购，只要在线支付费用，相应的商品就会直接寄送到你手中，但是并不是所有的商品和服务都能通过物流来实现。O2O 通过打折、提供信息、服务预订等方式，把线下商店的消息推送给互联网用户，从而将他们转换为自己的线下客户，这就特别适合必须到店消费的商品和服务，如餐饮、健身、看电影和演出、美容美发等。

目前，O2O 模式中最受瞩目的当然是团购。团购网站大多采用“电子市场＋到店消费”模式，消费者在网上下单并完成支付，获得极为优惠的订单消费凭证，然后到实体店消费。经过 2010 年的爆发之后，团购市场在 2011 年迎来互联网巨头云集、火并一触即发之势，当当、亚马逊等都进入了团购市场。可以说，O2O 模式的火暴要归功于团购网站的兴起。

当把 RFID 应用到 O2O 电子商务模式，分众在北京、上海、广州等 7 个城市升级了 3 万多台带有 3 个互动小屏幕的 LED，并推出了相配套的 Q 卡，用户将 Q 卡背面的卡号与自己的手机进行绑定，然后将 Q 卡放到小屏幕下方的 RFID 感应口，实用优惠信息就会发送到用户手机上，从而将用户引入实体终端。

融资规模的高企，加剧了投资者及创业者对电商“泡沫”破裂后进入冬天的担忧。然而在冬天来临之际，O2O 模式却在用最短的时间被重新归类及推崇。

这种倡导将线上的消费者带到现实商店中，让互联网成为线下交易前台的模式正成为一种潮流。ChinaVenture 投中集团数据显示，2010—2011 年共有 64 家 O2O 模式的企业获得风险投资的青睐，2011 年投资金额接近 70 亿人民币。经纬创投合伙人万浩基认为，O2O 的吸引力在于“这是个现有的市场”。与衣食住行相关的线下领域每年流水额上千亿，“在庞大的市场规模下，即便你只占有 1%的市场份额，甚至是 1‰，都可能成为一家上市公司”。

创新工场董事长兼首席执行官李开复曾经表示：“团购教导了线下商家可以从线上获取本地用户，教导了用户可以经过网络寻找本地服务，给 O2O 铺了路，功不可没。”

作为先行者，团购使“线上订购，线下消费”这种典型的 O2O 模式被人们所理解。眼下，这个概念正伴随移动互联、LBS(location based service)等东风，处于不断演变中。以大众点评网为例，在移动互联的时代，大众点评网使得利用手机对本地商户进行“定位”成为现实，这让过往 PC 端的用户迅速转移至手机端，线上流量转移为线下消费的时间缩短。截至 2011 年 8 月，大众点评手机客户端独立用户数已经突破千万大关，这个数字是上年同期的近 20 倍，显示出移动互联网与传统行业相结合的潜力。

12.4 物流商业模式的趋势

1. 自主创新与开放创新相结合

自主创新与开放创新相结合是现阶段我国物流企业创新过程中应该首先关注的问题。虽然在当前经济条件下，博采众长的开放式创新将成为趋势，但对于发展时间不长，企业规模和市场影响力有限的我国物流企业而言，绝不能忽视自主创新的重要性，或者说应该重视创新过程中的自主性，应该将开放创新与自主创新相结合，在保证创新过程自主控制的前提下，利用开放创新方式实现企业目标。

通常认为所谓自主创新是指拥有自主知识产权、独特的核心技术，以及在此基础上实现新产品价值的过程，包括原始创新、集成创新和引进消化吸收再创新等不同内容。对中国本土物流企业而言，自主创新一方面可以体现为，拥有自主知识产权的物流技术、物流服务和企业品牌价值的开发、培育与塑造；另一方面也体现为物流企业能够独立控制和把握创新目标、创新方式与创新进程，即实现以我为主的创新。

总之，强调自主创新与开放创新相结合，是强调在竞争激烈的现实环境中，本土物流企业应该充分重视通过自主创新培育具有自主知识产权的物流技术、新型服务产品及服务品牌，以逐步形成可以得到知识产权保护的核心竞争力，从而提升企业的竞争优势，实现良性的可持续发展。

2. 重视源自低端市场的颠覆性创新

源自低端市场的颠覆性创新，在当前经济背景下将成为商业模式创新的另一种趋势。而这种趋势对于中国大型物流企业而言，应当给予特别的关注。因为，这种具有毁灭性力量的创新正在中国传统大型物流企业身旁悄然地发生着。颠覆性创新是指立足于低端市场，通过简化现有产品、服务的价值元素组合，提供迎合特定消费者需求的次等产品来达到夺取市场份额并摧毁在位企业的创新。虽然到目前为止，各界对于颠覆性创新的认识还存在差别，但其起点的低端性、定价的掠夺性及其对于现有市场在位企业所具有的非常大的破坏力特征已成共识。颠覆性创新常被视为是一种采用破坏性方法来产生毁灭性力量的市场突破手段，对于现有市场在位的大企业特别是成功的大企业，具有非常大的破坏力，因此，成功的大企业需要十分警惕这种来自低端市场的具有颠覆性特征的创新。

3. 技术创新与营销创新相结合

伴随互联网与移动通信技术的发展，人类的生产、生活方式发生着深刻的变化。为了适应上述变化，人们需要在传统的技术创新、组织创新和营销创新的基础上，进行一种既包含传统创新又不同于传统创新的新型整合式创新，即商业模式创新。所以，商业模式创新作为一种整合创新，应该可以有效地整合技术创新、组织创新与营销创新，使企业创新活动在更加贴近市场、贴近需求的同时，更加充分地发挥技术创新与管理创新的作用，使企业创新更具效益和效率。中国本土物流企业应该学习国外先进企业的经验，在网络技术飞速发展的今天，积极利用现代信息技术的新成果，努力在物流管理信息化方面寻求技术创新与技术突破。在加大技术创新与技术投入的同时，努力将技术创新与市场创新相结合，利用信息时代提供的技术条件，与以需求为导向的现代营销理念相结合，加强与客户和客户所处的供应链上下游企业之间的合作，通过整合创新，在供应链各环节上发挥更加积极主动和富有成效的作用。

4. 重视绿色创新

在资源短缺，环境危机事件频发的当今社会，节约资源、降低碳排放的绿色发展模式渐成趋势。无论是个人消费者还是负责任的企业公民，都在树立与倡导绿色消费和绿色价值理念，并积极地通过创新改变自身行为，为世界的可持续发展做出贡献。作为主要的能源消耗行业，物流企业更应责无旁贷，积极推进绿色创新和绿色物流，承担起促进世界经济社会可持续发展的使命和责任。如今资源和环境问题已成为制约人类社会持续发展的瓶颈，在这个时代背景下，物流企业应该顺势而为，紧跟时代发展，通过自身的持续努力和创新，为整个社会节能降耗和持续发展做出贡献。

习 题

1. 选择题

(1) 物流B2B是(　　)。

A. 第三方物流　B. 第四方物流　C. 第3.5方物流　D. 第六方物流

(2) 借款人以银行能够接受的存货质押或与符合银行要求的仓储单位签订三方合作协议，仓储单位接受该银行委托对货物进行有效看管，办理的短期流动资金贷款业务的融资方式是(　　)。

A．质押融资　　B．仓单质押　　C．存货质押　　D．订单融资

(3) 所有的店铺都是由同一经营实体——总公司所有的一种经营连锁模式是(　　)。

A．自愿连锁　　B．直营连锁　　C．加盟连锁　　D．虚拟连锁

(4) 书中所提到的物流新模式有(　　)。

A．商家到商家　　B．便利店模式　　C．工厂到客户　　D．线上到线下

2. 简答题

(1) 模式的基本要素是什么？

(2) 商业模式的概念是什么？如何分类？

(3) 物流商业模式的分类是什么？

(4) 供应链金融的定义是什么？

(5) 物流 B2B 的含义是什么？

3. 判断题

(1) 价值创造是指企业生产、供应满足目标客户需要的产品或服务的一系列业务活动及其成本结构。(　　)

(2) 第三方物流又叫合同制物流。(　　)

(3) 商业模式是一种包含了一系列要素及其关系的概念性工具，用以阐明某个特定实体的商业逻辑。(　　)

(4) 价值创造是指企业把产品和服务传递给目标客户的分销和传播活动，目的是便于目标客户方便地购买和了解公司的产品或服务。(　　)

(5) 电子商务 B2B 是互联网爆炸式发展的直接产物。(　　)

4. 思考题

物流商业模式应如何进行创新？以及其对现代物流发展的影响？

案例分析

商业模式创新提升物美集团核心竞争力

物美是一家在超市领域迅速发展的集团公司，秉承“发展民族零售产业，提升大众生活品质”的经营理念，以振兴民族零售产业为己任，在连锁超市领域取得了显著的成就。

作为规模庞大的零售行业，了解客户需求并使用“短、平、快”流程满足客户需求是物美的制胜关键。面对着数百家店、数万种商品、数百万顾客和数千家供应商等海量数据，公司旧有信息系统已经无法满足物美连锁扩张的管理需求和技术需求。如何提高数据清晰度、保证信息通畅传递，从而做出正确采购决策，打造有效供应链，是物美保持发展的关键。

通过业务流程再造和流程的 IT 化——ERP 项目暨 WINBOX@SAP，帮助物美实现了以下目标。

(1) 通过多样化的技术手段，为客户提供准确、及时、高性价服务。

(2) 建立完善 KPI 评估系统，实现供应商优化。

(3) 优化执行流程，搭建高效运营、简约管理的平台。

(4) 后台复杂，前台简约的业务功能布局。

(5) 哑铃型的组织架构。

(6) 集中、统一、高效的信息系统。

SAP 解决方案支持物美清晰了解业务全局，准确把握顾客需求，提升其满意度。

(1) SAP 帮助物美企业内部信息顺畅流动，透明清晰地将相关的信息在合适的时间，传达给对应的人，提高需求预测的准确度与有效性。通过货品销售量分析供求关系，支持品类优化和业态优化，建立起采购优势。

(2) 帮助集团对供应商制定了清晰的关键考核指标和一系列参考指标，以此作为对供应商的考核依据和更换依据，并逐步完善 KPI 体系，逐月对供应商进行严格的考评，淘汰不合格供应商，引进新的优质供应商，逐步培养起主力供应商，使供应商的结构得到进一步优化。

(3) 打造新的供应链管理体系，建立起供应链优势。将现有配送中心的续订统一集中，对高库存分享及资源共用进行整合，实现了对店铺、配送中心、供应商订单的统一管理，使资源达到有效调度和利用。辅助供应链作业模式和商业模式的创新，将企业物流转型为物流企业。

(4) 流程优化，实现“中央采购/品类优化＋需求预测驱动的供应链＋简约的店铺销售模”三位一体的简约高效的业务管理流程体系。落实内部运作从订货、收货到盘点作业流程的优化，以及外部供应链中联营公司往来款清理流程、关联公司及受托管的第三方公司往来款清理流程的梳理，通过流程的再造及优化，为集团搭建高效运营，简约管理的平台。

物美以为民众提供令其满意的商品和服务，推进中华民族零售产业及其连锁加盟事业发展为己任。在 SAP 的 ERP 信息系统的支撑下，形成了物美的核心竞争力——“信息技术优势、供应链优势和经营技术优势”，正是这些核心竞争力支撑了物美的超常规扩张和发展。

讨论题

(1) 试分析商业模式创新为何能够提升物美的核心竞争力？

(2) 从案例中你得到了哪些启发？

参考文献

[1] 赵冰，王诺．物流场理论及其在物资流动中的应用[J]．商业研究，2011，4．

[2] 王耀林，胡秀前．沃尔玛物流与供应链管理剖析与启示[J]．商场现代化，2011，12．

[3] 闫星宇．零售制造商的模块化供应链网络[J]．中国工业经济，2011，11．

[4] 任红红，赵宁．国内物流与供应链管理的发展现状[J]．中国城市经济，2011，27．

[5] 赵皎云．商贸物流：新起点下寻发展——《商贸物流发展专项规划》解读[J]．物流技术与应用，2011，5．

[6] 齐严．网络背景下商业模式创新趋势与物流企业创新研究[J]．中国流通经济，2011，2．

[7] 潘晓惠，陆岷峰．中小企业供应链融资风险和对策分析[J]．吉林省经济管理干部学院学报，2011，1．

[8] 王国文．低碳物流与绿色供应链：概念、流程与公共政策选择[J]．开放导报，2010，2．

[9] 郑适．中国 B2B 电子商务发展与障碍[M]．北京：中国经济出版社，2010．

[10] 吴建．现代物流学[M]．北京：北京大学出版社，2010．

[11] 陈剑．加快农业产业化经营发展模式及路径选择[J]．农业经济，2010，1．

[12] 阿西木江·卡米力，木也色尔·艾买提．探讨第三方物流及信息化作用[M]．上海：电子工业出版社，2010．

[13] 王晓博，马翔．物流管理学[M]．哈尔滨：哈尔滨工业大学出版社，2010．

[14] 吴功宜．智慧的物联网：感知中国和世界的技术[M]．北京：机械工业出版社，2010．

[15] 王辉．物流学[M]．上海：中国铁道出版社，2010．

[16] 李秀建．仓单质押与物流金融[J]．中国邮政报，2010，6．

[17] 曹刚．物流的几点思考[J]．物流科技，2010，2．

[18] 索海尔·乔德利，侯汉平，李令遐．物流理论演化的历史考证与最新发展[J]．北京交通大学学报(社会科学版)，2010，1．

[19] 刘飚，邓江涛．谈供应链网络组织的特征及复杂关系[J]．交通企业管理，2010，3．

[20] 宋伯慧，徐寿波．物流定义探讨[J]．北京交通大学学报(社会科学版)，2010，6．

[21] 王乐鹏，黄鹄绩，张世翔．智能低碳物流发展策略探讨[J]．商业经济，2010，22．

[22] 周德建．企业“低碳化”是挑战更是机遇[J]．广西节能，2010，2．

[23] 赵宏宇，郭湘闽，褚筠．“碳足迹”视角下的低碳城市规划[J]．规划师，2010，5．

[24] 蔡超彦．物流理论综述[J]．物流科技，2010，9．

[25] 王烨．基于 RFID 技术的物联网在物流安全领域的应用[J]．科技创业，2010，3．

[26] 张军杰，杨铸．智能物流发展状况、影响因素及对策研究[J]．物流科技，2011，3．

[27] [日]崛江正弘．日本物流政策的演变：以综合物流政策实施大纲为中心[J]．中国流通经济，2010，10．

[28] 夏文汇．基于低碳经济的钢铁生产物流配送模型研究[J]．重庆理工大学学报，2010．

[29] 鞠颂东，等．物流网络理论的提出和探究[J]，北京交通大学学报(社会科学版)，2009，2．

[30] 徐文静．物流战略规划与模式[M]．北京：机械工业出版社．2009．

[31] 孙红菊．农产品冷链物流浅析[J]．物流技术，2009，3．

[32] 冯国经，等．在平的世界中竞争[M]．宋华，译．北京：中国人民大学出版社，2009．

[33] 闫星宇．产业模块化研究[M]．南京：南京大学出版社，2009．

[34] 李广军．需求不确定条件下的供应链网络设计[D]．长沙：长沙理工大学，2009．

[35] 赵冰，王诺．基于物流场理论的物流生成及运行机理研究[J]．中国流通经济，2009，2．

[36] 郑芬芸．美国绿色供应链管理实践及借鉴[J]．商业研究，2009，12．

[37] 赵玻，张莉．双边议价框架内主导零售商买方势力及政府规制去向[J]．商业经济与管理，2009，1．

[38] 王宗喜．大力推进应急物流建设与发展[J]．中国流通经济，2009，7．
[39] 高文军，陈菊红，胡飞虎．我国应急物流研究综述与展望[J]．物流科技，2009，8．
[40] 张小全，朱建华，侯振宏．主要发达国家林业有关碳源汇及其计量方法与参数[J]．林业科学研究，2009，2．
[41] 周跃进，陈国华．物流网络规划[M]．北京：清华大学出版社，2008．
[42] 马跃月，艾比江，陈全君．物流管理与实训[M]．北京：清华大学出版社，2008．
[43] 陈雪松．商品融资与物流监管实务[M]．北京：中国经济出版社，2008．
[44] 厦露，李严锋．物流金融[M]．北京：科学出版社，2008．
[45] 杜曼玲，王耀球．物流服务工程化研究初探[J]．网络财富，2008，5．
[46] 许国兵，张文杰．基于平衡记分卡的第三方物流服务商绩效综合评价模型[J]．生产力研究，2008，2．
[47] 徐学军，樊奇．对我国企业绿色供应链管理的思考[J]．科技管理研究，2008，3．
[48] 郭梅，赵希男，王艳梅．企业可持续发展的战略：绿色供应链管理研究[J]．科技管理研究，2008，6．
[49] 朱庆华．绿色供应链管理动力/压力影响模型实证研究[J]．大连理工大学学报(社会科学版)，2008，2．
[50] 王之泰．从“黑大陆”到“灰大陆”我看中国物流 30 年[J]．中国流通经济，2008，11．
[51] 鞠颂东，徐杰．物流网络理论及其研究意义和方法[J]．中国流通经济，2007，8．
[52] 林立新．转变思路加强水路危险品运输管理[J]．珠江水运，2001，8．
[53] 刘伟华，冯耕中．物流与供应链管理[M]．北京：中国人民大学出版社，2007．
[54] 张青芝．信息化对现代物流业发展的促进作用[M]．上海：电子工业出版社，2007．
[55] 唐忆文．全面构筑一体化物流体系：上海现代物流产业发展研究[J]．上海经济研究，2007，9．
[56] 史新峰．一体化物流服务流程研究[J]．物流管理，2007，10．
[57] 冯耕中．物流金融业务创新分析与预测[J]．物流经济，2007，1．
[58] 艾超，傅华明．现代工厂中基于 RFID 技术的物联网设计[J]．电子元器件应用，2007，12．
[59] 吴晶林．不确定条件下的供应链网设计问题研究[D]．西安：西安电子科技大学，2006．
[60] 陈舜，赵刚．高校物流人才教育的思考[J]．中国大学教学，2006，8．
[61] 余雷．基于 RFID 电子标签的物联网物流管理系统[J]．微计算机信息，2006，2．
[62] 王婧．我国高校物流人才培养现状分析与对策[J]．中国水运，2006，10．
[63] 冯益增．中国整车物流的对策研究[D]．大连：大连海事大学，2006．
[64] 张晓丹，谷斌．浅析无线射频识别的核心技术及发展[J]．物流技术，2006，6．
[65] 邓军．物流空间信息组织体系的构架研究[J]．江西农业大学学报，2006，4．
[66] 徐杰，鞠颂东．物流网络的内涵分析[J]．北京交通大学学报(社会科学版)，2005，4(2)．
[67] 王之泰．新编现代物流学[M]．北京：首都经济贸易大学出版社，2005．
[68] 蔡淑琴，夏火松．物流信息与信息系统[M]．北京：电子工业出版社，2005．
[69] 孙明贵，邵建平．生产物流管理[M]．北京：中国社会科学出版社，2005．
[70] 时亚丽，陈燕俐，陈万金．浅谈 ITS 技术在危险化学品公路运输过程中的应用[J]．中国安全科学学报，2005，3．
[71] 朱江．对现代物流概念发展及演变轨迹的认识[J]．中州大学学报，2005，4．
[72] 徐显彦．对目前危险品运输状况与管理的思考[J]．经济管理论坛，2005，1．
[73] 徐寿波．关于物流的科学分类问题(续)[J]．北京交通大学学报(社会科学版)，2005，4．
[74] 赵立权．物流及其支撑技术[J]．情报杂志，2005，12．
[75] 海峰，张丽立，孙淑生．我国现代物流产业政策体系研究[J]．武汉大学学报(哲学社会科学版)，2005，5．

[76] 张殿东．无线射频识别(RFID)技术[J]．电信技术，2005，2.
[77] 陈新河．无线射频识别(RFID)技术发展综述[J]．信息技术与标准化，2005，7.
[78] 孙晓峰．模块技术与模块化生产方式[J]．中国工业经济，2005，6.
[79] 尚珂，赵兵．我国流通领域法律体系研究[J]．中国流通经济，2005，8.
[80] 徐寿波．关于物流的科学分类问题(续)[J]．北京交通大学学报(社会科学版)，2005，4.
[81] 孙明贵．采购物流实务[M]．北京：机械工业出版社，2004.
[82] 欧忠文，等．应急物流[J]．重庆大学学报，2004，2.
[83] 宋耀华，侯汉平．论传统物流与现代物流[J]．北京交通大学学报(社会科学版)，2004，1.
[84] 刘从新，等．基于 GPRS 的分布式监控系统的研究[J]．电力系统通信，2004，8.
[85] 杨菁，余成波，胡晓倩．GPRS 技术及其应用探析[J]．重庆工学院学报，2004，1.
[86] 佘其炯．诱人的 RFID 应用前景[J]．中国数据通信，2004，8.
[87] 丁俊发．中国物流学会的工作与中国物流学术研究[R]．第三届中国物流学术年会暨中国物流学会一届二次理事会，2004.
[88] 冯耕中．现代物流与供应链管理[M]．西安：西安交通大学出版社，2003.
[89] 李万秋．物流中心运作与管理[M]．北京：清华大学出版社，2003.
[90] 戴定一．信息化的“源动力”：解析我国物流企业的信息化需求[J]．中国计算机用户，2003，9.
[91] 刘旭，张其善．一种基于 GPRS 的车辆监控系统[J]．遥测遥控，2003，1.
[92] 贾生华，史煜筠．商业银行的中小企业信贷风险因素及其管理对策[J]．浙江大学学报(人文社会科学版)，2003，3.
[93] 余剑梅．以供应链金融缓解中小企业融资难问题[J]．经济纵横，2003，3.
[94] 肖绪照．加强中小企业信贷业务风险管理研究[J]．华北金融，2006，10.
[95] 李云雀．中小企业信贷市场进入约束与风险控制[J]．金融与经济，2003，7.
[96] 段斌，王中华．股份制商业银行中小企业信贷风险管理的研究[J]．现代管理科学，2003，8.
[97] 康立．非对称信息条件下中小企业银行信贷融资研究[D]．上海：华东师范大学，2003.
[98] 梅强．中小企业信用担保理论、模式及政策[M]．北京：经济管理出版社，2002.
[99] [美] Ronald H B．企业物流管理：供应链的规划、组织和控制[M]．王晓东，胡瑞娟，译．北京：机械工业出版社，2002.
[100] [英]马克·洛尔，列夫·博罗多夫斯基．金融风险管理手册[M]．陈文武，等译．北京：机械工业出版社，2002.
[101] 黄燕．依托金融支持发展现代物流[J]．物流技术，2002，12.
[102] 刘华，等．物流企业融资障碍及对策[J]．中国物流与采购，2002，11.
[103] 李群峰，杨东援．物流企业发展战略研究[J]．物流技术，2002，6.
[104] 徐寿波．关于物流的科学分类问题[J]．北京交通大学学报(社会科学版)，2002，2.
[105] 罗齐，朱道立，陈伯铭．第三方物流服务创新：融通仓及其运作模式初探[J]．中国流通经济，2002，2.
[106] 梅绍祖．电子商务与物流[M]．北京：人民邮电出版社，2001.
[107] 刘志学．现代物流手册[M]．北京：中国物资出版社，2001.
[108] 过秀成，谢实海，胡斌．区域物流需求分析模型及其算法[J]．东南大学学报(自然科学版)，2001，3.
[109] 丁立言．物流基础[M]．北京：清华大学出版社，2000.
[110] 孙山泽．非参数统计讲义[M]．北京：北京大学出版社，2000.
[111] [美]唐纳德·J·鲍尔索克斯，戴维·J·克劳斯．物流管理：供应链过程的一体化[M]．林国龙，等译．北京：机械工业出版社，2003.

[112] [美]道格拉斯·兰伯特，等. 物流管理[M]. 张文杰，等译. 北京：电子工业出版社，2003.

[113] [美]约翰·科伊尔，等. 企业物流管理：供应链视角[M]. 7 版. 文武，等译. 北京：电子工业出版社，2004.

[114] [英]泰勒. 全球物流与供应链管理案例[M]. 北京：中信出版社，2003.

[115] [美]森尼尔·乔普瑞，彼得·梅因德尔. 供应链管理：战略、规划与运营[M]. 2 版. 北京：社会科学文献出版社，2003.

[116] 赵林度. 供应链与物流管理：理论与实务[M]. 北京：机械工业出版社，2000.

[117] 沈文，等. 物流与供应链管理[M]. 北京：人民交通出版社，2003.

[118] 彭志忠. 现代物流与供应链管理[M]. 济南：山东大学出版社，2004.

[119] 朱道立，龚国华，罗齐. 物流和供应链管理[M]. 上海：复旦大学出版社，2000.

[120] 马士华，林勇，陈志祥. 供应链管理[M]. 北京：机械工业出版社，2000.

[121] 马士华. 新编供应链管理[M]. 北京：中国人民大学出版社，2000.

[122] 宋华，胡左浩. 现代物流与供应链管理[M]. 北京：经济管理出版社，2004.

[123] 齐二石，刘亮. 物流与供应链管理[M]. 北京：电子工业出版社，2007.

[124] 宋华. 物流成本与供应链绩效管理[M]. 北京：人民邮电出版社，2007.

[125] 徐琪. 供应链管理：理论与实验[M]. 上海：上海人民出版社，2008.

[126] 周启蕾. 我国物流理论研究的现状与未来[J]. 中国流通经济，2000，2.

[127] 何明珂. 重新认识物流及其供应链[J]. 中国物流流通，2000，3.

[128] 中国国家标准化管理委员会. 中华人民共和国标准：物流术语[S]. 北京：中国标准出版社，2006.

[139] 王春峰. 基于神经网络技术的商业银行信用风险评估[J]. 系统工程理论与实践，1999，10.

[130] 任文超. 物资银行及其实践[J]. 科学决策，1998，2.

[131] 罗锐韧. 哈佛管理全集[M]. 北京：企业管理出版社，1997.

[132] 王之泰. 现代物流学[M]. 北京：中国物资出版社，1995.

[133] 焦李成. 神经网络系统理论[M]. 西安：西安电子科技大学出版社，1990.

[134] 叶怀珍. 现代物流学[M]. 北京：中国物资出版社，1995.

[135] 兰丕武. 商业物流通论[M]. 北京：中国经济出版社，1995.

[136] Caldentey R, Haugh M B. *Supply contracts with financial hedging* [J]. *Operations Research*, 2009, 61.

[137] Jia Weiying. *Financial Risk, Business Risk and Firm Value for Logistics Industry*[A]. 2008 4th International Conference on Wireless Communications, Networking and Mobile Computing. 2008.

[138] William Atkinson.Supply Chain Finance: *The Next Big Opportunity* [J]. *Supply Chain Management Review*, 2008, 4.

[139] April Terreri. *Strengthen Your Financial Supply Chain* [J]. *Inside Supply Management*, 2008, 3.

[140] Sanjay Dalmia. *Financial Supply Chain* [M]. Tata McGraw-Hill Publishing, 2007.

[141] Aberdeen Group. *The 2008 State of the Market in the Supply Chain Finance* [J]. *Benchmark Report*, 2007, 12.

[142] Chen, Frank, Parlar and Mahmut. *Value of a put option to the risk-averse newsvendor* [J]. *IIE Transactions*, 2007, 5.

[143] Michael Lamoweux. *A Supply Chain Finance Prime* [J]. *Supply Chain Finance*, 2007, 4.

[144] Gonzalo Guillen, Mariana Badell. *A holistic framework for short-term supply chain management integrating production and corporate financial planning* [J]. *Production Econonmics*, 2006, 5.

[145] Alen N Berger, Gregory F Udeel. *A More Complete Conceptual Framework for SME Finance* [R]. World Bank Conference on Small and Medium Enterprises: Overcoming Growth Constraints, October 2004.

[146] Biederman D. *Logistics financiers* [J]. *The Journal of Commerce*, 2004, 4.

[147] Buzacott J A, Zhang R Q. *Inventory management with asset-based financing*[J]. *Management Science*, 2004, 24.

[148] Leora Klapper. *The role of reverse factoring in supplier financing of small and medium sized enterprises*[J]. *World Bank*, 2004, 9.

[149] Weisuo etal. *Business models and solution architectures for SMB financing in a supply chain ecosystem*[J]. EAJ, 2004.

[150] Cossin D, Huang Z J, Aunon - Nerin D. *A Framework for Collateral Risk Control Determination* [J]. *Working Paper, European Central BankWorking Paper Series*, 2003, 1.

[151] Jokivuolle E, Peura S. *Incorporating collateral value uncertainty in loss given default estimates and loan-to-value ratios* [J]. *European Financial Management*, 2003, 3.

[152] Rutberg S. *Financing the supply chain by piggy-backing on the massive distribution clout of United Parcel Service* [J]. *The Secured Lender*, 2002, 6.

[153] The Commercial Finance Association. *Study concerning a possible convention on inventory financing* [J]. *The Secured Lender*, 2001, 10.

[154] Carpenter G A, Fuzzy ART. *Fast stable learning and categorization of analog patterns by an adaptive resonance system* [J]. *Neural Networks*, 2001.

[155] Anthony M Santomero, Jonh JSeater. *Is there an optimal size for the financial sector*[J]. *Journal of Bank & Finance*, 2000, 5.

[156] Gavimeni S, Kapuscinski R, Tayur S. *Value of information in capacitated supply chains* [J]. *Management Science*, 1999, 1.

[157] Robert E Carpenter, Steven M Fazzari, Bruce CPetersen. *Financing Constraints And Inventory Investment: A Comparative Study With High-Frequency Panel Data*[J]. *The Review of Economics And Statistics*, 1998, 5.

[158] Petersen M A, Rajan R G. *Trade credit: theories and evidence* [J]. *The Review of Financial Studies*, 1997, 10.

[159] Lacroix R , Varangis P. *Using warehouse receipts in developing and transition economies* [J]. *Finance & Development*, 1996, 9.

[160] BreckwoldtT. *Management of grain storage in Old Babylonian Larsa* [J]. *Archiv fur, Orientforschung*, 1995, 5.

[161] Kerlinger F N. *Foundations of behavioral research* [J]. *New York:Holt Rinehart and Winston*, 1986.

[162] MaexR. *Employment and Multinationals in Asian Export Processing Zones* [J]. ILO *Working Paper*, 1983, 26.

[163] Fagre, etal. *Bargaining Power of Multinationals and Host Government* [J]. *Journal of International Business Studies*, 1982.

[164] Altman, Haldeman, Narayanan. *ZETA analysis :a new model to identify bankruptcy risk of corporations*[J]. *Journal of Banking and Finance*, 1982.

[165] Eisenstadt ML. *A finance company's approach to warehouse receipt loans* [J]. *New York Certified Public Accountant*, 1982.

[166] Guttentag J. *Mortgage warehousing* [J]. *The Journal of Finance*, 1981, 4.

[167] Dunham A. *Inventory and Accounts Receivable Financing* [J]. *Harvard Law Review*, 1981, 4.

[168] Albert R Koch. *Economic aspects of inventory and receivable financing*[J]. *Law and Contemporary Problems*, 1981, 4.

[169] Raymaod WBunnan. *Practical aspects of inventory and receivables financing* [J]. *Law and Contemporary Problems*, 1980, 4.

[170] Cachon, G. *Carbon Footprint and the Management of Supply Chains*[A]. The INFORMS Annual Meeting, San Diego, CA, 1980.

[171] Markus Hesse, Jean-Paul Rodrigue. *The transport geography of logistics and freight distribution* [J]. *Journal of Transport Geography*, 1980.

[172] Alfredsson P, Vwrrijdt J. *Modeling emergency supply flexibility inatwo-echelon inventory system* [J]. *Management Science*, 1980, 45.

[173] Tim Schwanen. *The Releationship Between Transport Planning and Regional Economic Development* [J]. *Built Environment*, 1980.

[174] Jack Brimley, Robert Love. *A New Distance Function for Modeling Travel Distances in a Transportation Network* [J]. *Transportation Science*, 1980, 26.

[175] John L Gattorna. *Strategic Supply Chain Alignment* [M]. MPG Books Ltd, Bodmin, Cornwall, 1980 .

[176] Silver, etal. *Inventory Management And Production Planning and Scheduling* [M]. New York: John Wiley & Sons, 1980.

[177] Martin Christopher. *Logistics and Supply Chain Management-Strategies for Reducing Costs and Improving Services* [M]. Financial Times/Pitman Publishing, 1980.

[178] Benjamin S Blanchard. *Logistics Engineering and Management* [M]. 4th edition. Rentice Hall, 1980.

[179] James C Johnson, Donald F Wood. *Contemporary Logistics* [M]. 4th edition. Macmillan Publishing Company, 1979.

[180] Donald Waters. *Global Logistics and Distribution Planning*[M]. Boca Raton: CRC Press, 1979.

[181] Igor H Ansoff. *The New Corporate Strategy* [M]. New York: John Wiley & Sons, 1998.

[182] B Joseph PineⅡ. *Mass Customization: The new Frontier in Business Competition* [M]. Boston: Harvard Business School Press, 1979.

[183] John L Gattorna. *Strategic Supply Chain Alignment* [M]. MPG Books Ltd, Bodmin, Cornwall, 1979.

[184] Frank H Mossman, Paul Bankit, Omar K. Hfeltrich. *Logistics Systems Analysis,reviewed* [M]. Washington, D.C.: University Press of America, 1979.

[185] V Daniel Hunt. *Reengineering: Leveraging the Integrated Product Development* [M]. Oliver Wight Publication, Inc.1979.

[186] Martin Christopher. *Logistics & Supply Chain Management: creating value-adding networks* [M]. 3rd edition. FT Press, 1979.

[187] David H Taylor. *Global Cases in Logistics and Supply Chain Management* [M]. International Thomson Publishing Services, 1979.

[188] Donald J Bowersox, David J Closs, M.Bixby Cooper. *Supply Chain Logistics Management* [M]. 2Rev Ed edition McGraw Hill Higher Education, 1979.

[189] Ronald H Ballou. *Business Logistics/Supply Chain Management and Logware CD Package* [M]. 5th edition. Prentice Hall, September 1979.

[190] Donald Waters. *Logistics: An Introduction to Supply Chain Management* [M]. Palgrave Macmillan, 1979.

[191] Ann Brewer, Kenneth J Button, David A Hensher. *Handbook of Logistics and Supply-Chain Management* [M]. Pergamon, 1978.

[192] Ronald H Ballou. *Business Logistics: Supply Chain Management* [M]. 5th edition. Prentice Hall, 1978.

[193] John Mangan, Chandra Lalwani, Tim Butcher. *Global Logistics and Supply Chain Management* [M]. Publisher: Wiley, 1978.

[194] Andreas Klose, et al. *Quantitative Approaches to Distribution Logistics and Supply Chain Management* (Lecture Notes in Economics and Mathematical Systems)[M]. Springer, 1978.

[195] Jonsson. *Logistics and Supply Chain Management* [M]. McGraw Hill Higher Education, 1978.

[196] John J Coyle, et al. *Supply Chain Management: A Logistics Perspective* [M]. 8th edition. South-Western College Pub, 1967.

[197] http://www.iotworld.com.cn.

21世纪全国高等院校物流专业创新型应用人才培养规划教材

序　号	书　名	书　号	编著者	定 价	出版日期
1	物流工程	7-301-15045-0	林丽华　刘占峰	30.00	2012.5
2	现代物流决策技术	7-301-15868-5	王道平　王　煦	30.00	2009.10
3	物流管理信息系统	7-301-16564-5	杜彦华　吴秀丽	33.00	2010.1
4	物流信息管理	7-301-16699-4	王汉新	38.00	2010.1
5	现代物流学	7-301-16662-8	吴　健	42.00	2010.2
6	物流英语	7-301-16807-3	阚功俭	28.00	2010.2
7	第三方物流	7-301-16663-5	张旭辉　杨勇攀	35.00	2010.2
8	物流运作管理	7-301-16913-1	董千里	28.00	2010.2
9	采购管理与库存控制	7-301-16921-6	张　浩	30.00	2010.2
10	物流管理基础	7-301-16906-3	李蔚田	36.00	2010.2
11	供应链管理	7-301-16714-4	曹翠珍	40.00	2010.3
12	物流技术装备	7-301-16808-0	于　英	38.00	2010.4
13	现代物流信息技术	7-301-16049-7	王道平　周　叶	30.00	2010.4
14	现代物流仿真技术	7-301-17571-2	王道平　张学龙	34.00	2010.8
15	物流信息系统应用实例教程	7-301-17581-1	徐　琪	32.00	2010.8
16	物流项目招投标管理	7-301-17615-3	孟祥茹	30.00	2010.8
17	物流运筹学实用教程	7-301-17610-8	赵丽君　马建华	33.00	2010.8
18	现代物流基础	7-301-17611-5	王　侃	37.00	2010.8
19	现代企业物流管理实用教程	7-301-17612-2	乔志强　程宪春	40.00	2010.8
20	现代物流管理学	7-301-17672-6	丁小龙	42.00	2010.8
21	物流运筹学	7-301-17674-0	郝　海　熊德国	36.00	2010.8
22	供应链库存管理与控制	7-301-17929-1	王道平　侯美玲	28.00	2010.11
23	物流信息系统	7-301-18500-1	修桂华　姜　颖	32.00	2011.1
24	城市物流	7-301-18523-0	张　潜　吴汉波	24.00	2011.1
25	营销物流管理	7-301-18658-9	李学工　王学军	45.00	2011.4
26	物流信息技术概论	7-301-18670-1	张　磊　吴　忠	28.00	2011.4
27	物流配送中心运作管理	7-301-18671-8	陈　虎	40.00	2011.4
28	物流项目管理	7-301-18801-9	周晓晔	35.00	2011.5
29	物流工程与管理	7-301-18960-3	高举红	39.00	2011.6
30	交通运输工程学	7-301-19405-8	于　英	43.00	2011.8
31	国际物流管理	7-301-19431-7	柴庆春	40.00	2011.8
32	商品检验与质量认证	7-301-10563-4	陈红丽　缪　瑞	32.00	2011.12
33	供应链管理	7-301-19734-9	刘永胜　杜志平	49.00	2012.1
34	逆向物流	7-301-19809-4	甘卫华	33.00	2012.1
35	供应链设计理论与方法	7-301-20018-6	王道平　李　淼	32.00	2012.1
36	物流管理概论	7-301-20095-7	李传荣	44.00	2012.3
37	供应链管理	7-301-20094-0	高举红	38.00	2012.3
38	企业物流管理	7-301-20818-2	孔继利	45.00	2012.7
39	物流项目管理	7-301-20851-9	王道平　李建立	30.00	2012.7
40	供应链管理	7-301-20901-1	王道平　杨　岑	35.00	2012.7
41	现代仓储管理与实务	7-301-21043-7	周兴建　张北平	45.00	2012.8
42	物流学概论	7-301-21098-7	李　创　王丽萍	44.00	2012.8
43	航空物流管理	7-301-21118-2	刘元洪	32.00	2012.8
44	物流管理实验教程	7-301-21094-9	李晓龙	25.00	2012.8
45	物流系统仿真案例	7-301-21072-7	赵　宁	25.00	2012.9
46	物流与供应链金融	7-301-21135-9	李向文　冯茹梅	30.00	2012.9
47	物流信息系统	7-301-20989-9	王道平　关忠兴	28.00	2012.9
48	物料学	7-301-17476-0	肖生苓　孙术发	44.00	2012.9
49	智能物流	7-301-22036-8	李蔚田　神会存	45.00	2013.1
50	物流项目管理	7-301-21676-7	张旭辉　孙　晖	38.00	2013.3
51	新物流概论	7-301-22114-3	李向文　冯茹梅	34.00	2013.3
52	物流决策技术	7-301-21965-2	王道平　程肖冰	38.00	2013.3
53	物流系统优化建模与求解	7-301-22115-0	李向文	32.00	2013.3